HISTOIRE D'ELBEUF

par H. SAINT-DENIS

—

TOME II

(De 1450 à 1630)

ILLUSTRÉ DE 12 PLANCHES HORS TEXTE

PAR DÉLIBÉRATION DU CONSEIL MUNICIPAL D'ELBEUF,
EN DATE DU 9 MAI 1894

ELBEUF. — IMPRIMERIE H. SAINT-DENIS
1895

HISTOIRE D'ELBEUF

TOME II

L'église Saint-Étienne d'Elbeuf, avant 1870

HISTOIRE
D'ELBEUF

par H. SAINT-DENIS

TOME II

(De 1450 à 1630)

ILLUSTRÉ DE 12 PLANCHES HORS TEXTE

PAR DÉLIBÉRATION DU CONSEIL MUNICIPAL D'ELBEUF,

EN DATE DU 9 MAI 1894

Elbeuf. — Imprimerie H. Saint-Denis
1895

HISTOIRE D'ELBEUF

Tome Deuxième

CHAPITRE Ier
(1450-1465)

Elbeuf après le départ des Anglais. — Procès pour la succession du comté d'Harcourt. — Introduction de l'industrie drapière a Elbeuf. — Marie d'Harcourt, dame d'Elbeuf. — Actes et évènements divers. — Elbeuf au XVe siècle.

Grâce à la paix, la richesse en Normandie se développa promptement. L'agriculture devint florissante, le commerce s'étendit et la fabrication prit une extension qu'elle n'avait jamais connue. Rouen renoua ses anciennes relations avec l'Espagne ; ses fabriques de draps se relevèrent à la suite d'un règlement fait par le bailli de cette ville, Guillaume Cousinot, règlement minutieux à l'extrême, et dont les mauvais effets ne se firent sentir que plus tard.

Il ne paraît pas qu'Elbeuf ait immédiatement pris d'autre part à l'industrie lainière de

Rouen que celle de lui expédier les draps tissés à la Londe, à Bourgtheroulde et autres paroisses du Roumois, et nous n'avons rencontré dans les documents du milieu du xve siècle aucune trace de fabrication à Elbeuf.

Cependant, grâce à l'influence de Jacques Cœur, le gouvernement de Charles VII avait déjà procuré quelques avantages à l'industrie française. Au nombre des règlements et statuts donnés aux corporations pendant les dernières années, avant l'expulsion des Anglais, nous citerons ceux concernant les drapiers de Bourges (1443), les tondeurs de drap de Tours et les tisserands d'Issoudun (1447).

Jacques Cœur s'occupait lui-même de commerce ; il avait établi à Montpellier le centre de ses opérations, et ses navires transportaient des draps de fabrication française en Orient, d'où ils rapportaient d'autres marchandises.

En une année qui suivit le départ des Anglais, le vicomte de l'Eau fit établir à Elbeuf un bureau chargé de percevoir les droits dus sur les marchandises circulant sur la Seine. Le commis ou fermier du bureau d'Elbeuf faisait saisir les vins qu'on débarquait des deux côtés du fleuve entre le Port Saint-Ouen et Quatre-Ages, sans avoir payé la « mueson ». Le droit de mueson ou de circulation consistait, pour ce liquide, en deux sols et demi par tonneau et de quinze deniers par « queue » ou demi-tonneau.

Nous placerons ici deux analyses d'actes mentionnées sur l'Inventaire des titres de l'abbaye de Bonport, conservé aux Archives de l'Eure.

29 septembre 1451. — Sentence par laquelle Colin Bachelet reconnut tenir de l'abbaye de

Bonport une masure sise à Saint-Etienne d'Elbeuf, par deux sols six deniers de rente.

Même époque. — Pièce concernant la partie de deux sols six deniers tournois de rente due aux religieux de Bonport par Guillaume Bourdon, à cause d'héritages sis à Elbeuf.

Au nombre des antiquités recueillies à Elbeuf, nous signalerons une clef avec couronne, trouvée en juillet 1872, que M. Gosselin, pharmacien à Caudebec, soumit à la commission départementale, et qui fut reconnue pour être du milieu du XVe siècle.

Nous avons dit qu'Antoine, comte de Vaudemont et baron d'Elbeuf, était mort en 1447, nous rapportant pour cela à plusieurs historiens de Lorraine ; mais c'est assurément une erreur, car à l'Echiquier de Pâques, tenu à Rouen en 1453, Marie d'Harcourt, dame d'Elbeuf, le comte de Vaudemont, Ferry de Lorraine et Jean de Lorraine étaient en procès contre François, sire de Rieux, comte en partie d'Harcourt et d'Aumale. Le sieur du Chesne, qui fit de profondes recherches sur les origines de la maison de Lorraine, dit qu'Antoine décéda en 1454. C'est aussi l'avis de La Roque.

M. Guilmeth a donné sur le procès de la succession du comté d'Harcourt, dont la terre d'Elbeuf faisait partie, des détails que nous allons reproduire :

Le comte Jean VII, mort en 1452, avait fait don, le 22 mai 1449, du comté d'Harcourt à Jean de Lorraine, son petit-fils. Cette donation avait alors été approuvée par Marie d'Harcourt, comtesse de Vaudemont, et par Ferry de Lorraine, son fils aîné. Mais, avant de rendre le dernier soupir, le vieux comte manifesta l'intention d'apporter à sa décision première quelques modifications. Il exprima, entre autres désirs, celui que les héritiers de la maison de Rieux, issus de Jeanne, sa seconde fille, « portassent pour l'honneur de cette famille, le nom et les armes de Harecourt ».

Le vieillard, en agissant de la sorte, « pensait que Marie, sa fille aînée, se trouveroit satisfaite d'être alliée en maison souveraine ». Il en fut autrement. Marie d'Harcourt protesta contre cette dernière volonté de son père et fit tous ses efforts pour la faire annuler. Elle n'y put parvenir, et François de Rieux, fils de Jeanne d'Harcourt et de Jean III de Rieux, porta toujours, ainsi que ses héritiers: *Ecartelé de Rieux et de Rochefort, à l'écu d'Harcourt brochant sur le tout.*

Cette querelle en amena bientôt une autre, beaucoup plus importante. Irritée de ce qu'on lui avait contesté le nom et les armes de sa famille, Jeanne d'Harcourt, s'appuyant de la volonté suprême et des dernières paroles de son père, voulut à son tour contester à sa sœur et à son neveu l'entière possession du comté d'Harcourt, et demanda, dans l'intérêt de son fils, à en partager la terre comme elle en avait partagé les armes. Il s'alluma alors, entre les deux sœurs, une guerre que ni l'une ni l'autre ne devait voir s'éteindre, puisque poursuivie par leurs fils et petits-fils, cette guerre ne se termina qu'après quarante-trois années de procédures et d'enquêtes.

Toutefois, Marie était l'aînée, et, en cette qualité, elle continuait à porter les titres de comtesse d'Harcourt et d'Aumale, baronne d'Elbeuf, de la Saussaye, de Brionne, de Quatremares et de Routot, châtelaine de Lillebonne, dame de Calleville, de Sainte-Colombe etc., titres qu'elle partagea constamment avec Jean de Lorraine son second fils, ainsi qu'on le voit par différents actes des années 1453, 1454 et suivantes.

C'est effectivement en se qualifiant et en se prétendant « seul et légitime héritier à la conté de Harecourt de par les droits et volontez de son grand-père et de sa mère », que Jean de Lorraine refusa en 1453 d'accepter les lots faits par François de Rieux, son cousin, attendu, est-il dit dans la semonce, « que le dit syre de Rieux, yssu et né de cadette, a faict acte de capt à moien de violence et de dol, en se emparant et se rendant maistre, comme ad ce fondé et authorisé par privilège et coustume du pais et duchié de Normandie, de plusieurs et certaines terres et héritages, faisant originairement corpz et partie avec la conté de Harecourt, de la quelle il clame encore, subrepticement et de par les ditz privilege et coustume, le partage et division par esgal ».

Il est certain cependant, que, dans la situation toute spéciale où se trouvait cette affaire de famille, les lots présentés par le sire de Rieux avaient été faits suivant toutes les règles de la loyauté et de la légalité, puisque, en 1482, deux arrêts de l'échiquier de Normandie et du parlement de Paris ordonnèrent précisément de faire de nouveau ce qui déjà avait été fait, vingt-neuf ans auparavant, par l'habile adversaire de Jean de Lorraine.

Nous arrivons, enfin, aux débuts de l'industrie drapière à Elbeuf.

En 1453, un différend s'éleva entre les fabricants de draps de Louviers et le cardinal d'Estouteville, alors archevêque de Rouen et comme tel, comte de Louviers.

Pendant les guerres, la halle aux draps de cette ville avait été détruite, mais l'archevêque n'en réclamait pas moins trois années d'arrérages aux drapiers, qui tenaient cette halle à fieffe de l'un des prélats ses prédécesseurs, seigneurs de Louviers. Sur le refus opposé par les fabricants, le cardinal fit saisir les biens des récalcitrants, d'où un procès devant le Parlement de Normandie. Après plusieurs débats, une transaction intervint.

Dans cet accord, signé le 17 décembre 1454, à Louviers, nous trouvons que le nombre des drapiers de cette ville avait considérablement diminué, tant par le nombre de ceux qui étaient morts que par le fait d'autres qui avaient quitté Louviers pour aller s'établir ailleurs, et qu'il avait été remontré à l'archevêque que son intérêt propre devait l'encourager à l'apaisement « afin que aucuns desdits bourgoiz qui estoient demourans hors ladicte ville et n'y voulloient retourner pour doubte de la charge de ladicte rente y peussent retourner, et que d'eulx et autres ladicte ville peust estre reppopulée... »

En rapprochant le texte de cette transaction de l'arrêt qui avait fait défense, pendant la guerre, à Guillaume de Bigars, de recevoir des draps pour les faire fouler dans le moulin à foulon qu'il avait fait construire à Louviers, nous nous demandons si ce n'est pas par ces deux causes que la fabrication de la draperie s'implanta à Elbeuf.

Il est utile d'ajouter, pour appuyer cette hypothèse, que Guillaume de Bigars était seigneur de la Londe, où il y avait longtemps que l'on tissait des draps; et ensuite que les biens du sieur de Bigars s'étendaient sur une partie du bourg d'Elbeuf, « jusques à la noe des moulins et plusieurs maisons de la rue Meleuse ».

Or, il nous semble admissible que Guillaume de Bigars, tant pour se venger de l'archevêque de Rouen que pour tirer profit de la situation, put engager des drapiers de Louviers à venir se fixer à Elbeuf, ou au moins à faire fouler et dégraisser dans notre localité les draps qui précédemment ne recevaient ces apprêts qu'à Rouen ou à Louviers.

Des observations qui précèdent, nous concluons que l'industrie drapière, dans notre ville, remonte à la deuxième moitié du xve siècle, et que le seul acte antérieur que l'on pourrait opposer à cette opinion est celui que nous avons cité à la date du 25 juillet 1414, par lequel Guillaume Viard, de Saint-Etienne d'Elbeuf, paya en partie une masure qu'il avait achetée au moyen de deux aunes de drap.

Nous croyons aussi à l'exactitude d'une tradition locale, également répandue à Louviers, que ce furent des artisans de cette dernière ville qui donnèrent, à Elbeuf, les façons aux draps tissés dans la campagne de Bourgtheroulde, et qu'après les fouleurs, il s'établit chez nous des tisseurs, puis des laineurs-tondeurs et, enfin, une autre catégorie de petits industriels qui foulaient, lainaient et tondaient.

M. Parfait Maille croit que ce furent les laineurs-tondeurs qui donnèrent les vitraux de Saint-Jean représentant des croisées de chardons et des forces : nous partageons son opinion. Voici un passage de cet auteur concernant les apprêts au xve siècle :

« En 1453, un procès s'étant élevé entre les maîtres tisserands et les maîtres foulons, laineurs et tondeurs, sur les limites respectives de leurs métiers, par suite des entreprises qu'ils faisaient réciproquement les uns sur les autres ; comme il paraissait difficile de réduire chaque état précisément à ce qui le concernait en particulier, à cause des différents apprêts qui étaient communs à chacun desdits artisans, on les fit consentir à une espèce de partage dans lequel le fond, et comme le principal de chaque métier, restait propre à ceux qui en faisaient profession ; il n'y avait que les dépendances, ou, comme le porte le règlement, les branches et les séquelles des différents métiers qui appartenaient en commun à chacun d'entre eux.

« Ainsi, il fut ordonné que tous maîtres et ouvriers de tistre, de fouler, lainer et tondre, pourraient également et concurremment élire, battre, peigner et courroyer la laine, la carder, filer, bobiner, tramer, ourdir, désourdir et toutes telles menues choses nécessaires jusqu'à monter la chaîne et en retenir le bout.

« Les tisserands, en outre, avec leur famille ou domestiques, pourraient, avant de mouiller les draps qu'ils auraient faits, les nettoyer, en ôter les nœuds, les buques, les boucilles et tout ce qui leur semblerait défectueux, soit sur le métier ou autrement, sans pouvoir néanmoins y donner aucun autre apprêt, si ce n'est de les ramer quand ils seraient encuvés, pour les empêcher de s'échauffer ; les autres apprêts et l'achèvement entier étant conservés aux foulons, laineurs et tondeurs, à qui, seuls, il appartiendrait de les épincher, rouer, aplaigner, agréer, etc. »

Il est donc bien évident que, à proprement parler, il n'existait pas encore à Elbeuf de fabricants de draps, mais plusieurs branches industrielles concourant, chacune dans sa spécialité, à la fabrication des draps.

Rouen était alors et resta, pendant les siècles suivants, le grand marché aux laines de notre contrée. C'est là que les tisserands d'Elbeuf allaient s'approvisionner. Cette matière était soumise à plusieurs droits, d'après la vicomté de l'Eau :

« Le Roi prend, de chaque marchand forain, pour le droit de coutume : de cent livres de laine, quatre deniers, et pour le pesage, deux deniers, ce qui est une obole pour poids ; ci en tout six deniers.

« Les marchands bourgeois de Rouen, vendeurs et acheteurs, ne doivent le droit de coutume, mais doivent, pour le droit de pesage, tant le vendeur que l'acheteur, une obole pour chaque poids de laine de vingt-cinq livres, ce qui est deux deniers pour cent.

« Les sieurs conseillers échevins de ladite ville de Rouen ont droit d'avoir et prendre, pour chaque poids de laine, douze deniers en une partie, et trois deniers pour poids en autre partie, ce qui est en tout, pour chaque cent pesant de laine, cinq sols ; lequel droit se paye par les marchands vendeurs, soit forains, soit bourgeois, et n'est rien dû par les marchands acheteurs.

« Est à noter qu'il n'est rien dû durant les foires, pour ledit droit de douze deniers pour poids, ce qui est quatre sols pour cent de laine ; ainsi néant.

« Plus lesdits conseillers échevins ont droit de quatre et quatre deniers ce qui est huit deniers, pour cent de laine ; lequel droit se paye également par moitié, tant par les vendeurs que par les acheteurs, soit bourgeois, soit forains.

« Plus lesdits sieurs échevins ont droit, à cause de la ferme du lotage, de quatre deniers pour cent de laine ; lequel droit se paye par le marchand forain vendeur, au jour de vendredi seulement.

« Les trois peseurs héréditaux ont droit, pour chaque cent de laine, à dix deniers qui se payent aussi par moitié.

« Les quatre réaux ont droit de huit deniers, pour chaque cent pesant de laine ; lesquels deniers se payent aussi par moitié.

« Plus, pour le droit de la poitevine, il est dû une obole, ce qui est deux deniers pour cent à payer par les seuls marchands forains, vendeurs ou acheteurs.

« Tous lesquels droits ci-dessus, sans comprendre celui des quatre deniers pour cent pour lotage, montent à huit sols pour chaque cent pesant de laine, lesquels huit sols se payent tant par les marchands forains que bourgeois acheteurs que vendeurs, savoir :

« Par le marchand forain vendeur est dû, pour chaque cent pesant de laine, six sols neuf deniers ; par le marchand forain acheteur, vingt et un deniers ; par le marchand bourgeois vendeur, six sols trois deniers ; par le marchand bourgeois acheteur, quinze deniers. En outre est encore dû le droit de la ferme du lotage, qui est quatre deniers pour cent, à payer par le marchand forain vendeur au jour de vendredi seulement.

« Convient aussi de noter qu'il n'est dû que

la moitié de tous les droits ci-dessus pour la laine en suint et la laine en loquets.

« La laine esmée, autrement pesée, n'étant vendue, ne doit que douze deniers pour cent.

« Ne se paye aussi, comme dit est, aucune chose, durant les foires, pour ledit droit de douze deniers pour poids de laines, qui est quatre sols pour cent ; ainsi néant.

« Et aussi, on ne doit pas peser pendant les jours de fête ».

Les draps étaient également soumis à la taxe ; elle s'élevait à huit deniers par balle, ballot ou somme de draps, soit sortant de Rouen, soit arrivant dans cette ville.

Il existait en outre des droits de douane. Les draps d'Angleterre payaient 80 livres par vingt-cinq aunes, et toute étoffe de laine et de poil mêlée de soie, fil ou coton, payait 30 pour 100 de sa valeur.

Vers cette époque, il fut interdit aux fabricants de plusieurs villes de Normandie de mélanger ensemble les laines anglaises, cauchoises, de Picardie, de Bourgogne, de Brie et de Bretagne.

Les archives de l'Eure possèdent plusieurs actes de l'année 1455 que nous allons reproduire, à défaut d'autres documents de cette époque :

« Jehan Lepicart, pour Guillaume de Bonneville, au terme Saint-Michel, pour une masure et jardin... bornée d'un bout au pavement et aux murs des vignes d'Elbeuf ».

« Robin Busquet, au lieu de Sevaistre Leconte dit Tabouret, pour une masure en la rue Meleuse, d'un côté la masure susdite... d'un bout au pavement et aux murs des vignes d'Elbeu ».

Par acte passé le 31 août 1455, devant Thibaut Candieu et Guillaume Le Febvre, tabellions à Elbeuf, Laurent Le Sueur et Jean Sans-Terre, trésoriers de l'église Saint-Jean, donnèrent à fieffe, une demi-acre de terre appelée le « Camp Saint-Jean », sise à la « côte Bonami ».

Une sentence, rendue le 7 novembre de la même année, condamna Jean Le Prevost à gager tenir de l'abbaye de Bonport une vergée de terre sise à Saint-Jean d'Elbeuf, par 18 deniers de rente. Une autre sentence du même jour obligea Jean Le Prevost conjointement avec Guillaume Luce, a reconnaître qu'ils tenaient du même monastère deux pièces de terre par 18 deniers de rente.

D'après M. Parfait Maille, la confrérie de Charité de la paroisse Saint-Etienne aurait été fondée en 1455, et renouvelée en 1515 et 1528. Nous reviendrons plus tard sur cette association.

Dans un acte de 1456, conservé aux Archives de l'Eure, nous trouvons mentionnés une masure de la paroisse Saint-Etienne bornée par « le pavement et le doit d'Elbeuf ; et un clos planté entour d'arbres, assis en la paroisse Saint-Jehan », borné par le chemin des Fosses, la sente de la Folie-Thomas, le chemin du Neubourg, la rue de la Poterie.

Dans un autre de la même époque, nous trouvons une pièce de terre bornée d'un bout « le chemin aux Pendus et de l'autre la sente de l'Esquillette d'Elbeuf ». — Le chemin aux Pendus était la ruelle actuellement aliénée faisant suite à la rue des Echelettes, et cette dernière, désignée sous le nom « d'Esquillette » dans l'acte que nous venons de citer, n'était autre que la rue Bertaud prolongée jusqu'à la place Saint-Louis actuelle.

Martin de Bezu était resté administrateur de l'hôpital d'Elbeuf, non pas parce que, ainsi que l'a dit M. Guilmeth, cette fonction était alors regardée comme inamovible à cause de son caractère quasi-religieux et la gratuité qui y était attachée, mais parce qu'il la possédait par un contrat de louage, semblable à celui que nous avons précédemment publié. Loin d'être une charge, cette administration était une source de revenus, et Martin de Bezu exerçait également les fonctions d'administrateur de la Maison-Dieu de Pont-de l'Arche.

En 1456, de Bezu plaidait contre Jean de Lorraine et Marie d'Harcourt, qui, dit encore M. Guilmeth, voyant le déplorable abus que l'on faisait des pieuses et utiles fondations de leurs aïeux, avaient fini par retirer à l'Hôtel-Dieu d'Elbeuf les rentes et les 22 acres de terre que, un siècle auparavant, les héritiers généreux de Guillaume d'Harcourt avaient données, dans le Vexin, à ce même établissement. Un rôle, conservé parmi les archives de l'échiquier de Normandie et portant date de 1456, mentionne « Jehan Rabasse, actourné de Martin de Bézu, administrateur de l'ostel-Dieu d'Elbeuf, porteur de doléances, d'une part ; et Guillaume Petit, procureur de hault et puissant seigneur Jehan de Lorraine, comte de Harcourt, d'autre part ».

Ce dernier devait perdre et perdit en effet. Martin de Bézu, auquel il était dû des arrérages, obtint plusieurs arrêts, et se fit renvoyer par le roi en possession de toutes les terres et rentes. Il fut même autorisé par Charles VII « à vendre et aliéner les dites rentes avec deux acres de la dite terre, à celle fin de payer les frais de poursuites et d'avocat ».

Une pièce des archives de la Saussaye, datée de cette même année, mentionne que Regnault Boessel, représentant Jean Boessel et habitant la paroisse Saint-Jean d'Elbeuf, devait payer aux chanoines de la collégiale de Saint-Louis dix sols de rente pour une pièce de terre assise à la « Fosse Lienart ». Cet acte fut passé en la vicomté d'Elbeuf devant Guillaume Desbruières, lieutenant.

Une note de François Dupont, rédigée vers 1782 et citée par M. Guilmeth, est ainsi conçue : « On dit que cette fosse ou mare, appelée encore aujourd'hui la Fosse Léonard, que j'ai vue beaucoup plus profonde, et qui probablement l'a été assez pour être au niveau de la rivière et en recevoir l'eau, étoit singulièrement destinée au lavage du linge des lépreux. Ils s'y rendoient, dit-on encore, par cette rue ou ruelle dite des Fossés, qui tendoit dudit hopital Saint-Léonard à la ditte fosse ».

La fosse ou mare Saint-Léonard était située dans un vaste terrain coupé dans son extrémité occidentale par la rue du Neubourg actuelle. La rue Dévé la traverse de l'ouest à l'est et l'établissement de la Compagnie du gaz est en très grande partie située sur cette ancienne fosse.

Nous avons dit que malgré les prétentions des seigneurs d'Harcourt, en 1312, une sente avait été conservée pour l'usage des habitants d'Elbeuf, sur l'emplacement de l'ancienne voie romaine, qui, de l'église Saint-Etienne, gagnait la chapelle Saint-Auct, c'est-à-dire le sommet de la côte. En 1456, Colin Bachelor reconnut devoir aux chanoines de la Saussaye « quatre sols de rente pour une piece de terre assize soubs Saint Chault, ayant pour abornement d'un costé la cavée de Saint Chault et dautre costé ladilte cavée et la sente Saint Etienne ».

Ce même Colin Bacheler devait une autre rente, de cinq sols, pour une pièce de terre d'une demi-acre, « assize soubz Saint Chaulz... et tendant d'un costé au degrees du chemin de ladicte paroisse et la cavée de Saint-Chaulx ». — Guillaume Lefevre, tabellion à Elbeuf.

A cette même époque, Robin Poullain, représentant Colin de Bonneville, faisait aussi une rente à la collégiale de la Saussaye pour « ung petit jardin sciz en la rue Meleuse... borné par le lieu où souloit estre le pressoir de la Boue et tendant au pavement et aux murs des vignes d'Elbeuf ».

Ces renseignements sont puisés dans un manuscrit en parchemin des Archives de l'Eure : « La desclaration des terres, cens, rentes et revennus appartenans à l'église collégiale monseigneur Saint Louys de la Saulsaye ainsi qu'ilz sont de prezent [mil] cccc cinquante six ».

On y voit que Jean Grisel devait aux chanoines huit sols de rente pour une terre assise en la paroisse « Saint Jehan d'Ellebeuf... bornant les terres de l'Hostel Dieu et tendant au chemin du Mont aux Pendus et à la sente de l'Esquellecte ».

Parmi les autres redevances mentionnées dans cette déclaration, nous trouvons 30 sols de rente, dus par Jean Le Menesthier, pour une masure bornant la rue Marchande et donnant d'un bout « au pavement et au chemin des Fosses ».

La rue Marchande — actuellement rue du Centre — était le prolongement de la ruelle des Echelettes. François Dupont assure que cette rue était alors très spacieuse, ainsi qu'il était aisé de s'en convaincre à l'époque où il écrivait, c'est-à-dire en 1782, et qu'elle fut de tout temps la plus riche et la plus populeuse de l'ancien Elbeuf.

« Regnault et Estiennot son filz diz Poullain reconnurent devoir pour le jardin antiennement nommé le jardin Bassat, contenant une acre de terre bornée, « les hoirs Pierres Viart et le pavement, les bous des jardins Estienne Poullain, l'eglise de Saint Chaulx... et le curé dudict lieu d'Elbeuf ; d'un bout la rue aux Archiers et la rue qui va au doit d'Elbeuf. Cest à cause de nouvelle fieffe faicte par leglise aus dictz Poullain par lettre executoire passée le XXII de septembre IIII^c LVI ». — Thibaut Candieu, tabellion à Elbeuf. — « Item ung jardin mis en court pleige en cas nostre, d'un costé ledict jardin et leglise de Saint Chaulx d'Elbeuf, dun bout au pavement et au dit jardin d'Elbeuf ».

Il est évident que l'église Saint Chaulx dont il est question dans ces actes ne peut être que celle de Saint-Etienne ; mais dans des titres antérieurs, le nom de curé de Saint-Chaulx fut aussi donné aux titulaires de la chapelle Saint-Félix et Saint-Auct.

En 1456 également, Colin du Guart et Girault du Guard reconnurent devoir tous deux payer à la Saint-Michel, aux mains des chanoines de la Saussaye, quatorze deniers de rente pour une terre de trois vergées située près la Croix d'Elbeuf.

Nous trouvons encore qu'Amyot Nepveu devait payer au même terme et aux mêmes trois sous de rente pour un jardin.

Selon toute apparence, le foulage des draps se faisait encore au pied ; cependant, le temps était proche où des moulins allaient, pour la troisième fois et définitivement dans notre contrée, être utilisés pour cette opération.

M. Guilmeth a écrit qu'un titre de 1456 mentionnait, à lui seul, « cinq fouleurs de noir » à Elbeuf. Nous savons par une correspondance engagée entre l'archiviste de l'Eure et M. Parfait Maille que celui-ci crut longtemps aussi à l'existence de ces cinq artisans ; mais, en fin de compte, il lui fallut reconnaître qu'au lieu de « fouleurs de noir » l'acte portait « souloit devoir ». Il s'agissait encore de rentes dues par ces cinq Elbeuviens aux chanoines de la Saussaye.

Un des registres des délibérations de la municipalité de Rouen mentionne, en 1456, parmi les produits que cette ville expédiait au dehors, « les blés du Neubourg, dont Elbeuf était le marché, exportés pour la Bretagne, la Flandre et l'Ecosse ».

En 1457, assure M. Guilmeth d'après les registres de l'archevêché de Rouen, les biens et revenus de la léproserie de Sainte-Marguerite, situés à Orival-Elbeuf, furent réunis à ceux de la chapelle Saint-Félix et Saint-Auct.

Si l'industrie drapière ne faisait alors que naître dans notre localité, en revanche, celle-ci possédait une certaine quantité d'arbres à cidre, dont les produits paraissent avoir été appréciés dès cette époque.

En effet, M. Ch. de Beaurepaire nous apprend que l'archevêché, le couvent de Saint-Lô et celui de Grammont-lès-Rouen faisaient usage de poiré du cru d'Elbeuf, et nous voyons le couvent des Filles-Dieu de Rouen, en 1457, acheter un poinçon de cidre à Elbeuf.

Les Archives départementales conservent des lettres de l'official de Rouen contenant *vidimus* d'un décret d'Hector Coquerel, vicaire général du cardinal d'Estouteville, portant union à la collégiale de Saint-Louis de la Saussaye de la cure de Boscroger, ledit décret obtenu à la requête de Marie d'Harcourt, comtesse de Vaudemont, veuve d'Antoine de Lorraine, comte d'Harcourt.

Dans une ordonnance de 1458, Charles VII vanta beaucoup l'excellence des draps de Rouen, et défendit aux drapiers des autres villes d'en imiter les lisières distinctives. Mais exploitant cette réputation, des manufacturiers rouennais achetaient, depuis longtemps, les draps des environs, ceux de Bourgtheroulde, d'Elbeuf et même de Picardie et les revendaient comme ayant été fabriqués à Rouen.

Cette tricherie fut l'objet d'un sermon, que prononça un prêtre nommé Maillard, dans l'église Notre-Dame, et dont M. Langlois nous donne la substance dans son *Histoire des stalles de la cathédrale de Rouen :*

« Drapiers iniques, s'écria le prédicateur, vous vendez pour du drap de Rouen celui qui n'est que de Beauvais ; vous vendez du drap humide pour du drap sec ; l'acheteur croit avoir deux aunes, il n'en a qu'une ! »

Maître Maillard exagérait évidemment, mais pour qu'il ait pu pousser l'exagération jusqu'à ce point, il fallait que la fraude fut vraiment considérable.

Une reconnaissance, datée du 11 juin 1459, mentionne, à Elbeuf, une masure « où sont pendans lenseigne de lours ». Cet immeuble était borné par le « pavement dun bout et le jardin de lostel Dieu dautre bout ». — Tican, tabellion à Elbeuf. — L'auberge de l'*Ours* est donc la plus ancienne que nous connaissions.

Martin de Bezu ancien administrateur de l'hôpital d'Elbeuf est mentionné dans une pièce du tabellionage de Boissey-le-Chatel, portant la date du 20 août 1459. Cet acte nous apprend qu'il était seigneur d'un fief assis à Angoville, ancienne paroisse aujourd'hui réunie à Berville-en-Roumois, et qu'il demeurait alors à Pont-de-l'Arche.

La Seine déborda au commencement de l'hiver de 1460. « Et le mercredy, tiers jours de febvrier 1460 (1461 n. s.) furent leuës et publiees à Roüen, et en divers aultres villes de la duché de Normendie ès lieux publicques et à son de trompe, lettres patentes du roy, par lesquelles il déclairoit son plaisir estre tel que par tout ledit pays de Normendie... feussent laissez paisiblement tous Anglois et Anglesches... »

A Elbeuf, il y avait quelques Anglais, qui s'y fixèrent définitivement. Leurs descendants continuèrent à habiter notre localité pendant les siècles suivants et jusqu'à nos jours. C'est probablement d'eux que sortirent plusieurs familles Langlois et même celles Dautresme, dont le nom n'est que la corruption des mots « d'outre mer ».

Charles VII mourut en 1461. Son fils, Louis XI, qui lui succéda, fut sacré la même année. Jean, second fils de Marie d'Harcourt, dame d'Elbeuf, assista à la cérémonie ; il était alors âgé d'environ 37 ans.

Jean était né en Lorraine. Il n'était venu en Normandie qu'en 1449, avec sa mère, et avait participé à la prise de son château d'Harcourt sur les Anglais. Il s'était aussi illustré au siège de Rouen, à la bataille de Formigny et en basse Normandie. Ses services lui avaient valu d'être nommé gouverneur de Grandville. Plus tard, sa conduite valeureuse en Guyenne et à Taillebourg décida le roi à le nommer gouverneur de l'Anjou.

En 1462, les tondeurs de Rouen ne se contentant plus de travailler à ce qui concernait leur métier et profession, et s'étant érigés en marchands de draps en boutique, il leur fut donné un réglement ordonnant qu'ils ne pourraient tenir en leurs maisons les draps qu'ils auraient tondus, mais seraient tenus de les rendre, sans délai, à ceux à qui ils appartiendraient ; que les draps non vendus aux halles ne seraient point reportés chez les tondeurs, mais chez leurs propriétaires ; qu'en outre, aucun drapier ou tondeur ne pourrait mettre les draps en presse qu'ils n'eussent été visités et scellés.

C'est la première mention du pressage des draps dans notre contrée ; mais on sait que cet apprêt était pratiqué chez les Romains dès le premier siècle de notre ère, puisqu'il figure sur les fresques découvertes à Pompéï.

Un crime avait été commis dans le cimetière ou dans l'église Saint-Etienne, car les comptes de l'archevêché pour 1462-1463 portent que la cour archiépiscopale de Rouen reçut 10 sols de droits au sujet de la réconciliation de cette église et de son cimetière.

Il était d'usage, à cette époque et même beaucoup plus tard encore, lorsqu'une église était dédiée, ou réconciliée après pollution, d'en perpétuer le souvenir par des croix dites de consécration, que l'on peignait sur les murs du temple. Plusieurs de ces croix existent sous les lambris actuels de l'église Saint-Etienne, et l'on en voit d'autres sur les murs extérieurs de l'édifice.

Par lettres données à Elbeuf, le 3 juillet 1463, Marie d'Harcourt fit hommage au roi, par les mains de Louis d'Estoutteville, sénéchal de Normandie, à cause des fiefs de la cour du Bosc, de la Cour du Moutier, de la Foresterie, de Goupillières et de la Rivière-Bourdet, paroisse de Quevillon, près de la Bouille.

A propos de ce dernier fief, nous noterons le droit qu'avait le propriétaire de cette seigneurie de passer la première nuit des noces avec toute nouvelle épousée. Au temps de Marie d'Harcourt, ce privilège ne présentait pas d'inconvénients, mais il n'en fut probablement point toujours de même.

A la Saint-Michel de cette année, le receveur de la seigneurie d'Elbeuf était Robert Divery.

Il résulte des comptes qu'il présenta que le manoir seigneurial d'Elbeuf se composait en partie de diverses masures et maisons ayant appartenu à Me Martin de Bezu, Guillaume Durée et Pierre Eustache. Elles formaient un tènement au carrefour de la Barrière, contre lequel était une autre masure appartenant à Jean Dumoustier; cette dernière entra plus tard dans le tènement composant le manoir seigneurial.

L'Elbeuf d'alors se composait des rues Saint-Jean, de la Rigole, Notre-Dame, de la Brigaudière, Saint-Etienne, Meleuse, aux Bœufs, des Echelettes, du Centre, de la Justice et des Fossés (rue Camille-Randoing) ; plus de quelques autres petites rues, celle « aux Archiers » par exemple. Mais ces rues étaient loin d'être entièrement bâties ; car on ne trouve, dans les actes de cette époque, que la mention de maisons et masures, bornées par d'autres maisons et masures.

Du château d'Elbeuf et de la chapelle, projetés dans l'île du Glayeul et dont les seigneurs d'Harcourt avaient commencé la construction, il ne restait guère que « l'audience » et la prison.

Nous ne dirons rien de plus pour le moment de l'état de la seigneurie d'Elbeuf ; nous y reviendrons bientôt et surtout au commencement du siècle suivant, par des détails empruntés à un compte rendu à Réné II, roi de Sicile, duc de Lorraine et seigneur d'Elbeuf, dans lesquels nous trouverons des passages s'appliquant à l'année 1463.

Laurent de Franqueville, bailli d'Elbeuf, mourut le 17 juillet 1464. Il paraît avoir eu pour successeur immédiat Pierre de Quiévremont, qui exerçait cette charge en 1490.

Jean Machon, chanoine de Noyon et curé d'Oissel, bailla cette cure à ferme, en cette même année, moyennant 60 livres par an, à messire Lemerdrier, prêtre de Saint-Jean d'Elbeuf.

CHAPITRE II
(1465-1476)

Jean de Lorraine et Louis XI. — Marie d'Harcourt a Elbeuf. — Reconstruction de l'église Saint-Jean. — Le manoir seigneurial d'Elbeuf. — Le droit de présentation a la chapelle de la côte Saint-Auct. — Testament de Marie d'Harcourt.

Les hommes se croyant toujours d'autant plus grands que leurs maîtres sont plus petits, les Normands, depuis leur réunion à la France, avaient toujours regretté leurs ducs, et gémi d'avoir à faire à un roi qui leur plaisait d'autant moins qu'il était plus puissant, dit M. Parfait Maille.

Sans cesse ils désiraient faire un Etat à part, avoir un prince à eux, un duc, une cour dans leur pays.

L'occasion s'en étant présentée sous le règne de Louis XI, par suite du grand nombre de mécontents ligués et armés contre lui, il l'avaient saisie, et avaient introduit, dans les murs de Rouen, le duc de Bourbon qui en avait pris possession au nom du duc de Berry à qui aussitôt chacun avait prêté serment comme duc de Normandie

Cette défection, jointe aux grands embarras qui alors assiégeaient Louis XI, le força de sanctionner les vœux des Normands, et de donner leur duché à son frère, Charles, précédemment duc de Berry, dont les désirs concordaient parfaitement avec ceux des Normands.

Malheureusement pour eux, parvenus au comble de leurs souhaits, les choses changèrent de face en un clin-d'œil.

Après le traité de Conflans, qui termina la guerre du Bien public, le duc Charles s'achemina vers Rouen, pour se faire reconnaître dans son nouvel apanage ; il était accompagné du duc de Bretagne, soit dans des vues intéressées soit pour lui faire honneur.

Quoi qu'il en soit, à peine en route, les deux princes entrèrent en contestation.

Les uns prétendent que la Bretagne retombant à l'état d'arrière-fief, par suite de la translation que le roi avait faite à son frère de l'hommage qu'elle devait à la Normandie, ce changement, par ses résultats, avait amené la querelle, et inspiré, au duc de Bretagne, le projet de gouverner en Normandie, d'y disposer des offices, de profiter de la faiblesse du nouveau duc pour le mettre en tutelle, ou de se saisir de lui et de l'emmener à Rennes.

Les autres pensent, dit encore M. Maille, que le débat eut lieu entre ceux qui voulaient les places, et ceux qui les possédaient, entre les nouveaux venus et les anciens pourvus, entre les prétendants et les occupants, entre les Bretons et les Normands, entre ces deux nations rivales et cette foule avide de vampires qui suivaient les deux princes dans le but d'accaparer emplois, charges, bénéfices et d'en faire curée complète.

Quel qu'ait été le motif du démêlé, la discorde ne fit que s'accroître en arrivant au fort Sainte-Catherine, où logèrent les ducs de Bretagne et de Berry pendant les préparatifs de leur entrée solennelle à Rouen, si bien que Jean de Lorraine, sire d'Harcourt, inquiet de sa dignité de maréchal, c'est-à-dire de commandant des troupes en Normandie, dignité à laquelle il tenait, courut à l'hôtel-de-ville crier alarme, assurer aux bourgeois que leur nouveau duc était menacé et que sa liberté était exposée.

A l'instant on prend les armes, on se porte en force au mont Sainte-Catherine, et, malgré le duc de Bretagne qui refusait d'ouvrir, on s'empare du duc de Normandie, on le fait, sans autre vêtement qu'une robe de velours noir, monter un cheval sans housse, et, sans plus de cérémonie, on le conduit à Notre-Dame où se chante un *Te Deum*, puis au château du vieux Palais, et enfin à l'Hôtel-de-ville où il épouse la Normandie et reçoit l'anneau ducal.

Nous trouvons dans les *Chroniques* de Jean de Troyes un passage concernant cette affaire :

Charles, frère du roi et précédemment duc de Berry, qui était parti de Paris pour venir en Normandie « s'en ala jusques à Sainte Katherine du mont de Rouën, où il séjourna illec par diverses journées, en attendant que ceulx de Rouën eussent préparé ce qu'ils avoient l'intention de faire pour son entrée : mais cependant se meust noise entre mondit seigneur Charles, le duc de Bretaigne et le conte de Dampmartin, dont fut dit audit monseigneur

Charles que ledit duc de Bretaigne et conte de Dampmartin avoient entrepris de le prendre et ramener en Bretaigne ; pour laquelle cause Jehan, monseigneur de Lorraine, qui de ce fut adverty, ala incontinent dire ces nouvelles en l'hostel de ladicte ville de Rouën, qui incontinent y pourveurent, et firent armer tous ceulx de ladicte ville.

« Et à grant port d'armes ledit monseigneur Jehan de Lorraine, à l'aide desdits de Rouën, ala en la place dudit lieu de Saincte Katherine, où on ne le vouloit laisser entrer. Et illec, malgré ledit duc de Bretaigne et conte de Dampmartin, sans solempnité garder, fist monter mondit monseigneur Charles sur ung cheval garny de selle et harnois simplement... et en cet estat le menèrent en ladicte ville de Rouën, tout droit en l'église Nostre Dame, où chanté fut *Te Deum laudamus*, et de là au chasteau dudit lieu... »

Le même chroniqueur parle encore de Jean de Lorraine à propos de faits qui se produisirent dans notre contrée, l'année suivante :

Le sieur d'Esternay, gouverneur général de la Normandie, partit de Rouen, déguisé en Cordelier, en compagnie d'un augustin. Charles, le nouveau duc de Normandie, partit pour Louviers « cuidant y trouver monseigneur de Bourbon, lequel il n'y trouva point ; et incontinent et sans delay s'en retourna audit lieu de Rouen...

« Et le lundy penultieme jour de decembre audit an, le Roy, en retournant... vint au Ponthaudemer, et de là en la Champaigne de Neuf-Bourg pres Conches, et envoya mondit seigneur de Bourbon devant la ville de Louviers. Et le mercredy ensuivant, premier jour de janvier, ladicte ville de Louviers fut renduë à mondit seigneur de Bourbon pour le Roy, et ce mesme jour le Roy entra dedans ladicte ville de Louviers après disner. Et en ce mesme jour aussi fut mené ledit seigneur d'Esternay, qui aussi en icelluy jour fut noyé en la rivière Dure, et aussi ledit augustin avecques luy, par les gens du prevost des mareschaux...

« Audit temps furent plusieurs personnes, officiers et aultres dudit païs de Normandie executez et noyez par le prevost des mareschaulx, pour les questions du Roy et monseigneur Charles son frère. Et après le roy se partit dudit Louviers, et vint mettre le siege devant la ville du Pont des Arches, qui est à quatre lieues de ladite ville de Rouën.

« ...Et le mercredy ensuivant les gens du Roy, qui estoient alez à leur avantaige sur les champs, prindrent quatre hommes d'armes de la compaignie et estans soubs ledit monseiseigneur Charles, et qui autrefois avoient esté en l'ordonnance du Roy; et l'un d'eulx estoit nommé le petit Bailly... Furent menez devers le Roy, et incontinent fut ordonné qu'on leur couppast les testes; et lors ils requirent au Roy que il leur sauvast la vie, et ils luy feroient rendre ledit Pont des Arches: ce que le Roy leur accorda...

« Et le mesme jour le Roy et sa compaignie entrerent dedans ledit Pont des Arches, et ceulx qui estoient dedans ladicte ville se retirerent dedans le chasteau; entre lesquels y estoit maistre Jehan Hebert, general des finances du royaulme de France: et trois jours après fut rendu au Roy le chasteau dudit Pont des Arches.

« Et après… ceulx de Rouën envoyerent par devers luy pour parler d'appointement… Et cependant mondit seigneur Charles, luy et plusieurs autres de sa compaignie sortirent dehors de ladicte ville Rouën, et s'en tirerent à Honnefleu et à Caen. En ces entrefaictes, Jehan, monseigneur de Lorraine, se cuida eschapper pour aler en Flandres ; mais il fut rencontré par les gens du Roy, qui le prindrent, et menerent vers le Roy.

« …Et le lundy tiers jours de febvrier, ung nommé Gauvain Manniel, qui estoit lieutenant general du bailly de Rouën, fut prins en ladicte ville, et mené prisonnier au Pont de l'Arche. Et là, par le prevost des mareschaulx, dessus le pont dudit lieu, fut drecié une eschauffault, dessus lequel ledit Gauvain fut decapité pour aucuns cas de crimes à luy imposez. Et dessus ledit pont fut sa teste mise au bout d'une lance, et son corps jetté en la riviere de Seine.

« …Après ce le Roy se partit de Rouën, et s'en ala à Orléans où la Royne estoit… »

Louis XI passa donc probablement par Elbeuf, puisque pour se rendre de Rouen à Orléans la route la plus directe était la « voie Chartraine », laquelle traversait notre ville et Evreux.

Marie d'Harcourt et ses enfants eurent de nombreux procès à l'Echiquier de Rouen. Les registres des années 1465, 1466, 1469, 1474, 1484, 1497, 1501 et 1506 parlent des différends qui s'élevèrent entre les seigneurs d'Harcourt et d'Elbeuf, et les tenant du Bec-Hellouin, les abbayes de Saint-Ouen et de Sainte-Catherine de Rouen, l'archevêque de Rouen, Guillemette de Tournebu, Guillaume de Bigars de la Londe, les habitants d'Elbeuf et de la Corneille —

Saint-Martin-la-Corneille, ancienne paroisse comprise maintenant dans la commune de la Saussaye — et plusieurs autres.

En 1466, Marie d'Harcourt eut d'autres désagréments à la suite des évènements de Rouen et du mont Sainte-Catherine dont nous parlions tout à l'heure : elle fut exilée à Elbeuf, par ordre de Louis XI, qui se plaisait, chacun le sait, à abaisser les grands de son royaume et qui porta les plus terribles coups à leur puissance. Cependant elle rentra bientôt en faveur, par l'obéissance et le respect qu'elle montra pour le roi.

Marie d'Harcourt étant à Elbeuf, le 27 novembre 1466, écrivit à Louis XI « qu'elle avoit appris par son fils de Vaudemont comme il luy faisoit la grâce qu'elle peust retourner en sa comté de Harcourt, dont elle le remerciait tres-humblement : cette princesse, dit la Roque, ayant une passion extrême pour tout ce qui touchoit son nom et pour le pays de sa naissance et de son origine, adjoustant, par sa lettre, qu'elle envoyait au Roy la cédulle qu'il desiroit d'elle et qu'elle estoit prête d'accomplir ses volontez ».

Marie d'Harcourt prêta serment de fidélité à Louis XI, à Orléans, le 14 décembre suivant. Son fils Ferry prêta le même serment au roi, par lettre datée d'Elbeuf, 10 février 1466 (1467 n. s.)

Quand Jean Ier d'Harcourt avait fait bâtir l'église Saint-Jean, il n'avait pas spécifié à quel saint de ce nom il entendait dédier le nouvel oratoire. Dans des titres de 1450 et 1455, Laurent Lesueur et Jean Sans-Terre sont encore qualifiés de trésoriers de Saint-Jean. Mais des travaux de reconstruction ayant été entrepris, il fut décidé que l'église serait placée sous la protection du précurseur de Jésus.

Une ancienne note qui, au dire de François Dupont, se trouvait dans les archives paroissiales, assurait que la dédicace de cette église, sous le nom de Saint-Jean-Baptiste, avait eu lieu 13 ans 3 mois et 26 jours après la prise de Constantinople par les Turcs. Ce dernier évènement datant du 29 mai 1453, ce serait donc le 24 septembre 1466 que l'on consacra l'oratoire à saint Jean-Baptiste.

François Dupont croit que l'ancienne église avait été rasée vers 1460, et qu'en 1466 la nef et la collatérale de la Vierge avaient été achevées. Il appuie cette opinion sur une note que nous publierons à sa date, en 1516.

Dupont remarque que Marie d'Harcourt, qui habitait Elbeuf en 1466, ne paraît avoir rien donné pour la reconstruction de l'édifice ; ce qui n'est pas probable, puisque cette église avait été fondée par un de ses ancêtres et qu'à sa mort, ainsi que nous le verrons plus tard, elle la dota plus que celle de Saint-Etienne, parce l'église Saint-Jean avait l'avantage d'être une fondation d'Harcourt.

Notre auteur ajoute que la famille Le Roux donna les trois premières vitres peintes de la chapelle de la Vierge, savoir : celle au-dessus de l'autel et les deux premières latérales : « Ses armes qui y sont ainsi qu'aux deux premières clefs de voute, à la seconde clef de la voute du chœur et à celle de saint Nicolas, le désignent assez ».

A une époque que nous ne pouvons fixer, mais qui n'est peut-être pas l'année 1466, ainsi que le semble dire François Dupont, les tondeurs et les laineurs d'Elbeuf donnèrent à l'église Saint-Jean une verrière représentant « une force à tondre flanquée de deux croisées de chardon ». Dupont ajoute : « Au lieu d'avoir été remis à la troisième fenêtre latérale de la chapelle de la Vierge, où elle était, on l'a placée à la quatrième fenêtre latérale de la chapelle Saint-Nicolas, en 1776 ».

Notre auteur note encore à l'année 1466, ou à l'une de celles qui la suivirent immédiatement, une autre verrière représentant « dans son couronnement, un moulin à vent, qui paroit désigner le corps des marchands et porteurs de grains qui, cent ans avant la reconstruction de 1466, étoit déjà érigé en confrérie, suivant les statuts des porteurs de grains ».

François Dupont continue ainsi la description des anciens vitraux de Saint-Jean :

« Les sixième et septième vitres de la collatérale de la Vierge, avoient aussi des emblèmes, qu'on ne se hazarde pas d'expliquer, de peur de mal rencontrer. Cependant, il y en avoit une dans le couronnement de laquelle étoit l'image de la Vierge tenant l'enfant Jésus, qui pouvoit avoir été donnée par la confrérie du Rosaire, dont l'origine dans cette paroisse est de temps immémorial ».

Là, au moins, nous avons la certitude que la vitre dont il s'agit ne datait pas de 1466, puisque le Rosaire, dit aussi « Psautier de la Vierge » n'a été établi qu'en 1470. Plus tard encore, naturellement, fut créée la confrérie du Rosaire, qui, il est vrai, fit des progrès très rapides dans toute la chrétienté, surtout à partir de 1473.

Cette réserve faite, nous reproduisons la description de la deuxième église Saint-Jean — celle que nous connaissons est la troisième —

telle que nous la trouvons dans les Notes de notre concitoyen François Dupont :

« Sur une des clefs de la voute de la grande nef étoit une tête de bœuf avec un coupperet, sculptée en bosse : ce qui désigne la confrérie des bouchers. Sur d'autres clefs étoient d'autres emblêmes et même des armoiries ; mais le peu de précaution que l'on a prise lors de la démolition [en 1776] a été cause qu'en tombant elles ont été mutilées, et l'on n'a pu y rien connaître.

« Dans la première vitre latérale de Saint-Nicolas, il y a des armoiries, mais je ne sai à qui les attribuer. Tels sont les bienfaiteurs certains, lors de la reconstruction de 1466 que les titres et monuments désignent ; les autres sont inconnus.

« Par ce qui reste actuellement (1782) de cette église, on peut connaître le goût de son architecture et sa largeur. Quant à sa longueur, elle descendoit jusques et non compris les pilliers de la tour, qui n'a été bâtie et finie que 200 ans après, en 1666.

« Le clocher étoit au milieu de l'église, et quatre tourelles décoroient extérieurement le chœur.

« Elle étoit décorée en dedans de cinq autels ou chapelles, dont deux ont été supprimées en 1735. La première à droite, contre le second pilier du chœur, avoit été originairement dédiée à saint Mathurin ; mais en 1623, la confrerie des pélerins de Saint-Jacques ayant été établie, les frères obtinrent cette chapelle pour la célébration de leurs offices, et elle en prit insensiblement le nom.

« La seconde à gauche et aussi contre le second pilier du chœur étoit dédiée à saint Sébastien. Ces deux chapelles resserroient considérablement le passage, et ce fut cette raison qui les fit détruire. Les débris de ces chapelles furent transportés dans l'église de Damneville.

« A l'entrée du chœur, derrière les places du curé et du vicaire, s'élevoient deux gros pilastre de menuiserie, de sept à huit pieds au-dessus des stales, qui portoient des statues, et du milieu de ces deux pilastres, sortoit un cintre sur lequel étoit posé un crucifix, et ces deux statues sont les mêmes qui sont aujourd'hui (1782) sur le beau cintre qui décore l'entrée du chœur. L'ancien n'ayant été détruit qu'en 1735 parce qu'il offusquait la vue de la contrétable (je dis l'ancien, ce n'étoit cependant que le second depuis la construction de 1466, le premier ayant été brûlé par les huguenots, le 17 juin 1562).

« Il y avoit encore des statues ou images de saints, en différents endroits de l'église, qui ont été détruites successivement.

« Enfin, il y avoit un jeu d'orgues, dont je ne vois pas le temps où il a été placé, mais qui existoit dès le commencement de l'autre siècle, suivant des comptes de ce temps, où les émoluments pour l'organiste sont portés.

« Telles étoient la grandeur et les décorations de cette église construite en 1466.

« Dans le grand dictionnaire géographique de Thomas Corneille, elle est annoncée comme un bel édifice — Corneille dit seulement « assez « bien bâtie » — mais la solidité ne répondoit pas à la beauté.

« A peine 140 ans s'étaient-ils écoulés, que l'on s'aperçut que les fondemens du mur de la collatérale de la Vierge s'enfonçoient et que les piliers étoient déversés de plusieurs pieds.

Pour prévenir un éboulement total, on fit construire en dehors, en 1613, cinq énormes piliers butants, dont un subsiste encore aujourd'hui (1782). C'est dans le registre de la Charité que l'on voit l'époque de cette construction, parce que cette confrérie contribua aux frais ».

Il arriva donc au mur de la collatérale de la Vierge le même accident qui s'est produit de nos jours à l'Hôtel-de-Ville, et pour la même cause. Ces deux constructions étant édifiées sur une ancienne tourbière, les architectes auraient dû descendre leurs fondations au-dessous de ce sol, jusqu'au terrain solide.

M. Guilmeth parle aussi des anciens vitraux de Saint-Jean, et saisit cette occasion pour déverser une première fois sa bile sur les industriels d'Elbeuf. Il s'exprime ainsi :

« Chacun de ces vitraux contenait, dans son couronnement, l'emblême ou écusson du corps ou métier qui l'avait donné. Ainsi, le vitrail des porteurs de grains offrait : *De sable, au moulin à vent d'argent ;* celui des bouchers : *De gueules, à la tête de bœuf d'or, accostée de deux couperets d'argent ;* et enfin, celui des fabricants de drap : *D'azur, à la force ou cisaille d'argent, accompagnée de deux croisées de chardons d'or.* Ce dernier écusson se voit encore, parfaitement conservé, sur le vitrail qu'il couronne, et, dans la partie centrale de ce vitrail, sont représentés deux marchands de tapis, accompagnés chacun d'un commis ou garçon de magasin. Tandis que les deux commis s'occupent à dérouler ou étendre la pièce de marchandise, chacun des deux patrons, *la main sur la conscience,* affirme qu'il a tout fait pour mériter *la confiance de la pratique*. Au geste et au mouvement des lèvres de ces deux marchands, on voit que déjà les commerçants d'Elbeuf faisaient sonner bien haut à l'oreille des étrangers les grands mots *d'honneur* et de *loyauté*, mots qui se retrouvent en effet, et en toutes lettres, sur l'un des fragments placés au bas de la verrière. Malheureusement, l'artiste chargé par ces mêmes marchands *de payndre leur effigie et mestier*, avait appris, à ses dépens, à quoi s'en tenir sur cet *honneur* de comptoir et sur cette *loyauté* de contrebande. Aussi les a-t-il placés sous le patronage de IVDAS, de Judas, dont son pinceau vengeur a reproduit là, en traits indélébiles, et la figure ignoble et le nom sinistre ; de Judas, enfin, qui lui aussi était, aux yeux des Juifs de son temps, un *honorable* et *honnête* commerçant, puisque, après leur avoir vendu son Dieu au plus bas prix possible, il ne se dédit pas de sa parole et le leur livra de la manière la plus complète, en ajoutant même, par dessus le marché, ses propres amis et condisciples de la veille !!! »

Marie d'Harcourt, pendant son séjour à Elbeuf, habitait un manoir situé à l'endroit où est actuellement la poste aux lettres et la rue Poulain, entre la rue de la Barrière et la rue Camille-Randoing, et où, plus tard, exista l'auberge « où pendait le Coq » qui donna son nom à la place voisine, la seule de notre localité pendant des siècles.

Ce manoir, qui succéda à celui dont nous avons précédemment parlé, n'avait pas une grande importance. La première fois que nous le trouvons mentionné, c'est dans un compte de 1501 ; il est ainsi désigné : « la masure et maison de Monseigneur audit Ellebeuf »; puis encore ainsi : « la masure et le tènement de mondit seigneur ». Il existait dans cette masure trois maisons, dont les rentes en deniers ne s'élevaient qu'à 12 sols.

Le manoir s'étendait jusqu'à la rue Marchande, c'est-à-dire à la rue du Centre ; mais après la mort de Marie d'Harcourt, il fut fieffé par parties, car l'angle de cette rue du Centre et de la rue de la République actuelle était occupé en 1521 par une propriété que nous trouvons ainsi désignée : « Masure et maison b. d. c. et d. b. le pavement (la rue du Centre et celle de la République) ; d. c. et d. b. Monsieur de Lorraine ».

L'auberge du Coq, qui n'existait pas en 1501, était déjà fondée en cette même année 1521 ; elle occupait une autre partie des bâtiments du manoir seigneurial, ainsi que nous le prouve cette autre désignation, de 1521 également, concernant une propriété voisine ainsi limitée : « Masure et maison b. d. c. la maison du Coq, d. c. plusieurs, d'un bout le pavement (la rue de la Barrière et de la République) et d. b. les fossés ».

Ces fossés, nous le répétons, s'étendaient sur toute la longueur des rues du Marché-Saint-Louis et Camille-Randoing, jusqu'à la hauteur de la rue Théodore-Chennevière actuelle. Elles limitaient, d'un bout, toutes les masures dont l'extrémité opposée donnait sur la rue de la Barrière. Ces fosses ou fossés servaient donc de clôture ; ils donnèrent leur nom à un antique sentier qui leur était parallèle, la sente des Fossés, qui prit plus tard le nom de ruelle, puis de rue de la Bague (actuellement rue Camille-Randoing).

En 1771, le manoir, ou plutôt ce qui restait de l'ancien manoir seigneurial, était ainsi désigné : « Maison et masures dites du Coq, ayant deux cours et plusieurs bâtiments, appartenant à Jacques Dupont, marchand, place du Coq ».

Cependant, une partie de ce manoir resta jusqu'en 1699 à l'usage particulier des seigneurs d'Elbeuf, et ils n'eurent pas d'autre résidence dans notre localité pendant des siècles. En 1633, Marguerite Chabot, duchesse douairière d'Elbeuf, veuve de Charles Ier de Lorraine, mère de Charles II de Lorraine, duc d'Elbeuf, et du célèbre général d'Harcourt, eut le désagrément d'y être saisie par ses créanciers. Cette partie de l'ancien manoir avait alors reçu des habitants d'Elbeuf le nom de « Cour à Madame » c'est-à-dire à « Madame d'Elbeuf ».

Nous reprenons l'ordre chronologique :

En 1465-1466, il fut payé, à la cour archiépiscopale de Rouen, un droit de 10 sols, pour des quêtes faites en faveur de l'hôpital Saint-Léonard d'Elbeuf. — A cette époque, nous trouvons un prêtre nommé Jean Lorel, mentionné comme curé d'Elbeuf.

Clément Robert, religieux augustin, évêque d'Hippone, vicaire général de l'archevêque de Rouen, fut administrateur de l'hospice d'Elbeuf, de 1467 à 1489.

Les Elbeuviens purent, sans trop se déranger, voir le roi Louis XI, au mois de juin 1467. Jean de Troyes raconte ainsi un voyage que ce monarque fit dans notre contrée :

« Le Roy se partit de Paris, ala en Normendie, à Rouën et ailleurs ; et luy estant à

Rouën fist venir à luy le conte de Warvich hors du royaulme d'Angleterre... et descendy à Honnefleu et à Haveslen. Et illec se mist en bateaux luy et sa compaignie, et vindrent jusques à la Bouille, assis sur la rivière de Seine, à cinq lieuës près de Rouen, à ung samedy sixieme jour du mois de juing, à l'eure du disner, lequel trouva illec son disner tout prest.

« Et le Roy, qui estoit illec aussi arrivé pour le recevoir, et y fut moult fort festoyé et tous ceux de sadicte compaignie ; et pui après disner rentra ledit Warvich esdits bateaulx, et s'en ala par terre, luy et sa compaignie audit Rouën... »

Marie d'Harcourt fut marraine, le 8 octobre 1469, de Marie de Clèrc, fille du baron de ce nom. L'enfant, suivant un usage du temps, eut une seconde marraine en la personne de la femme de Joachim Ruault, sieur de Gamaches, maréchal de France — dont l'un des descendant, ancien ouvrier typographe à l'Imprimerie nationale, habita Elbeuf et où il travailla pendant quatre années, après la guerre de 1870-1871. — Le parrain fut l'abbé de Saint-Vandrille.

Martin de Bezu vivait encore en 1470, car, cette année-là, il céda une pièce de terre, sise à Bosc-Bénard-Commin, à l'abbaye du Bec-Hellouin.

Un acte passé devant le tabellion de Boissey-le-Châtel, le 15 juillet 1470, est relatif à la vente d'une terre sise à St-Éloi de Fourques, par Jean Parnuit, d'Elbeuf. — Plusieurs membres de cette famille remplirent des fonctions publiques à Elbeuf et dans les environs pendant les siècles suivants.

Réné, duc de Lorraine, comte de Vaudemont, petit-fils de Marie d'Harcourt et futur baron d'Elbeuf, fit au roi, en sa personne, foi et hommage pour le comté d'Harcourt, par lettres données aux Montils-les-Tours, le 6 novembre 1470 ; elles furent expédiées le 20 décembre suivant.

Réné II de Lorraine se maria avec Jeanne d'Harcourt, sa cousine, à la suite de négociations traitées par Jeanne de Laval, reine de Sicile et duchesse d'Anjou, tante de Jeanne. Le contrat de mariage est daté du 20 juin. 1471. Cette union ne fut pas heureuse.

Un habitant d'Elbeuf, du nom de Michaut Regnault, reconnut devoir xx sols de rente « à cause de fieffe pour lui faicte de messire Jehan Berrier, presbtre, curé de Sainct Pierre des Sercuielx, pour un jardin au traire des Ligneriz, borné d'un côté le chemin du roi... par lettre exécutoire passée le iiii de décembre iiii lxii ». — G. Leforestier et L. Lesueur, tabellions à Elbeuf.

Jean de Lorraine, fils de Marie d'Harcourt, mourut en 1472. Son corps fut inhumé dans l'église collégiale de la Saussaye ; mais son tombeau n'existe plus depuis bien longtemps et il n'a laissé aucune trace.

On sait que Jean de Préaux avait autrefois donné à l'abbaye de l'Ile-Dieu une rente de 10 livres à prendre sur les revenus de la prévôté d'Elbeuf et les recettes de la foire Saint-Gilles. Une contestation étant survenue entre les receveurs de la baronnie d'Elbeuf et les moines, la comtesse d'Harcourt intervint, et par un acte passé, le 29 octobre 1473, devant les tabellions du Bec-Thomas, Marie d'Harcourt reconnut cette rente, ce qui mit fin à la contestation.

On peut juger de la richesse de Marie d'Harcourt par ce fait qu'elle donna une dot de 25.000 écus d'or et trois mille livres de rente à sa petite-fille Jeanne de Lorraine, mariée le 21 janvier 1473 (1474 n. s.) à Troyes, avec Charles d'Anjou, comte du Maine.

Quelques mois après, Marie fit une nouvelle donation à la collégiale Saint-Louis de la Saussaye, consistant en la cure d'Hectomare.

A cette époque, Marie d'Harcourt avait plusieurs différends avec le seigneur de la Londe, dont un à propos du droit de présentation à la chapelle Saint-Auct. L'autorité ecclésiastique en ayant été saisie, les vicaires généraux de l'archevêque de Rouen, le siège étant vacant, ordonnèrent une enquête.

Le 24 août 1474, Me Robert Romé, doyen de Bourgtheroulde, vint à Elbeuf, à l'effet de savoir qui avait droit de présentation à la chapelle Saint-Félix et Saint-Auct dite aussi léproserie d'Elbeuf ou de Saint-Jacques.

Gilles de Bigars, bâtard, procureur de noble homme Guillaume de Bigars, seigneur de la Londe, se présenta à « la cure ou chapelle de Saint Chaux et Saint Félix » où se tenait Me Romé. Il déclara que la comtesse d'Harcourt n'avait aucun droit à la présentation de « ladicte cure ou chapelle et qu'elle appartenoit à son maître », à cause de sa seigneurie de la Londe ; mais qu'un procès était pendant entre eux à ce sujet, aux assises de Rouen. Il demanda acte au doyen de sa protestation.

Me Romé entendit d'autres personnes, qu'il avait appelées. Le premier déposant fut Me

Robert Vitepas, prêtre de la paroisse d'Elbeuf, âgé de 55 ans.

Il déposa « en parole de prêtre », c'est-à-dire sans prêter serment, qu'il avait toujours entendu dire à feu Etienne Mulot, en son vivant curé de Saint-Didier d'Evreux, originaire de Saint-Etienne d'Elbeuf, mort à l'âge de 80 ans ou environ, que la dame d'Harcourt avait, ainsi que ses prédécesseurs, le droit de présenter à cette chapelle ; mais qu'il ne savait pas si c'était à raison du comté d'Harcourt ou de la vicomté d'Elbeuf.

M° Vitepas déclara, en outre, que la dame d'Harcourt avait présenté Etienne Noblet à la chapelle, et qu'à cette occasion il y avait eu procès entre Madame d'Harcourt et noble homme Guillaume de Bigars, écuyer, seigneur temporel de la Londe, qui alors avait présenté Pierre Lesellier ; mais qu'il ignorait où le procès avait été porté ; il supposait que c'était l'Echiquier de Normandie qui en avait été saisi ; cependant, il ne pouvait préciser si ce différend avait eu lieu à cause du droit de patronage, ou à cause d'une carrière contentieuse entre la dame d'Harcourt et le seigneur de la Londe, située près de cette chapelle.

Vitepas affirma, en plus, que, dans la léproserie dudit lieu, contre un mur, « étaient dépeintes et affichées les armes d'Harcourt », ce qui le portait à croire que le patronage en appartenait au seigneur d'Harcourt.

Le déposant ajouta que, depuis six ou sept ans, il avait vu Etienne Noblet, dernier possesseur de la chapelle, jeter clameur de haro sur le seigneur de la Londe, parce que celui-ci prenait ou faisait prendre des pierres dans la carrière mentionnée plus haut, et qu'à l'occasion de cette clameur, le prêtre Noblet avait été, par autorité de la justice séculière, enfermé dans les prisons du roi à Rouen. Mᵉ Vitepas ne savait ce qui était advenu de cette affaire.

Mᵉ Romé ayant interrogé le déposant sur les mœurs de Jean de Goue, présenté en dernier à la chapelle par la dame d'Harcourt, Vitepas déclara que « venerable homme Jean de Goue était de vie louable, de bonne conversation, sage, lettré, gradué ès-arts, suffisant et idoine, et digne d'occuper ladite chapelle, devenue vacante le dimanche des Rameaux dernier passé, jour du décès de Noblet, chapelain. » Il termina sa déposition en disant que le bénéfice de cette chapelle pouvait valoir 50 livres tournois par an, et qu'il pouvait préciser sur ce point, car il l'avait lui-même desservie et en avait recueilli les fruits.

Romé appela d'autres témoins, notamment Mᵉ Jean Poulain, âgé de 55 ans, curé de Thuit-Hébert. Celui-ci confirma à peu près la déclaration précédente ; mais nous y trouvons ce détail que, avant Etienne Noblet, le chapelain de Saint-Jacques avait été Mᵉ Viboure. C'était le même personnage que le Viboure, chanoine de la Saussaye et tabellion d'Elbeuf, dont nous avons déjà parlé.

Mᵉ Giffard Durée, prêtre, demeurant à Elbeuf, et plusieurs autres déposèrent dans le même sens que Vitepas. Il résulte donc de ces déclarations que la « chapelle Saint-Jacques en la léproserie d'Elbeuf appelée Saint-Chaux et Saint-Félix » était à la présentation de Marie d'Harcourt.

M. Ch. de Beaurepaire, auquel nous devons la connaissance de cette intéressante pièce et de tant d'autres, croit que, à son origine la

ANNÉE 1476 43

chapelle-léproserie fut placée sous l'invocation de saint Félix et saint Auct, mais qu'un seigneur de la maison d'Harcourt y fonda la chapelle Saint-Jacques, en se réservant le droit de présentation. — Le mot chapelle n'a, ici, que le sens de bénéfice, et le bénéficiaire était obligé pour avoir droit à la chapelle, c'est-à-dire aux revenus de la fondation, de dire la messe, à certains jours, dans la léproserie de Saint-Félix et Saint-Auct.

Dans une des dépositions dont nous venons de parler, un prêtre nommé Jean Buisson est mentionné avec la qualité de curé de Saint-Étienne.

Marie d'Harcourt, comtesse de Vaudemont, baronne d'Elbeuf, fit son testament devant Guillaume Le Brumer, notaire public et secrétaire de Louis d'Harcourt, patriarche de Jérusalem et évêque de Bayeux, présent à la reconnaissance de ce testament, ainsi que Robert et Jean Lechevalier, maîtres d'hôtel de la comtesse, et plusieurs autres.

Elle ordonnait que son corps fut inhumé dans l'église du prieuré conventuel de Notre-Dame d'Harcourt, en laquelle elle avait fondé un obit, de même qu'en l'église collégiale de la Saussaye.

Elle donnait : 300 livres pour habiller ses serviteurs et les douze pauvres qui porteraient les flambeaux à ses funérailles ; « six vingts francs pour un drap de velours » ; 200 livres aux prêtres qui assisteraient à son inhumation ; 200 livres pour des aumônes aux pauvres ; 200 livres pour le luminaire ; 300 livres pour les services et trentain ; 500 livres « pour faire sa représentation et dresser sa sépulture en l'église du Parc d'Harcourt » ; 500 livres pour employer en chapes et ornements portant la broderie de ses armes.

Elle léguait aussi : 100 écus aux chanoines de la Saussaye pour acheter des ornements de deuil ; 100 écus aux chanoines de l'église de Vaudemont, où son mari était inhumé ; 50 écus aux sœurs de Sainte-Clerc à Amiens ; 30 francs à l'église cathédrale d'Evreux pour un service ; 20 francs aux Cordeliers, et 20 francs aux Jacobins d'Evreux, 20 francs à chacune des églises des Augustins, Jacobins, Carmes et Cordeliers de Rouen ; 30 écus d'or pour trois annuels, l'un en l'église du Parc, l'autre en celle de la Saussaye et le troisième en celle de Saint-Jean d'Elbeuf.

On remarquera les libéralités très particulières dont furent l'objet ces dernières églises, toutes trois fondées par des seigneurs d'Harcourt.

Marie donnait encore : 20 écus au trésor de Saint-Jean d'Elbeuf ; 10 écus au trésor de Saint-Etienne d'Elbeuf ; 20 écus à celui de Saint-Jean d'Harcourt.

Les gens de sa maison ne furent pas oubliés. Jean de Guay et Carré, chapelains, reçurent chacun 20 écus ; Robert et Jean Chevalier, chacun 50 écus ; Guillaume de Franqueville 30 écus ; Philippe de Franqueville dit Lillebonne 30 écus ; Patrice Gray 40 écus ; Philippe Vaste, son « clerc de cuisine », 50 écus ; Lionnet et sa femme, servants en sa cuisine, 40 livres ; Raoulin, « son chartier ou cocher » 20 livres ; Palame 30 livres ; Butin, son valet de chambre, 100 écus ; Guillaume Le Roux, vicomte d'Elbeuf, secrétaire et intendant de toute la maison de Marie d'Harcourt, 200 écus ; Mariette de Vigent, sa filleule, 200 écus ;

Jeanne de Grandviller 100 écus ; Catherine Lorfèvre 100 écus ; Marion, femme de chambre de sa fille Yolande, 50 écus.

Marie ordonnait, en outre, que ses officiers et ceux qui s'était entremis de ses affaires demeurasssent quittes et déchargés de toutes dettes, mais que ses receveurs ordinaires rendraient leurs comptes à ses héritiers. Elle ordonnait qu'on délivrât à son fils, l'évêque de Thérouanne, la vaisselle d'argent qu'elle avait de lui en dépôt, montant à 400 marcs et marquée à ses armes ; de plus, elle lui délaissait ses terres d'Arscot et de Vitrey pour en jouir jusqu'au jour où il serait remboursé de 12.000 florins d'or qu'il lui avait prêtés, et voulait qu'il eût sa part des terres qu'elle laissait, selon la coutume des lieux où elles étaient assises.

Elle donnait à sa fille Yolande de Lorraine 300 marcs d'argent de sa vaisselle, sur les 400 marcs qu'elle possédait, et, en outre la terre de Goupillières. Son neveu « et spécial ami le patriarche de Jérusalem, évêque de Bayeux » recevrait les 100 autres marcs sur sa vaisselle, en reconnaissance des services et des plaisirs qu'elle en avait reçus ». Enfin, Marie léguait à la demoiselle de Rohan 1.000 écus et 1.000 écus également à sa fille Isabelle de Crouy. Le reste des biens de la comtesse resterait à ses héritiers.

Elle déclarait posséder, lors de ce testament, « 14.000 escus au coing du Roy », et nommait pour exécuteurs testamentaires l'évêque de Bayeux, l'évêque de Thérouanne et son petit-fils Réné, duc de Lorraine, et, en cas qu'ils ne pussent accomplir cette mission avec assez de diligence à cause de leurs occupations, ordonnait Roger Gouel, son secrétaire, et Guillaume Le Roux, vicomte d'Elbeuf, ses exécuteurs, auxquels elle laissait 50 écus, à chacun, pour leur peine.

Marie d'Harcourt, veuve d'Antoine de Lorraine, mourut à l'âge de 78 ans, le 19 avril 1476. Nous avons dit qu'elle était née au château d'Harcourt, le 9 septembre 1398.

Elle fut inhumée, suivant sa volonté, dans le monastère du Parc d'Harcourt, sous une magnifique sépulture, au côté droit de celle du fondateur, Jean Ier d'Harcourt.

Marie blasonnait : *Parti, d'or à une bande de gueules chargée de trois alérions d'argent,* qui était de Lorraine, et *de gueules à deux fasces d'or,* qui était d'Harcourt.

Marie d'Harcourt était comtesse d'Aumale, de Vaudemont, baronne de Guise, d'Elbeuf, de la Saussaye, de Brionne, d'Arscot, d'Anvers, de Neubourg, de Routot, de Quatremares, d'Aubenton, de Joinville, de Rumigny; châtelaine de Lillebonne, d'Aives, de Wastefale, d'Aurainville, de Doulvant, de Chevillon; dame de Beauficel, de Calleville, de Vitrey, de la Corneille, de Birrebek, de Sainte-Colombe, de Saint-Dizier, de Boscroger, d'Ectomare, de Goupillières, de Bourneville, de Sotteville, de Fradonville, de Villiers, de Coquerel, de Bove, de la Cour du Bosc, du Moustier, de la Rivière-Bourdet, de la Forestière, et chambellanne héréditaire de Brabant.

Après avoir rappelé les nombreuses donations faites par Marie d'Harcourt aux chanoines de la Saussaye, M. Maille dit que tant de bienfaits doivent la faire considérer comme la seconde fondatrice de la collégiale. Comment croire, demande-t-il, après tant de libéralités, qu'une âme aussi généreuse, aussi magnifique que celle de Marie d'Harcourt n'ait pas contribué à relever les murs de son église Saint-Jean d'Elbeuf, paroisse pour elle à l'époque de sa réédification ?

« Ce qui n'est pas moins surprenant, c'est qu'après tant de faveurs prodiguées à son église de la Saussaye, elle n'y ait pas élu sa sépulture, comme son fils, ce qui prouve sa grande prédilection pour Harcourt, où elle aura voulu reposer, après avoir préféré y vivre et respirer.

« En reconnaissance de toutes ses bontés, partagées et confirmées par Jean de Lorraine, son fils, les chanoines instituèrent pour eux, à la Saussaye, un obit qui a été acquitté jusqu'à la Révolution.

« La collégiale dut la plupart des largesses de Marie à sa proximité d'Elbeuf, lieu que, la première de ses seigneurs, Marie avait habité quelquefois ; lieu où elle fut reléguée et où elle improvisa, pour elle, une sorte de manoir où elle séjourna quelque temps, manoir peu digne et peu fréquenté des successeurs, qui paraissent n'y être venus qu'en passant et par nécessité.

« Rien n'indique que Jean de Lorraine, son fils, y ait même jamais paru. Il est vrai qu'ambassadeur en Bourgogne, guerrier, capitaine de Granville, sénéchal et gouverneur d'Anjou, disgracié, exilé, il a toujours mené une vie errante ; mais on a la preuve qu'il était représenté à Elbeuf par un sieur Divery, son receveur, soigneux d'acquitter toutes les charges dont étaient grévés les domaines qui lui étaient échus et dont il jouissait par provision, à la suite du partage intervenu dès 1453, après la mort de son grand-père, entre ses deux filles, et qui ne fut légalement consacré qu'en 1496, après un procès qui dura presqu'un demi-siècle, et que termina son neveu Réné II, duc de Lorraine ».

Le règne de Louis XI fut très favorable au commerce et à l'industrie de notre contrée, où une paix profonde régnait.

On a vu les dons de vitraux faits à la nouvelle église Saint-Jean par les corporations des apprêteurs de draps, des bouchers et des porteurs de grains. Ces donations indiquent, mieux que tout discours, les principaux genres d'opérations qui alimentaient alors l'activité des Elbeuviens.

CHAPITRE III
(1476-1489)

Réné II de Lorraine, baron d'Elbeuf. — La bataille de Morat. — Réné victorieux a Nancy sur Charles-le-Téméraire. — Son divorce. — Prétentions de Réné II au royaume de Naples. — Charles VIII a Elbeuf.

Le fils aîné héritier direct d'Antoine de Lorraine et de Marie d'Harcourt était Ferry de Lorraine, comte de Vaudemont, d'Harcourt et d'Aumale. — Jean de Lorraine, leur second fils, qui s'était rendu célèbre par ses combats en 1449 et 1450 contre les Anglais, était mort et avait été inhumé à la Saussaye, ainsi que nous l'avons dit. — Henry de Lorraine, leur troisième fils, fut évêque de Therouanne et de Metz ; il mourut en 1505. — Ils eurent aussi plusieurs filles.

Mais Ferry de Lorraine étant lui-même décédé depuis quatre ans déjà, son fils aîné Réné-Ferry devint le principal héritier de Marie d'Harcourt. Il fut, par suite, duc de Lorraine, comte de Vaudemont, d'Harcourt et d'Aumale ; baron de Joinville, d'Elbeuf, de la Saussaye, de Brionne, d'Auvers et autres seigneuries. Il avait été créé duc de Bar et de Pont-à-Mousson en 1473, par son aïeul Réné d'Anjou, roi de Sicile. En outre, à cause d'Yolande d'Anjou, sa mère, et de ses aïeux maternels, il se qualifia aussi de roi de Sicile, de Jérusalem, d'Arragon, de duc de Calabre et de comte de Barcelone.

Réné de Lorraine venait d'être battu par les troupes de Charles-le-Téméraire et s'était rendu à Lyon, auprès de Louis XI pour implorer son secours contre le célèbre duc de Bourgogne, quand il apprit que sa grand'mère Marie d'Harcourt, dangereusement malade, désirait le voir.

Il prit congé du roi, dont il n'avait rien à espérer, du reste, et accourut en Normandie. La princesse le reçut avec une grande joie, lui fit donner, et à toute sa suite, des habits de soie. En outre, ce qui combla de plaisir le jeune duc, Marie lui donna l'énorme somme de 200.000 écus. La princesse mourut quelques jours après ; Réné lui rendit les deniers devoirs.

Le duc Réné de Lorraine vint à Elbeuf le lendemain de la mort de Marie, c'est-à-dire le 20 avril 1476, et donna sa procuration générale à Jean de Carrouge. Nous en trouvons la copie sur une pièce des archives municipales :

« Réné, duc de Lorraine, marchis conte de Vaudemont et de Harrecourt, à tous ceulx qui ces présentes lettres verront, salut :

« Scavoir faisons que pour le bon rapport qui faict nous a esté de nostre bien amé Jehan du Carrouge le jeune, conseiller en court laye, iceliuy advons faict, commys, ordonné et estably et par ces présentes faisons, commectons, ordonnons et établissons nostre procureur general et certain messagier especial en toutes nos causes, querelles, besongnes, negosses et affaires que nous avons et courons, meues et à mouvoir, tant en demandant comme en deffendant, et luy advons donné et donnons par ces présentes plains povoir, puissance et auctorité dester et comparoir pour nous en tous lieux où mestier sera, nostre personne representer, excuser et exonier en jugement et dehors nos causes, querelles, privilleiges, begongnes et negosses, garder, gouverner, soustenir, poursuyr et deffendre tant en demandant comme en deffendant contre toutes personnes, en toutes cours et par devant tous juges ou commissaires de quelque povoir ou auctorité quilz usent ou soient fondez de requerir, et faire faire pour nous tous adjournementz, cytemens, exploictz, aprehencions, executions et toutes manieres de contrainctes, de requerir delivrance de namps et de fiefz, nous garder et maintenir en toutes nos droictures, saisines et pocessions par toutes veoys deues et raisonnables, prendre et obtenir tous briefz et clameurs coustumiers, iceulx poursuyr, conduyre affin, demander et faire veues et ostencions de lieux, appeler garant ou garantz, prendre pour nous faictz et charge de garantie ou y faillir si bon lui semble, de bailler par escript, demander libelles, somations, articles et raisons de faict et de droit, depposer, respondre, réplicquer, dupplicquer et conclure en cause de produyre et administrer temoingtz, lettres et escriptures en forme de preuve, de oys, droitz, arrestz, jugemens interlocutoirs et sentences definitives, dolloir et appeler de tous tortz, griefz et sentences ou y renoncher si mestier est, de impectrer et presenter pour nous partout où mestier sera toutes manyeres de lettres, mandemens et impetracions, en requerir la cour, jurisdiction, renvoy, et congnoissance des causes de nos hommes et subjectz, et generalement de faire et besongner pour nous en toutes choses touchant faict de plaidoirie tout ce que procureur general deuement establi peult et doibt faire selon raison et la coutume du pays.

« Et oultre luy avons donné et donnons par ces presentes povoir et auctorité de substituer ung ou plusieurs procureurs substituts qui ait ou aient le povoir dessus dict ou partie dicelluy, ainsi quil verra bien estre, promectant de bonne foi et sur l'obligation de tous nos biens meubles et heritages tenir et avoir agreable tout ce qui par notre dict procureur et ses substituts sera en ce faict, procuré et besongné, et paier le juge et amende se mestier est et ils en encheent, de icelluy office tenir exersser, tant quil nous plaira aux gaiges, droictz, sallaires et chevauchées acoustumez et au dit office appartenant et paier aux termes ainsi et par les moiens quil avoit pleu à nostre deffuncte dame et mère (que Dieu absolve) ordonner à nostre dict procureur ;

« Sy donnons en mandement à nostre bailly de Harrecourt ou son lieutenant que, prins et receu de nostre dict procureur le serment en tel cas acoustumé, il face et seuffre jouyr nostre dict procureur du dict office.

« Outre mandons à nostre recepteur du dict Harrecourt present et advenir que les dictz gaiges, droictz, sallaires et chevauchées accoustumez il paie et deleivre à nostre dict procureur et en haportant ces presentes ou vydimus dicelles pour une fois seullement, avec quictance de nostre dict procureur, ilz luy seront allouez en ses comptes et rabatus des deniers de sa recepte par les auditeurs diceulx comptes ausquelx nous mandons que ainsi soyt faict sans difficulté.

« Donné à notre ville dEllebeuf soubz notre seel darmes le vingtiesme jour d'apvril apprez Pasques lan de grace mil quatre cens soixante saize : RÉNÉ. »

Et au-dessous : « Par Monseigneur le Duc : GUILLAUME LE ROUX. »

Le duc Réné partit d'Elbeuf ou d'Harcourt, avec les trésors de son aïeule, et retourna auprès de Yolande d'Anjou, sa mère, à Joinville, où l'on savait déjà qu'il était en possession d'une grande fortune, car il n'était pas encore descendu de cheval qu'il reçut une députation de Suisses et d'Allemands, lui offrant le commandement de leurs troupes contre le duc de Bourgogne. Inutile de dire qu'il accepta de grand cœur ; il avait hâte de se venger de Charles-le-Téméraire, qui venait de lui enlever son duché de Lorraine.

Malgré son peu de sympathie pour Louis XI, le duc Réné ne voulut rien faire, cependant, sans son agrément. Il lui écrivit, lui demanda trois ou quatre cents lanciers pour l'accompagner en Suisse, dont les habitants venaient de battre, à Granson, le duc de Bourgogne. Le roi, heureux de voir s'éloigner Réné, qu'il ne pouvait souffrir, lui accorda ce qu'il demandait et y ajouta même une somme d'argent.

Yolande d'Anjou, craignant pour la vie de son fils, s'épuisa en efforts pour le retenir, mais les larmes maternelles ne purent arrêter le jeune duc dans son désir de combattre le plus grand ennemi de sa famille.

En se rendant au camp, Réné ne trouva partout sur la route que zèle et sympathie ; chaque fois qu'il s'arrêtait, les populations accouraient et l'acclamaient comme un libérateur, et prenaient à leur charge les frais de son escorte.

Quand il passa à Saint-Nicolas, on allait commencer une messe solennelle ; il y assista. Pendant la célébration de l'office, une dame lui remit une bourse pleine, qu'il accepta en baissant la tête pour remercier cette femme.

La gendarmerie française le quitta à Saarbourg ; mais toute la noblesse des environs vint lui offrir ses services, et c'est au milieu de huit cents chevaliers qu'il entra à Strasbourg, où on l'accueillit avec des transports de joie.

La chronique rapporte que ces seigneurs lui firent faire bonne chair, le traitant à l'allemande, c'est-à-dire à raison de cinq repas par jour. Les Suisses, ayant appris son arrivée, envoyèrent au-devant de lui une centaine d'hommes, pour lui servir d'escorte. Il arriva à Zurich, avec la noblesse qui l'avait suivi, le 2 juin.

Nous avons dit que le duc Réné était encore à Elbeuf, le 20 avril ; les évènements que nous venons de rapporter avaient donc eu lieu en moins de six semaines.

A Zurich, le jeune duc de Lorraine trouva les confédérés qui lui offrirent le commandement de la cavalerie ; il la partagea avec le comte de Thierstein.

Avant que l'on se mît en mouvement, dit M. Henri Martin, « les comtes de Thierstein et d'Eptingen conférèrent l'ordre de chevalerie à tous les capitaines des bourgeois et des montagnards ; le duc de Lorraine reçut l'ordre avec le doyen des bouchers, qui portaient la bannière de Berne, sublime égalité de l'héroïsme devant la mort ».

Le choc des deux armées eut lieu le 22 juin devant Morat. On en connaît l'issue : 10.000 Bourguignons et Anglais restèrent morts sur le champ de bataille. Charles, complètement battu, dut fuir et ne s'arrêta qu'après une course de douze lieues : il n'avait plus avec lui qu'une douzaine de compagnons.

Parmi ceux qui perdirent la vie dans cette terrible bataille, se trouva le duc de Somerset, ancien seigneur d'Elbeuf, qui commandait les troupes anglaises.

Charles-le-Téméraire, duc de Bourgogne, se retira dans un château du Jura. Le jeune duc Réné de Lorraine, retourné à Strasbourg, profita de son immobilité pour rentrer dans son duché, et, secouru par Louis XI, il prit, presque entièrement avec l'aide des Strasbourgeois et la noblesse lorraine, plusieurs châteaux et villes du duché et alla mettre le siège devant Nancy, qui n'avait pour garnison qu'un millier de Bourguignons et d'Anglais, lesquels se défendirent vaillamment ; mais le duc de Bourgogne, persistant à ne point donner de ses nouvelles, la ville ouvrit ses portes à Réné, le 6 octobre 1476, au moment même ou Charles-le-Téméraire se mettait en route pour secourir la place.

En apprenant la reddition de Nancy, il accéléra sa marche, en cherchant à recruter des renforts sur son passage : il ne put réunir qu'environ six mille hommes. Le duc Réné ne jugea pas à propos de l'attendre dans Nancy, car ses auxiliaires s'étaient déjà dispersés. Il résolut d'aller demander du secours aux Suisses, et il partit, ne laissant dans la ville qu'une petite garnison composée de Lorrains, de Français, d'Alsaciens et de Lombards, promettant de revenir, sous deux mois, avec des forces capables de repousser l'ennemi. Les habitants, qui affectionnaient leur duc, promirent de leur côté de résister énergiquement aux entreprises du Bourguignon, ce qu'ils firent.

En arrivant en Suisse, Réné eut à subir bien des retards et à vaincre beaucoup d'obstacles, qui provenaient surtout de son défaut d'argent ; mais, enfin, une assemblée générale des villes et des cantons suisses se tint à Lucerne, le 24 novembre, et les seigneurs des ligues permirent à Réné de recruter chez eux. Bientôt, moyennant force promesses, il eut enrôlé huit mille hommes d'élite. Entre temps, un messager avait traversé les lignes bourguignonnes pour venir lui apprendre que la garnison de Nancy avait mangé tous les chevaux et qu'elle n'avait d'autre ressource que les chats et les rats. Enfin, tous les Suisses se trouvèrent réunis à Bâle, la veille de Noël, et Réné pénétra bientôt en Alsace, recueillant sur son chemin des Alsaciens, des Français et des Lorrains.

Charles apprit que Réné s'avançait à la tête de vingt mille hommes, et qu'il s'était déjà emparé de Saint-Nicolas-du-Pont, à deux lieues de Nancy, qui lui assurait le passage de la Meurthe. Le matin du 5 janvier 1476 (1477 n. s.) l'armée lorraine déboucha par la route de Lunéville ; son avant-garde était de neuf mille hommes, c'est-à-dire supérieure à la totalité de l'armée bourguignonne. La neige tombait par épais flocons, au point d'obscurcir le jour.

Une décharge de l'armée de Charles indiqua aux Lorrains la position de l'ennemi.

Guillaume Herte, commandant lorrain, se porta avec son avant-garde derrière un côteau où s'appuyait la droite des Bourguignons, en même temps que la cavalerie de Réné chargeait de front et allait payer cher son action prématurée, lorsque Herter parut sur la hauteur. Alors Charles entendit un son terrible, qui lui était déjà trop connu : c'étaient le « taureau d'Uri » et la « vache d'Unterwalden ». Il se sentit glacé jusques au fond du cœur ; cependant le courage ne lui fit point défaut. Le choc fut terrible. L'armée bourguignonne fut taillée en pièces, car elle était cernée de tous côtés et les Suisses tiraient sans pitié.

Olivier de la Marche rapporta dans les termes qui suivent la défaite et la mort de son maître, Charles-le-Téméraire :

« ...Alors le duc, averty du siège de Nancy, se hasta, à toute diligence, pour venir au secours de ses gens : et vint faire un logis es fauxbourgs de la vile de Tou — lire Toul — et fut averti que ses gens, qui estoient à Nancy, avoyent rendu la vile es mains du duc Regné : et fut par les Anglois (qui estoyent les plus forts dedans Nancy), qui contraindirent messire Jehan de Rubempré à rendre ladicte vile ...Le duc de Bourgongne... revint mettre le siège devant Nancy : et commença la bature des gros engins de toutes pars : et ne demoura gueres que le comte de Campobasse, qui se partit du duc mal-content, pour certains deniers que le comte disoit que le duc luy devoit. Soit vray ou non, il abandonna le duc, et fit son traité secretement aveques le duc de Lorraine (ce que le duc de Bourgongne ne vouloit croire) ; et le duc de Lorraine pratiquoit les Suisses, pour les faire venir devant Nancy : et le Roy secrettement fournissoit argent au duc de Lorraine, désirant que l'on fist au duc de Bourgongne ce que luy-même n'osait entreprendre : et tant fit le duc de Lorraine, qu'il amena les Suisses bien douze mille combatans, et le duc de Bourgongne leur alla audevant : et pren, sur ma conscience, qu'il n'avoit pas deux mille combatans : et estoit le duc malparty : et assemblerent les deux puissances. Mais les gens du duc de Bourgongne ne tindrent point, ains s'enfuirent, et se sauva qui mieux mieux : et ainsi perdit le duc de Bourgongne, la troisième bataille, et fut en sa personne rateint, tué et occis de coups de masse. »

Après la bataille, on resta sans nouvelles de Charles-le-Téméraire, dont on ignorait la mort. Le lendemain, on chercha de tous côtés parmi les cadavres, sans rien trouver qui put faire reconnaître celui du duc de Bourgogne. Le jour suivant, les recherches recommencèrent, car de toutes les versions qui circulaient, aucune ne pouvait se justifier que celle de la mort de Charles.

Suivant M. de Barante, historien des ducs de Bourgogne, « une pauvre blanchisseuse de la maison du duc s'était, comme les autres, mise à cette triste recherche ; elle aperçut briller la pierre d'un anneau au doigt d'un cadavre dont on ne voyait pas la face. Elle avança et retourna le cadavre : « Ah ! mon prince ! » s'écria-t-elle ; on y courut. En dégageant cette tête de la glace où elle était prise, la peau s'enleva ; les loups et les chiens avaient déjà commencé à dévorer l'autre joue ; on voyait qu'une grande blessure avait profondément fendu la tête depuis l'oreille jusqu'à la bouche ».

Ainsi mourut, tué par Claude de Beaumont, chevalier lorrain, qui ne le connaissait pas, le dernier représentant de cette fière maison de Bourgogne, qui avait eu la prétention d'égaler les plus puissants souverains de l'Europe et de s'en faire l'arbitre.

La bataille de Nancy a été le sujet d'une célèbre toile d'Eugène Delacroix, qui figure au musée de Nancy. A son exposition au salon de 1834, ce tableau fut vivement critiqué. Depuis, le génie du maître trouva des admirateurs convaincus ; une simple esquisse de la *Bataille de Nancy* a été payée 4.500 fr. lors de la vente posthume des œuvres de Delacroix.

Jean de Troyes raconte les funérailles de Charles-le-Téméraire : « Et après que ledit duc de Bourgongne ainsi trouvé eut esté porté audit lieu de Nancy, et illec lavé et mondé et netoyé,... le vint veoir mondit seigneur de Lorraine vestu de deuil, et avoit une grant barbe d'or venant jusques à la seinture, en signification des anciens preux, et de la victoire qu'il avoit sur luy euë. Et à l'entrée dist ces mots, en luy prenant l'une des mains : « Vos ames ait Dieu ! vous nous avez fait « mains maulx et douleurs. » Et à tant vint prendre l'eauë benoiste, et en getta dessus le corps ; et depuis y entrerent tous ceux qui le vouldrent voir, et puis le fist ledit duc de Lorraine enterrer en sépulture bien et honorablement, et luy fist faire moult beau service ».

Réné éleva un mausolée dans l'église Saint-Georges de Nancy, et une croix sur le lieu où

Charles avait été tué. On y voyait encore avant la Révolution, l'inscription suivante :

> Ici, l'an de l'Incarnation
> Mil quatre cens septante six (v. s.)
> Veille de l'Apparition,
> Fut le duc de Bourgogne occis,
> Et en bataille ici transis
> Une croix fut mise pour mémoire
> Réné, duc de Lorraine, merci
> Rendant à Dieu de sa victoire.

Peu après la bataille de Nancy, le duc de Lorraine se saisit du duché de Bourgogne et du comté d'Auxerre, qu'il remit entre les mains du roi. Louis XI parvint même à soustraire à Réné la Provence et l'Anjou.

Les brillants exploits du duc de Lorraine, baron d'Elbeuf, eurent un grand retentissement en Normandie et par toute la France.

Mais la gloire du jeune duc déplut à Louis XI. Réné se trouvant au mois de mars de cette même année 1477, à Arras où était le roi, il fut obligé de s'enfuir. Il quitta la France et gagna la Vénétie par mer. Pendant la traversée, sa vie fut mise en péril par un série de tempêtes continuelles.

L'année suivante, Réné retourna en Lorraine ; et comme il circula des pièces de mauvais aloi à son effigie, on le surnomma le faux-monnayeur.

Nous revenons à Elbeuf par les quelques notes qui suivent :

M. Charles de Beaurepaire, dans ses *Recherches sur l'Instruction publique* dans le diocèse de Rouen, cite un extrait des registres de la vicomté d'Elbeuf, de cette époque (1er décembre 1476), par lequel l'autorité de justice et le conseil de ses parents et amis décident

Année 1479

« que le corps de Colin Baivet, âgé de dix ans, sera baillé à messire Geoffroi Durée, prêtre, son oncle, jusqu'à trois ans, pendant lequel temps ledit prêtre sera tenu de lui fournir tous les nécessaires de boire, manger, vestir, chausser, feu, lit, selon estat, lui monstrer à lire et à escrire ».

La même obligation fut imposée à Jacques Duperrois, d'Elbeuf, à l'égard de son jeune frère : « Il devra le tenir à l'escole et lui trouver livres à apprendre, et à la femme Grisel à l'égard de son enfant, dont la garde lui est laissée ».

Un acquit de la vicomté de l'Eau de Rouen, daté de 1478 et publié par M. de Fréville, est ainsi conçu : « ...Item, a vallu la branche d'Eullebeuf pour les troix ans que lesd. fermiers l'ont esté, par le compte rendu par Jehan Lanchelevée à ce commis, ses gages païez... xxxii l. ii s. iii d.

En 1479, Pont-Audemer comptait au nombre des plus importantes villes drapières de Normandie. M. Alfred Canel estime qu'il y existait quatorze maîtres drapiers. Mais Louis XI porta un coup funeste à l'industrie de cette ville en envoyant six de ses maîtres fabricants, avec leurs ouvriers, s'établir à Arras, comme il en avait déjà envoyé à Rouen. L'année suivante, le roi demanda encore des drapiers-drapants à Pont-Audemer pour Arras. Raollin le Georgelier défendit les intérêts de la ville normande en cette circonstance. Plus tard, Charles VIII obligea les habitants de Pont-Audemer d'acheter des draps fabriqués à Arras: ces mesures eurent pour résultats de ruiner l'industrie lainière sur les bords de la Risle.

A cette époque, la manufacture d'Elbeuf n'avait encore pas une bien grande réputation à Paris. Deux actes du roi Louis XI en sont une preuve :

« La pluspart du faict et marchandise de la dicte drapperie, qui se vend en nostre dicte ville de Paris, afflue et est admenée en icelle ville de noz villes de Rouen, Bayeulx, Lisieux, Monstiervillier, Sainct-Lo, Bernay, Louviers et aultres lieux et villes de nostre pays et duchié de Normandie », avait-il dit quatre années auparavant.

En 1479, il ajouta : « La marchandise de drapperie a eu le temz passé et encore a de présent grant cours en notre dicte ville, parce que les drappiers, ouvriers et marchans de de nos villes de Rouen, Bayeulz, Lisieux, Monstiervillier, Sainct-Lo, Bernay, Louviers et aultres de Normandie amènent leurs draps vendre en nostre dicte ville de Paris ».

Comme on le voit, le nom d'Elbeuf n'est cité dans aucune de ces pièces, pas plus que dans la suivante, postérieure de onze années :

« Pour l'entretement d'icelles ordonnances et statuts, ainsy faitz et octroyés aux dits habitans de nostre dicte ville et cité de Tours, en laquelle plusieurs marchands fréquentent chaque jour, tant de nos villes de Rouen, Bayeux, Lisieux, Montivilliers, Sainct-Lo, Bernay, Louviers, etc. »

Les trésoriers de Saint-Jean, par acte passé devant Guillaume Leforestier et Jean Dupont, clercs tabellions du Bec-Thomas, au siège d'Elbeuf, le 16 juillet 1480, fieffèrent à Jean David, moyennant cinq sols par an, une demi-acre de terre sise à Caudebec, près le presbytère. — Ce contrat fut l'objet d'une sentence de revalidation, rendue par le bailli d'Elbeuf, le 9 février 1580, qui condamna les représentants Jean David au payement de vingt-neuf années d'arrérages de cette rente ; puis d'une seconde sentence, également du bailli d'Elbeuf, rendue le 31 mai 1603.

Une forte gelée commença le 26 décembre 1480 et dura juqu'au 5 février. Un grand nombre d'arbres périrent par le froid. Cette année garda longtemps le nom de « l'année du grand hiver. »

Le curé de Saint-Etienne d'Elbeuf, pendant les années précédentes, se nommait Jean Dandeleu ; ce prêtre étant mort, le bénéfice-cure fut donné à un autre ecclésiastique nommé Pierre Le Roux, le 1er janvier 1480 (1481 n. s.) Le nouveau curé était un proche parent de Guillaume Le Roux, vicomte d'Elbeuf.

Une maison d'Elbeuf, mentionnée dans un acte de l'année 1481, est désignée comme bornée d'un côté « les hoirs Collet Gouppil et Etienne, d. b. le pavement, d. b. la Rigole au duit du grand moulin. »

Vers ce même temps, on enregistra un autre acte concernant « le pré Bazire, b. d. b. l'eau du Duit du moulin à then ». — Nous avons dit que ce moulin était situé entre la place Bonaparte et la rue de la Rigole, celles du Glayeul et du Pré-Basile.

Enfin, le troisième moulin d'Elbeuf est également mentionné, sous le nom de « petit moulin », dans une pièce de la fin du XVe siècle : c'était celui de la rue Saint-Etienne.

On sait que Marie d'Harcourt avait eu un long procès à soutenir contre sa sœur Jeanne d'Harcourt, laquelle prétendait avoir droit au titre de comtesse d'Harcourt. Les deux sœurs moururent avant que le différend fut tranché, car l'arrêt de l'Echiquier de Normandie qui y mit momentanément un terme porte la date 1482. Il stipulait que le comté d'Harcourt serait partagé également entre les héritiers de Marie et ceux de Jeanne, suivant la coutume de Normandie.

Ce procès, commencé en 1452, ne devait pas finir ainsi ; il reprit de plus belle et ne fut terminé définitivement qu'en 1496, ainsi que nous le verrons plus tard. Il dura donc 44 ans.

En 1482, en exécution d'un traité conclu entre Réné de Lorraine et la République de Venise, il fut prié de se mettre à la tête de l'armée vénitienne pour combattre le duc de Ferrare. Réné accepta, car il espérait se servir de cette même armée pour conquérir le royaume de Naples, qu'il convoitait depuis longtemps.

Cette campagne fut malheureuse : Réné échoua devant Ferrare, et comme les mauvais traitements du prince lorrain pour certains prisonniers avaient indisposé les Vénitiens contre lui, il surgit des mésintelligences qui neutralisèrent son autorité militaire. Réné quitta l'Italie, où il avait compromis la réputation qui s'était attachée précédemment à ses armes. Il y retourna, pourtant, quelques mois après, mais sans plus de succès.

La mort de Louis XI rappela le duc Réné en Lorraine, en 1483. Il n'y fit que passer et se rendit en France, à l'avènement de Charles VIII, pour adorer le soleil levant.

Devenu courtisan, dit M. Parfait Maille, il servit les intérêts de madame de Beaujeu, ré-

RENÉ II DE LORRAINE
ROI DE SICILE
Baron d'Elbeuf

Année 1485

gente du royaume, se flattant qu'elle lui rendrait ce que Louis XI lui avait enlevé.

Vers le mois de mai 1484, Réné II, duc de Lorraine, baron d'Elbeuf, alla trouver le roi Charles VIII, et lui demanda le duché de Bar et le comté de Provence qu'il disait siens parce qu'il était fils de la fille du roi de Sicile, duc d'Anjou et comte de Provence ; « et disoit que le roy Réné luy avoit fait tort, et que le roy Charles d'Anjou n'estoit que son neveu, fils de son frère le comte du Maine, et luy estoit fils de sa fille ; et l'autre disoit que Provence ne pouvoit aller à fille par leurs testamens. En effet, Bar fut rendu, où le Roy ne demandoit qu'une somme d'argent... »

Au 13 juin 1484, Guillaume Leforestier était « lieutenant de Monseigneur Réné » et vicomte d'Elbeuf.

Il y avait alors quatorze ans que Réné de Lorraine était marié avec Jeanne d'Harcourt, fille unique et seule héritière du comte de Tancarville, et d'Yolande de Laval, lorsqu'il s'aperçut que sa femme était « petite, bossue, et indisposée à porter enfans, et avoir congnoissance d'homme », et comme il n'avait pas d'enfants d'elle, il songea à faire annuler son mariage. Mais sans attendre que la dissolution fut prononcée, il épousa Philippe de Gueldres, à peine nubile, fille d'Adolphe d'Egmont, duc de Gueldres et de Catherine de Bourbon.

Nous devons à M. Ch. de Beaurepaire la connaissance d'un passage de Charles VIII à Elbeuf, en 1485 :

« Le 9 avril, le roi était à Pont-de-l'Arche. Le jeudi 14 avril, Charles VIII arriva à Rouen par Saint-Sever, vêtu sans doute de ses mêmes ornements avec lesquels il avait fait récemment son entrée à Paris, à son retour de Reims et de Saint-Denis.

« Est-il besoin de dire, que partout sur son passage, il se manifestait un sincère enthousiasme ? A la popularité que donnent à un nouveau prince les espérances qu'il laisse concevoir, ne joignait-il pas cet autre avantage d'avoir permis une réaction qui ne manqua ni de grandeur, ni de liberté contre le gouvernement de son père, antipathique, malgré son habileté, à la France tout entière ?...

« Le jeune roi était suivi d'un cortège aussi distingué que nombreux... Nommons pour qu'on n'en puisse douter, les ducs d'Orléans, de Bourbon, de Lorraine, de Nemours ; les comtes de Clermont, de Vendôme, d'Albret, de Richebourg, le prince d'Orange, le seigneur de Bresse, monseigneur de Graville, le chancelier Guillaume de Rochefort, l'illustre Louis II, sire de la Trémoille... »

Le grand Pouillé du diocèse d'Evreux va nous fournir maintenant la liste, probablement complète, des curés qui desservirent la paroisse Saint-Jean d'Elbeuf *(Sanctus Joannes de Elboti)* pendant plusieurs siècles :

Le 24 décembre 1486, sur la présentation de l'abbé de Saint-Taurin d'Evreux, la cure de Saint-Jean fut conférée à Pierre de Jouy, par suite du décès de Jean Tragnet, dernier curé. Il en prit possession vers le 11 janvier suivant.

En 1486, Réné II de Lorraine, baron d'Elbeuf, vit s'évanouir l'espoir qu'il avait conservé de recouvrer la Provence, qui fut, en cette année, définitivement réunie à la couronne de France.

Ce désappointement ne lui fit pas oublier son devoir, dit M. Parfait Maille. Il se montra

ANNÉE 1486

fidèle, du moins en apparence, quand éclata la révolte du duc d'Orléans dont il ne prit pas ostensiblement le parti.

S'il joua double jeu, ce ne fut pas toujours à l'insu de la cour qui l'amusait aussi, qui, trompeusement, le nomma grand chambellan, uniquement pour maintenir momentanément sa foi, le leurra sans cesse d'espérances, continuellement démenties par les faits et par une réalité dont l'évidence fit enfin tomber toutes ses illusions et le relégua bien mécontent en Lorraine, après la bataille de Saint-Aubin.

C'est dans ce temps que, par suite d'une nouvelle révolution, le trône de Naples lui fut offert.

Les peuples lui tendaient les bras, le pape et les Vénitiens promettaient leur concours, le roi de France l'aidait de troupes et d'argent, tous ses amis le pressaient et l'encourageaient, mais il se manqua à lui-même et trompa la fortune ; il ne montra ni diligence, ni résolution dans une circonstance aussi décisive.

Il donna à Charles VIII le temps de se raviser et de réserver pour lui le sceptre que, d'abord, il avait voulu mettre aux mains du duc de Lorraine qui, à peine en route, reçut ordre à Lyon de ne pas passer outre et de ne rien entreprendre sur le royaume de Naples, joyau de la couronne de France.

Il lui fallut obéir, contremander tous ses préparatifs, rappeler les troupes en marche, et se résigner à n'être que souverain en Lorraine.

Pour comble de disgrâce, Charles VIII supprima sa pension, lui ôta sa compagnie d'ordonnance, le destitua de toutes ses charges et lui interdit toute résidence à la cour.

En novembre 1487, Madame conduisit le roi en Normandie, pour surveiller de plus près la conduite de Henri VII, roi d'Angleterre. Elle s'arrêta à Pont-de-l'Arche, où la cour s'établit pour quelques jours. Le roi rentra à Paris le 20 décembre.

Nous avons dit que Réné de Lorraine s'était remarié, après avoir répudié sa cousine Jeanne d'Harcourt, qu'il avait épousée en 1471. Des bulles apostoliques, données à Saint-Pierre de Rome, le 31 janvier 1488 (1489 n. s.), par le pape Innocent VIII, confirmèrent une sentence de l'archidiacre de Vauge qui déclarait nulle l'union contractée entre Réné-Ferry, duc de Lorraine, et Jeanne d'Harcourt, « à cause de l'empeschement qui se trouvait en sa personne, à quoy jamais n'avoit pu estre remédié par aucun artifice des medecins ». Ces mêmes bulles déclarèrent valables le dernier mariage contracté par le duc, en ajoutant que « s'il en estoit sorti quelque lignée, elle estoit déclarée légitime ».

Cette nouvelle union fut très féconde : il en sortit douze enfants dont huit fils. Les deux ainés de ces derniers, Charles et François, étant morts dans leur jeunesse, ce fut le troisième, Antoine, qui continua la branche des ducs de Lorraine et de Bar, tige de la maison impériale d'Allemagne. Nicolas, le quatrième, devait avoir le comté d'Aumale, les baronnies d'Elbeuf, de Routot et de Brionne, mais il mourut jeune également, et ce fut à Claude, dont nous reparlerons plus tard, que revinrent ces seigneuries.

La cure de Saint-Etienne étant devenue vacante, par la résignation qu'en avait faite Pierre Le Roux, elle fut conférée à Louis Ju lien, curé de Saint-Aubin-de-Dancourt, le 22 février 1488 (1489 n. s.)

Suivant François Dupont, Guillaume Le Roux, deuxième du nom, succéda à Guillaume son père, dans l'office de vicomte d'Elbeuf, en 1490, charge qu'il exerça jusqu'en 1499, époque à laquelle Louis XII, ayant rendu la cour souveraine de la province de Normandie nommée Echiquier, perpétuelle et sédentaire, Guillaume fut élevé à la dignité de conseiller de cette cour.

Nous verrons par la suite que plusieurs meurtriers elbeuviens furent, à différentes époques, admis à lever la Fierte de Saint-Romain, le jour de l'Ascension, à Rouen. En 1490, elle fut portée par Jean Brocheron, de Nogent-le-Roi, âgé de 30 ans. Il avait tué la maîtresse d'un mauvais lieu de Nogent ; après quoi, dit M. Floquet, il s'était mis en franchise dans une église. « Il avait été appliqué cinq fois à la question, à raison de ce meurtre. Les deux années précédentes, afin de l'empêcher d'être élu pour lever la Fierte, on l'avait transporté une fois à Elbeuf, l'autre aux prisons de Saint-Gervais-lez-Rouen, où alors les députés du chapitre n'avaient pas le droit d'aller. » Enfin, en 1490, les chanoines reçurent sa confession, et le chapitre lui donna la Fierte.

CHAPITRE IV
(1490-1500)

Réné II de Lorraine (suite). — Le tondage des draps. — Les droits des habitants d'Elbeuf dans la forêt. — Accord sur la succession du comté d'Harcourt. — Elbeuf reste au duc de Lorraine.

Nous ne pouvons passer sous silence la première tentative connue du tondage mécanique. Mais nous laisserons parler M. Charles Mouchel, qui s'est livré à une étude spéciale du tondage et a donné connaissance des fruits de ses recherches à la Société industrielle de notre ville, dans une séance de l'année 1885 :

« Dans son *Traité du travail de la laine cardée,* dit-il, Michel Alcan, mis sur la voie par un passage de l'historien d'art Venturi, signala le premier des dessins de Léonard de Vinci ayant trait à une tondeuse mécanique. Dans des croquis du célèbre Florentin, conservés à la Bibliothèque nationale, Alcan crut trouver la représentation, peu claire, il est vrai, d'une tondeuse à lame hélicoïdale, et il publia ces dessins de son ouvrage, peut-être un peu légèrement.

« La tondeuse à lame hélicoïdale ne pouvait, en effet, pas plus qu'aucune des machines dont l'emploi a révolutionné le monde, sortir tout armée du cerveau de son inventeur, à une époque où l'on ne connaissait d'autre méthode de tondage que l'emploi des forces. Derrière toute grande invention se dresse l'armée, souvent innombrable, des précurseurs, dont les efforts accumulés sont finalement utilisés et condensés, quelquefois par un homme de génie quelquefois simplement par un homme heureux.

« Le savant professeur allemand Hermann Grothe, peut-être un peu par jalousie nationale, bien qu'au fond je lui donne raison, ne voulut pas voir une tondeuse dans les dessins publiés par Alcan, dessins considérés par lui comme ayant trait à une machine à laminer les ressorts de montre. Le désir de soutenir son assertion lui fit chercher et trouver dans la bibliothèque Ambroisienne, à Milan, une série de dessins de Léonard de Vinci se rapportant incontestablement à une tondeuse mécanique, telle qu'on pouvait la concevoir à l'époque où vivait le grand peintre italien.

« La machine combinée par Léonard de Vinci se compose de quatre tables à tondre, chacune solidaire de deux rouleaux servant à l'enroulement et au déroulement du drap. »

M. Mouchel présente alors un dessin de cet appareil et en explique le fonctionnement :

« Ces quatre tables sont animées simultanément d'un mouvement de translation qui les amène à se déplacer dans le sens de la profondeur de la machine. Ce mouvement est guidé par des languettes en bois fixées aux tables, et glissant dans des rainures pratiquées dans le bâti. Il a pour but de faire passer toute la largeur du drap sous les forces fixes. Les lames mâles de ces dernières reçoivent un mouvement rapide d'oscillation, produit sur un arbre par l'action d'un cliquet rencontrant une roue à lanterne, et transmis de cet arbre aux forces par des bielles. Une tablée ainsi tondue, on pouvait enrouler chaque pièce de drap d'une longueur correspondante et recommencer l'opération sur une autre tablée. La machine, commandée par un engrenage à lanterne, pouvait recevoir la force motrice nécessaire d'un manège ou d'une roue hydraulique.

« Nous nous trouvons donc ici en présence d'un projet complètement étudié, peut-être même réalisé dans une certaine mesure; toutefois, nous n'avons à ce sujet aucune donnée précise.

« L'industrie drapière, et surtout l'industrie de la teinture et des apprêts était des plus florissantes à Florence au quinzième siècle, mais les luttes entre les corps de métiers, les révolutions à main armée, trop fréquentes dans la cité, les préjugés entretenus à cette époque contre les machines, empêchèrent probablement la mise en exploitation régulière de l'invention de Léonard de Vinci, et, dans tous les cas, effacèrent vite la trace de ses efforts pour doter son pays d'un instrument de travail perfectionné.

« On peut attribuer approximativement la date de 1490 aux dessins de Léonard de Vinci ».

La fabrication du drap qui, à Rouen et aux environs, avait acquis, par suite de la paix, une sécurité longtemps inconnue, se plaignit sous le règne de Louis XI, de la faveur accordée par ce prince aux fabriques d'étoffes de soie, et les Rouennais remontrèrent, en 1494, que la draperie était « abusée » et qu'ils ne pouvaient plus guère envoyer leurs draps à Paris, parce que les seigneurs ne s'habillaient plus que de soie. Cependant, rien ne prouve que l'industrie lainière souffrit beaucoup de la nouvelle mode, au contraire ; car le peuple vers la fin du xve siècle, devint l'un des meilleurs clients des fabriques rouennaises et sans doute aussi de celles de notre localité.

Les habitants d'Elbeuf étaient alors en procès contre le duc de Lorraine, leur seigneur, au sujet de leurs droits dans la forêt des Monts-le-Comte. Le différend se termina par un arrangement qui, malgré la longueur du texte, ne manque pas d'intérêt :

« A tous ceulx qui ces présentes lettres verront ou orront, Jehan Chalenge, escuyer, garde du seel aux obligations de la viconté du Ponsdellarche, salut ;

« Comme proces fut meu et de present pendant en la cour de leschequier ordinaire de Normandye et, à matiere de provision, en la court de la grande seneschaussée dicelluy pays ; Entre tres haut et tres puissant prince Monseigneur le duc de Lorrayne et de Bar, conte de Harecourt, porteur de dolleances ou dit eschequier, dune part ; Et ses hommes resseans des paroisses dEllebuef, Caudebec et la Saulsaye, porteurs dune autre dolleance ou dit eschequier et demandeurs en matiere de provision, dautre part ;

« Pour raison des franchises, droictures et libertez que les ditz hommes disoient avoir en la forest des Mons le Conte en plusieurs poinctz, manieres et articles dont ils disoient, eulx et leurs predecesseurs, au droict et cause de leurs heritages, avoir icelles droictures et en estre en bonne saisine, pocession, par tel et sy loncg temps qu'il nestoit memore de homme au contraire.

« Et aussi en consernant leur dicte droicture et pocession, en laquelle ils disoient avoir esté trouvez des lan quatre cens cinquante (1450), ils soustenoient, eulx et leurs predecesseurs, avoir esté dicelles franchises et droictures, par et puys quarante ans et aultre temps tel quil nest memore du contraire, en bonne saisyne et pocession, leur fut es assyses dEllebeuf qui furent tenus par feu Robert Hervieu, lieutenant general du bailly de Harecourt, qui lors estoit, et du consentement des procureur et advocat et autres officiers de mon dit seigneur, icelles droictures, franchises et libertez leur furent à plain delivrees et toult empeschement saucun en avoit esté mis en la closture des boys et forestz des Mons le conte, leur fut hosté du toult, selon les termes, poinctz, moiens contenus, et declerez es lettres sur ce faict et, dont la teneur est cy apprez inserée ; et depuys ledict temps, comme ilz disoient, continué leur dicte pocession.

« Et neantmoins, le procureur de mon dit seigneur avoit pris la dicte dolleance sur le dit Hervieu, lieutenant, et obtenu mandement de Loys Dubosc, escuyer, viconte de leaue de Rouen, au moyen duquel et de la dicte dolleance, le dict procureur de mon dit seigneur le duc sestoit efforcé dessaisir les ditz hommes de leurs dictes droictures, franchises et libertez;

« Par quoy ils se fussent tournez devers le dict viconte et remonstré que icelle dolleance estoit frivollement prinse ; mesmes, vers le loncg temps depuys encourut et quil y avoit

Année 1490 75

eu plusieurs eschequiers tenus et que icelle lettre avoit esté donnee du consentement du procureur de mon dit seigneur et des pocessions ensuyes, avecques ce que, pour raison et cause d'icelles droictures et franchises, ils feroient et paioient aulcunes rentes dont mon dit seigneur estoit chacun an payé, et ne luy en estoit riens deu darrerages; requerant quil voulsist retirer le dict mandement en quoy ce ce soit ordonné, et que, en vertu d'icelluy, les ditz hommes ne fussent dessaisis de leurs dictes droictures et pocessions, au moins que icelles parties feussent oyes en leurs raisons sans les dessaisir et deposseder par ce dit mandement, obtenu en leur absence et desceu, dont il avoit esté refusant;

« Pour laquelle cause, ilz avoient obtenu aultre dolleance quilz avoient faict exploicter à sortir ou dit eschequier, et depuys obtenu mandemens en provision en vertu duquel ilz avoient faict convenir mon dit seigneur le duc en la court de la jurisdiction de la grant senechaussee, pretendans estre maintenus et entretenus en leurs droictures, libertez et pocessions et autres conclusions par eulx prinses à lencontre de mondit seigneur le Duc, mesmes avoir despens, dommages et interestz.

« Et par le dit procureur de Monseigneur le duc avoit [esté] dit et soustenu le contraire, et que les dictz hommes navoient poinct les dictes droictures par eulx pretendues, ne dicelles navoient eu aucunes saysine ou pocession, mays avoient toujours auparavant et depuys la dabte des dictes lettres paié les amendes des mallefaçons par eulx faictes es ditz boys, et avoyt mondit seigneur en juste cause daprocher les ditz hommes.

« Et les ditz hommes disoient le contraire ; sur quoy ilz estoient en voye davoir loncg et somptueux proces, pour auquel eschiver les ditz hommes eussent presenté requeste à venerable et discrette personne maistre Guillaume Gantier, licencié es loix, prothonotaire du Sainct siege apostolique et administrateur perpetuel de labbaye de Sainct Eure, conseiller de mon dit seigneur ; et à noble homme maistre Loys Merlin, general des finances de mondit seigneur le Duc, tendant affin de paciffier la dicte matiere ;

« Et à cette fin eussent esté faictes dune part et daultre plusieurs ouvertures es presences de honorables et saiges Pierres de Quievremont, bailly de Harrecourt ; Guillaume Le Roux, escuyer, viconte d'Ellebeuf ; Artus le Muet, escuyer, lieutenant general du dict bailly ; Guillaume Franqueville, escuyer, verdier dud. lieu de Harecourt ; Hutin le Flameng, recepveur general ; maistre Guillaume le Roux, lieutenant general dudit viconte d'Ellebeuf ; Guillaume Huillard, conseillier de mondit seigneur le duc, et autres.

« Et sur ce, par ordonnance, conseil et deliberation desdictz commandateurs et general, et par ladvis et oppynion des dessus dictz officiers les dictes parties soient demourez daccord en la maniere qui enssuyt :

« Scavoir faisons que par devant Guillaume du Cretot et Guillaume de Sainct Ouen, tabellion jurez pour le Roy nostre sire en ladicte viconté, ou siege du Becthomas, furent presentz Jehan du Carrouge, procureur general de mondit seigneur le conte de Harrecourt, et Nicolas le Blant, son substitud en la dicte viconté dEllebeuf, ainsi quil apparu par ladicte procuration passée soubz les seaulx de mondit seigneur, le vingtiesme jour dapvril appres Pasques lan mil quatre cens soixante saize, de laquelle la teneur enssuit : »

Ici se trouve la copie de la procuration donnée, en 1476, par Réné de Lorraine à Jean du Carrouge, que nous avons publiée.

« Iceulx procureurs eulx establissans et faisans forts pour mon dit seigneur le Duc, promectans quil aura ce qui enssuyt agreable et luy feront ratiffier si mestier est toutes foys que sommez et requis en seront, dune part ;

« Et Jehan sans Terres, boucher, dit Mauduit, pour luy et procureur des ditz hommes dEllebeuf, Jehan Boscguillaume, Berthault Coulombe, Perrin Le Saunyer le jeune, Robin le Canu, Perrot Allain, Guillaume Vitepas, Guillaume Hellouyn, Perrot Huez, Jehan Phlipe dict Binet, Jehan Paissel, Gieuffin Duree, tous de la ville dEllebeuf, pour eulx et eulx faisans fors de tous les autres hommes resseans bourgeoys de la dicte ville, promectans quilz auront ce qui enssuyt agreable et leur feront ratiffier se mestier est touteffoys que requis en seront.

« Et Guillaume Ravenel et Perrin Harel, pour eulx et procureurs des hommes de la Saulsaye, comme il a paru par procuration passée devant Guillaume Leforestier, lieutenant general du viconte dEllebeuf, le sixiesme jour dapvril mil quatre cens vingt et trois ;

« Et Jehan le Cerf, Jehan de Verssy, Jehan Beraes (?), Robinet Aleez, Symon Harenc et Robinet Bocquet, boulanger, pour eulx et eulx faisans fors pour tous les autres hommes du dict lieu de la Saulsaye, promectans comme dessus leur faire ratifier le contenu en ces presentes et quilz lauront agreable, toutes foys que sommez et requis en seront.

« Et Perrot Gourdel, pour lui et procureur des autres hommes de la dicte parroisse de Caudebec, comme il apparu par procuration passee devant Jehan Dupont et Jehan Lefevre, tabellions pour le Roy nostre sire au siege du Becthomas, lan mil quatre cens quatre vingt et huit, le huitième jour de febvrier ; et Estienne le Pigerre, Perrot Dufour, Jehan Pigerre, Collin Dugard, Loret Luce, Guillaume Luce, Jehan Lefebvre, Jehan Lamy et Raoulin Martin, pour eulx et eulx faisant semblablement fors des autres hommes de la dicte parroisse de Caudebec en tant qu'il y en a de coustumiers en ladicte forest, promectant pareillement quils auront agreable le contenu en ces presentes et leur feront ratiffier si mestier est touteffois que sommez et requis en seront daultre part ;

« Lesquels, de leurs bonnes voluntez, sans aucune contraincte, congnurent et confesserent leur appoinctement estre tel quil sensuyt :

« Cest assavoir que lesdictz hommes resseantz et proprietaires et tenant proprietairement maison ou masures resseantes es dictes paroisses pourront prendre, avoir et joyr es dictz boys des Mons le conte les coustumes plus à plain contenues et desclairez es dictes lettres, reservé que les boulangiers, taverniers, hostelliers, taincturiers, brasseurs et autres faisans mestiers à grand usance de multitude et grand cantité de boys, ne pourront user et joyr des dictes coustumes si non pour leur fouyer et usaige diceluy fouyer tant seullement ; et silz estoient trouvez faisans le contraire, ilz seront forclos et deboutez de nos dictes coustumes et mis par les officiers de mon dit seigneur en amende arbitraire ;

« Et mesmes se aucuns desdictz hommes coustumiers sont trouvez vendans leurs dictes coustumes ou le boys quilz auroient prins à raisons dicelles, ils en seront mis en semblable amende et privez an et jour de leurs dictes coustumes comme dit est ;

« Et aussy en seront fors clos et deboutez tous les autres habitans bordeliers et louagiers non tenans proprietairement maisons ou masures es dictes parroisses, sil ne tenoit afferme la dicte maison ou masure en lieu du proprietaire dicelle, ou quel cas le dict bordellier ou louager en pourront joyr toult ainsi que feroit icelluy proprietaire, sil estoit sur le lieu demourant, et non pas les autres louagiers qui pourront estre reseans en icelle maison soubz les dictz louagiers et bordelliers ;

« Et aussi ne pourra un seul proprietaire avoir en lieu de luy que ung seul louager usant dicelle droicture et franchise, sinon que ses autres louagiers auront icelle droicture pour lamender et en paiant le regard du boys et les autres droictures de mondit seigneur ; mays aussi autant quil y aura de proprietaires pourront avoir en lieu de chacun deulx autant de louagiers usans de la dicte droicture et franchise en chacun de leurs dictz lieux proprietaires ; et avecques ce les enffans des proprietaires, suppose quilz ne fussent tenans proprietairement, demeurans comme louagiers ou bordelliers es dictes parroisses ou aucunes dicelles, ilz pourront avoir, joyr et user des dictes franchises et droictures ainsi que pourroient faire les dictz proprietaires.

« Et oultre par ce dict appoinctement, pour

ce quil nest faict mention es dictes lettres du lieu de deffens dicelle forest, que de toult temps a esté reservé pour faire les reparations des moullins, halles et edifices de la viconté dEllebeuf pour mondit seigneur, lesdictz hommes consentirent, raccorderent et par ces presentes consentent et accordent que au moyen de ce present accord nul des ditcz hommes et resseants ne pourront prendre aucun boys, ne user daucune coustume en toult le hault boys estant en la garde de Pierre Fossard, qui est depuis le fons de la Saulsaye jusques es viviers (?) de la longueur des Vingtz acres, revenant au long du chemin de la sente de Pasquier, sur peyne de forfaicture ; reservé que lesdictz coustumiers y auront leurs pasturaiges de leurs bestes et panage pour leurs pourceaulx, ainsy que autres boys desdictz Mons le conte, en paiant les droictures de ce deubs jouxte leurs dictes lettres, et avecques ce y pourront prendre houx et espines pour leurs usaiges ;

« Et au moien de la dicte restriction, et par la manyere dessus desclairee et non autrement, lesdictz hommes et resseans joyront desdictz autres droictz et coustumes plus à plain desclairez es dictes lettres, desquelles la teneur ensuyt : »

Ici se trouve la copie de la charte donnée en 1450 aux habitants d'Elbeuf, Caudebec et la Saussaye, que nous avons publiée en son temps. (Tome Ier, pages 586 et suivantes).

« Et leur sera baillé et delivré joyssance et delivrance selon ce present appoinctement en paiant les rentes, droictz et debvoirs desclairez es dictes lettres (de 1450) et à condition que se les dictz hommes et resseans pevent trouver et recouvrer les anciennes chartres de leurs dictes coustumes ou, se elles sont trouvées ou recouvertes par mondit seigneur ou ses officiers, il les pourra contraindre à laffin dicelles, sans ce que ce present appoinctement puisse prejudicier ne avantager aulcuns desdictes parties contre la teneur dicelles chartres, en quel cas chacun demourra entier à ses raisons ;

« Et ou cas que les bordelliers ou louagiers, autres que ceulx de la condicion dessus desclairée, voulloient pretendre semblables droictures, lesdictz hommes resseans seront tenus contribuer et eulx joindre à la deffence avec mondit seigneur, et seront tenus lesdictes parties vider la cour dudict eschequier et illec prendre congé de court à communs despens ;

« Et quant à tout ce que dessus est dict et devisé tenir, enteriner et fermement acomplir de poinct en poinct en la maniere dessus desclairee, et à rendre, paier et restituer à plain tous coustz, fraictz, misions, intherest, domages et despens qui en deffault de faire et acomplir les choses dessus dictes seroient faictz, mis, deubz et soustenus, dont le porteur seroit creu partout par son simple serment, sans autre preuve faire.

« Les dictes parties, chacun de soy et en son faict et regard, en obligerent et obligent par la teneur de ces presentes lun à lautre, c'est assavoir :

Les dictz Carrouge et le Blanc, quant à faire faire la dicte ratification, tous leurs biens en leurs noms privez et ceux de leurs hoirs, meubles et héritaiges presens et advenir.

« Et les dictz hommes dessus nommez en

leurs noms privez tous leurs biens et ceux de leurs hoirs, meubles et héritaiges present et advenir.

« Et icelluy Mauduit, aussi en son nom privé, tous ses biens et ceux de ses hoirs, meubles et heritages presens et advenir ; et oudit nom procuratore, par vertu de sa dicte procuration et du povair à luy donné par icelle, les biens de tous les autres hommes dEllebeuf et ceulx de leurs hoirs, meubles et heritaiges presens et advenir.

« Et les dictz hommes de la Sausaye et Caudebec dessus nommez, en leurs noms privez et chacun en son faict et regard, tous leurs biens meubles et heritaiges presens et advenir.

« Et les dessus dictz procureurs es dictz noms procuratoires, par vertu de leurs procurations et du povair à eulx donné par icelles, tous les biens de tous les autres hommes des dictes parroisses et ceulx de leurs hoirs, meubles et heritaiges presens et advenir.

« Le toult à prendre, vendre, justicier et despendre par tous lieux et justices, soubz quelle jurisdiction ou jurisdictions quilz seroient et pourroient estre trouvez.

« Et si jurerent chacun de soy aux sainctz evangilles de Dieu à non jamays venir ne faire venir contre ce que dict est en aucune maniere, renonchans quant à ce faict à toutes exceptions, deceptions, fraudes, fintes, baras, malices, et cavillacions et cautelles, à tout droit escript et non escript canon et civil, à toutes lettres d'estat de souffrance et autres données et à donner, impetrees ou à inspectrer, soyt de nostre sainct père le pape, du Roy nostre sire, ou dautres seigneurs aians povair à ce, à la dispensacion et absolucion de leur prelat, et generallement à toutes autres choses quelx conques qui, tant de faict comme de droict, stile coutumier ou usager, aider et valloir leur pourroient advenir ou faire venir, dire, proposer ou aller contre leffaict, teneur et contenu en ces presentes, et par special au droict disant generale renonciacion non valloir.

« En tesmoing de ce, nous, à la rellacion desdictz tabellions, avons mis à ces lettres le seel des dictes obligacions.

« Ce fut fait lan de grace mil quatre cens quatre vingt et dix, le vendredi derrain jour dapvril ; presens honorables hommes Artus le Muet, escuier, lieutenant general du bailly de Harrecourt ; Guillaume Le Roux, viconte dEllebeuf ; Guillaume de Francqueville, escuier, verdier dudit lieu de Harrecourt ; maistre Gieuffray Emery, et Pierre Dupuys, prebstre ».

Sur la marge du bas : « Signé par moy Massiot Dupont à ce commis par justice, pour le trespas dudit Guillaume de Sainct Ouen » suivent les seings de Decretot et de Dupont.

Le duc de Lorraine confirma cet accord par la charte suivante :

« René, par la grace de Dieu, duc de Lorraine, de Bar et marchis marquis du Pont, conte de Prouvence, Vaudemont et de Harcourt, à tous ceulx qui ces presentes lettres verront, salut ;

« Comme naguere procès eust esté meu entre notre procureur de notre conté de Harrecourt et son substitut, d'une part ; et nos hommes et subgectz des parroisses et communuaultez d'Ellebeuf, Caudebec et la Saulsaye, daultre part, pour raisons des usages coustumes et franchises que nos d. hommes et subgectz disoient avoir, à cause de leurs heritages, à nos boys et forest de Mons le conte, situez et assis en nostre conté de Harecourt; pour lesquelx usage et franchise demander et requerir ils aient faict plusieurs poursuites tant en la court de l'eschequier ordinaire de Normandie comme ailleurs ;

« Et il soit ainsi que, pour éviter les fraictz et despens de que nostre d. procureur et aussi nos d. hommes et subgectz eussent peu avoir et encourir en demandant ceste matiere afin par proces. Apres plusieurs procedures faictes par lesd. au loncg [desclairez] es lettres sur ce faictes, ilz se soient appointez et accordez en maniere telle que tous nos hommes et subgectz qui tiendront propriaictairement maisons ou masures esd. paroisses, demeureront en leur ancienne coustume et franchise touchant lusaige de nosd. boys et forest, reservé les boullengers, hosteliers, taverniers, brasseurs et aultres de mestiers à grand uusage de boys, que ne pourront uuser ne joyr desd. coustume et franchise signon pour leurs fouyers tant seullement ; ne pareillement nosd. hommes et subgectz desd. paroisses ne pourront ne debveront vendre ne bailler de nosd. boys sans certaynes et grandes paynes damendes, comme toutes ces choses et aultres sont plus à plain contenus et declairez esd. lettres de l'appoinctement fait entre nostre dict procureur et son substitud et nosd. hommes et subgectz desdictes parroisses d'autre part ; lesquelles furent faictes et passez le vendredi derrain jour davril de lan passé, et lesquelles nostre dict procureur a promys faire ratifier et confirmer par nous ;

« Savoir faisons que depuys que lhappointement a esté faict par nostre dit procureur.

nous advons loué, greé, ratiffié, confirmé et aprouvé, et par la teneur de ces presentes louons, greeons, ratifions, confirmons et aprouvons tout le contenu des lettres faictes et creanceez par nostre dict procureur dune part et nosd. hommes et subgectz desdictes parroisses daultre.

« Sy donnons en mandement par ces mesmes presentes à tous nos bailly, viconte, procureurs, receveurs et aultres officiers de nostre dict conté de Harecourt et à chacun deulx, si comme à luy appartiendra, que à nos ditz hommes et subgectz des dictes parroisses dEllebeuf, Caudebec et la Saulsaye et à leurs successeurs, ilz facent, seuffrent et laissent jouyr et user de ceste presente notre confirmation et tout selon le contenu desdictes lettres quilz ont devers eulx, sans leur mectre ou donner, souffrir estre mis ou donné aucun empeschement au contraire ; car ainsi le voulons et nous plaist estre faict.

« En tesmoing de ce, nous avons ces presentes lettres signés de nostre main, faict appendre nostre petit seel en labsence du grant, qui furent faictes à Paris le xviiie jour du moys de mars mil quatre cens quatre vingtz et unze : RENÉ ».

Sur le repli de la marge du bas de l'original, était écrit : « Par Monseigneur le Duc et les eveque et conte de V...dery, président et lieutenant de Nancey, et aultres presens, GERLET ».

On remarquera que le procureur des habitants d'Elbeuf, Jean Sansterre dit Mauduit, exerçait la profession de boucher. Sa corporation était probablement la plus importante de notre localité à cette époque. Nous reviendrons plus tard sur ce sujet ; contentons-nous de mentionner à nouveau les noms de Boisguillaume, Colombe, Lesaunier, Lecanu, Vitepas, Hellouin, Huet, Binet, Paissel et Durée, comme étant ceux de notables habitants d'Elbeuf, à la fin du xv° siècle.

Le nom d'un des plus anciens drapiers de notre localité nous est connu par une pièce conservée aux Archives départementales ; c'est un acte de vente de 20 sols de rente, faite pour la somme de 10 livres tournois, le 25 janvier 1492 (n. s.) par Guillaume Le Couteulx, drapier d'Elbeuf, au collège de Darnétal, pour « l'entretenement de la chappe servant par les féries au cueur d'icelle église ».

La Cour de sénéchaussée, qui avait pour lieutenant-général, en 1492, M° Robert de la Fontaine, conseiller lai, prenait part aux délibérations importantes de la ville de Rouen ; c'est ainsi que le 12 février 1492 (1493 n. s.) elle entendit dans une assemblée de notables le récit du célèbre Jean Masselin, délégué auprès du roi, à cause de l'arrestation faite à la Saussaye d'un chanoine d'Evreux, M° Pierre Le Roux. — Ce chanoine était probablement l'ancien curé de Saint-Etienne d'Elbeuf. Nous ne connaissons pas le motif de son arrestation.

L'industrie drapière de Rouen était alors à son apogée, et sa réputation était universelle. C'était déjà à Rouen que Louis XI avait demandé des ouvriers pour relever la fabrication des draps à Arras, et quand Charles VIII voulut entreprendre son expédition d'Italie, en 1494, il ne put obtenir l'argent des Vénitiens qu'avec une lettre de change de J. Le Pelletier, marchand de Rouen.

La prospérité de la capitale normande dût amener les Elbeuviens à améliorer leurs produits ; et il est probable que nos draperies furent bientôt aussi bien cotées sur le marché rouennais que celles de la ville même.

La chapelle Saint-Auct et Saint-Félix était toujours en grande réputation comme lieu de pèlerinage, et on y venait de fort loin. Un compte de cette époque mentionne plusieurs voyages qui y furent faits : « Item, baillé à Sevenot quand il alla pour Mgr à Saint-Chault et à Saint-Fenil *(sic)* pour l'enfant de Mgr ». Ce monseigneur était Louis de la Porte, seigneur de Château-sur-Epte. Quelques mois après, il fit faire un nouveau pèlerinage à la chapelle Saint-Auct et Saint-Félix.

En 1495, Jean de Ferrières vendit la châtellenie de Boissey à Réné de Lorraine. L'histoire de Jean de Ferrières est assez singulière pour que nous en disions quelques mots :

Fils aîné de Jeanne de Tilly, il avait, contre l'usage, été destiné à l'église et était devenu, à l'âge de vingt ans, curé de Berville-en-Roumois ; son frère Guillaume devait recueillir l'héritage de sa maison. Un jour, le jeune curé abandonna sa paroisse et s'engagea dans les armes. Etant en Dauphiné, en 1483, il épousa Aimare Geoffroy, dont il eut quatre filles qui furent légitimées par lettres des papes Innocent VIII et Alexandre VI, s'appuyant sur cette circonstance que la mère avait ignoré la condition du père.

Si Réné II de Lorraine était vassal du roi France, il l'était aussi de l'empereur d'Allemagne, et c'est en cette qualité qu'il fut convoqué à la diète de Worms, en 1495, dans laquelle on abolit le droit de guerre particulier qu'avaient les barons de l'empire.

L'empereur profita de cette rencontre pour proposer à Réné d'armer contre Charles VIII, qu'il jalousait depuis sa conquête de Naples, et dont le duc de Lorraine avait lui-même à se plaindre.

Réné fut certainement flatté de cette proposition, mais il la repoussa ; plus encore, il détourna la Diète de prêter l'oreille aux suggestions de l'empereur.

Charles VIII ayant appris cette preuve d'affection pour la France donnée par le duc de Lorraine, appela Réné à Amboise, l'y reçut avec les marques de la plus sincère affection, le fit entrer au conseil et fit même briller à ses yeux des espérances, qui ne purent se réaliser à cause de la mort du roi.

Le 6 janvier 1496, la Seine sortit de son lit et n'y rentra que seize jours après. A Rouen, il y eut jusqu'à trois pieds d'eau sur la chaussée de Martainville. Cinq ans après, une nouvelle inondation dura douze jours.

Après une série de procès, qui duraient depuis plus d'un demi-siècle, la succession du comté d'Harcourt fut réglée par cet accord, dressé à Pont-de-l'Arche, le mercredi 30 mars 1495 avant Pasques (1496 n. s.), par Guillaume de Crestot et Guillaume de Saint-Ouen, tabellions au siège du Bec-Thomas :

« Entre haut et puissant seigneur monseigneur Jean de Rieux, seigneur de Rochefort et d'Ancenis, vicomte de Donges, mareschal de Bretaigne, seul fils et héritier de feu François, seigneur desdits lieux ; ledit François fils et seul héritier de deffunct Madame Jeanne de Harcourt, fille puisnée de feu monseigneur Jean, comte de Harcourt et d'Aumalle, et de deffuncte Marie d'Alençon, demandeurs en action de partage, contre tres haut et tres puissant prince Monseigneur Réné, duc de Lorraine et de Bar, marquis du Pont, fils et seul héritier de deffunct Madame Marie de Harcourt, fille aisnée dudit comte et comtesse de Harcourt, deffendeurs.

« François de Rieux soustenant que les comtés, terres et seigneuries qui appartenoient ausdits feües comte et comtesse de Harcourt, étoient partables également entre ladite dame Marie de Harcourt et luy, comme representant ladite Jeanne de Harcourt, sa mère, sœur de ladite Marie, et ayant esté appointé que le sire Rieux feroit loths et partages desdits heritages, il mit au premier loth la comté de Harcourt et autres seigneuries, et mit au second loth la vicomté et baronnie d'Elbeuf, la comté d'Aumalle et autres terres ; lesquels loths et partages ledit François de Rieux avoit faits dès l'an 1453 et presentez à ladite Marie de Harcourt ou à Monsieur Jean de Lorraine, son fils, subrogé au droit de ladite dame ; lequel Jean de Lorraine auroit blasmé lesdits partages, et ledit François de Rieux, au contraire, avoit soustenu estre faits selon la coustume du pays.

« Cependant, ce différent auroit esté dévolu en la Cour de Parlement de Paris, et après plusieurs plaidoyers, escriptures et enquestes faites, les lettres et titres ayant esté veuz et communiquez de part et d'autre, auroit esté prononcé que ledit seigneur duc de Lorraine seroit tenu procéder à la choisie de l'un desdits loths, et l'autre délivré audit seigneur de Rieux, pour en jouir par lesdites parties en propriété.

« En suite, ledit duc de Lorraine prit et choisit le second loth auquel la comté d'Aumalle et la vicomté d'Elbeuf ; et audit sire de Rieux demeura le premier loth auquel estoit la comté de Harcourt...

« Et par ce que le sire de Rieux avoit baillé à Louis de Rohan, seigneur de Guimené, en espousant la dame sa femme (Louise de Rieux), les terres et fiefs de Criquebeuf-la-Champagne, de Lestry, de Pere, des Hayes, de Houllebec, du Bourgtouroude, de Villers, de Tauques, de Mais, de Sainct-Pierre, d'Escargneux, de Sainct-Cir, de Neumoullin, de Lainerac et quelques autres terres detenuës par tierces personnes, qu'il avoit alienées, il consentit que ledit seigneur duc de Lorraine retinst du premier loth d'autres terres et fiefs qui seroient à sa bien seance.

« Puis ledit commissaire (Germain Volant, conseiller au Parlement de Paris) s'estant transporté sur les lieux, délivra actuellement à Baudry, procureur du duc de Lorraine, la comté d'Aumalle, la haute justice et baronnie de Briosne, et les seigneuries d'Escardanville, Villiers et Coquerel ; et s'estant pareillement transporté au chasteau de Harcourt, fut faite delivrance actuelle audit seigneur de Rieux et à ses procureurs de la chastellenie et comté de Harcourt, par la tradition des clefs, la jurisdiction tenante.

« Mais demandoient les procureurs dudit seigneur de Rieux la somme de dix-huict cens escus, restans de la somme de vingt mille livres tournois ; plus la somme de vingt mille livres, en attendant que le procez pour les terres d'Auvers et de Sotteville pres de Roüen fust vuidé. Ledit sire de Rieux demandoit aussi la somme de deux mille livres pour les despences par luy faites en poursuivant l'execution desdits arrests, et le droit de presenter à l'eglise parroissialle de saincte Coulombe...

« Surquoy, apres toutes ces procedures, fut avisé de pacifier lesdits seigneurs coheritiers,... ce qui fut accompli par l'entremise de noble homme Jean d'Orglandes, seigneur de Prestot, de Gaillardbois et de Noyon sur Andelle, dudit maistre Jean Baudry, et de noble homme maistre Guillaume Le Roux, escuyer, seigneur du Val et vicomte d'Elbeuf, fondez de procuration de la part dudit seigneur duc de Lorraine... lesquels, comme procureur, renoncerent à son nom aux terres baillées en partage par ledit seigneur de Rieux audit seigneur de Guimené, que ledit seigneur duc de Lorraine prendroit la charge de faire vuider le procez de la terre de Sotteville pendant en l'assise de Rouen, contre le sire de Ferrieres, moyennant quoy ledit duc de Lorraine demeureroit quitte de toutes les sommes demandées par ledit seigneur de Rieux, en luy payant la somme de huict cens livres pour ses frais, ce qui fut payé comptant, et en outre la somme de six mille livres, pour seureté de quoy les arrests pour la somme de vingt mille livres devoient demeurer en leur force et vertu, que tous les meubles du chasteau de Harcourt appartiendroient audit seigneur de Rieux, et pour la presentation à la cure de Sainte Coulombe, ledit seigneur de Rieux seroit exhorté de l'aumosner au prieuré du Parc.

« Cette transaction faite en la presence de maistre Germain Volant, de maistre Jean Le Charpentier, vicomte et verdier de Lislebonne, de Jacques de Moricia, advocat, de Nicolas Le

Blanc, receveur d'Elbeuf, de Robert du Fay, escuyer, seigneur du Saucey, d'Olivier Emat, escuyer, seigneur de la Motte, de Guillaume de Franqueville, escuyer, et de Patry Gray, sergeant d'Elbeuf ».

Ainsi se termina ce long procès, qui fixa la terre d'Elbeuf dans le domaine de Réné II de Lorraine.

« Le compte et estat de Jean de Lavau, presbtre, recepveur des rentes revenues de la seigneurie de Desville, appartenant à très révérend père en Dieu Mgr Georges d'Amboyse, archevesque de Rouen, pour ung an commençant à la St Michiel 1496 et finissant à la St Michiel 1497 » mentionne une dépense de 27 sols 6 deniers, pour « deux cens de saules achaptés à Elbeuf ».

Charles VIII mourut en 1498. Louis XII, qui lui succéda, était un ennemi de Réné II de Lorraine, baron d'Elbeuf, qui lui avait été souvent contraire.

Néanmoins, Réné ne fut le dernier à le complimenter, à lui porter ses respects, à lui offrir ses hommages ; il se rendit assidu à lui faire la cour, assista à son sacre, et lui prodigua toutes les marques de zèle et de dévouement. Ces courtoisies n'ayant pu réchauffer la froideur de Louis XII, Réné rentra dans ses Etats.

Son absence fit plus que sa présence. Le roi, naturellement bon, eut regret de son départ et le fit rappeler pour la solennité de son entrée à Paris ; mettant à part tous ses ressentiments, Réné accourut et fut accueilli avec l'affabilité la plus gracieuse.

Cependant après plusieurs alternatives de

faveurs et de dégoûts, Louis et Réné se quittèrent pour jamais, sans déplaisir.

Retourné à Nancy, Réné eut à lutter contre deux fléaux affreux, la peste et la famine, qui désolèrent la Lorraine pendant plusieurs années.

Suivant M. Guilmeth, le désordre en était arrivé au point, dans l'hôtel-Dieu de Saint-Léonard d'Elbeuf, que cette maison était généralement regardée comme un lieu public de débauche.

Mais Alexis Farin, chanoine de la Saussaye, ayant été nommé administrateur de cet établissement, résolut d'en extirper les abus et d'y ramener le bon ordre, l'économie et la décence. Il s'adressa même, en 1498, au roi Louis XII, à l'effet de faire rentrer les biens qui avaient été aliénés sans autorisation par ses prédécesseurs.

Louis XII lui accorda ce qu'il demandait; mais, ajoute notre auteur, malgré tous les efforts du zélé et consciencieux administrateur, le mal ne put être réparé.

Quant à l'installation d'un nouvel hôpital, par les habitants de la paroisse Saint-Jean « dans les ruines de la forteresse du Glayeul » c'est une fable à ajouter aux autres. La chapelle Saint-Jacques, dont parle M. Guilmeth, n'était pas au triége du Glayeul, mais dans la léproserie de Saint-Félix et Saint-Auct, ainsi que nous l'avons dit, d'après des pièces qui se trouvent aux Archives départementales.

M. Guilmeth assure que ce fut également à la requête d'Alexis Farin que le pape Alexandre VI (Borgia) donna, en 1498, avec force indulgences, son approbation pleine et entière aux Statuts et Réglements de « la noble confrairie et charité de Saint-Etienne d'Elbeuf, instituée à l'ordre de Dieu, en l'honneur de la Sainte Croix et Passion de notre Sauveur et Rédempteur Jésus-Christ ».

D'après le registre du sieur de Tourolle, directeur des domaines, écrit vers 1766, il fut rendu hommage au roi, en 1498, pour la vicomté et châtellenie d'Elbeuf.

Mais l'année suivante, Réné de Lorraine ayant négligé de faire foi et hommage au souverain pour la sergenterie d'Elbeuf et les fiefs de Saint-Gilles-Cléon et de Freneuse-Bédane, ces domaines furent saisis féodalement par les officiers du roi. Quelque temps après, Louis XII les fit restituer à leur propriétaire.

Louis XII ayant rendu perpétuelle et sédentaire la cour souveraine dite de l'Echiquier de Normandie, Guillaume Le Roux, vicomte d'Elbeuf, fut élevé à la dignité de conseiller de cette cour, en 1499.

Claude Le Roux, fils de Guillaume, né en 1487, fut pourvu de l'office de vicomte d'Elbeuf ; mais comme il n'était âgé que douze ans, Jean de Challange, écuyer, son beau-père, le remplaça dans cette fonction jusqu'en 1507.

Il est fait mention du « pré Bazire », dans un acte passé en 1499, devant « Clarot-Mancabre commis soubz Lorens Lepatelier, tabellion à Elbeuf ».

Il y eut un grand jubilé dit de l'année sainte, en 1500. L'ouverture s'en fit à Rouen le 8 décembre, où elle causa un grand malheur : de nombreuses personnes furent étouffées dans la foule qui se pressait pour entrer à la cathédrale.

Mᵉ Louis Jullien, curé de Saint-Etienne, depuis 1480, étant décédé, Gilles Lendormy fut pourvu de la cure, le 18 décembre 1501.

Les archives de Bonport possédaient un registre des comptes et recettes des rentes dues à ce monastère, dont un extrait fut dressé en 1501, pour les immeubles situées à Elbeuf. Plus tard, on dressa un état sur parchemin mentionnant « touttes les instances et pièces faisant partie du dotal et revenus de l'abbaye à Elbeuf ».

CHAPITRE V
(1501-1508)

Les comptes pour Réné II de Lorraine, baron d'Elbeuf. — Etat et revenus de la seigneurie d'Elbeuf et autres fiefs voisins. — Mort de Réné.

Depuis plusieurs années Réné II résidait constamment en Lorraine, s'occupant, disent les chroniques, à soulager la misère de ses sujets et de constructions considérables.

Il avait déjà fait commencer, à Nancy, la magnifique église Saint-Nicolas; en 1501, il fit établir les plans du palais ducal que l'on voit également dans cette ville et dont les travaux furent entrepris l'année suivante.

Réné de Lorraine avait confié l'administration des biens de sa baronnie d'Elbeuf à Hutin Leflamand, qui, chaque année, lui rendait des comptes, dont plusieurs sont parvenus jusqu'à nous, notamment ceux que les Archives départementales possèdent, figurant sur un beau registre tout en parchemin, qui nous fournira de précieux renseignements sur la seigneurie d'Elbeuf à la fin du xv° siècle et au commencement du xvi° :

« Le compte secund que rend Hutin Leflameng, receveur général et particulier de la viconté d'Ellebeuf, pour ung an commençant à la Saint Michiel mil cinq cens et ung et finissant à pareil jour mil cinq et deux, pour tres hault et tres puissant prince le Roy de Sicille, duc de Lorraine et de Bar, marchis marquis du Pont, comte de Vaudesmont, seigneur dudit Ellebeuf, de Quatremares et Routot et de Beaumesnil.

« Et premierement, appreciations des rentes deues en especes en ladite viconté dEllebeuf aux pris et ainsi quil ensuit et selon les comptes precedens.

« Boessel fourment, bouessel davoine (les appreciations sont demourées ainsi quelles furent faictes en compte precedent); paire de gans, ix deniers ; oues, piece, xx den. ; chappons, piece, xx den. ; guelines, piece, xii den. ; coqz, piece, ix den. ; septier de vin, vi sols ; galons de vin, ij sols ; livre de poivre, x sols ; pouchins, piece vii den. ; pigeons xii^{ne}, ii sols vi den. ; œufz xii^{ne}, iiij den. ; quartier de mouton, xviij den. ; pelotes, piece, ij den, ; fers à palIefroy sans percer et sans clous, ix den.

« Domaines fieffez desquelx les parties singulières sont escriptes ou compte de Robert Divery, receveur dudit Ellebeuf, lors pour ung an commencant à la St Michiel mil iiij^c soixante trois :

« ELLEBEUF, en rentes deues au terme Sainct Michiel mil cinq cens et ung, cuillies et assemblees par ledit receveur ainsi quil enssuit :

« Des rentes en deniers deubz chacun an audit lieu dEllebeuf... cent dix neuf livres v sols iiij deniers obole, entre lesquelles est comprins pour la masure et maison qui fut Martin de Bezu, ij sols vj den. ; pour la maison qui fut Guillaume Durée vij sols, et pour la maison et franchise qui fut Pierre Eustace ij sols vj den. Toutes lesd. maisons et tenement de present et despieca comprinses en la masure et maison de Monseigneur audit Ellebeuf, ainsi que es comptes precedens, lesquelles trois parties sont desduytes desdits c. xix l. v s. iiij deniers obole et par ce ne demeure que.......... cxvij l. xiij s. iiij den. obole

« Des autres rentes dont parties sont demourées de long temps en non valloir et nen ont sceu les receveurs avoir congnoissance, les parties en dit compte Divery montant cy rend................ xv l. vj s. xj den.

« Des autres rentes et nouvelles fieffes, selon les comptes Guillaume Roussel, de lannée finye à la Sainct Michiel mil iiij^e et neuf et en icellui de lannée ensuivant, se montent les parties..................... xxij l. v s.

« Des autres nouvelles fieffes faictes par Monseigneur le conte de Harecourt deffunct et ses officiers, les singulieres parties escriptes ou des comptes Divery montent vij l. vj s., entre lesquelles est escript sur le nom de Jehan dit du Moustier pour sa masure qui fut Jourdain, au carrefourg de la Barriere joingnant la masure dudit Moustier, de present comprinse à la masure et tenement de mondit seigneur, à ce terme xj sols, et pour la maison qui fut au Bresier joingnant à la masure dudit Moustier des deux costés à la maison de mondit seigneur, fieffez par le dit du Moustier par xvj sols à paier au terme de Pasques, etc. vj l. vj s.

« Des hoirs Patris Gray pour Girot Courballain pour leur maison et masure, partie du pré de la foire de nouvel fieffée par led. Courballain par lx s. de rente par an....... lx s.

« De Jehan Pennier.............. xx s.

« De Perrenot Desperroys pour sa maison et masure..................... xxij s.

« Des rentes et deniers deubz au terme de Toussains...................... xx s.

« Des rentes en deniers deubz au terme de Noel xx l. viiij s. vj d. et une chançon, et pour quatre potz de vin au pris dessus dit iiij s., pour tout ce cy rendu, xx l. viiij. s. xj d. obole et une chançon.

« Des rentes en chappons... cent et ung chappons............. viij l. viij s. viij d.

« Des rentes en guelines, six guelines... vj s.

« Des rentes en deniers deubz au terme de la mykaresme............. xxxvj s. vj d.

« Des rentes en poyvre deues au terme de la mykaresme... six livres de poyvre au pris de dix sols t. chacun livre et pour deux onces et demye de poyvre en oultre.. vj. s. vj d. obole.

« Des rentes en esperons blancs et dorez deubz audit lieu et terme de Pasques... xxv s.

« De nouvelles fieffes......... xx l. v s.

« De Rogier Lancelevee pour sa maison de la parroisse Sainct Jehan d'Ellebeuf.. xiij s.

« Des hoirs Jehan Le Coureur dit Haultelet, et les hoirs Girot Carré............ xxij s.

« De Estienne Poulain............ x s.

« De Perreuse Boseguillaume pour sa planche quil a fait asseoir de nouvel sur le vivier de hault, jusques au bon plaisir de Monseigneur............................. iij s.

« De Jehan Le Ribbert et Guillaume Bacheler, du Port Sainct Gilles, pour la fieffe qui leur a esté faicte neuvellement des motelles et assequis assiz en leaue de Seyne et haulte justice dud. lieu d'Ellebeuf, auprès de la ruelle de Caudebec, par x s. de rente chacune vergée, dont a esté trouvé par mesure icelle contenir neuf vergées, douze perches à paier aux termes de Chandeleur et la Magdaleine.. iiij l. xiij s.

« De Bertault Crosnier pour la fieffe à luy neuvellement faicte d'une piece de terre assise en la parroisse de Sainct Estienne d'Ellebeuf, en la vallée du Puys Gorren, en bois et bissons contenant une acre et demye ou environ, enclavée dedans la forest des Mons le Conte .... vj s. vj d.

« De Perrenet Allain pour fieffe de deux pieces de terre en la parroisse Sainct Estienne, la premiere contenant une acre et une perque, d'un costé la forest des Mons le Conte, d'autre le chemin du Roy, d'un bout la vallée du Puys Gorren et d'autre bout le chemin des terres du Tuithagueron ; la seconde contenant demye acre... d'un costé ladite forest, d'autre le chemin du Vau Morel, d'un bout ladite vallée et d'autre bout le chemin qui vient de derriere du Tuit Hagueron à ladite vallée... xij s. ix d.

« Becquet, en domaine fieffé culli et assemblé ainsi quil ensuyt :

« Des rentes deubz au terme Sainct Michel ... liij l. xij s. ij tiers de denier.

« De Guillaume Dorival dit Sarras, pour une once de poyvre quil doit sur une masure au bas Becquet............ vij den. obole.

« De Guillot Picart et Jehan de Montbee,... sur un clos assis à la Villette...... xx den.

« De damoiselle Perete du Busc, veufve de deffunct Guillaume Martel, en son vivant escuier, pour les heritages qui furent Guillaume de Livaroult, pour une rente appelée laide dost, deue à cause de son ainsnesse appe-

lée le fief aux Paloyers, montant à vingt solz par an pour elle et ses puisnez, qui se paient touttefoiz que Monseigneur va en lost du Roy, et autres vingt sols quant il revient, pour ce cy........................... Neant.
De la rente appelée laide fieffal, montante à sept sols tournois qui est deue de trois ans en trois ans toutteffoiz que le fouage escheit....................... Neant

« Des rentes en chappons au terme de Nouel.................. vj l. vj s. viij d.

« Des rentes en guelines...... xj s. ix d.

« Des hoirs Robinet et Leprevost... pour un galon de vin.................... ij s.

« Des rentes, en œufz....... xij s. xj d.

« De Amy Bisson... au lieu de Guillaume Gravetel.... pour leur ainsnesse appelée le fief Baignart, qui doivent par an ung disner bon et suffisant environ la Sainct Gilles Sainct Leu selon lestat, dun bacheler à quatre chevaulx, six personnes, deux varletz et deux levriers, et leur doibt len faire savoir trois jours devant quon y voise disner, que doyvent les hoirs Guillaume de Livaroult sur le fief nommé Damoiselle Advisse qui depuys fut Mannoury, et de ce paient en essence aux officiers de Monseigneur, pour ce... ung disner.

« Du panage dud. lieu du Becquet que doyvent les resseans de Martot aud. fief de Martot touttefoiz quil y a pasnage en la forest de Borcs et doibt chacun par iij deniers, pour ce cy................................

« Boscrogier en domaine fieffé cuilli et assemblé par le receveur ainsi qu'il est accoustumé.

« Des rentes en deniers... iiij l. ij s. vj d.

« De Robinet Bonnet... pour demourer

quicte et deschargié du manoir de la Boue lxiiij s. v d.

Boscnormant... De Colin Renel et ses parsonniers pour son ainsnesse aux Escameaulx xvj s.

« Boscasselin en domaine fieffé cuilli et assemblé par Jehan du Fossart, prevost audit lieu.

« Des rentes en deniers... xxj l. xiiij s. x d. o.

« De Guillaume Hellouyn pour ung avant sollier devant son huis seant sur trois postz audit Boscasselin.................... v s.

Suivent les désignations des rentes en chapons, gelines, œufs et poussins.

« Caudebec... Des rentes deubz pour les parties essarties... comprinses aucunes parties de nouvelles fieffes, une oue de xx deniers et un septier de vin au prix de vj sols, valent et rend................ lxvij l. xj s. v d.

« Des hoirs de deffunct Robin Divery pour l'asseurement de sept acres et demie de terre qui souloient devoir campart et que en lieu dudit campart ont esté asseurées par.. vij s. vj d.

Suivent les désignations des rentes en deniers, chapons, gelines, corvées, œufs et poussins.

« Haye du Teil ». — Suit le détail des redevances, dont le total s'élève à 71 livres 16 sols.

« Teil ». — Suit le détail des rentes du Gros-Theil, parmi lesquelles nous citerons :

« Douze fers à palefroy sans percer et sans clous.

« Les rentes appelées laide du Fay, deues de trois ans ans en trois ans quand le fouage escheit, qui se cueillent par le sergent fieffé du

Teil, celle sergenterie de present à Jehan Maseline, escuier ».

Le total des rentes du Gros-Theil pour ce chapitre se chiffre par « viij^{xx} v livres xiij sols v deniers obole.

« Tuitsignol, en domaine fieffé cuilli par Jehan Ansoult, prevost audit lieu.. xj l. xviij s.

« Tuithagueron... cuilli par Cardin Fermen, prevost audit lieu..... xv l. ij s. ix d.

« Escameaulx... cuilli par Colin Morin, prevost audit lieu....... iiij l. xviij s. ij d.

« Tuitangier... cuilli et assemblé par Robinet Lebermen, prevost.. xxxvj l. xix s. ij d.

« Boessay le Chastel... cuilli par Michault laisné, prevost............... viij l. iij s.

« Berville... cuilli et assemblé par Pierre Leir, prevost.......... viij l. xix s. vj d.

« Basville... cuilli et assemblé par Thomassin Ozenne, prevost... xxiv l. xix s. et ung d.

« Mandeville.. cuilli par Guillaume Alline, prevost audit lieu........ viij l. ij s. vij d.

« Marcouvile... cuilli par Henry Rosier, prevost audit lieu....... xxv l. xj s. vij d.

« Moullineaulx............. v l. iiij s.

« Couronne... cuilli et assemblé par Regnault Maze, prevost... vij l. xiiij s. viij d.

« Martot........... iiij l. xvj s. viij d.

« Sainct Amand...... iiij l. viij s. vij d.

« Boscrogier...... xxvij l. xvij s. vij d.

« Fourquetes.... cuilli et assemblé par Jehan Guenet, prevost........ lxvij s. xj d.

« Autre recepte des fiefs en basse justice et leurs appartenances desquels len soulloit faire recepte :

« Du fief de Gilles de Tauques...
« Du fief de Neufmoullin...

« Du fief de Porcpinché assis à Sainct Cir et au Tuitsignol...

« Du fief de Muys et Trenteguerons...

« Du fief de Houllebec...

« Du fief de Laigle assis à Soteville lez Rouen, lequel est en procès contre le seigneur de Ferieres et la valeur d'icelui en sequestre et ce nonobstant, cedit receveur a receu pour la moictié de ladite sequestracion la somme de douze livres tournois.

« Autre recepte en domaine fieffé à cause des regardz des boys de la forest des Mons le Conte, et doibt chacun feu xij deniers, et qui a charrete il doibt ij sols, reserve les douze francs qui en sont frans et exempts parce quilz font la huée esdits boys touteffoiz que Monseigneur ou ses officiers y font chasses, et aussi en sont francz les prevostz, sergent et le crieur, et les quatre bermens à cause de leurs offices ; iceulx regardz cuilliz et assemblez par Raoullin Le Candelier, sergent de la basse justice, dont les parties, selon ung roole cy rendu monte à la somme de.......... xv l. xiiij s.

« Boscasselin. Des regardz des boys deubz ... à cause de la forest des Mons le Conte, et doibt chacun feu qui a charete iiij sols, qui a cheval sans charete iij sols, et qui na cheval ne charete ij sols............... iiij l. xij s.

« Des rentes en chappons deubz aud. lieu... à cause de lad. forest, qui croissent et diminuent selon le nombre des resseans qui sont sur les lieux qui sont subiectz et sont deubz es paroisses dud. Boscasselin et du Tuitangier sur les resseans du Roy et sur les resseans de Monseigneur, hors le franc fief de Sainct Martin, dont chacun deulx doibt ung chappon... xxv s.

« Caudebec. Des regardz des boys deubz... à cause de lad. forest en hamel de Caudebec seullement, où chacun feu doibt xij deniers, et qui a charete il doibt ij solz, réserve le bien et masure qui fut Jehan Trounichet (?) et qui est franc, ainsi que les xij francz dud. Ellebeuf et fait le xiij^e, pour ce quil fait la huée esdits boys touttetfois quil plaist à la seigneurie y faire chaser ; cuilliz et assemblez par led. Raoullin Le Candelier.............. lv s.

« Haye du Teil. Des regardz des boiz dudit lieu de la Haye du Teil............. xlij s.

« Autre recepte des rentes deues chacun an au terme de lAscension nostre Seigneur... deu à cause des herbages et pasturages, qui croissent et diminuent selon que les resseans ont des bestes.

« Ellebeuf. Des herbages et pasturages deubz chacun an... où est deu pour chacune vache ij deniers, pour chacune chièvre iiij deniers, reserve celles aux xij francs, crieurs, prevostz et quatre bermens qui en sont francz ; cuilliz et assemblez par ledit Raoullin Le Candelier......................... xlij s.

« Pour les herbages et pasturages des paroisses du Thuysignol, Thuytanger et Sainct Ouyen, de Thuyherbert, non coustumières en la forest................ lxxiiij s. viij d.

« Boscasselin. Des herbages et pasturages deuz aud. lieu... où est deu pour chacune vache des resseans de Monseigneur en franc fief Saint Martin ung denier, pour chacun veau obole ; et des resseans du Roy et de Monseigneur es paroissses de Sainct Nicollas et du Tuitangier, hors ledit franc fief, pour chacune vache ij deniers, ung veau ung denier, ung porc denier obole, et pour quatre brebiz ung denier...................... xix s. ij d.

« Caudebec. Des herbages et pasturages... où est deu pour chacune vache ung denier... xij s. ij d.

« Autre recepte des rentes deues audit lieu dEllebeuf, au terme Sainct Gille Sainct Leu qui croissent et diminuent selon que les resseans ont des porcs.

« Ellebeuf. Des estoublages... est deu pour chacun porc ung denier, excepté ceulx aux xij francz qui font la huée, au prevost et sergent de la basse justice, crieur, et aux quatre bermens qui en sont francz à cause de leurs offices......... xxvj s. et ung denier.

« Pour les estoublages des paroisses de Thuysignol, Thuytanger, Thuyhebert, non coustumiers en la forest...... xviij s. ij d.

« Caudebec. Des estoublages... deu pour chacun porc ung denier.. vij s. et ung den.

« Domaines non fieffez et baillez à ferme ainsi quil ensuit :

« De Jehan Desmons pour la ferme de leaue de Seyne, ses appartenances et appendances, à lui baillez pour le terme de trois ans commençant à la Sainct Michiel mil cinq cens, par iiij^{xx} iiij livres, à paier chacun an aux termes de Chandelour et la Magdalene....... iiij^{xx} iiij l.

« De Colin Lestourmy, pour la ferme du poix de nouvel *(ces deux derniers mots sont barrés)* estably à Ellebeuf, à luy baillés pour trois ans commençant à la Sainct Michiel mil cinq cens et ung, par dix livres tz...... x l.

« De Pierres de Mante et Pierre Couldray pour la ferme de la prevosté, coustume et moulins d'Ellebeuf et leurs appartenances à eulx demourés par le prix de neuf cens quatre vingtz livres tz. par an, et qui avoit esté adiugée à Guillaume Sainct Ouen par mille livres tz. chacun an jusques à trois ans... lequel Sainct Ouen a gagé sa folle enchière montant vingt livres tz. par an, et par tant est lad. ferme demeurée aux dessusdits par ledit prix de...................... ix^c iiij^{xx} l.

« Dudit Sainct Ouen pour ladite folle enchière........................... xx l.

« De Raoul Hamon, pour la ferme de la voicture par eaue dud. Ellebeuf à Rouen et ses appartenances, à luy baillée pour trois ans, par an...................... v^c lxv l.

« De Guillaume Meriée le jeune, pour la ferme du courtage de vins et aulnage de draps audit Ellebeuf, à luy baillée et adiugée comme au plus offrant jusques à trois ans commençant à la Saint Michiel mil v^c et ung, par xiiij liv. x sols par an... et fut après ce que Simonnet Coulombe et Gieffin Durée absent gagé chacun une folle enchière... xiiij l. x. s.

« Dudit Simonnet Coulombe, pour sa folle enchière ainsi gagée................ x s,

« Dudit Gieffin Duré, pour sa folle enchière x s.

« Pour la ferme du franc batel pescheur en leaue de Seyne de Sainct Ouen... xij s. vj d.

« De la ferme du moullin de Brescire qui soulloit seoir au Becquet, neant, cy comme es comptes precedens................ neant

« De Guillaume Vitepas, pour la ferme du bermennage à luy baillée pour trois ans..... xxxviij l.

« De la ferme de la sergenterie du plet de l'Espée dudit lieu dEllebeuf......... Neant

« De Philippot Grippois, pour la ferme d'une chambre pour metre les chairs de la boucherie, avec ung petit grenier estant dessus, de nouvel ediffiée aud. lieu, pour trois ans, commençant à la Penthecouste mil cinq cens et ung...................... lxx s.

« Boscrogier. Pour la ferme de la moulte et campart dudit lieu......... xxvij l. x s.

« Boscasselin. Pour la ferme de la coustume dudit lieu baillée pour six ans, xij s. vj d.

« Pour la ferme de Fourquetz et Bucquetz de Sainct Martin de la Corneille.... xxvj s.

« De la ferme des Vingt acres de terre assise à la Saussaye devant le manoir   Neant

« De Jehan Baudouyn, pour la ferme de la tuillerie de la Saussaye.......... ij s. vj d.

« D'Olivier Divory, pour la ferme du gerbage de la Saussaye............... xxj s.

« Caudebec. De Colin Dujardin, pour la ferme des moultes et campars dud. lieu...... xlvij l. x s.

« Haye du Teil. Pour la ferme des coustumes........................ xij s. vj d.

« Teil. Pour la ferme des terres qui ensuivent :

« Pour la ferme du moullin à vent... xxxij l.
Suit la désignation de plusieurs terres, dont le total des fermages, y compris celui du moulin, s'élève à............ « vij^{xx} ij l. xix s.

« Tuitsignol. Pour la ferme des moultes seiches, baillée pour laous et mession.   xl s.

« Tuitangier. Pour la ferme de trois vergées de terre assises aud. lieu où soulloit seoir le molin de Quiquempoit..... xxvij s. vj d.

« Bouessay le Chastel. Pour la ferme de la coustume..................... viij s.

Suivent plusieurs terres, donnant un fermage total, y compris celui de la coutume, de................... « lxij l. ij s. vj d.

« Marcouville. Total de l'affermage des terres.............. « xlvij l. xiij s. vj d.

« Basville. Pour la ferme du campart... xl l.

« Moullineaulx. De Caron Dubost, pour demy année de ferme du moulin à eaue dud. lieu....................... xlij l.

« De Gieflin Durée, pour demy année de la ferme dudit moulin........... xxiij l.

« Boscrogier. Terres des domaines dud. lieu, total............. « lxjx l. xiij s. vj d.

« Seaulx et escriptures. De la ferme du tabellionnage d'Ellebeuf nest en aucune chose rendu, pour ce que Monseigneur la donné à ce dit receveur jusques à son bon plaisir, ainsi que es comptes precedens.

« De Cardin Feré, pour la ferme du tabellionnage de la Haie du Teil, à luy baillée pour six ans......................... l s.

« De maistre Michiel de Leslandière, pour la ferme du tabellionnage de Boessay le Chastel, à luy baillée pour neuf ans....... xl s.

« Vendue derbages en ladite vicontè :

« Pour la ferme des prez du Becquet, lxv s.

« Pour la ferme de lisle le Conte.. xxx l.

« Pour la ferme des prez de Moullineaulx xxv l.

« Pour la ferme des prez de Couronne..... xvj l. x s.

« Pour la ferme des prez de la Vieuhaye... xlv s. vj d.

« Pour la ferme de lerbe des rives du vivier qui fut de la Mesengière........... iiij l.

« Pour la ferme des prez de Soteville lez Rouen....................... xxx l.

« Gardes de soubzaages..... (mémoire)

« Terres tenues en main de seigneurie...

Mention, à Elbeuf, des terres le Roy contenant six acres en pré et terres labourables; des terres du Clos des Vignes et du manoir de la Boue.

Mention, au Becquet, de la chapelle Saint-Nicolas de la Bruyère.

Mention, à Caudebec, du triège du Blanc-Fossé.

Suit la désignation des articles concernant la Haye-du-Theil, le Gros-Theil, Thuit-Signol, Thuit-Hagron, Thuit-Anger, Berville, Boissey-le-Châtel, Basville, Marcouville, Couronne et Martot. Dans cette dernière paroisse, mention du triège des Bastards et du Petit-Mont.

« Reliefz et xiii[es]

Mention, à Caudebec, du chemin de la Villette, du « Bisson Hersent, des Longues rayes, de la sente du Clos Marquet, de la Cauchée, de la Basse Voye, du chemin du Port ».

Le total des reliefs et treizièmes se chiffre par.................... «xv l. viij s. x d.

« Vendues de boy pour lan de ce present compte ». Nous trouvons cités « les morts boys du Becquet, la garde Perrenot de Fossart près le fourquet de Sainct Cir, la garde Simonet Baudouyn près la Justice » et une recette de « Jehan Masseline, escuier, sieur de Houllebec », puis une autre de « Mathieu de Bigars, escuier, sieur de Sainct Amand ».

Total des recettes... «ix[c] iiij[xx] vj l. iiij s. ung denier.

« Tiers et dangier de boys.. xviiij l. viiij s. x d.

« Pasnages et poussons des forestz.. Neant

« Amendes et exploictz des juridictions ordinaires de ladite vicomté :

« Des amendes et exploictz dEllebeuf pour les assises dudit lieu....... xxxvij l. vij s.

« Des amendes boys et eaues dud. lieu et viconté dEllebeuf.............. xj l. x s.

Total du chapitre... « vj^{xx} l. xviij s. iij d.

« Autres amendes et exploictz des boys et forestz dicelle viconté.. ccxxx l. xiij s. xj. d.

« Fouages et monneages........ Neant

« Forfaitures.................... l s.

« Somme toute des receptes de ce present compte....... iiij^m vij^c xlvij l. xvj s. vij d.

« Despences de ce present compte

« Fiefz et aumosnes. Aux doyen et chanoines de la Saussaye qui sont treize, le tresor et le clerc, qui ont à coustume prendre et avoir chacun an sur la prevosté dudit Ellebeuf la somme troys cens livres tournois.

« Et premierement à maistre Louvel, doyen et chanoine dud. lieu de la Saulsaye, au droit de sa prebende et dignité, la somme de. xl l.

« A Me Jehan Fontaine, chantre et chanoine de ladite église.................... xx l.

« Au trésor de ladite église.. xxxviiij l. v s.

« A maistre Etienne Dorival dit Sarras, chanoine de lad. église.............. xx l.

« A Me Anthoine de Hongarde, chan. xx l.

« A M^o Thomas Fortin, chanoine.. xx l. xv s.

« A Me Michel Danyel, chanoine... xx l.

« A Me Nouel Lebarge, chanoine... xx l.

« A Me Pierre Banastre, chanoine.. xx l.

« A Me Jehan Marguerie, chanoine. xx l.

« A Me Pierre Secourable........ xxx l.

« A Me Nicolle, chapellain, clerc et coultre de ladite église.................... xv l.

« Auxdits chanoines pour le tresor et fabrice dicelle eglise....................... vij l.

« Auxdits chanoines sur le moulin de Bresire et autres moullins estans et seans en la vallée de Pasquier et Saint Cir, et se lesd. moullins ne suffisent pas sur la recepte dEllebeuf qui se montent à xxx l. par an ainsi quil ensuit :

« A Mᵉ Thomas Adam, chanoine.... x l.
« A Mᵉ Jehan Fontaine............ x l.
« A Mᵉ Anthoine de Hongarde...... x l.
« Autres rentes deues sur ladite prevosté :
« Au prieur et convent de Toussains sous Bellencombre...................... c s.
« A Mᵉ Farin, administrateur de lhostel dieu dudit Ellebeuf............... xlv s.
« Aux religieux, prieur et convent de Harecourt quils prennent chacun an sur la maison du Roy nostre dit maistre aud. Ellebeuf.. xij s.
« A labbé de lIsle Dieu, au jour Sainct Gille............................. x l.
« Au chappellain dAulbevoye près Gaillon iiij l. viij s.
« Gages des officiers ordinaires :
« Pierre Le Roux, escuier, viconte dudit Ellebeuf, pour ses gages de viconte.. xxx l.
« A luy, pour ses gages de clerc de la chambre des comptes dudit Ellebeuf... xv l.
« A Michel de Franqueville, escuier, verdier dudit Ellebeuf, pour ses gages de verderie.. x l.
« A Pierre de Quievremont, bailli dudit lieu, pour ses gages dudit office du bailli. xxx l.
« A Mᵉ Loys de Quievremont, lieutenant général de mondit sieur bailli, qui exerçait en precedent Jacques Lemareis qui sen est deschargé pour ses gages............... xx l.
« A Simonet Baudouyn, Benjamin Pollet, Berthault Crosnier, Perrenot de Fossart, ser-

gens de la forest des Mons le Conte, aux gages de iiij livres chacun sergent......... xvj l.

« Item à Raoullin Malherbe, naguères commis, garde et sergent des boys et taillys de ladite seigneurie................. iiij l.

« A Nicolas Leblanc, procureur general du Roy nostre dit maistre en ses terres et seigneuries de Normendie, pour ses gages audit office..................... xx l.

« A cedit receveur, pour le quart des reliefz et xiij^{es}.................. lxxvij s. ij d.

« Autres gages et pencions à la voulenté de mondit seigneur :

« A Guillaume de Boscregnoult, escuier, advocat et conseiller du Roy nostre dit maistre en sa viconté d'Ellebeuf.............. c s.

« A Philippot Rémy, procureur du Roy nostre dit maistre à Rouen........... c s.

« A Rogier Lemercier, advocat et pencionnaire de mondit seigneur au Pont de l'Arche.. lx s.

« A Benot Briselet, advocat de mondit seigneur au Pont de l'Arche............ lx s.

« A Pierre le Rouvesenier (?) pour ses gages....................... xl l.

« A Pierre Rogier, lieutenant en la viconté du Pont de l'Arche de mons^r le bailly de Rouen..................... c s.

« A damoiselle Catherine Lorfevre, veufve de Guillaume de Franqueville, en son vivant escuier, verdier dudit Ellebeuf........ x l.

« A Philippe Vasse, pour sa pension quil a pleu au roi notre dit maistre luy ordonner jusques à son bon plaisir........... xx l.

« A Me Jacques Challange, escuier, advocat de mondit seigneur au Pont de l'Arche, pour

pension que par semblable luy a esté ordonner prendre sur cette recepte......... c s

« Œuvres et reparacions pour lan de cedit compte :

« A Jehan Guedon, maistre ouvrier du mestier de machon, auquel avoit esté alloué par
monsr le viconte dud. Ellebeuf et autres officiers de lad. seigneurie à faire certaine reparacions necessaires estre faicte au no du petit
moullin dudit lieu dEllebeuf......... xv l.

« A Pierre Dubosc, nagueres fermier du
moullin à eaue de Moullineaux, pour un arbre
tournant que avoit fait metre de nouveau aud.
moullin led. Dubosc, qui a esté apprecié par
Robinet Beynieres et Henry Vimen, charpentiers jurez et maistres dud. mestier... xv l.

« A Henry Duquesney, pour sa peine et sallaire davoir fait certaines reparacions aux
halles et cohue de Boessay le Chastel viiij l. v s.

« A Gieffin Durée, pour certaines reparacions necessaires estre faites à la chaussée du
moullin de Moullineaux............ xxv l.

« Deniers payes sur ladite recepte :

« A Pierre Le Clerc, grenetier à Rouen cl l.

« A Guillaume Gouel, sieur de Pouille....
viiijxx v l.

« A Jehan dOrglandes, escuier.... ijc l l.

« A Michiel de Leslardiere, pour le scel et
escriptures de certaines lettres royaulx... touchant le tabellionnage de Boessay le Chastel..
xv s.

« A ung hommes de Rouen pour ung voyage
par luy fait à Aubmalle porter des lettres du
Roy nostre dit maistre au receveur dudit lieu.
xij s.

« A maistre Pierre Cormier, executeur des
sentences criminelles en bailliage de Rouen...

pour sa peine et sallaire destre venu de Rouen aud. lieu dEllebeuf, et illec battu et fustigé par les carrefourgs dudit Ellebeuf un nommé Colin Le Marchant, naguères prinsonnier es prinsons dud. Ellebeuf, pour plusieurs larrecins par luy commis, et lequel avoit par justice esté condampné à ladite peine.. iiij l. x s.

« Item a esté par cedit receveur paié à Bertault Crosnier, geollier et garde des prinsons dud. Ellebeuf, pour avoir gardé esdites prinsons led. Colin Lemarchant depuis le xij^e jour daoust mil v^c et ung jusques au secund jour de decembre ensuivant qui font cent quatorze jours, à iiij deniers par jour, pour pain et eaue xxxviij sols, et pour avoir gardé Jehan Fouchier esdites prinsons xxxv jours, xj s. viij d., valent ces deux parties. xlix s. viij d.

« Item a esté payé à maistre Farin, pour peine salaire et despense de luy et de son cheval davoir esté par lordonnance et mandement des officiers du Roy nostre dit maistre à Mayenne, par lespace de neuf jours... iiij l. x s.

« Item à messieurs les auditeurs des comptes et à monsr Duval pour la despense deulx, leurs gens et chevaulx où ils estoient au nombre de huit personnes et autant chevaulx, qui sont allés dEllebeuf à Aubmalle pour les affaires du Roy...................... x l.

« Autres deniers reprins par cedit receveur par mandement de justice :

« Ce receveur reprent cy la somme de sept livres huit solz tourn. en quoy ont été comprins les personnes denommez es rolles des amendes de ladite viconté dEllebeuf, dont est porteur Jehan Yves, sergent, dont il na peu aucune chose recouvrer... et qui ont esté par luy fait verifier es assises dEllebeuf. vij l. viij s.

« Et par semblable reprent cy la somme de trente six solz tourn. des amendes des boys de la forest des Mons le Conte, en rolle de Perrenot de Fossart, sergent desd. boys.. xxxvj s.

« Item reprent la somme de cinquante troys sols que porte Bertault Crosnier, sergent, liij s.

« Deniers renduz et non receuz ». Ce chapitre fournit un total de... iiij^{xx} l. xj s. xj d.

« Prinse de loups, louves et aigles, pour lan de ce compte.................... Néant

« Voyages et chevauchées :

« A Jehan Godeffroy pour deux voyages par luy faiz à Pretot, lun pour porter à mons^r dudit lieu de Pretot des lettres du Roy, et lautre pour aller à Aubmalle........ iiij l.

« Item à Jehan Le Cauchoys, pour un voyages à Boves.................... xxx s.

« Plus a esté paié audit Le Cauchoiz pour sa peine et sallaire destre allé à pié dudit lieu dElbeuf à Aubmalle porter certaines lettres missives au viconte dud. lieu, touchant lexpedicion dun prinsonnier detenu es prinsons dud. lieu pour cas de crime.......... xv s.

« Item a esté paié à Jehan Godeffroy pour ung voyage d'Ellebeuf à Mayenne..... xl s.

« A Guillaume Sainct Ouin, chevaucheur, pour sa peine et sallaire de luy et de son cheval davoir esté dEllebeuf porter à madame dAlençon certaines lettres et advertissemens, touchans aucunes affaires dudit seigneur Roy, auquel voyage il a vacqué par quatre jours et demy........................... xlv s.

« Item a esté paié à ung bricquetier du pays de bas qui estoit venu en ceste ville — ce mot *ville* surcharge celui de *viconté* — dEllebeuf, pour marchander à luy pour faire de la bricque pour le Roy de Sicille............. xxxv s.

« Despence commune de ce present compte :
« Pour avoir fait et escript en parchemin ce present compte par deux fois, lun servant pour le Roy nostre dit maistre, et lautre pour ledit receveur, qui contiennent ledits deux comptes cent deux feuilles, qui au pris de ving deniers chacun feullet, vallent... viij l. x s.

« Pour le seel et escripture dun *debitis* obtenu à la chancellerie Roy nostre dit sire, à Rouen, pour faire les contraintes des deniers deubz.......................... xv s.

« Autre recepte faite par ledit receveur, comme receveur general des receveurs et grenetiers particuliers, et premierement :

« De Robert Verry, receveur du dit lieu de Boves............... iiij^c ij l. xvij s. vj d.

« De Loys Vicquere, receveur de la terre de Groslay.

« De Jehan Bridollet, nagaires receveur de la terre et conté dAubmalle, par les mains de noble homme maistre Guillaume Le Roux, seigneur du Bourgtheroulde, conseiller du roi de Sicille...................... iij^c l l.

« De Clement de Biville, receveur de la terre dAubmalle....... xvij^c l l. iij s. v d.

« Ellebeuf touchant la greneterie :

« De Denis Farin, grenetier aud. Ellebeuf. iij^c xxxvij l. xv s.

« Deniers paiez :

« A noble homme Jehan dOrglandes, seigneur baron Dauvers et de Pretot, lieutenant et gouverneur pour le Roy de Sicille de ses terres et seigneuries en pais et duchié de Normendie, pour une année de ses gages quil plaist audit seigneur Roy lui donner........ vj^c l.

« Audit sieur de Pretot a esté paié par le

mandement dudit seigneur, donné à Bar le ixe jour de febvrier lan mil cinq cens et ung.. ij^c l.

« Item a esté paié à sire Pierre Lecler, grenetier de Rouen, pour les arrerages de trois livres tourn. de rente restans de six cens livres de rente que ledit Lecler avoit droit de prendre chacun an sur les revenus dicellui seigneur Roy...................... iij^c l l.

« Item à tres hault et puissant seigneur monseigneur le duc de Calabre, par mandement de nostre dit seigneur et Roy, donné à Bar le penultiesme jour davril mil cinq cens et deux, la somme de trois mil livres. iij^m l.

« Item plus a esté paié pour lavantage de lor qui a esté acheté pour faire le paiement de troys mil livres tourn. aud. seigneur de Calabre... achaté jusques à la somme dix huit cens livres tourn. la somme de... cij. s. iij d.

« Item a esté paié à maistre Alicie Farin, serviteur domestique dicellui seigneur de Pretot, pour sa peine et despens de deux voyages, lun à Orleans et jusques à Blays, quil porta aud. seigneur de Calabre la somme de douze cens livres tourn., auquel voyage il a vacqué par xxiiij jours, et un autre voyage quil a esté aud. lieu de Blays, party de Costentin pour aller à Rouen et à Ellebeuf pour acheter des escuz pour porter aud. lieu de Blays, xxij l.

« Item à maistre Jehan Cavé, prebtre, docteur en theologie, a esté paié la somme de cinquante livres tourn. quil a pleu aud. seigneur Roy lui pour donner metre et appli-à son proffit touchant son doctorat et faculté de theologie....................... l l.

« Item à Yves Brinon, procureur en Parlement et de haut et puissant seigneur monseigneur le conte de Ligny.. xj^{xx} v l. xiij s. iiij d.

« Item à ce dit receveur pour une année de ses gages dudit office de receveur, montant par an cent escuz dor vallant........ viij^{xx} xv l.

« Item a été baillé au sieur de Chasteauneuf et Guillaume Ouvat, pour eulx retourner en Lorraine...................... xxxv l.

« Autre recepte touchant la terre et seigneurie de Beaumesnil.

« De Gervais Guichard, receveur de lad. terre................... v^c iiij^{xx} x l. x s.

« Deniers paies sur la recepte de ladite terre de Beaumesnil... iij^c xx l. xix s. iij d. »

Au bas de ces comptes, sont apposées les signatures suivantes « Dorglandes, Le Roux, Chasteauneuf, Le Flameng ».

Le lecteur s'est souvenu que le « Roy » dont il est question dans ces comptes n'est autre que Réné II de Lorraine, qui se qualifiait de roi de Sicile.

On voit, par ces intéressants comptes, que les droits de douze deniers par feu et de deux sols pour les coutumiers de la forêt possédant une charette ne produisaient, à Elbeuf, que la somme de 16 livres. Comme conséquence, si l'on calcule chaque feu par quatre têtes et si l'on tient compte des doubles taxes payées par les possesseurs de voitures, on peut estimer la population d'Elbeuf, en l'an 1501, à environ 1.000 habitants.

La recette du « hameau de Caudebec » ne s'élevant qu'à 55 sols autorise à fixer approximativement sa population à moins de 200 habitants.

Le droit de 2 deniers par vache pour le pâturage dans les prairies ayant produit 42 sols, nous fait estimer, en tenant compte des usagers francs et des chèvres mentionnés dans l'article, une population bovine de 250 têtes à Elbeuf, soit moins d'une vache par feu.

A Caudebec, la recette ne s'étant élevée qu'à 12 sols 2 deniers, et le droit étant d'un denier par vache, le nombre de ces animaux était donc de 146.

Ces mêmes comptes nous indiquent qu'il existait environ 340 porcs à Elbeuf et 85 à Caudebec.

On a remarqué que la ferme de l'eau de Seine rapportait 84 livres par an, celle du poids public 10 livres ; que le revenu de la prévôté, de la coutume et des moulins d'Elbeuf s'élevait à 980 livres ; celui des bateaux d'Elbeuf à Rouen à 565 livres, et enfin que la ferme du courtage des vins et du mesurage des draps n'était louée que 14 livres 10 sols, ce qui n'implique qu'une production drapière de peu d'importance. A noter encore que le droit de déchargement des grains était affermé moyennant 38 livres par an.

Au nombre des curés d'Elbeuf du commencement du xvie siècle, nous croyons qu'il faut placer Geoffroi de Manneville, conseiller du roi au Parlement de Normandie, qui fut aussi curé de Saint-Jacques de Dieppe, d'Auzouville et des Ventes d'Eavy, et mourut curé de Saint-Sauveur de Rouen, le 17 septembre 1517, après onze ans de sacerdoce dans cette dernière paroisse.

La fosse Liénard était affectée depuis longtemps au service de la maladrerie de Saint-Léonard. C'est là, que de temps immémorial, les infortunés lépreux étaient obligés d'aller laver leur linge et puiser l'eau nécessaire pour leur boisson et les autres besoins de l'établissement de Saint-Léonard. On voit, en effet, par une sentence du bailli d'Elbeuf, en date du 18 mars 1503, qu'il leur était « enioinct et faict defenses, sur paine de la hart et du carcan, de laver, puisier ou quarir de l'eau à toutes et aulcunes autres sources fontaynes ».

Par acte passé devant Guillaume Decrétot et Guillaume de Saint-Ouen, tabellions à Bec-Thomas, en date du 10 janvier 1503 (1504 n. s.), Jean Pennier le jeune, de la paroisse Saint-Jean, prit à fieffe de Mᵉ Allain, prêtre, la sergenterie héréditale de l'Eau de Seine, moyennant une rente annuelle de 10 livres, en plus de « quatre plats de poissons, tant bis que blanc, estimé chacun plat à huit blancs » (40 deniers). — Ce contrat fut revalidé par sentence du bailli d'Elbeuf le 28 avril 1620, de nouveau le 22 juin 1666 et le 1ᵉʳ décembre 1705.

En janvier 1505, Pierre Le Secourable, docteur et doyen de la faculté de théologie, grand archidiacre et chanoine de Rouen et de La Saussaye, demeurant à Paris, donna au chapitre de la collégiale la somme de 1.200 livres, avec laquelle furent achetées 30 acres de terre à Surtauville, dont on employa les revenus à créer deux chapelains ordinaires de plus. Ces chapelains étaient tenus à résidence, ils devaient alternativement, chaque jour, célébrer une messe basse, « après la messe de Notre-Dame », pour le salut du donateur et de ses parents, vivants ou trépassés.

Jean Dandeleu, prêtre, donna au trésor de Saint-Jean, le 17 février 1506, par acte passé devant Ducretot et Berthaud Coulombe, tabellions à Elbeuf, 110 sols de rente, pour faire chanter tous les dimanches une messe, en la chapelle de la Vierge. — Le 26 juillet 1624, une sentence du bailli d'Elbeuf obligea les représentants Dandeleu à continuer cette rente, qui fut revalidée les 23 mars 1670 et 5 juin 1696 ; cette dernière revalidation par sentence du bailli d'Elbeuf.

En une année que nous ne connaissons pas, Réné donna à la collégiale de la Saussaye, le tiers de la dîme du Neubourg, pour la fondation de quatre enfants de chœur en l'église Saint-Louis.

Le duc Réné de Lorraine, fit son testament le 25 mai 1506, par lequel il substituait en tous ses biens Antoine et Claude de Lorraine, ses fils, l'un au défaut de l'autre, ou le plus prochain mâle qui naîtrait d'eux, à l'exclusion de ses autres fils qu'il destinait à l'Eglise, au cas que l'un ou l'autre de ces deux aînés laissent des enfants capables de leur succéder en vertu de cette substitution.

Le duc Réné II déclara Claude, être son successeur aux comtés d'Harcourt et d'Aumale, aux baronnies d'Elbeuf, de la Saussaye, d'Arscot et autres seigneuries qu'il possédait en France, en Normandie, en Picardie, en Flandre et en Brabant, à cause Marie d'Harcourt, son aïeule.

A cette époque, le bailli d'Elbeuf était Jean Garin, seigneur de Moulineaux et du Landin. Il était fils de Charles Garin, de Rouen, qui avait acheté ces deux fiefs. Cette famille Garin était originaire d'Espagne. Charles Garin, père du bailli d'Elbeuf, avait pour frère Caradas Garin, qui joua un rôle important à Rouen, et posséda un magnifique « Logis » à Moulineaux, dont la curieuse chapelle existe encore.

Jean Garin, donna, en 1506, à l'église de Moulineaux, le splendide jubé qui fait l'admiration des visiteurs. Cette date de 1506, appliquée au jubé de Moulineaux, a une certaine importance au point de vue archéologique, car elle recule de plus d'un quart de siècle l'époque généralement admise de l'introduction de la Renaissance dans les édifices religieux de la Normandie.

Il ressort aussi de cette observation que les Garins étaient des hommes instruits, fort au courant des nouveautés artistiques, qu'ils devançaient même, car le jubé de Moulineaux est antérieur aux monuments Renaissance de Rouen et de toute la province normande.

Jean Garin, sieur de Moulineaux et du Landin, probablement fils de l'ancien bailli d'Elbeuf, entra comme conseiller au Parlement de Normandie, en 1543. Il portait : *De gueules, à trois coquilles d'or posées deux et une.*

A partir de 1507, Claude Le Roux, fils de Guillaume II Le Roux, alors âgé de vingt ans, exerça effectivement les fonctions de vicomte d'Elbeuf, succession qu'il tenait de son père. Il la conserva jusqu'en 1520, année de la mort de son auteur, qu'il remplaça comme conseiller à la cour.

Par suite de la permutation de Pierre de Jouy, curé de Saint-Jean, avec Louis Le Vassal, prêtre, docteur en théologie, pour ses canonicat et prébende de Saint-Jean de Laugey, au diocèse de Tours, l'évêque d'Evreux, abbé commendataire de Saint-Taurin, par la personne de Pierre Godefroy, son vicaire général, nomma Louis Le Vassal à la cure de Saint-Jean d'Elbeuf et lui donna la collation le 8 avril 1507.

Réné II, dit M. Parfait Maille, n'habita pas le manoir que les seigneurs d'Harcourt possédaient à Elbeuf. « Cependant, comme ses prédécesseurs, il fut très charitable pour la collégiale de la Saussaye, maintenant tous ses privilèges, lui faisant, à l'occasion, remise de tout droits seigneuriaux, et l'exemptant sur toutes ventes et acquisitions, de tous impôts, reliefs et treizièmes, moyennant part aux chapelains, dont il favorisait la création pour ses immunités ».

Le duc Réné II de Lorraine, baron d'Elbeuf, mourut d'apoplexie, en revenant de la chasse, le 10 décembre 1508.

On lira sans doute avec quelque intérêt, le portrait de Réné II, par un contemporain :

« Réné, duc de Lorraine et de Bar, roi de Naples et de Sicile, était un des princes les plus accomplis de son siècle. Il était homme de grand sens, sage et prudent en toutes choses. Sa taille n'était pas grande, mais bien proportionnée. Il était beau et bien formé, dispos, agile, ayant l'air gai, d'un teint tirant sur le pâle plutôt que sur le blanc ou le brun, les yeux brillants et vifs, le nez un peu relevé par le milieu et aquilin, les cheveux noirs, et si longs qu'ils lui passaient les oreilles, car alors on les portait fort courts.

« Il avait la parole prompte, serrée, décisive, sententieuse ; son langage était pur, ses réponses enjouées, agréables et subtiles.

« Il avait pour maxime de ne laisser sortir les solliciteurs d'auprès lui, sans leur donner au moins de bonnes paroles ; et lorsqu'il ne pouvait leur accorder leur demande, il aimait mieux les remettre que de les refuser.

« On dit qu'un jour, comme on lui racontait que l'empereur Tite comptait comme perdues toutes les journées auxquelles il n'avait fait plaisir à personne, il répondit aussitôt : Je n'en ai donc jamais perdu aucune.

« Il était libéral, magnifique, courageux, vaillant, aimant à récompenser ceux qui lui avaient rendu quelque service, mais ennemi des traîtres, des voleurs et des perturbateurs du repos public.

« Il aimait la justice, et voulait que ses officiers l'exerçassent rigoureusement ; toutefois il n'aimait point le sang et difficilement condamnait-il quelqu'un à mort.

« En bataille, il était âpre et terrible ; mais, hors de là, doux, humain, clément, oubliant aisément les injures.

« Sa religion était tendre et éclairée ; assidu et exact à ses devoirs de chrétien, respectant les cérémonies de l'Eglise, il assistait au divin sacrifice d'une manière recueillie et dévote, accompagnait à pied le saint sacrement de l'autel, en quelque part qu'il le rencontrât ; très-sobre, surtout à l'égard du vin dont il ne buvait point du tout, ou qu'il trempait tellement par l'eau qu'il y mêlait qu'il lui faisait perdre toute sa force, il ne commit aucun excès.

« Il faisait éclater sa magnificence, principalement envers les étrangers et les ambassadeurs qui venaient à sa cour, auxquels il faisait de grands présents.

« Il n'épargnait aucunes dépenses pour avoir des meubles précieux, de riches tapisseries, de l'argenterie en quantité, des pierres rares et de grand prix ; mais, pour sa personne, il se mettait si peu en peine des habits et des parures, que souvent il était vêtu plus modestement qu'aucun homme de sa cour.

« Il avait une adresse particulière dans toutes choses qu'il entreprenait ; et, s'il s'était voulu appliquer à la mécanique et aux arts, il y aurait fait de très-grands progrès.

« Lisant un jour la préface du traducteur français de la Cité de Dieu, de saint Augustin, il y trouva cette sentence qu'un prince ignorant était un âne couronné.

« Cette parole lui entra si avant dans l'esprit que dès ce moment, il résolut de donner une bonne partie de son temps à la lecture et à l'étude. Il y réussit de telle sorte qu'il apprit plusieurs langues, et qu'il acquit la connaissance de la plupart des histoires, des conclusions de la philosophie, et des plus belles questions de la théologie, comme de celles qui regardent la prescience de Dieu, le libre arbitre, la trinité, l'incarnation, le sacrement de l'autel ; il en parlait fort pertinemment et en théologien. Il se faisait honneur d'avoir lu plusieurs fois l'Ancien et le Nouveau Testament, avec les gloses et commentaires, et il en citait les propres paroles avec beaucoup de justesse. Il entendait les orateurs et les poètes, quoiqu'il ne parlât pas volontiers latin. Il disait communément qu'il ne trouvait de tels conseillers que les muets, entendant par là les livres qui instruisent, reprennent et corrigent sans considération, sans aigreur, sans flatterie, et sans respect humain.

« Un jour, on racontait en sa présence, qu'un certain prince disait qu'il n'était pas convenable à un prince d'être lettré.

« — Voilà, répondit-il, un discours qui ressemble mieux au mugissement d'un bœuf qu'à ce qui doit sortir de la bouche d'un prince.

« Il est inutile de parler de sa valeur et de sa grande capacité dans le métier de la guerre ; toute l'Europe en était si persuadée qu'on le regardait comme le plus grand capitaine de son temps. Sa magnificence et son éclatant goût paraissent dans les édifices entrepris par lui sous son règne, et auxquels il a eu part, car il est naturel que le bon goût et les belles inclinations des princes influent sur leurs sujets.

« René se qualifiait de roi de Sicile, Naples, Jérusalem, Hongrie, Aragon, Valence, Sardaigne, Majorque et Corsègue ; duc de Lorraine, Bar, Anjou, Touraine, Calabre, Gueldres et Juliers ; comte de Vaudemont, Harcourt, Aumale, Guise, Provence, Maine, Forcalquier, Tancarville, Barcelone, Piémont, connétable et chambellan héréditaire de Normandie, marquis de Pont-à-Mousson ; baron de Joinville, Elbeuf, la Saussaye, Aubenton, Routot, Fontaine-Dun, Quatremares, Brionne, Auvers, Neubourg, Blangy, Etrépagny, châtelain de Lillebonne, sire de Beauficel, Calleville, Corneille, Sainte-Colombe, Saint-Dizier, Bosc-Roger, Goupillières, Sotteville, etc. »

Des douze enfants de René II de Lorraine, sept lui survécurent, mais deux seulement se partagèrent ses biens. Antoine eut le duché de Lorraine et autres seigneuries ; Claude reçut la baronnie d'Elbeuf avec les autres fiefs sis en France. Cependant, mécontent de son lot, Claude méconnut les volontés paternelles, et ce ne fut que vingt-huit ans plus tard qu'il les accepta.

Par suite des contestations qu'il eut avec son frère, qu'il tenta d'exclure de la succession de leur père, il se refugia en France, où il sollicita et obtint des lettres de naturalisation, puis se fixa dans ce royaume.

Parmi les autres enfants de Réné, nous citerons :

Jean de Lorraine, qui devint cardinal, archevêque de Narbonne, de Reims et de Lyon ; évêque de Metz, de Toul, de Verdun, de Thérouanne, de Valence, d'Alby et de Tulle ; abbé de Gorze, de Fécamp, de Cluny et de Marmoutier. Comme on le voit, ce prélat posséda d'immenses richesses par ses bénéfices religieux.

Louis de Lorraine, sixième fils de Réné, fut un brave chevalier ; il mourut au siège de Naples, en 1528.

Le septième, François de Lorraine, comte de Lambesc, fut tué à la bataille de Pavie, en 1524.

Les quatre filles de Réné, Anne, Isabeau, Claudine et Catherine de Lorraine, moururent jeunes.

Après la mort de son mari, la princesse de Gueldres, baronne d'Elbeuf, se fit religieuse, et, pendant les vingt-sept années qu'elle vécut encore, « s'assujettit aux plus pénibles austérités, marchant nu-pieds, couchant sur la dure, pratiquant le jeûne et l'abstinence, servant à la cuisine, au réfectoire, à l'infirmerie et observant, sans la moindre infraction, la règle dont elle comparait les minutieuses dispositions aux filets d'osier qui lient les grands cercles et les maintiennent dans leur forme.

« Rien ne rebutait son humilité, dit M. P. Maille ; elle remplit tour à tour les fonctions de jardinière et de ravaudeuse, même celle de portière ; les hommages la faisaient fuir. Ses vêtements étaient ceux que ses compagnes rebutaient ; elle alla même jusqu'à renoncer à l'usage du linge, qu'elle remplaça par un cilice qu'elle conserva jusqu'à son dernier soupir ».

La Gueldre, que Philippe avait apportée à feu son mari, est une province du Pays-Bas qui compte actuellement 22 villes et 384 villages. Tout ce pays fut cédé à la France en 1801. Depuis, une partie est entrée dans le royaume de Hollande ; l'autre a été annexée à la Prusse.

CHAPITRE VI

(1508-1527)

Claude de Lorraine, baron d'Elbeuf. — La charité de Saint-Jean. — Les lépreux. — La corporation des bouchers. — Fabrication de tapisseries a Elbeuf. — Agrandissement de l'église Saint-Jean. — Reconstruction de l'église Saint-Etienne. — Claude a Marignan et en Espagne. — Les Le Roux. — L'Hôtel du Bourgtheroulde, a Rouen. — Les Guises.

Après avoir contesté à Antoine, son frère, les droits sur le duché de Lorraine, Claude, héritier de la baronnie d'Elbeuf et de toutes les seigneuries que son père avait possédées en France, vint à la cour de Louis XII.

A cette époque, il existait des confréries de charité, pour l'inhumation des morts dans un très grand nombre de paroisses de Normandie. La plus ancienne connue est celle de Saint-Martin de Beaumont-le Roger, remontant au XIIe siècle, fondée au temps de Robert de Meulan, seigneur d'Elbeuf, qui lui donna des franchises dans sa forêt de Beaumont.

Cependant, la paroisse Saint-Jean d'Elbeuf n'avait pas encore de frères de charité ; mais, en 1509, une confrérie, composée de quatorze membres, s'établit et se soutint toujours, jusqu'à l'institution des chars, au moyen de fondations, de quêtes faites pendant les cérémonies religieuses et des deniers des sociétaires.

Les statuts de la Charité de Saint-Jean d'Elbeuf ne différaient guère de ceux des associations semblables, mais un de ses articles est fort curieux et a plusieurs fois appelé l'attention des savants. C'est celui-ci :

« Se aucun confrère devient mezeau ou ladre, on lui doit faire semblablement comme s'il estoit trespassé ».

A la vérité, des stipulations concernant les lépreux se retrouvent dans les statuts d'autres charités, notamment à Rouen, où il est spécifié dès 1346 : « Se aucune personne de la confrarie devenoit malade de la leppre, il estoit covoié jusqu'à la banlieue de Rouën, se il le requeroit ».

Nous avons déjà dit ailleurs que le vieux Coutumier de Normandie laissait le lépreux en possession des biens qu'il avait avant d'être attaqué de la lèpre, et nous avons cité divers actes d'un lépreux d'Elbeuf, pensionnaire de la Maison-Dieu de notre localité, par lesquels il administrait ses propriétés ; mais le Coutumier excluait les lépreux des héritages qui leur survenaient après avoir été atteints par le mal : « Li mesel ne poent estre heirs à nului,... mais il tendront leur vie léritage que il avoient, ains que il feussent mesel ».

François Dupont, qui fut le premier historien d'Elbeuf, rapporte en ces termes comment étaient traités ces malheureux :

« Dès qu'on s'apercevoit dans une famille qu'un individu étoit attaqué de la lèpre, on le dénonçoit au juge, qui, d'après le rapport des médecins, constatoit juridiquement son état, et le déclaroit mort civilement.

« On alloit avertir le curé, qui fixoit le jour et l'heure du service pour ce mort vivant. On foisoit une chapelle ardente à sa porte, dans laquelle le lépreux se tenoit debout et enveloppé d'un drap.

« A l'heure marquée, le clergé venoit en procession ; et, après les prières d'usage, la procession retournoit à l'église ; le lépreux marchoit ensuite ; il étoit suivi de ses parens et amis.

« Arrivé à l'église, il entroit dans une chapelle ardente qui y étoit préparée. Le clergé chantoit l'office des morts ; on célébroit la messe, que le lépreux devoit entendre dévotement, agenouillé sous un drap noir placé sur deux trétaux. L'officiant venoit faire les encensemens autour du malheureux et dire les prières accoutumées.

« Le lépreux étoit ensuite conduit à la porte de l'église, où le curé lui faisoit une exhortation, l'engageoit à la résignation, et lui ordonnoit de prendre toujours le dessous du vent lorsqu'il parleroit à quelqu'un.

« Cela fait, il étoit conduit à la léproserie de Sainte-Marguerite, ou sequestré dans sa maison, s'il étoit d'une paroisse qui n'eût pas droit à la léproserie... »

On sait que la léproserie de Sainte-Marguerite était établie entre Elbeuf et Orival. Il en reste encore une muraille, percée d'une ancienne ouverture, située sur le côté sud de la route, vers l'extrémité du hameau de Candie, au bas du Val Sainte-Marguerite.

Le lépreux se reconnaissait à ses vêtements : on lui donnait un capuchon, deux chemises, une tunique et une robe appelée housse, un barillet, un entonnoir, des cliquettes, un couteau, une baguette et une ceinture de cuir.

Il lui était interdit de paraître en public sans son habit de lépreux et les pieds nus, et sans agiter ses cliquettes ; d'entrer dans les églises, dans les moulins, dans les fours à pain et dans les maisons ; de se laver les mains ou ses effets dans les fontaines et ruisseaux, de toucher aux denrées qu'il désirait acheter autrement qu'avec sa baguette.

Le lépreux devait ne point s'engager dans des chemins étroits ; ne point répondre à ceux qui l'interrogeaient s'ils devaient être incommodés de son haleine. Tout travail lui était interdit ; aussi arrivait-il souvent que lorsque les aumônes n'étaient pas assez abondantes, ces malheureux mouraient de faim. La maison habitée par le lépreux était brûlée après sa mort.

Les médecins ne connaissaient aucun remède contre la lèpre, et les historiens n'ont jamais eu assez de termes pour décrire cette horrible maladie, qui a désolé l'Europe pendant tout le moyen âge.

Des modernes n'ont vu, dans cette lèpre, qu'une maladie vénérienne. D'autres assurent que sous ce nom on désignait toutes les maladies de la peau. Mais il paraît certain que les cas les plus nombreux rentraient dans la variétés d'éléphantiasis. Dans l'antiquité, certains peuples simples croyaient que le roi seul, s'il était atteint de ce mal, pouvait s'en guérir ; pour cela, il devait se baigner dans le sang de ses sujets.

Nous revenons à la Charité de Saint-Jean.

Il est également stipulé dans ses anciens statuts que :

« Chaque année, à la Nativité de saint Jean, les deux petits enfans porte-chandelliers et le marublier de la dicte Charité auront chacun un chapeau de laine neuf ;

« A chacune des festes solempnelles, c'est à scavoir la Nativité de saint Jean Baptiste et saint Jean l'Evangeliste, les prevost, eschevin, freres servans, prestres, clercs et marublier de la dicte Charité, doivent boire et manger ensemble à l'hostel de l'eschevin, et doibt chacun son escot payer du sien propre, exceptez les prestres, clercs et marublier qui doivent prendre leur escot sur la dicte charité ;

« A chacune des festes de saint Jean Baptiste et de saint Jean l'Evangéliste, aura un predicateur qui exposera les bienfaictz d'icelle Charité et la parole divine en l'église Saint-Jehan d'Elbeuf, le tout aux despens de la dicte Charité... »

Dès son institution, cette confrérie étendit ses services sur toute la paroisse et sur sept ou huit autres des environs d'Elbeuf. Mais il arrivait aussi que des confréries voisines venaient parfois prêter leur concours aux Elbeuviens, surtout pendant les temps d'épidémie. En 1701, les fonctions de la charité de Saint-Jean se limitèrent à sa paroisse et à celles de Saint-Etienne et de Caudebec. Plus tard encore, la confrérie ne sortit plus du territoire paroissial.

Me Louis Le Basseux, prêtre, docteur en théologie, curé de Saint-Jean, mentionné dans les statuts de la confrérie de Charité de cette année 1509, habitait Paris.

ANCIENNE « FRÉRIE »
DE LA CHARITÉ DE SAINT-JEAN

La planche ci-contre est une réduction d'une ancienne « frérie » de Saint-Jean d'Elbeuf. On remarquera que cette gravure a été obtenue au moyen de bois datant de différentes époques et assemblés pour en former une planche typographique.

La partie centrale est la plus ancienne; viennent ensuite les quatorze paraboles ou scènes évangéliques, et enfin le texte, qui porte la date de 1758.

On pourrait croire que la mention: « De l'imprimerie de François Oursel, grande ruë Saint-Jean » indique que l'imprimeur était d'Elbeuf: ce serait une erreur. La rue Saint-Jean dont il s'agit était à Rouen, où habitait la famille Oursel, qui compta plusieurs imprimeurs renommés.

L'épreuve, détériorée malheureusement, que nous reproduisons, est probablement la seule existant encore. Elle appartient à un petit-neveu de François Dupont, actuellement (1894) adjoint au maire de notre ville, qui, étant enfant, la trouva collée sur le mur d'une emballerie. C'est donc à lui que nous devons la connaissance de cette gravure, peut-être la plus ancienne de toutes celles concernant spécialement.

Voici les noms d'assez nombreux fabricants de draps elbeuviens, en 1509 :

Guillaume Lemenethier, Guillaume Goupil, Guillaume Boscguillaume, Jean Nicole, Jean Guenet, Jeannot ainé, Jean Divori, Jean Goupil, Jean Pipeur, Jean Gray, Michault, Noel Guedon, Robin Brunet jeune, Robert Gaillard, Richard Lemenethier, Robin Goult, Jean Houel. Il est fort probable que ces fabricants n'étaient que de très petits industriels.

Dans les titres de l'année 1510, on trouve les noms suivants : Guillaume Divory, Guillaume Robelot, Goret Feugières, Guillaume Brunet aîné, Guillaume Bretel, Guillaume Gosmont, Cardin Delarue, Jean Dumoustier, Laurent Hesbert, Pierre Gosmont, Guillaume Biart, Cardin jeune, Guillaume Duhamel, Thomas Boscguillaume.

M. Guilmeth assure, d'après les archives de La Saussaye, que l'on travaillait à la reconstruction de l'église Saint-Etienne, en 1510.

L'existence de foulons dans notre contrée est encore mentionnée dans l'un des registres de la haute justice d'Elbeuf, conservés au Palais de Rouen : « Decret passé aux doïen et chapitre de la Saulsaye porteurs de leurs lettres : 1° Une masure et plusieurs maisons ainsi qu'elles se comportent, d'un costé Colin Dugard, « foullon » d'un bout la rue aux Chevalliers... » — Ce même registre mentionne Martin Dufour, drapier, bourgeois d'Elbeuf.

Nous y trouvons également les noms des maîtres et ouvriers bouchers d'Elbeuf, en 1511, ils sont au nombre de vingt-et-un, ce qui indique, jusqu'à un certain point, l'importance acquise par le bourg en peu d'années.

Voici leurs noms :

« Thomas Parin, Tollemer dit Bourdon, Guillaume Dumoulin, Jehan Boisguillaume, Guillaume Manssel, Jehan Dumoullin, Jehan Regnault, Guillaume Touzé, Roland Bonamy, Alexis Lefevre, Jehan Grippon l'aisné, Henry Regnault, Jean Cavé le jeune, Jacques Bonamy, Symon Dumoullin, Robert Pigerre, Guillaume Mollet, Robert Luce, Simonnet Le Blanc, Jehan Grippon le jeune, tous maistres et ouvriers du mestier de boucherie en ceste ville d'Ellebeuf, lesquels sur ce jurez nous représentent que … fils de… estoit présenté pour estre passé maistre et ouvrier… »

Nous ne possédons pas les statuts de la corporation de bouchers d'Elbeuf ; mais ils ne devaient que peu différer s'ils en avaient, de ceux régissant leurs confrères de Rouen, dont voici les parties principales :

« Aucun ne pourra vendre ni exposer en vente aucun bœuf ou vache qui soient entachés de maladie » ; si l'on déclare qu'elle est malade, la viande « sera hachée sur un chouquet et jectée à la rivière Sayne ». Il en est de même pour la viande de mouton entachée du bouquet ; les bouchers qui ne respectaient point ce règlement avaient une amende pour la première faute, étaient mis en prison pour la seconde, et, à la troisième, étaient « privés du métier ».

L'élection des gardes et la reddition des comptes de la corporation se faisaient alors à la Mi-Carême, époque favorable au chômage, car on ne pouvait vendre à ce moment ; le droit de vente de la viande à quelques privilégiés, appartenait, en effet, pendant la durée du Carême, à l'Hôtel-Dieu.

Pour être reçu boucher, si l'on était fils de de maître, on payait alors 10 livres à la caisse de la corporation, tandis qu'un simple compagnon payait 200 livres à la communauté. Le « chef-d'œuvre » de l'apprenti consistait « à « tuer et appareiller quatre bestes : mouton, bœuf, veau et porc ». Après quoi, l'apprenti devait payer « un disner aux gardes et huit livres aux maistres de la boucherie où il tiendroit ouvroir ».

Dans un aveu rendu au roi en 1542, par Claude de Lorraine, duc de Guise, pour la seigneurie d'Elbeuf, il est dit qu'il y a « une chambre à chair, où les bouchers sont tenus de reposter les bestiaux qu'ils tuent ». Cette chambre à chair était située tout contre l'église Saint-Jean, sur l'emplacement de la rue Henry actuelle.

En 1512, la corporation des tisserands de la paroisse Saint-Etienne, « pour l'œuvre et mestier de drapperie et pour l'œuvre et mestier de tapisserie, s'obligea à payer et donner par chacun an, aux mains des thesauriers de ceste dicte église, six sols et ung denier tournoys, pour achapt, entretenement et perfection des images et verrieres tant placees que à placer à l'entour de l'autel et oratoire monsieur Saint Roch, leur glorieux patron ». Cette fondation fut acceptée et exécutée en 1514.

Les vitraux mentionnés dans cette fondation existent encore, au moins en partie, dans l'ancienne chapelle Saint-Roch, actuellement dite de Saint-Louis. Nous les reproduisons d'après une planche éditée par M. Guilmeth, sur un dessin de M. A. Delaunay, d'Elbeuf, « l'un des artistes de notre temps (1842) qui honorent le plus la Normandie ». — M. A. Delaunay est l'auteur du beau portrait en pied de Bonaparte, premier consul, que possède le musée d'Elbeuf.

A cette époque donc, il existait déjà des tapissiers à Elbeuf. Cette branche artistique et industrielle fut exploitée dans notre localité jusqu'au siècle dernier. Elle y forma même une corporation ayant ses statuts particuliers.

Un curieux petit recueil — publié en 1632, par Pierre Dupont, fils de François Dupont,

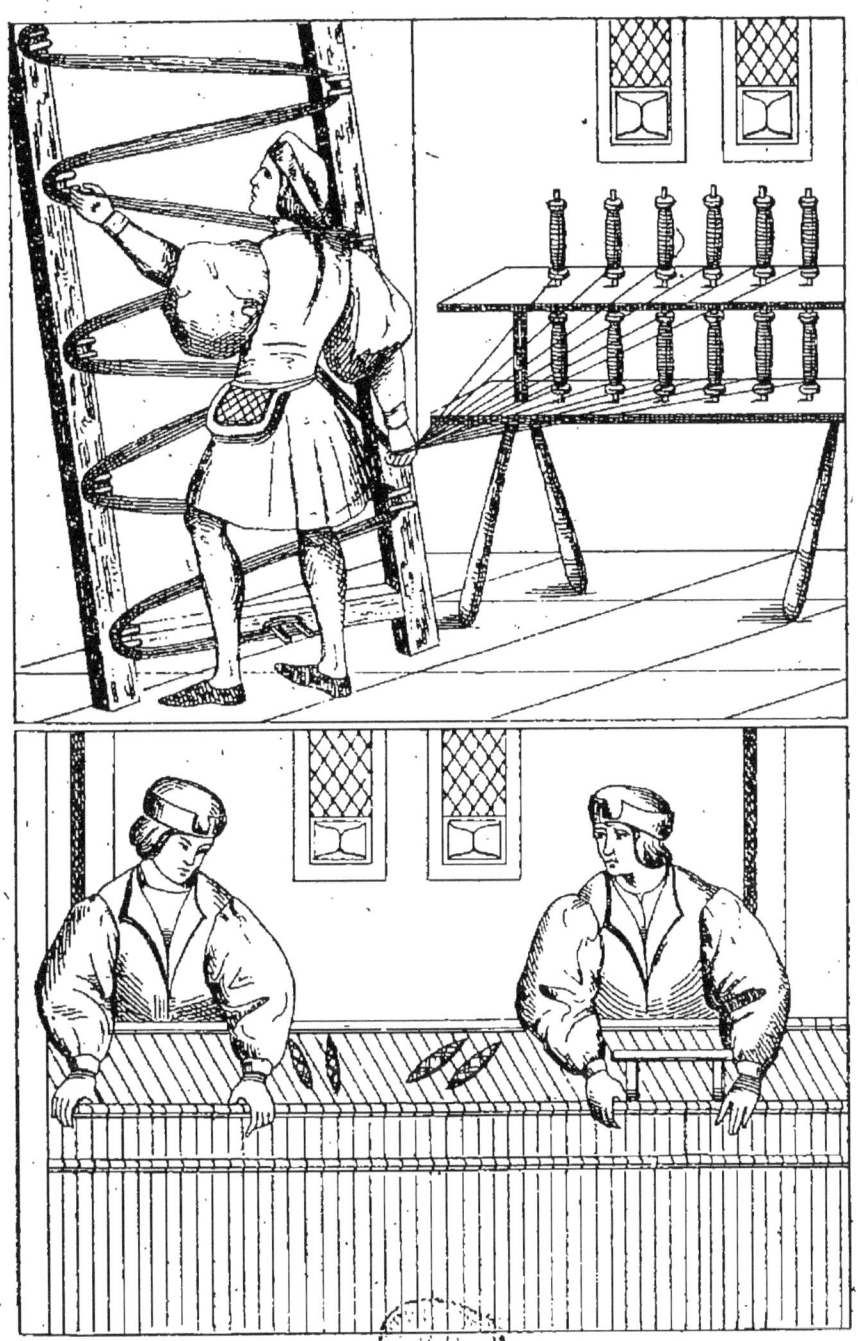

OURDISSEUR ET TISSEURS DE DRAPS
(VITRAIL DE L'EGLISE SAINT-ETIENNE D'ELBEUF)

trésorier de la gendarmerie en 1604 — portant le titre de *Stromatourgie*, rapporte en ces termes la fondation de l'industrie des tapis en France :

« Il est à présumer qu'après l'entière ruine des Sarrasins par Charles Martel, en l'an 726, quelques-uns d'iceux, qui sçavoient faire de ces tapis, s'habituèrent en France pour gaigner leur vie et commencèrent à faire et établir une manufacture de tapis sarrasinois.

« De sçavoir de quelle fabrique ni de quelle méthode estoient faits lesdits tapis, on n'en peut juger, sinon que l'on voit, par une sentence de 1302, que ces tapissiers sarrasinois sont institués beaucoup devant les tapissiers de haute lisse, et estoient depuis longtemps, mais sur leur déclin, et que lesdits tapissiers de haute lisse commençoient à naistre pour ensevelir et mettre hors lesdits sarrasinois, comme ils ont fait ».

En 1512, la fabrication des tapisseries était exclusivement du domaine de l'industrie privée. Quelques années plus tard, François Ier fit venir de Flandre et d'Italie quelques maîtres tapissiers et établit à Fontainebleau une fabrique de tapisseries de haute lisse.

Nous aurons, par la suite, souvent l'occasion de parler des tapisseries d'Elbeuf ; mais nous devons observer que nous ne trouvons nulle autre mention de tapissiers dans notre localité, au commencement du XVIe siècle, que dans l'ouvrage de M. Guilmeth.

Claude de Lorraine, comte de Guise et d'Aumale, baron d'Elbeuf, se maria en 1512, vers la Fête-Dieu, avec Antoinette de Bourbon, dont Henri IV fut arrière-neveu. Les noces eurent lieu à l'hôtel d'Etampes, au milieu de fêtes magnifiques. Il n'était alors âgé que de seize ans, et remplissait les fonctions de grand veneur à la cour de Louis XII. « L'après disnée desdites nopces, furent apportées nouvelles au Roy comme le seigneur de la Trémouïlle avoit esté rompu devant Novare, et son armée mise à vau de roupte ».

L'année suivante, le jeune seigneur fit ses premières armes en courant au secours de Thérouanne, assiégée par le roi d'Angleterre, et en assistant au combat ridicule qui en fut la suite et porte dans l'histoire le nom de journée des Eperons, parce que les gens d'armes français firent plus usage de leurs éperons, pour s'échapper, que de la lance et de l'épée pour combattre l'ennemi.

Outre la désastreuse invasion anglaise, les dernières années du règne de Louis XII furent marquées par les invasions des Suisses et des Espagnols. Le monarque envoya la Trémouille dans notre contrée, pour exciter les habitants à la résistance : « et premièrement se trensporta en la ville de Rouhen, où les principaux de la dicte ville, et aussi de tout le pays, furent assemblez, où leur fit ledit seigneur telle oraison ou persuasion » qu'après son départ, chacun se mit en état de défense.

Aucun document authentique ne peut, à notre connaissance du moins, faire préciser l'époque à laquelle s'élevèrent les premières teintureries d'Elbeuf; mais le fait suivant, rapporté par M. de Fréville, dans son *Mémoire sur le commerce maritime de Rouen*, a pu avoir quelque influence sur leur extension :

« Les fabricants et teinturiers étaient alors très nombreux à Rouen, puisqu'un procès, qui remonte à l'année 1513, s'éleva, pour l'usage des eaux de Robec, entre les teinturiers de Darnétal qui teignaient en bleu, et ceux de Rouen qui teignaient en garance. Il paraît que ceux de Darnétal finirent par avoir l'avantage et par accaparer entièrement la rivière, en sorte que les drapiers de Rouen, qui commerçaient avec Lyon, l'Espagne et le Portugal, et avaient besoin de couleurs « joyeuses », étaient obligés « d'envoyer teindre leurs draps à Paris et à Meaux », au grand dommage des artisans de la ville ».

Il est à noter que, jusqu'au commencement du xixe siècle, les teintureries à façon furent très peu nombreuses à Elbeuf, chaque fabricant de drap ou de tapisseries en possédant une et teignant lui-même ses laines, ses fils ou ses étoffes.

Parmi les fabricants de draps d'Elbeuf qui travaillaient dans notre localité en 1514 et 1515, nous citerons : Jean Leffell, Nicolas Nicole et Pierre Saint-Amand. Ce dernier, suivant M. Le Prevost, devait être de Saint-Amand-des-Hautes-Terres. Un de ses descendants, probablement Richard de Saint-Amand, fut l'un des introducteurs, à Elbeuf, de la fabrication du drap façon de Hollande ; il vivait en 1607.

Un jour de l'année 1514, on put, des hauteurs de la forêt d'Elbeuf, voir brûler la pyramide de la cathédrale de Rouen. Le feu avait pris par suite de la négligence des plombiers qui travaillaient à cette flèche.

Vers le 10 octobre 1514, Claude de Lorraine, baron d'Elbeuf, fut envoyé, avec d'autres seigneurs au devant de Marie d'Angleterre, jeune fiancée du vieux roi Louis XII. Claude attendit la future reine à Boulogne, lui rendit les honneurs dus à son rang et la conduisit à Abbeville, où il assista à son mariage. Cette union fut de peu de durée, car le roi mourut le premier jour de janvier suivant.

A l'occasion du sacre de François I*er*, des joutes et des tournois eurent lieu. Claude y montra une grande adresse, se distingua entre tous les combattants, et fit présager d'une glorieuse vie militaire.

Claude, comte de Guise, d'Aumale et baron d'Elbeuf, alors âgé de 19 ans, assista à la bataille de Marignan, les 13 et 14 septembre 1515, et s'y couvrit de gloire. Nous laissons parler M. Parfait Maille :

« Il n'était encore que colonel de cavalerie, quand il fut appelé au commandement des fantassins allemands de son oncle, le duc de Gueldres, obligé de quitter ses troupes.

« Alarmés de la retraite de leur chef, les Allemands s'étaient crus trahis avec lui, et refusaient de combattre, au nombre de six mille.

« Cette erreur pouvait être funeste.

« Pour les désabuser, autant par les faits que par les paroles, Claude passe aussitôt au premier rang, fait sonner la charge, s'élance contre l'ennemi, et entraîne, par son exemple, son ardeur et ses accents, ceux dont il avait le courage à guider et qui d'abord n'avaient tenu aucun compte de son autorité.

« Le choc fut terrible.

« Renversé de cheval, dépouillé de son armure et porté à terre, après avoir reçu vingt-deux blessures, Claude ne dut la vie qu'à son écuyer Adam, qui, lui, y laissa la sienne, en couvrant son maître de son corps et de son bouclier, pour le préserver d'être écrasé par les pieds des chevaux et achevé par les piques et hallebardes des Suisses.

« Retrouvé le lendemain, encore chaud, sous un tas de cadavres, Claude fut, au bout de trois mois de bons soins, rendu à la santé.

« C'est après ces prouesses que ses frères d'armes le proclamèrent « gentil compagnon et « honnête prince ».

Voici la version de Martin du Bellay sur les exploits de Claude de Lorraine pendant cette célèbre journée :

« Le comte de Guise, qui estoit demeuré general de tous les Allemans, estant au premier rang, fut porté par terre ; mais un sien escuyer de service, nommé l'escuyer Adam, natif d'Allemagne, voyant son maistre de tous costez battu à coups de pique et de hallebardes, se jetta sur sondit maistre, portant les coups que son maistre eust portés ; pendant lequel temps les Suisses furent reboutez et ledit de Guise secouru, et par un gentilhomme de la maison du Roy, nommé le capitaine Jamais, escossois, porté hors de la presse ; de quoy il avoit grand besoing, tant pour les coups qu'il avoit receus que pour le nombre d'hommes qui avoient passé par dessus luy : tellement que à grande peine avoit-il la puissance de respirer ».

Claude, à peine remis de ses souffrances, rendit de solennelles actions de grâces à Dieu de l'avoir sauvé des dangers qu'il avait courus, puis entra triomphalement dans Milan, aux côtés de François Ier. De là, il suivit les ambassadeurs français à Venise, où il fut favorablement accueilli, puis revint en France.

Antoine, duc de Lorraine et de Bar, frère du baron d'Elbeuf, prit part aussi aux batailles d'Agnadel et de Marignan. Il avait épousé, suivant son contrat du 16 mars 1514 (1515 n. s.), passé à Amboise, Renée de Bourbon, dame de Mercœur, fille du comte de Montpensier et de Claire de Gonzague.

Notons, en passant, qu'Hector de Vipart, fils d'Etienne; qui fit bâtir le vieux château de Bec-Thomas, fut armé chevalier sur le champ de bataille de Marignan.

En cette année, la confrérie de Charité de la paroisse Saint-Etienne, fut confirmée par l'autorité ecclésiastique; on renouvela cette confirmation treize ans plus tard.

Dans une assemblée générale de paroissiens de Saint-Jean du 10 octobre 1507, et dans une autre du 8 décembre 1516, parce que l'acte qui avait été passé dans la première n'avait pas été suivi d'effet, les deux assemblées, présidées par Guillaume Le Roux, seigneur de Bourgtheroulde, Tilly, Lucy et vicomte d'Elbeuf, il fut exposé que, depuis plusieurs années, ils avaient rasé et détruit leur ancienne église, comme caduque et trop petite, et qu'ils avaient entrepris d'en édifier une autre, grande et somptueuse.

Que déjà la nef et la collatérale de la Vierge avaient été amenées à leur perfection par les libéralités dudit sieur Le Roux et des autres paroissiens; mais que pour rendre cette œuvre parfaite, il convenait de faire une seconde collatérale dont la muraille devait être assise sur le terrain appartenant à Pierre Foubert, de Rouen; qu'ils avaient tenté plusieurs moyens d'en faire l'acquisition, et qu'ils n'y avaient pu réussir.

Le Roux dit qu'il avait traité en son nom avec Foubert, auquel il avait donné en échange une maison à Rouen, valant 25 livres de rente; qu'il consentait céder son acquisition au trésor paroissial, représenté par Guillaume Morisse, Robert Le Fauqueux, Robert Divori et Massiot Dupont, trésoriers, à la charge d'une fondation de plusieurs messes, ce qui fut accepté définitivement dans l'assemblée de 1516.

François Dupont mentionne ailleurs que la collatérale de Saint-Nicolas fut édifiée de 1516 à 1520. On voit, dit-il, à cette époque, « dans différents actes qui se trouvent au trésor, nombre de ventes et aliénations de biens, faites sans doute pour se procurer des fonds pour la batisse ».

Notre auteur ajoute : « Cette nouvelle église fut bâtie à la place même de l'ancienne ; nous en avons des preuves lors de la nouvelle reconstruction en 1774. On a trouvé les anciens fondements de cette première église, le long de la muraille que l'on démolissait de la collatérale de la Vierge ; de sorte que si, dans quelques siècles, on étoit forcé à une nouvelle reconstruction, on trouveroit les fondements des trois murs dans cette partie, à trois et quatre pieds l'un de l'autre ».

Ce sont ces anciennes fondations que probablement M. Guilmeth a prises comme étant celles des murailles de la forteresse d'Elbeuf.

Les travaux de reconstruction de l'église Saint-Etienne s'étaient poursuivis en ce même temps ; mais l'édifice ne se terminait pas, dit M. Guilmeth :

« On avait résolu de faire cette église beaucoup plus spacieuse que la précédente, mais pour cela il fallait acheter quelques terrains limitrophes. Or, des difficultés sérieuses s'élevèrent tout à coup au sujet même de ces acquisitions. Soit que les propriétaires des terrains fussent devenus trop exigeants, soit plutôt que les trésoriers de la paroisse n'eussent pas assez d'argent pour mener à bonne fin leur entreprise, toujours est-il que l'on ne put aller plus loin.

« En vain, pour donner sans doute à ses concitoyens l'exemple d'une patriotique générosité, Jehanne Boisselle, veuve de Thomas Verdure, fit-elle un don d'argent et de terrain à la fabrique, il fallut en rester à la troisième arcade de la nef, c'est-à-dire un peu au-dessous des piliers auxquels sont maintenant (1842) adossés le banc d'œuvre et la chaire.

« C'est là que le vaisseau fut interrompu par un mur immense qui, toutefois, était percé dans sa partie supérieure d'une magnifique fenêtre ogivale, et, dans sa partie inférieure, au-dessous même de cette fenêtre, d'une entrée gothique, plate mais jolie, composée de trois portes, dont une grande et deux petites.

« On doit d'autant plus déplorer cette interruption, que la partie construite entre les années 1510 et 1515 est un des plus précieux monuments qu'ait léguée à notre province l'architecture de cette époque.

« L'une des petites parties mentionnées plus haut se trouve aujourd'hui (1842) dans la muraille méridionale de l'église, précisément au point où cette même muraille finissait autrefois. Elle y fut apportée environ un siècle après sa construction, c'est-à-dire quand on a agrandi l'église Saint-Etienne de tout l'espace actuellement recouvert par le grossier plancher de charpente qui a la triste prétention de continuer la jolie voute de pierre construite dans le XVe siècle ».

A propos de Jeanne Boissel, disons qu'une inscription en lettres gothiques, destinée à transmettre à la postérité le souvenir de sa donation, fut placée dans l'église, sur la muraille méridionale, où elle se trouve encore. On y lit :

« Les trésoriers et paroissiens de ceste église Sainct Estienne dEllebeuf sont tenus et obligés faire dire et célébrer auz despens du tresor et fabrique de ceste dicte eglise une messe basse marcredi de chascune sepmaine de lan perpetuellement à lheure de huyt heurez et selon lanonce, en lautel et chappelle Nostre Dame, et à la fin dicelle messe le pseaulme *De profundis* avec les oraisons...

« Le tout à l'intention de venerable femme Jehanne Boissel, veufve de Thomas Verdure, tant pour elle et son feu mary, que pour ses amis vivans et trespassés.

« Pour ce faire ladite veufve Jehanne Boissel a baillé et transporté au tresor et fabrique dicelle paroisse ung iardin à elle appartenant, assiz ioingnant le cymetiere et presbitaire de ceste dicte eglise, avec la somme de sexante livres, pour estre emploié au profit dudit tresor et fabrique, ainsi qu'il est contenu es lectres de la fondation passées devant lez tabellions dEllebeuf le ving neufiesme iour de mars avant Pasque l'an de grace mil v^e et saize (1517 n. s.) Priez Dieu pour elle. »

Une partie de la version de M. Guilmeth, touchant la donation de Jeanne Boissel, a été vivement attaquée : « Ce romancier, dit M. Maille, pour agrandir Saint-Etienne, fait donner un jardin qui était séparé de l'église par le presbytère et le cimetière, lequel jardin fut englobé plus tard dans les dépendances du château ».

La ville de Rouen eut à soutenir, aux temps féodaux, de nombreux procès contre des seigneurs se prétendant en droit d'établir des péages sur les marchandises transitant par terre ou par eau sur leurs fiefs ; mais chaque fois elle en sortit victorieuse. C'est ce qui eut lieu en 1517, à propos d'une prétention de Claude de Lorraine, baron d'Elbeuf.

« Soit que la coutume d'Elbeuf, dit M. Maille, fut tombé en désuétude, soit que c'en fut une seconde ajoutée à la première, Claude de Lorraine, baron d'Elbeuf, en établit ou rétablit une en 1517, sous le nom de coutume ou péage ».

Cette même année, on interrogea les villes sur l'utilité de prohiber les laines étrangères en France. Voici quelle fut la réponse de la cité de Rouen, au nom de toute l'industrie lainière de la région :

« On pense qu'il ne croit pas dans le royaume la centième partie des laines que l'on met en œuvre, et que, sans avoir des laines étrangères, la draperie et particulièrement les draps fins et les bonnets ne se pourraient fabriquer, lesquels bonnets et draps fins sont ensuite exportés dans beaucoup de royaumes. La prohibition des laines étrangères tuerait cette industrie et ruinerait par conséquent une des sources principales des revenus du roi ».

La prohibition des draps étrangers fut également repoussée en général par les négociants des grandes villes du royaume, par ce motif qu'elle eût entraîné « des représailles fort dommageables à la chose publique ».

Vers 1517, les habitants de la Haye du Theil plaidaient contre Claude de Lorraine. Quelques années après, par des transactions passées entre le seigneur d'Elbeuf et ses vassaux de la Haye du Theil, ces derniers s'obligèrent à payer à leur suzerain six boisseaux de froment par acre, rendus au grenier d'Elbeuf.

M. Canel remarque qu'un bois de la commune de Boissey-le-Châtel porte encore le nom de Guise; il en conclut que la seigneurie de Boissey parvint au baron d'Elbeuf au commencement du xvie siècle. Nous avons vu que les recettes pour la seigneurie de Boissey figurent dans le compte rendu à René II en 1501, et qu'il avait acheté ce fief en 1495.

De son côté, M. Le Prevost cite un rôle des fiefs de la vicomté de Pont-Authou et Pont-Audemer en 1541 : « Sergenterie de la Londe : le fief du Bosc-Regnoult, appartenant à Jacques du Bosc-Regnoult, escuier, tenu dudit sieur de Guyse, à cause de sadite chastellenie de Boissay-le-Chastel, pour un demi-fief de haubert ».

Les Archives de l'Eure conservent une copie collationnée des titres établissant le droit, pour les habitants de la Haye-du-Theil, de planter des arbres à fruits sur la place ou « fro » située devant l'église, conformément à la concession qui leur en avait été faite, en 1518, « par Philippe de Gueldres, reine de Jérusalem et de Sicile », duchesse de Lorraine et dame d'Elbeuf.

Le 16 mars 1518, un vent terrible se déchaîna sur notre contrée, brisa ou déracina beaucoup d'arbres, ébranla des maisons et découvrit un tiers de celles de Rouen, où, en outre, plusieurs tours d'église furent abattues.

En 1520, Claude de Guise, baron d'Elbeuf, partit au devant d'Henri VIII, roi d'Angleterre, qui se rendait au Camp du Drap d'Or, où les deux monarques rivalisèrent de folles magnificences. La tente du roi de France était de draps tissés d'or. Les nombreux seigneurs qui accompagnaient François mirent aussi leur orgueil à établir un luxe ruineux, ce qui fit dire à Du Bellay que beaucoup « portèrent leurs moulins, leurs forêts et leurs prés sur leurs épaules ». L'entrevue eut lieu le 7 juin entre Guines et Ardres ; puis, pendant trois semaines, ce ne fut que bals, festins, joutes, « déduits et choses de plaisir ».

Claude Le Roux, viconte d'Elbeuf, quitta cet office, en cette même année pour la charge de conseiller au Parlement, en remplacement de Guillaume Le Roux, son père, décédé. Jean Le Roux, son frère, lui succéda dans l'office de vicomte d'Elbeuf, qu'il conserva jusque vers 1537.

Sans doute qu'un des Le Roux avait assisté aux fêtes du Camp du Drap d'Or, car plusieurs scènes de cette célèbre entrevue furent reproduites et existent encore sur le magnifique hôtel que cette famille fit construire à Rouen, et qui est généralement connu sous le nom d'Hôtel du Bourgtheroulde.

Nous empruntons à M. Duchemin un passage de son *Histoire de Bourgtheroulde*, qui nous fournira quelques renseignements sur les Le Roux, vicomtes d'Elbeuf, et le célèbre hôtel dont nous parlons :

« Guillaume Le Roux avait épousé, le 27 juin 1486, Jeanne Jubert, fille de Guillaume, seigneur de Vesly, d'une famille ancienne et illustre : on lui attribue la reconstruction ou du moins une série de travaux de réédification de l'église de Bourgtheroulde ; il commença l'établissement de la collégiale, que son fils et ses successeurs achevèrent ; enfin il contribua à la restauration de l'église de Louviers où il fonda la chapelle Saint-Nicolas. L'image de ce saint et les armes de Guillaume et de Jeanne Jubert se voient encore dans cette église. En 1511. Il était tuteur de Jacques Daniel, de la famille de Bois-d'Ennemets. Il mourut en 1520 laissant quinze enfants.

« Guillaume Le Roux, l'aîné de cette nombreuse famille, a surtout bien mérité de Bourgtheroulde. En 1506, il était abbé d'Aumale et du Val-Richer, que le cardinal d'Amboise, archevêque de Rouen et légat du pape, lui permit de posséder, bien qu'il n'eût pas encore l'âge prescrit par les canons ; la dispense qu'il obtint, datée du 8 mars 1507, est fondée, entre autres choses, sur l'ancienne noblesse de la famille. François Ier l'employa dans la négociation du fameux concordat avec le pape, en 1516 ; il acheva en 1522, la collégiale que son père avait commencée dans l'église Saint-Laurent de Bourgtheroulde ; la chapelle de Sainte-Claude qui existait dans cette église fut, à sa requête, partagée en quatre portions pour quatre titulaires, qui plus tard, avec le doyen, prirent le nom de chanoines.

« Au décès de Guillaume Le Roux, le fief du Bourgtheroulde eût dû être recueilli par son fils aîné Guillaume. Mais ce dernier, tout à ses devoirs religieux et en raison de nombreuses dignités dont il était investi : abbé d'Aumale, commendataire du prieuré d'Auffay, chanoine de Gaillon, curé de Saint-Samson-sur-Risle et d'Aubevoye, avait, par acte passé

devant les notaires de Rouen, le 28 juillet 1515, fait donation à son frère cadet Claude, écuyer, « pour l'augmentation de son bien et
« honneur, et afin qu'il soit pourvu en ma-
« riage, des fiefs, terres et seigneuries de Lucy
« et de Maupertuis, sis au bailliage de Caux,
« qui reviendront audit abbé se il survit à son
« dit père, comme son fils aîné, mesme la terre
« et seigneurie du Bourgtheroulde ».

« Cette donation avait eu lieu de l'accord et consentement de Guillaume Le Roux, père, présent à l'acte. L'abbé d'Aumale y déclare faire cette donation en considération « qu'il
« estoit bien pourvu à l'église par son entre-
« tien des études et pouvant vivre bien et hono-
« rablement selon son estat. »

« Ainsi, il est donc certain que, du vivant même de son père, Guillaume Le Roux, l'abbé d'Aumale, s'était dessaisi de ses droits à la seigneurie du Bourgtheroulde, en faveur de son frère cadet Claude, nommé conseiller au parlement de Normandie en remplacement de son père, par ordonnance de François Ier du 25 mai 1520.

« Suivant quelques auteurs, c'est l'abbé d'Aumale qui aurait fait achever le célèbre Hôtel du Bourgtheroulde, à Rouen. Il avait assisté, disent-ils, à la fameuse entrevue du Camp du Drap d'Or, et les magnificences qui y avaient été déployées lui suggérèrent l'idée de les faire représenter dans la cour de son hôtel. Mais cette opinion ne peut être admise comme la seule exacte, et il y a tout lieu de croire, au contraire, que l'abbé d'Aumale ayant pour ainsi dire abandonné à Claude, son frère cadet, son droit d'aînesse, c'est ce dernier qui aurait continué l'œuvre de son père et fait achever l'hôtel. Ce qui est certain, c'est que cette splendide demeure n'était pas sa propriété particulière, comme l'ont également affirmé ces mêmes auteurs, mais celle de Claude. »

L'hôtel du Bourgtheroulde, véritable chef-d'œuvre de la Renaissance, a été l'objet de diverses descriptions :

« De toutes les habitations particulières, élevées dans le courant du xvie siècle, il n'en est pas une, dit M. Palustre, dans *Rouen illustré*, qui, pour la richesse et l'intérêt des parties décoratives, puisse être comparée à celle connue à Rouen sous le nom d'Hôtel du Bourgtheroulde. A proprement parler, l'architecture disparaît sous une multiplicité de bas-reliefs véritablement extraordinaire, en sorte que l'on serait tenté de se demander si ces derniers ne constituent pas la raison d'être de tout l'édifice au lieu d'en demeurer un accessoire obligé.

« Au point de vue historique, cette splendide construction a donné lieu à nombreuses controverses. Tandis que l'abbé Noël estime que les magnifiques bas-reliefs représentant l'entrevue du Camp du Drap d'Or furent faits apparemment pour faire plaisir au roi, en lui retraçant une fête que ce prince avait eu fort à cœur, lors du voyage de François Ier à Rouen, et dans lequel hôtel ce prince serait même descendu, d'autres contestent absolument le séjour du roi dans ce palais, et mettent en doute le surplus de l'assertion de l'abbé Noël. M. d'Hura va même jusqu'à prétendre que ce magnifique édifice a dû être achevé par le roi lui-même, qui l'aurait acheté de la famille Le Roux pour lui ou pour Diane de Poitiers, ce qui est absolument faux, ainsi que le prouvent tous les titres de la famille Le Roux. »

Quoi qu'il en soit et sans nous arrêter davantage aux conjectures émises sur les diverses vicissitudes par lesquelles est passée la construction de l'Hôtel du Bourgtheroulde, nous allons donner ici, d'après Palustre, un aperçu sommaire de ce chef-d'œuvre de l'art de Renaissance, dû aux vicomtes d'Elbeuf.

L'Hôtel du Bourgtheroulde est, comme chacun sait, situé place de la Pucelle, autrefois place du Marché aux Veaux. La porte principale s'ouvrait jadis entre deux lourds piliers surmontés de statues, et son aspect, assez sombre alors, est devenu aujourd'hui encore plus maussade par les mutilations des hommes et du temps.

Chaque pierre de la cour intérieure mérite d'attirer l'attention. De la base au sommet, du moins dans la partie qui n'a pas été remaniée vers la fin du xviiie siècle, c'est une véritable broderie dont tous les motifs reproduisent soit des scènes historiques, soit des compositions presque populaires. Nulle part, croyons-nous, semblable richesse ne s'est étalée.

L'auteur de l'*Entrevue du Camp du Drap d'Or* a saisi le moment où Henri VIII et François Ier, à la tête d'une brillante escorte de fantassins et de cavaliers, viennent de se rencontrer dans la plaine qui sépare les deux villes d'Ardres et de Guines et se saluent en tenant leurs chapeaux élevés. L'un et l'autre sont montés sur des coursiers magnifiques qui disparaissent à moitié sous des housses semées de fleurs de lys pour le roi de France, de léopards et de rosettes pour le roi d'Angleterre. C'est du reste principalement à ces signes que les deux souverains sont reconnaissables.

Toute cette composition de cortège formait six bas-reliefs dont les premiers ont entièrement disparu. On comprendra que nous ne fassions pas une description minutieuse de ceux qui nous sont conservés, nous ne décrirons pas non plus les magnifiques sculptures qui couvrent en entier l'un des six pans d'une grande tourelle à moitié engagée entre la petite galerie et le grand corps de logis ; ce sont des scènes champêtres et pastorales terminées, par le jeu de la main chaude avec cette inscription :

PASSE TEMPS LÉGERS...   silz ne sont d'argent.
NOUS VALENT ARGENT.   ils sont de bergers.

Ces magnifiques sculptures de l'Hôtel du Bourgtheroulde ont donné lieu parmi nos savants à de vives discussions, mais à l'exception des cinq bas-reliefs inférieurs de la petite galerie, elles ne sont, d'après Palustre, que la reproduction des tapisseries admirées par Guillaume Le Roux lors de la célèbre entrevue du Camp du Drap d'Or. C'est ce qui explique la justa-position de sujets qui n'ont aucun rapport entre eux et cette sorte de désordre que l'on remarque dans l'ornementation générale, ce mélange de bergeries et de triomphes.

Nous avons emprunté à peu près textuellement ces courts extraits au savant auteur de *Rouen illustré*. Grâce à ses habiles et patientes investigations, il a pu nous donner une description précise de ces magnifiques sculptures et bas-reliefs et des sujets qui y sont représentés. Avant lui, M. de la Quérière et M. Prevost nous avaient déjà initiés aux beautés de ce splendide hôtel, mais leur travail laissait dans l'ombre certains points historiques que Palustre a, lui, élucidés. Nous ne parlerons de l'ouvrage de M. d'Hura que pour en signaler les magnifiques gravures représentant les bas-reliefs de l'hôtel de la place de la Pucelle. Nous avons dit notre opinion sur la partie historique. — M. d'Hura n'est autre que M. Lucien Huard, rédacteur de *la Lumière*, journal quotidien qui parut à Elbeuf en 1872.

Guillaume Le Roux, abbé d'Aumale, mourut en 1532 et fut inhumé dans sa chère église de Bourgtheroulde.

Pendant que François Ier épuisait la France pour éblouir un allié douteux, Charles-Quint gagnait le premier ministre anglais, et Henri VIII ne quitta le roi de France que pour renouveler son alliance avec l'empereur Charles.

La guerre recommença ; elle fut pour le baron d'Elbeuf une nouvelle occasion de montrer son courage.

Claude de Lorraine rendit hommage au roi, en 1520, pour la vicomté et châtellenie d'Elbeuf. L'année suivante, d'après le registre de Tourolles, déposé aux Archives départementales, il fut accordé « soffrance au duc de Guise de donner aveu » pour la seigneurie d'Elbeuf, fief patrimonial.

Farin et Leflameng, tabellions à Elbeuf, reçurent, le 26 mars 1521, le contrat de fondation d'une messe annuelle en l'église Saint-Jean, par Guillaume Morisse, au moyen d'une rente de 10 livres tournois. — Cette rente fut vendue, le 22 janvier 1552, par les paroissiens, à Julien Desperrois.

En cette année 1521, Jean Robelot et Robert Lepennier ou Pellenier étaient fabricants de draps à Elbeuf.

Une sentence, du 28 août 1521, condamna les enfants mineurs de Salin Lefevre, d'Elbeuf, à payer, aux abbé et religieux de Bonport, douze années d'arrérages d'une rente de 18 deniers.

Le 26 juin, un tremblement de terre jeta la terreur dans notre contrée. Dès le lendemain matin, on fit des processions générales à Rouen et aux environs ; on était d'ailleurs dans l'octave de la Fête-Dieu.

En ce même temps, et depuis plusieurs mois déjà, régnait une peste terrible. A Rouen, on institua, aux dépens de la ville, « quatre hommes revêtus de robes bleues qui attachoient des croix blanches aux maisons infectées de peste ; ces marqueurs recevoient 60 sols par mois ».

Par contrat passé, le 3 août 1523, devant M⁰ Jean Goupil, tabellion à Elbeuf, Isabeau, veuve Jean Sans-Terre dit Mauduit, donna au trésor de Saint-Jean 28 livres tournois de rente, dont une partie en quatre plats de poisson, valant 8 blancs chaque plat et le blanc estimé à 5 deniers, à la charge de faire célébrer tous les vendredis une haute messe à diacre et sous-diacre, avec six chapelains et le clerc de l'église. Cette fondation fut acceptée par Robert Lefauqueux, Jean Gourdel, Robert Lesueur, trésorier ; Jean Lequesne, prêtre ; Robert Leblanc, procureur de la vicomté ; René Leflamand, receveur ; Robert Farin, lieutenant, Dupont et autres.

La fondation de dame Isabeau était en partie hypothéquée sur la sergenterie de l'Eau. Quand cet office fut supprimé, le service religieux fut aussi supprimé.

Le curé de Saint-Jean, Louis Lebasseux, docteur en théologie, n'habitait point la paroisse, qui était desservie par Lequesne. Maître Lebasseux se contentait de toucher les revenus de son bénéfice qu'il dépensait à Paris, où il demeurait.

Les chroniqueurs mentionnent un nouveau fait d'armes de Claude de Lorraine, baron d'Elbeuf, qui, en 1523, à la tête des Allemands au service de la France, prit part à la campagne des Pyrénées.

Arrivé à la rivière d'Andaye, il en trouve la rive opposée et les rochers voisins garnis d'Espagnols. Payant d'audace, pour encourager ses gens qu'il anime du geste et de la voix, il se jette à la nage, gagne et prend terre, et, avec les plus braves qui l'avaient suivi, assaillit les Espagnols, épouvantés, les met en fuite, et s'ouvre ainsi le chemin qu'il devrait suivre. Cette action hardie étonna l'ennemi et contribua à la prise de Fontarabie, que l'amiral Bonnivet assiégea peu après, avec le concours de Claude.

Celui-ci rentra en France, passa peut-être par Elbeuf et par Guise ; en tous cas, il prit bientôt part à de nouvelles affaires militaires.

Les Anglais ayant fait une descente à Calais, le duc de Vendôme envoya le comte de Saint-Pol et Claude, baron d'Elbeuf, « avec quatre hommes d'armes, pour aller en la fosse Boulonnoise, et empescher l'ennemy de courir le païs ; car lors estoit Ardres ruinée et abandonnée... Lesdits comtes de Sainct Pol et de Guise se logèrent un jour à Deure, autre jour à Saulmer au bas, autre jour à Bourdes et autres villages circonvoisins ; de sorte que, douze ou quatorze jours durans que les ennemis séjournèrent en la terre d'Oye, lesdits seigneurs en deffirent plusieurs qui s'estoient hazardez d'entrer en ladite fosses. Toutes fois, estans toutes les forces des ennemis réunies, ils furent contraints d'eux retirer dedans Montreuil, dont ils avoient la garde ».

Les Anglais mirent le siège devant Hesdin. « Monseigneur de Guise et le seigneur du Pontdormy, advertis de quatre cens Anglais qui estoient venus courir vers le Biez et la commanderie de l'Oyson, partirent de Montreuil avecques leurs compagnies et une partie de celle de monseigneur de Vendosme ; lesquels ayans r'atins, encores qu'ils ne feussent qu'à demi lieue de leur camp, ils chargèrent de telle vigueur qu'ils furent tous pris ou tuez, hors mis trente ou quarante qui se retirerent dedans un jardin fermé de grandes hayes, où combatirent si obstinément que monseigneur de Guise, contre l'opinion de plusieurs, parce qu'il estoit trop près du camp de l'ennemy, se mist à pied pour les assaillir. où en fin ils furent tous tuez, sans que jamais Anglois se voulsist rendre à mercy ».

Claude poursuivit la campagne. Vers la Toussaint, il alla, avec le comte de Saint-Pol, surprendre des Anglais qui étaient en « refreschissement » à Pas en Artois ; ils en tuèrent cinq ou six cents.

Dans cette campagne, François de Lorraine, âgé seulement de seize ans, frère de Claude, courut seul après sept ou huit fuyards qui se dirigeaient vers un bois. Il les arrêta assez longtemps pour que l'on pût les cerner et les faire prisonniers.

Dans le premier mois de 1523, Claude de Lorraine, comte de Guise, baron d'Elbeuf, était lieutenant du roi en Bourgogne. L'ennemi venait de prendre les places du Coiffy et de Monteclaire. Claude, averti de ces pertes, rassembla six cents hommes et obligea ses adversaires à la retraite. Alors, il dépêcha une partie de ses forces pour passer la Meuse et prendre la tête de l'ennemi, pendant que lui-même chargeait l'arrière-garde :

« Mondit seigneur de Guise, pensant que ceux qu'il avait ordonnez de passer la Meuze y fussent déjà, se meit à la queue des ennemis avecques le reste de l'armée ; lesquels arrivant devant le Neuf-Chastel, il print à demy passez, et ce qui estoit demouré sur la queue fut taillé en pièces et le butin recoux. Si ceux qui estoient ordonnez pour estre de là l'eau eussent executé ce qui leur estoit commandé, peu des ennemis se fussent sauvez, pour l'effroy auquel ils estoient entrez. Les dames de Lorraine et de Guise estoient aux fenestres du chasteau, qui en eurent le passe-temps ».

En 1523, Me Robert et sa femme, bourgeois d'Elbeuf probablement, donnèrent une verrière à l'église Saint-Etienne. La même année, Pierre Grisel et Marion, sa femme, donnèrent à la même église le vitrail représentant l'arbre de Jessé. Ces verrières existent encore ; elles sont classées, ainsi que plusieurs autres, parmi les monuments historiques.

Le 24 février 1525 (n. s.) eut lieu la funeste bataille de Pavie, perdue par François 1er contre les impériaux. Le roi de France se trouvant entouré de toutes parts, François de Lorraine, comte de Lambesc, fils de Réné II baron d'Elbeuf, se porta à son secours et combattit vaillamment à ses côtés. Ce dévouement causa la mort du comte de Lambesc, un des plus braves chevaliers de cette époque. On sait que François Ier fut fait prisonnier dans cette journée.

M. Michelet a consacré quelques lignes à Antoinette de Bourbon, femme du seigneur d'Elbeuf: « Cette Bourbon, dit-il, était petite-fille par sa mère du fameux connétable de Saint-Pol, le grand traître du xve siècle. Elle en avait le sang, avec une violence sinistre qu'elle fit passer à ses enfants. C'est elle qui décidera le massacre de Vassy.

« Je n'hésite nullement à rapporter à Antoinette l'audacieuse initiative que prit son mari Claude pendant la captivité de François Ier; de lui-même, il ne l'eut pas prise. Chargé de couvrir nos frontières de l'Est avec les débris de Pavie, sans ordre, il sortit du royaume, traversa toute la Lorraine, et, s'unissant au duc son frère, près de Saverne, frappa le coup le plus sanglant sur les paysans insurgés. Un témoin oculaire dit : « J'en vis passer dix-huit mille au fil de l'épée ».

M. Maille donne une autre couleur à la boucherie de Saverne :

« Le baron d'Elbeuf, quoique dévoué à la régente du royaume, qu'il avait aidée de ses conseils pendant la captivité de son fils à Madrid, elle n'en voulut pas moins faire un mauvais parti à notre Claude pour avoir, sans ses ordres, risqué les dernières ressources de la France, et découvert les frontières de Champagne et de Bourgogne, en retirant et réunissant les garnisons pour aller joindre en Lorraine le duc Antoine, et exterminer avec lui à Saverne, les vingt mille allemands, adeptes outrés de Luther, qui, sur les instigations de

Muncer, niveleur du temps, mettaient tout à feu et à sang dans les contrées qu'ils parcouraient, et menaçaient la France de leurs dévastations.

« Mais François Ier, n'ayant vu dans l'action de Claude qu'un service rendu au pays, et justifié par le danger présent et par le succès, lui en sut bon gré, loin de l'en blâmer ».

Demandé pour otage par l'empereur Charles, comme caution du traité imposé au roi pour sa liberté, François Ier aima mieux livrer ses enfants que de se priver d'un serviteur comme Claude.

Un titre du 18 juin 1525, qui existait autrefois dans les archives de l'hôpital d'Elbeuf, mentionnait Me Jean de Saint-Amand, prêtre, comme étant en même temps curé de Notre-Dame de Louviers et de Saint-Etienne d'Elbeuf.

Une transaction, signée en 1527, détermina les droits d'usage que les habitants de la Haye-du-Theil avaient dans 40 acres de bois relevant de la seigneurie d'Elbeuf, et décida que les usagers seraient tenus envers leur seigneur à une redevance semestrielle de trois boisseaux combles d'avoine, mesure du Neubourg, pour chaque vache, un boisseau et demi pour chaque génisse et un boisseau par veau, payables à Pâques et à la Saint-Michel.

Rappelons que la Haye-du-Theil et le Gros-Theil, paroisses tellement voisines qu'elles semblent ne former qu'une seule localité, relevaient l'une et l'autre de la seigneurie d'Elbeuf ; mais le Gros-Theil était du diocèse et de l'intendance de Rouen, de la vicomté de Pont-de-l'Arche, de l'élection de Pont-Audemer, au doyenné de Bourgtheroulde et à la sergenterie de la Londe, tandis que la Haye-du-Theil était au diocèse d'Evreux, de l'intendance d'Alençon, de la vicomté de Beaumont-le-Roger, de l'élection de Conches, au doyenné du Neubourg et à la sergenterie de Villez. La limite était aussi celle de la plaine du Neubourg et du Roumois.

Par une sentence rendue le 29 octobre 1527, Jacques Lefèvre gagea tenir, du monastère de Bonport, une pièce de terre, sise à Saint-Jean d'Elbeuf, par 18 deniers de rente seigneuriale. Une autre sentence, du même jour, condamna Massuet Dupont à servir à ces religieux, une rente de 18 deniers à cause d'un pré relevant de leur domaine, situé sur la paroisse Saint-Jean.

En récompense des services que lui avait rendus Claude de Lorraine, le roi François Ier, en 1527, érigea son comté de Guise en duché-pairie ; mais le Parlement fit de grandes difficultés pour enregistrer les lettres patentes du monarque.

Claude fut donc la tige des fameux seigneurs de Guise qui jouèrent de si grands rôles pendant les guerres de religion, et dont nous allons donner dès à présent une partie de la filiation.

De son mariage avec Antoinette de Bourbon, fille de François, comte de Vendôme, et de Marie de Luxembourg, Claude de Lorraine, baron d'Elbeuf, eut six fils :

1° François, duc de Guise et d'Aumale, prince de Joinville, marquis de Mayenne, ministre et lieutenant général du royaume, qui continua la filiation des ducs de Guise. Devenu chef du parti catholique, il prit la ville de

Dreux et mourut, en 1563, des blessures qu'il avait reçues devant Orléans.

2° Charles, dit le cardinal de Lorraine, archevêque et duc de Reims, ami de François Ier, auquel il rendit des services dont sa qualité de prélat aurait dû le dispenser. Il fut connu par ses folles prodigalités ; ce seul détail en donnera une idée : il se fit faire une mitre dont la valeur fut estimée à 45.000 livres. Il possédait un nombre considérable de bénéfices ecclésiastiques, qu'il cumulait : archevêchés, évêchés, abbayes et le reste. Il mourut en 1550.

3° Claude II de Lorraine, auteur de la branche des ducs d'Aumale, né en 1523, mort en 1572, gouverneur de Bourgogne, grand veneur ; défendit Metz contre Charles-Quint, se battit à Dreux, Saint-Denis et Moncontour ; fut un des plus ardents promoteurs du massacre de la Saint-Barthélemy. Tué au siège de la Rochelle.

4° Louis, dit le cardinal de Guise, archevêque de Sens. Il avait peu d'ambition et passait pour aimer surtout la bonne chair et le bon vin.

5° François, grand prieur et général des galères de France.

6° Réné III de Lorraine, auteur des ducs d'Elbeuf, qui nous intéressera particulièrement.

Claude de Lorraine, duc de Guise, eut aussi plusieurs filles, dont l'aînée, Marie, veuve de Louis d'Orléans, duc de Longueville, épousa Jacques Stuart, v^e du nom, et devint la mère de l'infortunée Marie Stuart.

Enfin, le premier duc de Guise eut plusieurs enfants naturels ; le plus connu fut Claude de Lorraine, abbé de Cluny. Celui-ci n'avait guère de scrupules, surtout en matière d'argent. Pendant la Saint-Barthélemy, on ne massacra dans sa circonscription que les protestants qui ne purent racheter leur vie. Une légende l'accuse d'avoir empoisonné son oncle, le cardinal de Lorraine, pour devenir abbé de Cluny. Il mourut en 1612.

On sait que ce fut un Guise, Henri Ier de Lorraine dit le Balafré, assassiné à Blois en en 1588, qui dirigea le massacre de la Saint-Barthélemy. Nous ajouterons que les Guises prétendaient descendre directement de Charlemagne, par Lothaire, duc de Lorraine, et considéraient les Capétiens comme des usurpateurs.

C'est donc à cette puissante famille des Guises, dont plusieurs membres crurent arriver à la couronne, qu'appartinrent les seigneurs d'Elbeuf, dont nous parlerons par la suite.

CHAPITRE VII
(1527-1540)

Claude de Lorraine (suite). — Les trièges d'Elbeuf. — Les droits du seigneur de la Londe. — Plusieurs curés de Saint-Jean. — Les chanoines de La Saussaye. — Les hérétiques. — Faits de guerre. — Le roi et la reine d'Ecosse a Elbeuf. — Puissance de Claude. — Sa fille devient reine.

Le Journal des recettes de la seigneurie d'Elbeuf, en l'année 1527, conservé aux Archives départementales, nous fournit les noms de plusieurs rues, trièges et établissements situés dans l'étendue de notre localité ; nous citerons :

Une pièce de terre « sous la Justice, bornée par la sente de l'Esquellette » ;

« Le jardin de la Burgaudière ; les Longs-Camps à la Brigaudière ; un jardin à la Brigaudière, aboutlant au vivier » ;

La ruelle du Moulin ; la place de devant le moulin ;

Une maison devant les halles, appelée la Brasserie ;

Le jardin de la Poterie ; la grange de la Poterie ; la rue de la Poterie ;

Le carrefour de la Barrière ;
La Fontenelle ;
Une maison sise au carrefour jouxte la maison du Coq ;
La ruelle Marchande ;
Le Camp des Loges ;
Une pièce de terre sise au bout des vignes ; une autre aboutant au mur des vignes ;
Un jardin sis au bout de la rue Meleuse, près de la butte « aux Trois Quesnes » ; la vallée des « Troys Quesnes » ;
Le manoir et la terre de la Boue ;
Le Val-Harent, près la forêt des Monts-le-Comte ; la Mare-Angot, près des Monts-le-Comte ;
La « place au Prieur, en l'isle le Conte » ; la « noe au Prieur en l'isle le Conte » ;
« Les terres le Roi » ;
Une maison « assise dessus la Rigolle » ;
Un jardin « joignant d'un costé le presbitaire et d'un bout le chemin tendant à Saint-Chault » ;
La terre des penteurs. — C'était l'endroit où étaient montés des pentoirs pour le séchage des chaînes ; elle était tenue par les hoirs Jean Lepicard, moyennant 40 sols 6 deniers par an ;
Un jardin, rue Meleuse, appelé le jardin Bucquet ;
Le jardin de la Roquette ;
Le clos aux Chiens ;
Le jardin du cimetière Saint-Etienne ;
La « cavée de Saint-Chault » ; le « carefourg de Saint-Chault » ;
Le clos Bertelot ;
La rue aux « Archiers » ;
La fosse Liénard ;

Le moulin de la Chaussée ; le moulin à tan ; le moulin Saint-Etienne ; etc.

Nous y voyons que :

Les hoirs Bachelet payaient 4 livres 13 sols pour « la fieffe des Mottelles et assequis en l'eau de Saine, auprès de la ruelle de Caudebec ».

Le curé de Saint-Etienne payait au seigneur d'Elbeuf six deniers de rente pour un escalier ;

Les « mallades d'Orival » payaient six deniers pour leur maladrerie ;

« Le curé de Sainct Chault, chappelain de la chappelle Sainct Jacques fondée en la dite maladrerie, pour la terre des Marez » payait 40 sols ;

Les chanoines de la Saussaye, pour l'île de la Bastille, payaient 20 sols ;

Laurent Pollet, sergent d'Elbeuf, était fermier des amendes des assises de haute justice ;

Gillet Dugard était foulon à Elbeuf ; Guillaume Le Roux, seigneur du Bourgtheroulde, avait une habitation dans notre localité. Jacques Dufay, écuyer ; Jean Lesueur, aubergiste ; Jean de Saint-Amand et Jean Boessel, prêtre, habitaient Elbeuf.

Enfin, il y est fait mention du revenu de la ferme du courtage des vins et de l'aunage des draps.

Dans les aveux que rendirent, dans ce siècle, les seigneurs de la Londe au roi, ils revendiquèrent plusieurs droits sur le domaine d'Elbeuf.

Nous avons déjà parlé de la contestation qui s'était élevée entre Bigars de la Londe et Marie d'Harcourt au sujet de la présentation à la chapelle Saint-Félix et Saint-Auct ; dans plusieurs déclarations, les seigneurs de la

Londe réclamèrent ce même droit pour la léproserie de Sainte-Marguerite.

Plusieurs habitants d'Elbeuf avaient des franchises dans la forêt de la Londe, ainsi que le constate ce passage d'un aveu d'Antoine de Bigars.

« Item... tous les coustumiers demeurant au bourgage d'Ellebeuf par de ça le no des moullins, avec aulcuns demeurant en la rue Meleuze soubz la sergenterie de Saint Chault, et autres demeurant au Bocquet, chacun de soy, deux solz de ramage ».

Dans un autre aveu du seigneur de La Londe, on lit :

« Et j'ay droict et possession continuelle de faire, par mes officiers, tenir scéance au devant du manoir presbitéral de Sainct Estienne d'Elbœuf, le long de la muraille duquel le sergeant à garde de Sainct Haut doibt faire aprester ladite scéance garnie et environnée de branchages du bois de sa garde, pour recevoir par mes officiers, en la présence de mon receveur, les affrements des personnes non usagères que je voudray estre allouez aux places vagues et cheminages de mes bois et autres lieux de ma seigneurie, pour y recevoir en pasture leurs bestiaux hors deffens ;

« Et sont sous ma deppendance les costes d'allentour, les chappelles de Sainct Haut et Saincte Marguerite, et en continuant par Orrival jusques à la forest du Rouveray, et nommément les carrières qui s'y remarquent, entr'autres celles qui sont au détour des cavées plus bas que la chapelle de Sainct Haut, la carrière Busquet scize sur la paroisse Sainct Estienne d'Elbeuf, et la carrière Mullot, scize près la vallée du Busquet qui sépare mes bois et ceux de la seigneurie d'Elbœuf, nommée le Busquet ;

« Pour la cause de laquelle mienne carrière de la cavée de Sainct Haut, il y a eu jadis procès dévolu en l'eschiquier à Allençon, entre les seigneurs d'Elbœuf et le seigneur de La Londe pour certain nombre de pierre tirée dans ladicte carrière, et en fut le jugement en dernier ressort donné au bénéfice de mon prédécesseur, seigneur de La Londe, par arrest dudict Eschiquier...

Au nombre des pèlerinages qui furent en honneur parmi les Elbeuviens des siècles passés et dont la pratique s'est perpétuée jusqu'à notre époque, il faut citer celui de Saint *Maur*, dans l'église de La Saussaye, que l'on allait prier pour *faire mourir* les agonisants.

Une pièce datée du 23 mai 1527, que l'on trouve aux Archives de l'Eure, est la confirmation par Jean Chauvin, vicaire général d'Evreux, de la fondation par Jean Becquet, chanoine de la Saussaye et curé de Hacqueville, d'une messe basse dans l'église collégiale de Saint-Louis, le 15 janvier de chaque année, jour de la fête de saint Maur.

En 1528, la rente de « six boisseaux de fourment » par acre, que les habitants de la Haye-du-Theil étaient tenus de payer chaque année au seigneur d'Elbeuf, fut réduite à quatre boisseaux, par suite de la famine survenue.

Les biens de la succession de Guillaume Le Roux, deuxième du nom, ancien vicomte d'Elbeuf, étaient restés indivis. Le partage en fut fait entre ses cinq fils le 28 octobre de cette même année. La seigneurie de Bourgtheroulde fut attribuée à Claude Le Roux, conseiller au Parlement, ancien vicomte d'Elbeuf.

On trouve aux Archives départementales un compte que rendit « Laurent Pollet, naguère sergent de la haulte justice d'Ellebeuf » le 28 septembre 1529.

A cette époque, un chanoine de la Saussaye exerçait la médecine dans notre contrée. — L'année suivante le chapitre refusa de payer un prédicateur dominicain pour cause d'ignorance en matière théologique.

D'après M. Parfait Maille, Grandin de Bapaume était fabricant de drap à Elbeuf en 1530. « Placé dans la judicature, il avait jeté la toque, le rabat et la simarre » pour venir fabriquer chez nous.

On sait que les deux frères Antoine et Claude de Lorraine, fils de feu Réné, eurent des différends entre eux au sujet de la succession de leur père, et de celles de feux Louis et François de Lorraine, leurs frères ; mais, le 25 octobre 1530, ils signèrent une transaction.

En vertu de cet accord, le marquisat du Pont, le comté de Vaudemont, la seigneurie de Blemmont, avec les droits sur les royaumes de Jérusalem, Sicile, Aragon et autres seigneuries appartinrent à Antoine. Il mourut à Bar, le 14 juin 1544.

Quant à Claude, il eut le duché de Guise, le comté d'Aumale, les baronnies de Joinville, de Sablé, de Maine-la-Juhez, de la Ferté-Bernard, d'Elbeuf, d'Anserville, de Coussancelles, de Sandres, de Brillon, d'Aironville, de Moustier, de Lambesc, d'Orgon, d'Ergallières, et 6.000 francs barrois à prendre sur le duché de Bar.

Le 1er décembre, mourut Jeanne de Chalenges, dame de Cambremont et d'Infreville, héritière du président de Chalenges, femme de Claude Le Roux, ancien vicomte d'Elbeuf, conseiller au Parlement de Normandie depuis 1520. Jeanne fut inhumée dans l'église Saint-Etienne-des-Tonneliers de Rouen. Voici l'inscription gravée sur son tombeau : « Gist dame Jeanne Callenge, femme de N. H. (noble homme) Claude Le Roux, conseiller en la cour du Parlement, sieur du Bourgtheroulde, laquelle décéda le 1er décembre 1531 ».

Claude Le Roux fut également inhumé dans cette église, à laquelle les deux époux avaient donné un orgue. Nous verrons plus tard qu'un orgue fut transporté, pendant la Révolution, de l'église Saint-Etienne-des-Tonneliers de Rouen, à celle de Saint-Etienne d'Elbeuf, mais il n'est pas probable que ce fut celui dont il s'agit ici. — La pierre tombale de Jeanne de Chalenges se trouvait, en 1867, dans l'église du faubourg Saint-Sever.

La cure de Saint-Jean fut l'objet d'une nouvelle mutation, en 1531. Voici ce que nous trouvons sur le grand Pouillé d'Evreux à ce sujet :

« 10 mai 1531. — Démission pure et simple faitte entre les mains de M. Chauvyn, vicaire général, par le procureur de Jean « Busc » prêtre curé de Saint-Jean d'Elbeuf, ou prétendant droit à icelle, de laditte cure et de tout le droit par luy prétendu sur icelle, laquelle démission a été reçue par le vicaire général.

« Ensuite, présentation par l'abbé de Saint Taurin, à laditte cure, de Barthelemy Nicolle, prestre, auquel elle est conférée.

« 24 mai 1531. — Permutation faitte entre les mains du vicaire général par Jean « du « Bosc », prestre curé de Saint-Jean d'Elbeuf, ou prétendant droit à la cure et du droit qu'il y prétend, avec Barthélemy Nicolle, prestre, pour sa cure de Saint Laurent des Bois, laquelle permutation a été reçue et admise,

« 25 mai 1531. — Présentation à la cure de Saint-Jean d'Elbeuf par Jean Le Grand, abbé de Saint-Taurin, et le convent de lad. abbaye, en faveur de Barthélemy Nicolle » auquel la collation fut conférée le même jour.

M. Parfait Maille, qui a parcouru en entier les registres capitulaires de La Saussaye, nous a laissé les notes qui suivent sur les chanoines de Saint-Louis :

« Répandus dans le monde, les chanoines de La Saussaye ne négligeaient pas les moyens mondains d'y réussir :

« Ils faisaient dons et pensions aux officiers royaux à qui ils avaient affaire. Ils stipendiaient un fourrier, sous François Ier, pour ne pas avoir de soldats à loger dans le cloître. Ils festinaient le curé de Daubeuf, secrétaire du palais et député au synode, puis M. Desmaulx, conseiller du baron d'Elbeuf, dont ils espéraient les meilleurs offices. Ils gratifiaient d'une offrande le procureur fiscal d'Elbeuf, parce que ledit procureur pouvait rendre de très bons ou de très mauvais services. Il en était de même pour l'avocat et le procureur du roi de Pont-de-l'Arche.

« Moyennant largesses aux serviteurs, ils introduisaient dans la cuisine du président Fouchet — Etienne Fouchet, clerc, président du Parlement de Normandie à partir de 1531 — volailles et pigeonneaux. Ils subventionnaient les conseillers de Claude de Guise, leur patron, les avocats qu'il leur opposait, son intendant de Vitry, et jusqu'au secrétaire de Monseigneur. Quatre pots de vin furent portés, au nom du chapitre, chez le verdier sieur de

Franqueville, qui recevait à dîner l'intendant de Son Altesse.

« Ils ne répugnaient à rien, et faisaient tout pour conserver l'amitié du sieur baron du Neubourg... »

En 1532, la peste fit des ravages à Rouen, à Elbeuf, à Pont-de-l'Arche, et dans beaucoup d'autres lieux de notre contrée. A Louviers, dans une assemblée des habitants, tenue en novembre, il fut décidé que l'on construirait une maison pour y loger des pestiférés.

La cour archiépiscopale de Rouen reçut, le 9 janvier 1533 (1534 n. s.), la somme de 7 sols 6 deniers, pour approbation du testament de Pierre Roussel, curé de Saint-Jean d'Elbeuf.

Les doctrines de Luther et de Calvin avaient fait en Normandie, comme dans le reste de la France, de très grands progrès.

A Elbeuf, il avait aussi des protestants, mais nous ne connaissons, jusqu'ici, aucun fait particulier les concernant. Nous verrons par la suite que des réformés occupèrent une grande situation dans l'industrie elbeuvienne.

Farin a laissé quelques notes sur la façon dont étaient traités les hérétiques et les protestants à cette époque. Après avoir rapporté le cas d'un individu qui fut brûlé à Rouen pour avoir proféré plusieurs blasphèmes contre la Vierge, il ajoute :

« L'an 1533, le 11 décembre, Guillaume Le Court, curé de Condé, diocèse de Séez, ayant été déféré au tribunal ecclésiastique pour hérésie, fut dégradé, selon l'usage de ce temps-là, sur un théâtre dressé dans le parvis de Notre-Dame de Rouen, sur lequel étaient M. d'Amboise, l'évêque de Bonne et cinq abbés réguliers revestus d'habits pontificaux, et accompagnez des doyens de la cathédrale, de quelques chanoines et de plusieurs conseillers et avocats du Parlement. Il fut brûlé et ses cendres jetées au vent ».

« L'an 1534, on trouva dans la salle du Palais plusieurs livrets remplis d'hérésies et de blasphêmes contre le saint Sacrement. Les portes de la ville de Rouen furent fermées, et celui qui les avoit semez étant échapé fut pris à Dieppe, prest de passer en Angleterre. On l'amena à Rouen, où, son procez étant fait, il fut envoyé au roi à Paris, puis renvoyé à Rouen, et fut pendu au Marché aux Veaux, une chaîne de fer au cou, sur un feu ardent, le lundi 30 aoust 1535. Il se faisait appeler le « Promis en « la Loy ». On dit qu'il mourut avec une fermeté extraordinaire ».

Plus tard, un changeur de Rouen, ayant acheté un ciboire d'argent que les Calvinistes avaient volé à Saint-Godard, fut pendu devant sa boutique. Quelque temps après, les deux voleurs furent pris, pendus et brûlés.

C'est de cette époque que date le premier édit contre les protestants.

François Ier ordonna que tous ceux qui recéleraient des sectateurs de Luther, pour les empêcher d'être poursuivis par la justice, seraient punis des mêmes peines qu'eux. Au contraire, ceux qui les dénonceraient auraient la quatrième partie des confiscations et amendes prononcées par les juges contre les luthériens. Cet édit porte la date du 29 janvier 1534 (1535 n. s.)

C'est de ce même temps que date, dans notre province, le supplice de la roue, ordonné par un édit du roi le 11 janvier 1534 (1535 n. s.) Le premier qui subit cette peine à Rouen fut un voleur. Après avoir été roué vif, on le laissa sur la roue, où il vécut deux jours. Depuis, de nombreux criminels, et même des innocents, subirent cet horrible supplice, qui attirait toujours une grande affluence de peuple.

Jusqu'alors, des marchands de Rouen, parcouraient les campagnes du Neubourg et du Roumois, afin d'acheter des blés, qui, pour une grande partie, étaient embarqués à Elbeuf.

François I*er*, étant à Ys-sur-Thille, le 7 octobre 1535, défendit par mesure générale, de vendre ni acheter des blés ailleurs qu'aux marchés publics. Cette ordonnance aurait eu pour effet de donner une plus grande importance aux marchés d'Elbeuf, où il s'en faisait déjà un notable commerce, si elle n'eût été rapportée en janvier suivant.

Mais neuf ans plus tard, une nouvelle ordonnance prescrivit de nouveau la vente sur les marchés exclusivement, sous peine de confiscation des grains, dont le tiers reviendrait au dénonciateur.

Jean Pennier le jeune, qui tenait à fieffe la sergenterie de l'Eau de Seine, la rétrocéda par bail, le 24 octobre 1535, par acte passé devant Lambert et Nicolas Dupont, tabellions au Bec-Thomas, à Jacques Maille, de Freneuse.

Réné II de Lorraine avait autrefois donné à la collégiale de La Saussaye le tiers de la dîme du Neubourg pour la fondation de quatre enfants de chœur dans l'église. En 1535, Claude de Lorraine, son fils, autorisa le chapitre à supprimer leur treizième canonicat pour affecter la prébende vacante à ces enfants de chœur et au recteur chargé de leur instruction. Cette école eut un certain succès. M. Maille dit qu'elle produisit «quelques bons sujets; c'était à qui y aurait place, et beaucoup d'enfants d'Elbeuf y furent élevés ».

En reconnaissance de l'autorisation donnée par Claude aux chanoines, ceux-ci décidèrent, après sa mort, qu'il serait chanté neuf fois un *Crux ave* à son intention, pendant le cours du carême.

Par devant « maîtres Jehan Lestourmy et Raoullin Lambert, tabellions jurez pour le Roy nostre sire en la vicomté de Pontdelarche en siége de Becthomas, Toussaint Bacheler, sergent, bourgeois d'Ellebeuf », cautionna Claude Lelarge et Grégoire Morisse, « fermiers de la voiture et bermennage d'Ellebeuf, pour 482 liv. 10 sols pour la ferme de lad. voicture, et 79 liv. pour la ferme du bermennage audit lieu d'Ellebeuf ».

Cette année-là, le dauphin François mourut au camp de Valence. Ce fut Jean, cardinal de Lorraine, frère du seigneur d'Elbeuf, qui en porta, en sanglotant, la nouvelle à son père François Ier. Le bruit se répandit par toute la France que le jeune prince avait été empoisonné, par l'empereur Charles-Quint, disaient les uns, et suivant les autres, par sa belle-sœur Catherine de Médicis, afin d'assurer le trône au prince Henri, son mari.

En août 1536, Claude de Lorraine, gouverneur de la Champagne, partit avec des forces pour les joindre à celles du duc de Vendôme. Sur l'ordre du roi, ils levèrent des lansquenets en Picardie pour les diriger contre le comte de Nassau qui saccageait le pays et continuait ses exploits en ruinant la ville de Guise, propriété de Claude.

Voici comment Martin du Bellay rapporte un des faits les plus remarquables de la vie du seigneur d'Elbeuf ; il s'agit de la levée du siège de Péronne :

« Monseigneur Claude de Lorraine, duc de Guise... se deslogea avecques environ deux cens hommes d'armes, et arriva de nuict aupres du camp des ennemis, du costé où estoit logé M. du Reu : et, apres avoir conduict secrettement et sans bruit jusque sur le bord du maraiz environ quatre cens arquebusiers choisis, ausquels bailla pour guide le mesme messager qui estoit venu vers luy, il donna soudainement l'alarme par tous les endroicts du camps des ennemis ; et avoit, de propos délibéré, amené tous les trompettes qu'il avoit peu assembler, lesquels, tous en un mesme instant espandus de toutes parts, leur commanda de sonner dedans, en telle sorte que le camp impérial se meit en armes, et se joignirent ensemble les seigneurs de Nansau et du Ru, chacun en son ordre, comme pour donner ou recevoir la bataille.

« Ses arquebuziers dont j'ay cy dessus parlé, durant ce gros alarme, qui empeschoit que l'ennemy entendit ailleurs, et qu'il ne pouvoit ouyr le flot de l'eau par où ils cheminoyent, suyvans leur guide arrivèrent au mesme lieu par où leur ditte guide avoit passé, et furent tirez dedans, chacun un sac de pouldre pesant dix livres sur leur col.

« Desjà commençoit le jour à poindre, et s'estoit mondict seigneur de Guise retiré avecques sa trouppe en lieu qu'il estoit hors du danger de l'ennemy, quand ses arquebuziers furent decouvers et furent montrez ausdits comte de Nansau et furent montans à la file sur la muraille ; chose qui merveilleusement leur despleut, scavoyent pas bien quel nombre de gens ne quelle quantité de pouldres on pouvoit avoir mis dedans.

« Pour aller sur la queue du duc de Guise, qui se retiroit ayant exploicté son entreprinse à souhaict, ils ordonnèrent quelque nombre de chevaulx ; mais ledict seigneur avoit mis ses gens en bataille, de sorte que l'ennemy ne l'osa enfoncer ».

Grâce au secours apporté par Claude, le siège de Péronne fut bientôt levé.

Le 15 août de cette même année 1536, naquit Réné III de Lorraine, fils de Claude, baron d'Elbeuf, qui lui succéda dans cette seigneurie érigée pour lui en marquisat. Nous rappelons que l'épouse de Claude était Antoinette de Bourbon.

Il est fort probable qu'en 1536 (1537 n. s.) Jacques V, roi d'Ecosse, passa et peut-être coucha à Elbeuf, avec sa jeune femme, Madeleine de Valois, fille de François Ier, qu'il venait d'épouser à Paris, car en revenant de cette ville, ils entrèrent à Rouen par la porte du Pont. Voici, du reste, ce que dit Farin à ce sujet :

« Jacques d'Ecosse retournant en son païs, fit son entrée à Rouen le 19e jour de mars, entra par la porte du Pont à trois heures. Tous les bourgeois luy allèrent au devant en bel ordre et richement vêtus ;

« Et à l'entrée de la ville, il y avoit un théâtre où l'on voyait un arbre à deux branches : en celle du côté droit, il y avoit sept personnages en habit d'homme, qui représentoient la généalogie dont ce Roy étoit descendu ; et en celle du côté gauche, il y avoit sept autres personnages en habit de femme, pour marquer la généalogie de la Reyne.

« Devant l'église cathédrale, il y avoit un autre théâtre où l'on voyait un bateau dans lequel étoit un gentilhomme descendant à terre, et une dame qui le recevoit avec beaucoup de respect.

« Le Roy demeura à Roüen jusques au mercredy des fêtes de Pâques l'an 1537, qu'il partit pour retourner en Ecosse ».

Vers 1537, Jean Le Roux, vicomte dEllebeuf, fut remplacé dans cet office par Louis de la Faye qui l'exerça jusque vers 1555.

Claude, duc de Guise, se mit, en 1537, à la tête de quelques cavaliers, qui visitèrent le pays aux environs de Lilliers, ville située à deux lieues de Pernes. En cette même année, le roi le renvoya à son gouvernement de Bourgogne et de Champagne.

Deux ans auparavant, des troubles, suscités par les protestants, avaient déjà ému notre contrée. Ils se renouvelèrent en 1537 et plusieurs fois dans les années qui suivirent.

Barthelemy Nicolle est mentionné, dans un acte de 1538, comme étant curé de Saint-Jean.

Un titre de l'abbaye de Bonport, daté du 22 novembre 1538, portait ratification d'une rente de 40 sols, due par Jean Mauduit, pour une maison sise à Elbeuf.

Cette année marqua l'apogée de la puissance de Claude de Guise, baron d'Elbeuf.

Sa fille, Marie de Lorraine, alors dans sa vingt-troisième année et veuve depuis trois ans de Louis II d'Orléans, se remaria avec Jacques V, roi d'Ecosse, déjà veuf lui-même de Madeleine de Valois, fille de François Ier de France. — Farin note que la princesse passa par Rouen, le 27 mai, pour aller épouser le roi d'Ecosse.

De ce mariage naquit la célèbre Marie Stuart, reine d'Ecosse, et qui, par son union avec François II, devint reine de France. On sait que Marie Stuart se remaria deux fois, avec Darnley, puis avec Bothwell. Attaquée par ses sujets, Marie se réfugia en Angleterre, auprès de sa cousine Elisabeth, qui la retint prisonnière pendant dix-neuf ans et enfin la fit décapiter en 1587.

Par son mariage avec Jacques V d'Ecosse, la fille du baron d'Elbeuf devint la nièce d'Henri VIII d'Angleterre, qui déclara la guerre à Jacques. Le roi d'Ecosse, trahi par la noblesse de son pays, fut battu par les troupes de son oncle et mourut de chagrin peu après.

Une ordonnance royale du 12 janvier 1538 (1539 n. s.) défendit l'entrée et la vente en France des draps de Perpignan, de Catalogne et autres des pays étrangers, dans le but de protéger la production nationale.

Le 10 mars 1539, sur la présentation faite « par vénérable père en Dieu dom Jean Le Grand, abbé du monastère de Saint-Taurin d'Evreux, et par le convent dudit monastère, en faveur de Jean Chauvyn, prestre, chanoine d'Evreux, à la cure de Saint-Jean d'Elbeuf, vacante par la mort de Barthélémy Nicolle, prestre, dernier curé et possesseur d'icelle »; elle fut conférée par Regnauld le Vicomte, vicaire général, « audit Chauvyn, prestre, chanoine d'Evreux, absent. »

M. Parfait Maille dit que le curé qui desservait la paroisse Saint-Jean à cette époque, se fit avocat plaidant et consultant, et qu'il avait plus de soin de ses clients que de ses ouailles.

L'église Saint-Etienne était probablement finie en 1540 ; en tous cas, on en célébra la dédicace le 2 mai de cette année.

Les annales de la collégiale de La Saussaye mentionnent qu'en 1540, après une pluie torrentielle, survint une gelée subite et violente, qui fit prendre l'eau sur les arbres, en brisa une quantité dans la forêt d'Elbeuf, et beaucoup de pommiers et poiriers dans la campagne. Une infinité d'oiseaux rendus perclus par la glace, qui avait paralysé leurs ailes, furent capturés.

François Ier séjourna à l'abbaye de Bonport au mois d'août suivant.

CHAPITRE VIII
(1541-1550)

Claude de Lorraine, duc de Guise, baron d'Elbeuf (suite). — Aveux pour la baronnie d'Elbeuf. — Faits de guerre. — Mort de Claude. — Antoinette de Bourbon et la collégiale de la Saussaye.

En 1541, le duc d'Orléans, deuxième fils de François Ier, avait pour mentor Claude de Lorraine, duc de Guise et baron d'Elbeuf. Le duc d'Orléans partit pour faire la conquête du Luxembourg, sous la direction de Claude, qui avait également sous ses ordres François de Bourbon-Condé ; François de Lorraine, comte d'Aumale, fils aîné de Claude, qui s'illustra plus tard ; Gaspard de Coligny-Châtillon, neveu du connétable de Montmorency, alors ami du comte d'Aumale, mais qui devint son plus implacable ennemi.

La campagne fut rapide. La ville de Luxembourg, les places de Damvilliers, Yvoy, Arlon, Montmédy, Challencey, Vireton, La Ferté et autres tombèrent promptement sous les armes de Claude, qui aurait soumis tout le duché, si le duc d'Orléans n'eût tout à coup quitté le pays pour courir en Rousillon, où son frère le dauphin devait livrer une grande bataille, qui n'eût pas lieu. Claude avait suivi son pupille dans le Midi.

Claude de Lorraine, dans un aveu qu'il rendit au roi le 6 août 1542, affirme que c'est à lui seul qu'appartient le droit de présenter à la chapelle Saint-Auct et Saint-Félix et à la chapelle Saint-Jacques, ainsi qu'à la chapelle Sainte-Marguerite.

De même, il déclara que c'était à lui, en sa sa qualité de baron d'Elbeuf, qu'appartenait le droit de nommer les desservants et administrateurs de l'Hôtel-Dieu de Saint-Léonard d'Elbeuf, dont il était patron et protecteur-né.

Il disait également avoir le droit de présentation aux cures de Boissey-le-Châtel, du Theillement et de Marcouville, et aux deux portions de la cure de la Haye-du-Theil. Les desservants de la chapelle Saint-Cyr et Sainte-Julitte, dans le château seigneurial de Boissey, étaient aussi à sa nomination.

L'un des points les plus intéressants de cet aveu est celui concernant le « moulin à tan, situé sur l'eau du doigt et dans un islet, de présent employé à fouler draps et affermé à Réné Leflamand pour 40 sols de rente seigneuriale par an ».

On y trouve encore cette mention : « Nous appartient la rivière de Saine depuis l'ombre du Pont-de-l'Arche, à l'heure du soleil de midy, jusques au Gravier au-dessous d'Orival ».

Par un autre acte de cette même année, Claude de Lorraine, reconnut devoir aux prieur et religieux de l'abbaye de l'Isle-Dieu, payable à la Saint-Gilles, jour de la foire d'Elbeuf, la somme de 10 livres tournois de rente. C'était la rente que Jean de Préaux leur avait donnée autrefois.

La même année également, dit le registre de la Charité de la paroisse Saint-Etienne, « la grosse cloche de nostre confrairie et société a esté montée et sonnée, et a esté paiée de noz deniers par Pierre Vauchel, eschevin, à Pierre Lefort et Guillaume Malherbe, le prix et somme de cent trente-deux livres tournois pour avoir fondu et contourné ladicte cloche. »

Parmi les autres évènements de 1542, nous citerons encore des embarquements, à Elbeuf, de blés provenant de la plaine du Neubourg. Arrivés à Rouen, ces grains furent transbordés sur un navire étranger. Le peuple de la ville se souleva et pilla ce navire, sous prétexte que l'on voulait porter des blés aux ennemis du royaume. Les auteurs de cette émeute furent arrêtés, quelques jours après, le 22 septembre, et fouettés publiquement par le bourreau de Rouen.

Les Français perdirent Montmédy et Luxembourg en 1542. Le duc de Guise, « rassembla ce qu'il peut promptement recouvrer de gendarmerie (car la plus-part avoit esté licentiée), et, avec quelques gens de pied, tant allemans que francois, marcha devant Montmédy, premier que ceux qui la tenoient eussent loisir de se recognoistre ; et la reprint, et y mist pour chef le capitaine Petrus de La Lande... Le sieur de Guyse, n'ayant moyen de tenir la campagne, assit ses garnisons, et envoya le régiment du capitaine Requeroy, allemant, le droict chemin de Piemont. »

Enfin, cette même année, Marie de Lorraine reine d'Ecosse, fille de Claude de Guise, baron d'Elbeuf, perdit son époux Jacques V, et fut nommée régente du royaume.

Disons tout de suite que, dominée par les Guises, ses frères, elle persécuta les partisans de la Réforme. A l'instigation de Nicolas Pellevé, évêque d'Amiens, son principal conseiller, elle promulgua un édit contre les protestants d'Ecosse et souleva son peuple par cette mesure. Dépouillée de la régence, sur la proposition du fameux Knox, dans une assemblée de pairs et de barons, elle appela à son secours des troupes de France et mourut à Edimbourg, au moment où une armée anglaise, envoyée par Elisabeth, venait défendre les protestants et mettre le siège devant cette ville.

Parmi les fabricants d'Elbeuf à cette époque, nous citerons Pierre Hebert dit Lonault, Jean Dupont, Lionel Viel, Jean Aillet et Jean Bénard.

François Ier, par une ordonnance rendue à Evreux le jeudi 13 mai 1540, avait réduit les aunes, poids et mesures du royaume, et prescrit qu'il n'y aurait désormais qu'une seule manière de mesurer les étoffes. Le 20 juillet 1543, le roi fit publier une déclaration modifiant les lettres patentes antérieures, et disant que les drapiers pourraient continuer à mesurer « selon l'ancienne forme et coustume, non fust à fust comme les autres marchands ». Cette nouvelle décision n'eut probablement d'effet à Elbeuf que dix ans après, car le Parlement de Normandie ne l'enregistra que le 1er avril 1553.

Le grand Pouillé d'Evreux nous fournit les renseignements qui suivent sur la cure de Saint Jean :

« 29 mars 1453. — Permutation entre les

mains de Regnauld le Vicomte, prestre, chantre et chanoine de l'église d'Evreux et vicaire général, par Jean Chauvyn, prestre, chanoine de lad. église et curé de Saint-Jean d'Elbeuf, avec Jean Ourry, prestre, pour la chapelle de Notre-Dame du Tilleul, dans la forest de Breteuil, laquelle permutation a été admise.

« Ensuite, présentation à la cure de Saint-Jean d'Elbeuf, par Jacques d'Annebaut, evesques de Lysieux et abbé commendataire de Saint-Taurin en faveur de Jean Ourry ».

Quelques jours auparavant, le 1er mars, « le procureur d'Olivier de Varennes, clerc, curé de la parroisse Saint-Jean d'Elbeuf » avait présenté à « Me Chauvyn, vicaire général de l'évêché d'Evreux, des lettres apostoliques contenant les provisions en forme gracieuse de la cure de Saint-Jean d'Elbeuf, obtenues de Notre Saint Père le Pape Paul IIIe, en date du 14e jour des calendes d'octobre dernier, lesquelles lettres mondit sieur vicaire a reçues comme bien notifiées, publiées et enregistrées ».

Peu de temps après Pâques 1543, le jeune d'Aumale, fils aîné de Claude, duc de Guise, se distingua entre Térouenne et Aire et revint avec cent prisonniers à Térouenne. La même année, sa conduite devant Avesnes attira de nouveau sur lui l'attention générale. Quelques mois après, au siège de Luxembourg, il fut blessé si gravement que « sans le secours des chirurgiens du Roy, et aussi du duc de Guise, son père, il estoit en danger de mort ».

Après avoir secouru Landrecies, le roi opéra sa retraite dans la place de Guise, le 2 novembre. Avec lui se trouvait le duc Claude.

En 1543, « noble homme Pierre de Morainville, seigneur du Coudray et de la Mesangère », était maître d'hôtel de Claude de Guise, baron d'Elbeuf.

La Mésangère était un demi-fief de haubert assis à Bosguerard-de-Marcouville. Cette terre acquit une célébrité à la suite d'évènements dont nous parlerons plus tard. Pierre de Morainville eut deux frères, dont l'un, Etienne, est également qualifié de seigneur de la Mésangère et de maître d'hôtel du duc de Guise.

Un Guillaume de Morainville, sieur de la Mésangère et de Gaillon, eut une fille nommée Suzanne, mariée à Pierre Rigault, seigneur d'Aigrefeuille, lequel fut, plus tard, maître d'hôtel de Charles de Lorraine, duc d'Elbeuf.

Jusqu'en 1543, dit Jacques Joly, « les hospiteaux, maison-Dieu, leproseries et maladreries estoient regies et gouvernées par ecclésiasques... Toutefois, comme nos Roys ont recongneu une trop grande avarice se glisser entre les ecclésiastiques, et qu'ils appliquoient les biens des pauvres plustost à leur profit particulier qu'à la nourriture des pauvres, pourquoy ces lieux avoient esté instituez et dotez, il leur en ont osté le gouvernement et administration, et ont ordonné qu'ils soient doresnavant regis et gouvernez, et le revenu d'iceux administré par gens laiz, gens de bien, resseans et solvables ».

Le 19 décembre 1543, François Ier, étant à Fontainebleau, ordonna « de faire eslire et nommer par les habitans du lieu, ville ou bourg plus prochain des maladreries, deux personnages, bons bourgeois, de probité, fidélité, resseans et solvables, dont ils envoyeront par leurs procez verbaux les noms et surnoms, pour desdits personnages ou autres capables et de semblable qualité, y estre pourveu par

Année 1544

nostre Cousin le grand aumosnier de France, pour administrer le revenu des maladreries, iceluy distribuer par le mandement de nostre dit Cousin, aux lépreux et à tels et ainsi qu'il en sera advisé et ordonné ».

Nous ne savons si cette ordonnance fut exécutée à Elbeuf, où l'on ne faisait probablement rien sans la volonté du puissant duc de Guise ; mais, comme nous le verrons trente-six ans après, cette mesure devint générale en Normandie.

Nous avons déjà parlé plusieurs fois des droits qu'avaient les habitants d'Elbeuf, dans la forêt des Monts-le-Comte, consignés en la grande charte conservée à la mairie de notre ville ; le commencement de cette charte est ainsi conçu :

« A tous ceulx qui ces presentes verront ou orront, Bynot Dortoys, garde du seel aus obligations de la viconté du Pontdellarche, salut.

« Scavoir faisons que ce jour d'hui premier jour davril avant Pasques, mil cinq cens quarante troys (1544 n. s.), nous a été relaté et tesmoigné par Pierres Lambert, notaire juré, creé, commys et institué par le Roy nostre sire en la dicte viconté en siége du Becthomas, quil a veu, leu et tenu mot apprez aultre deux lettres en parchemyn scaines et entières en sçains, scel et escripture à luy exibez par les habitans d'Ellebeuf comparans par... *(ici un passage maculé d'encre)*, pour en faire ce present transcript ou vidice, dont de la premyère la teneur enssuyt... »

Ici la copie des pièces que nous avons déjà transcrites.

Nous emprunterons encore ce passage des

Mémoires de Martin du Bellay, concernant François de Lorraine, fils du duc de Guise :

En 1544, « durant que le siège estoit devant Sainct Disier, Monsieur d'Aumalle, fils aisné du duc de Guise, estoit dedans Stenay, sur la Meuze, avec 150 hommes d'armes...; ses détrousses apportoient grande fascherie à l'Empereur ». Mais la place, après un long siège, dut capituler, au moment où Charles-Quint, lassé des sorties faites par les assiégés, allait se retirer. Voici comment :

Un hasard fit tomber le cachet de Claude de Guise entre les mains de l'empereur, qui s'en servit pour fabriquer une lettre par laquelle le commandant de la place était engagé à ne pas s'obstiner davantage à perdre des hommes dont le roi avait besoin, et de faire, pourvu qu'il les sauvât, telle composition qu'il voudrait.

Le comte de Sancerre, commandant de Saint-Dizier, reconnaissant le chiffre du duc de Guise, entra en composition avec Charles-Quint, lequel put alors s'avancer sur Paris.

L'émoi fut grand dans la capitale ; il dégénéra bientôt en une frayeur extrême.

Les Parisiens s'enfuirent et se dirigèrent, par terre ou par eau, vers la Normandie, pour la plupart. Ce fut un déménagement général ; la campagne était pleine de chariots et de chevaux, portant des meubles et des marchandises. La Seine était couverte de bateaux et de radeaux, que la trop grande quantité de gens, de bêtes et d'objets firent couler pour une partie. Les chemins étaient pavés de marchandises que les fuyards perdaient dans leur course folle. Des soldats débandés se jetèrent sur eux et les volèrent. Ce fut une ruine complète pour un grand nombre de Parisiens.

Cependant le roi et Claude de Guise étaient accourus à Paris. Ils firent rassembler les troupes éparses et tentèrent de rétablir le calme. Ce fut en vain. Le roi ne put faire rentrer le peuple, les marchands et les fonctionnaires épouvantés, qu'en les menaçant de confisquer tous les biens de ceux qui ne reviendraient pas à Paris avant trois jours.

Antoine de Lorraine, frère de Claude, mourut à Bar, en 1544, après le 11 juin, date de son testament.

La peste de 1546, jeta la terreur dans Elbeuf. Un certain nombre d'habitants abandonnèrent notre lieu pour se réfugier aux environs. Des bourgeois avec leur femme et leurs enfants, et nommément Alexis Mansel ainsi que toute sa famille, cherchèrent un gîte dans le cloître de la Saussaye, mais ils furent mal accueillis par les chanoines, qui craignirent que la promiscuité de cette affluence venue d'un lieu infesté propageât la maladie à la Saussaye. Les Elbeuviens durent chercher un autre asile.

Le blé fut d'une cherté excessive cette année-là. Au mois de juin, il valut jusqu'à 100 sols la mine. — Cette mesure était un demi-setier et équivalait à 78 ou 80 litres. — Mais comme il fut bientôt trouvé du grain dans des carrières de Croisset, où des usuriers l'avaient emmagasiné, il retomba à 76 sols la mine.

Claude de Lorraine, duc de Guise et baron d'Elbeuf, fut vivement affecté, en 1546, d'une nouvelle blessure que reçut son fils aîné, dans un combat contre les Anglais : « Il receut un coup de lance dedans la veuë qui lui donna entre le nez et l'œil, entra dedans la teste environ demy pied ; le fer resta dans la blessure ». — Ce fut le célèbre Ambroise Paré qui le soigna et réussit à le guérir. On sait que ce fils n'était autre que François de Lorraine, duc d'Aumale, qui, plus tard, reprit Calais que les Anglais détenaient depuis 210 ans, Guines, Ham, Thionville, Rouen et gagna la bataille de Dreux. Il ternit sa mémoire par l'affreux massacre de Vassy, qui fut le signal des guerres de religion.

Le 27 février 1546 (1547 n. s.), les paroissiens de Saint-Etienne, assemblés en état de commun, sous la présidence de leur curé et devant Mᵉ Pierre Lambert, notaire et tabellion royal au Bec-Thomas, autorisèrent le trésorier de la fabrique paroissiale à fieffer « un clos de cinq vergées assis prez l'eglize dudit lieu, bourné dung costé le chemin et cavée de Sainct Hault et Sainct Felix, dautre costé le chimetière de lad. esglise, et dautre bout le chemin ou sente des degrés de lad. esglize de Sainct Estienne et Sainct Hault *(sic)* ».

Plus tard, en 1607, un autre acte passé devant Louis et Pierre Hesbert, tabellions jurés de la vicomté d'Elbeuf, mentionna que cette terre était « tenue du duché d'Ellebeuf, franche de rente sieuriale et subjecte en soixante soubz de rente sy tant en est deu et de telle nature quelle est envers le thrésor et fabrique de lad. esglize Sainct Estienne, et de neuf soubz de rente en autre partye de telle nature ausy quelle est deue aux chanoines de la Saussaye ».

La protection des articles de fabrication française et la prohibition des fabricats étrangers, inaugurées ou rétablies par Louis XI, furent maintenus sous François Iᵉʳ et son successeur, tant pour augmenter les ressources du trésor royal, toujours obéré, que pour favoser l'industrie nationale. Parmi les ordonnances de cette époque, nous en trouvons une prohibant l'introduction des draps et laines d'Espagne et de Perpignan, afin de protéger les draps du Languedoc. Une autre interdit l'entrée des « sayetteries » flamandes que commençaient à fabriquer quelques villes de Picardie.

Henri II parvint au trône le 31 mars 1547 et opéra une complète révolution à la cour. François Ier, quelque temps avant sa mort, avait disgracié tous ceux qu'il supposait attachés à l'héritier de la couronne. Henri II les rappela aussitôt qu'il fut le maître, et l'on vit reparaître le duc Claude de Guise, le connétable de Montmorency et autres, qui devinrent tout-puissants, avec Diane de Poitiers, favorite du roi.

Claude de Guise était déjà parvenu à un âge avancé ; aussi, il sacrifia tout, désormais, à l'élévation de son fils aîné François, qui devait bientôt devenir le chef d'un redoutable parti.

Le 10 juillet 1547, eut lieu le fameux duel entre la Châtaigneraie, homme du roi, et Jarnac. François de Guise, parrain du premier, l'introduisit dans la lice. On connaît l'issue de ce combat, qui nous a laissé une locution et commença la défaite de la royauté.

Le Répertoire de l'archevêché mentionne, à la date du 9 avril 1548, la nomination d'un ecclésiastique au bénéfice la chapelle Saint-Félix *(Sanctus Celsus et Felius de Elboto)*. — Nous réunirons plus tard, dans un chapitre particulier, les diverses nominations à cette chapelle, ainsi que celles faites antérieurement à la cure de Saint-Etienne.

Jean de Quiévremont, fils unique de Nicolas sieur d'Heudreville-sur-Eure et petit-fils de Louis de Quiévremont, lieutenant de Pierre de Quiévremont, ancien bailli d'Elbeuf, épousa, par contrat sous-seing privé du 5 septembre 1549, reconnu le 4 avril 1565 devant les notaires de Rouen, Marie Le Roux, fille de Claude Le Roux, ancien vicomte d'Elbeuf.

M. Mauduit était bailli d'Elbeuf en 1550 et 1554. Il paraît avoir eu pour successeur Louis Farin.

Claude de Lorraine, duc de Guise, pair et grand veneur de France, marquis de Mayenne, comte d'Aumale, baron de Joinville, d'Elbeuf, de Quatremares et de Routot, seigneur de Criquebeuf-sur-Seine, de Saint-Gilles, chevalier de l'ordre du roi, etc., mourut à Joinville, le 12 avril 1550, et fut inhumé à Nancy.

On sait que la petite ville de Joinville fait partie de la Haute-Marne ; mais au xvie siècle et même longtemps auparavant, c'était une place forte importante, et un grand nombre de princes s'honorèrent de porter son nom. De l'ancienne splendeur du château de Joinville, il ne reste qu'un petit édifice construit par Claude de Lorraine.

Le fondateur de la célèbre maison de Guise a été dépeint par les historiens sous diverses couleurs :

Les uns l'accusent d'une avidité excessive ; selon eux, « il avait accaparé les charges de grand veneur et de chambellan, les gouvernements, de Champagne et de Bourgogne, la généralité des galères, le commandement de toute la cavalerie légère, plusieurs lieutenances du roi, vingt compagnies de gendarmes et infinies dignités, opulent qu'il était en outre par les biens que lui avaient valu ses alliances royales.

« Nul ne pouvait approcher du trône que par lui, par qui tout se donnait, récompense et châtiment, étant de maxime que les rois qui élèvent des sujets à telle hauteur ne peuvent plus rien leur refuser sans se démentir, et de peur de perdre ce qu'ils y ont mis et le bien qu'ils leur ont fait.

« Et semblait, remarque un contemporain, que Sa Majesté eut conjuré, avec lui, de lui partir la France, à la ruine de ses enfants et de son royaume, ce qui devait advenir, sinon de son règne, mais peu après, l'inimitié venant à se déclarer, si bien qu'elle en vit les préparatifs de son vivant.

« Qu'il est insatiable et gourmand de biens, importun et hardi demandeur, effronté, convoiteux, qu'il ne lui échappe, non plus qu'aux arondelles les mouches, emplois, bénéfices, états, offices, abbayes, évêchés, et autres bons morceaux ; qu'il a pour cet effet, en toutes parts du royaume, gens apostés et serviteurs gagés, pour lui donner avis de tout ce qui se mourait, sans épargner les confiscations pour les demander.

« Bien plus, on lui reproche d'avoir des médecins, à Paris, où tous les grands de France abordent, médecins attitrés et comme pensionnaires, qui ne faillaient de lui mander l'issue de leurs patients quand ils étaient d'étoffe, et qui bien souvent les faisaient passer, sur le goût de mille écus ou d'un bénéfice de mille livres de rente.

« De cette sorte, il était quasi impossible au

roi de gratifier autre que lui qui le dévorait, comme un lion sa proie, jusques à ravir ce qu'il avait donné à ses serviteurs pour en pourvoir les siens, et était contraint le roi, s'il voulait particulariser quelque bienfait, de lui mentir, et dire qu'il en avait déjà disposé ; encore était-il si impudent qu'il le débattait souvent contre lui par l'impossibilité, alléguant la diligence secrète de ses avertissements.

« Toutefois y fut-il attrapé un jour qu'étant venu demander à Sa Majesté le beau parc et vignoble d'Aï, elle lui répondit qu'il était trop tard, quoi qu'il fut encore temps ».

Enfin on l'a encore dépeint sous un autre aspect :

« Claude de Guise, a-t-on dit, était d'une taille avantageuse, très bien proportionnée, d'une mine et d'un air qui sentaient son grand prince, mais avec beaucoup de douceur qui le le rendait d'un abord agréable et aisé.

« Dans les combats, il avait un regard terrible, et ses ennemis, pour cela, lui avaient donné le surnom de *Boucher,* parce que, dans l'action, il ne les épargnait pas.

« Il exerçait volontiers sa libéralité envers les hommes de lettres et envers les jeunes gens de l'autre sexe, faisant apprendre des métiers aux uns et donnant aux autres de quoi se marier.

« Il entretenait, chaque jour, sept tables ouvertes, mais, dans une si grande abondance, rien ne lui était plus insupportable que l'intempérance.

« Quelqu'un de sa maison tombait-il dans l'ivresse, c'était un congé sans rémission.

« Amateur de chasse et de musique, l'une était, pour lui, l'image de la guerre qu'il aimait et lui conservait les forces nécessaires pour s'y livrer, l'autre servait à ses délassements et à ses plaisirs ; il la sanctifiait en la consacrant à la louange et au culte du Très-Haut.

« Ses envieux l'appelaient le *Fauconnier*, pour rabaisser son mérite, parce qu'il était passionné pour la chasse aux oiseaux et qu'il en avait beaucoup.

« Si sa jeunesse ne fut pas exemplaire, il se dévoua le reste de sa vie à l'expiation de ses égarements.

« Trop infatué de soi-même, un excès d'amour-propre le porta à vouloir être prince, pour précéder les plus grands seigneurs de France, ses anciens à la cour, qui se moquèrent de lui, en disant qu'il parlait allemand en français et qui surent le maintenir à son rang.

« Ne dédaignant pas les petits, il était très sensible aux beaux cadeaux ; aussi ce fut pour lui un jour heureux que celui où il reçut en présent, et pour prix d'un bienfait d'ailleurs, la célèbre et magnifique tapisserie, à fond d'or, de Joinville, estimée trente mille écus, somme immense pour le temps.

« Laissant le jaune à son aîné frère, il avait pris, pour livrée, le blanc et l'incarnat, couleurs chères à son cœur ».

Sa femme, Antoinette de Bourbon, lui survécut de plus de trente ans ; elle finit ses jours en 1583, à l'âge de quatre-vingt-neuf ans, et en réputation, dit l'Etoile, d'une sage et dévote princesse.

Claude de Guise n'eut aucune affection pour Elbeuf, où il ne vint probablement jamais. Suivant M. Parfait Maille, « il n'y entretenait des relations que par messages et courriers adressés à ses officiers et à ses chanoines, tantôt de Paris, où il faisait sa cour, tantôt de son château de Joinville, où il tenait la sienne ».

Malgré l'intérêt qu'il portait à la collégiale de la Saussaye, Claude avait eu avec le chapitre, à propos des rentes qu'il lui devait, de grands et longs démêlés qui, après bien des fluctuations, se terminèrent sur la consultation des propres officiers de Claude et sur l'arbitrage de ses trois avocats, dont l'intégrité, dit encore M. Maille, ne semble pas être sortie invulnérable, pure et victorieuse de cette affaire, où il paraissent avoir sali leurs mains.

Antoinette de Bourbon, épouse de Claude, se trouva mêlée à toutes ces contestations et, chercha toujours à rétablir la paix avec le chapitre de la Saussaye : plusieurs lettres qu'on a d'elle en font foi.

Dans une, en réponse à ses chanoines qui la remerciaient, elle disait qu'elle et son mari avaient été fortement indisposés contre la compagnie par les discours de quelques malveillants ; mais que la connaissance de la vérité les avait apaisés et avait réconcilié leur affection pour le collège.

Pour sceller la paix, la baronne d'Elbeuf fit cadeau, à l'église Saint-Louis de la Saussaye, de chapes et de plusieurs autres ornements. En outre, on agita la question d'échange des privilèges qu'avait la collégiale dans la forêt d'Elbeuf, contre le don de quelques arpents de bois ; mais ce projet ne se réalisa qu'au siècle suivant.

Antoinette de Bourbon, duchesse de Guise, baronne d'Elbeuf, reçut de Henri II, en 1550, « des lettres de garde noble pour l'administration des corps et biens de Réné de Lorraine, mineur d'ans, pour raison des terres d'Elbeuf,

Saint-Gilles, Criquebeuf, Quatremares, Grosley, etc., « venues et escheues audit mineur par le trespas de son père ».

Après la mort de son mari, Antoinette de Bourbon régenta le chapitre de la Saussaye, en tout pouvoir et autorité, exigeant les réparations utiles, se réservant la sanction de toutes résignations, la nomination aux prebendes, l'élection du doyen, la vérification des comptes et, en général, la direction entière.

« L'an 1550, le 25 septembre, à trois heures, dit Farin, fit son entrée à Roüen dame Antoinette de Bourbon, reine d'Ecosse. Elle entra par la porte Cauchoise et fut reçue en la cathédrale avec la même cérémonie qu'on a coutume de recevoir les rois ».

Notre auteur se trompe certainement. La reine d'Ecosse était alors Marie Stuart, fille de Jacques V d'Ecosse et de Marie de Guise, sœur du seigneur d'Elbeuf. Antoinette de Bourbon, femme de Claude de Lorraine et dame d'Elbeuf, était la mère de Marie de Guise, précédente reine d'Ecosse, décédée en 1549 à Edimbourg, ainsi que nous l'avons déjà dit.

Farin ajoute : « En cette même année, le premier jour d'octobre, fit son entrée à Rouen le roi Henri II... Le 9 du même mois, le Roy alla au Parlement, où se tenoient le cardinal de Bourbon, le cardinal de Lorraine, le duc de Guise, le duc d'Aumale... »

En 1550 aussi, mourut Jean de Guise, cardinal de Lorraine, né en 1489, frère de Claude de Lorraine, seigneur d'Elbeuf. Après s'être établi en France, Jean de Guise avait été employé par François Ier dans des services intimes que sa qualité de prélat rendit encore plus avilissants. Il n'en avait pas moins été banni de la cour en 1542.

L'industrie des draps fut frappée, sous Henri II, de tarifs excessifs qui tendirent à la ruiner; mais les besoins croissants des populations, la facilité plus grande de l'exportation, ne la laissèrent pas arriver à un état complet de décadence. Elle finit même par se relever et par prendre un essor inconnu précédemment.

CHAPITRE X
(1550-1559)

Réné III de Lorraine, baron puis marquis d'Elbeuf. — La défense de Metz. — Incendie de l'église collégiale de la Saussaye. — La vénerie royale de Cléon. — Les Guises en Italie. — Leur ambition. — Ils reprennent Calais. — Triomphe des Guises.

La mort de Claude de Guise et celle du cardinal Jean de Lorraine, son frère, n'amenèrent guère de changement à la cour, parce qu'ils furent immédiatement remplacés par deux princes de la même maison, depuis longtemps destinés à hériter de leurs dignités.

François et Charles, tous deux fils de Claude, prirent le titre, l'un de duc de Guise, l'autre de cardinal de Lorraine. Ils devinrent bientôt plus puissants que ne l'avait été leur père lui-même, et, dès lors, ils commencèrent à former des plans ambitieux qui devaient bouleverser la France.

Quant à Réné de Lorraine, III° du nom, né le 14 août 1536, frère de François et de Charles, auquel était échue la baronnie d'Elbeuf, il prêta son concours le plus actif à ses deux aînés. Son père, avant de mourir, l'avait fiancé à Louise de Rieux, comtesse d'Harcourt, issue du sang royal par sa mère, fille d'un Bourbon-Montpensier. Réné n'étant âgé que de 14 ans, le mariage n'eut lieu que quatre ans après.

Réné avait reçu de Rancé de Champagne dit Contenant, son précepteur, une très bonne éducation, digne, suivant Brantôme, d'un très honnête, brave et sage prince comme lui. Il était éloquent, parlait fort bien et ne donnait lieu à aucun sujet de plainte à ceux qui l'approchaient.

Les *Mémoires* de Duvillars nous apprennent que le marquis d'Elbeuf partit en Italie, en 1551, pour prendre part à la guerre, en compagnie des princes ou ducs d'Enghien, de Condé, de Nemours, d'Aumale, de Montmorency, de La Rochefoucault et autres « jusques au nombre de cinquante ou soixante, tous suivis d'un grand nombre de jeune noblesse. De la venuë desquels seigneurs ayant le Roy donné advis au maréchal, il n'y print pas grand plaisir, ayant de longue main expérimenté que cette grande compagnie de seigneurs est malaisée à contenir en règle... Cette nouvelle luy fust bien encore plus désagréable, quand il entendit qu'il s'en venoient tous en poste, sans armes ny chevaux; prevoyant, comme il advint depuis, que celà les feroit r'encherir en Piedmont, au grand desadvantage des gendarmes et chevaux légers, et que d'ailleurs il seroit contrainct, par honnesteté, les secourir des siens, chose qu'il faisoit à contre cœur... »

« Ces princes et seigneurs n'eurent pas séjourné huict jours en Piedmont qu'il leur print envie de s'aller enfermer dans Saint-Damian, estimans que l'ennemy, selon le bruit qui en couroit, l'iroit assieger... » Le maréchal le leur défendit, mais les pria d'attendre, car « il leur mettroit bien tost en main assez de quoy esbattre leur générosité. »

Le baron d'Elbeuf revint bientôt en France.

Pendant que le roi était à Joinville, l'armée du connétable de Montmorency se dirigea sur Toul. « Au-devant du connestable furent apportées les clefs de ceste ville, et fut rendue à sa volonté sans autre différent, estans avec luy les premiers princes de ce royaume, comme messieurs de Vendosme, de Nevers, d'Anguian (d'Enghien), de Condé, de Montpensier, de la Roche-sur-Yon, le marquis d'Albeuf (Elbeuf), de Nemours, de Rohan, et presque un nombre infiny d'autres grands seigneurs et gentilshommes ».

Le compte de Pierre Cavalier, receveur des octrois à Pont-Audemer, mentionne comme habitant de cette ville, Nicole d'Elbeuf, qui y possédait une maison et « maistre Jacq. d'Ellebeuf, curé de N. D. du Prey », paroisse de Pont-Audemer.

Un arrêt du parlement de Normandie du 26 août 1552, valida le testament fait en faveur de ses quatre enfants naturels par Jacques d'Harcourt, abbé de Notre-Dame de Belle Etoile, chanoine de l'église de Croisanville, curé de Beauffou, de Mesnilbue et de Saint-Martin de Sallon.

Un fait de guerre de l'année 1552, qui eut un retentissement universel, jeta une très grande gloire sur la maison de Guise.

L'empereur Charles-le-Quint ayant résolu de reprendre Metz, le célèbre François de Lorraine, duc de Guise, s'y porta avec ses frères le duc d'Aumale et Réné III, baron d'Elbeuf.

François de Guise fit d'abord raser quatre faubourgs remplis de beaux bâtiments, de couvents et d'églises qui auraient pu favoriser l'ennemi. En même temps, il fit approvisionner Metz pour un long siège, puis congédia toutes les bouches inutiles.

Une multitude de volontaires accoururent de toutes les provinces de la France se ranger sous les ordres de François, pour contribuer à la défense de cette ville, dont la possession était comme un défi entre le roi de France et l'empereur.

La défense des murailles fut répartie par quartiers aux princes qui étaient dans la place. « M. de Nemours depuis les grilles du Gravier jusques à la tranchée du seigneur Pierre Strozzi ; à messieurs le grand prieur, marquis d'Albeuf et ledit seigneur Pierre, depuis ladicte tranchée jusques au moulins de la Seille. »

Guise fit provisions de mille gabions, de deux cents grosses poutres, de planches, de pieux, de quatre mille balles de laine, de deux mille barriques qu'il fit remplir de sable, etc.

La garnison de Metz était de 6.000 hommes de pied, 4.000 cavaliers et d'un grand nombre de seigneurs. Les forces de l'empereur s'élevaient à 100.000 combattants, 7.000 pionniers et 120 pièces de canon.

Albert de Brandebourg vint avec des troupes s'offrir au duc de Guise et demanda à entrer dans la ville. François, qui n'avait aucune confiance en lui, lui assigna un cantonnement à proximité des murs. Brandebourg demanda des vivres, que le commandant de la place lui refusa. Alors le faux auxiliaire de François décampa.

Claude, duc d'Aumale, frère du marquis

L'Eglise de La Saussaye — Le Puits et la Porte des Chanoines.

d'Elbeuf, le suivit avec un détachement ; mais ne s'étant pas assez tenu sur ses gardes, Albert de Brandebourg l'attaqua et le fit prisonnier. Albert se rendit ensuite à l'armée des Charles-Quint, pour l'aider dans le siège de Metz.

On était en automne. Le siège commença. La canonnade fut très vive, les mines firent de larges ouvertures aux murs de la place ; mais les assiégés firent souvent des sorties qui répandirent tellement l'alarme dans le camp ennemi que, lorsque l'empereur commanda l'assaut, il ne fut point obéi.

La pluie vint à tomber en abondance ; les assiégeants n'ayant aucun endroit sec pour se reposer, la maladie se mit dans leurs rangs, le découragement s'empara d'eux, le siège dut être levé. On était parvenu au mois de janvier 1553.

Henri II, roi de France, arrivait alors avec des troupes. A leur approche, celles de Charles-Quint s'enfuirent, en laissant leurs armes et leurs équipages à l'abandon.

L'armée de Metz se mit à la poursuite des fuyards ; mais sa fureur tomba devant le triste spectacle qu'offrait celle de l'empereur. Guise recueillit les malades abandonnés dans le camp ennemi, les fit transporter dans la ville et soigner, et, au fur et à mesure qu'ils guérirent, leur donna de l'argent pour regagner leur pays. Dans toute cette importante affaire, le baron d'Elbeuf se conduisit vaillamment.

Un sinistre éclata à la Saussaye, le jeudi 3 août 1553, vers minuit : le feu détruisit l'église collégiale, bâtie en 1307. Cet incendie fut dû à la négligence ou à l'état d'ivresse d'un clerc. Les archives du chapitre furent complètement détruites ; mais une copie des titres de fondation, qui avait été faite sur parchemin longtemps auparavant, reçut même force et autorité que les titres primitifs, en vertu de lettres patentes du roi Henri II, en date du 3 décembre 1553.

Il ne restait que les murs debout. Jean Postel, écuyer, sieur des Minières, alors doyen du chapitre et aumônier ordinaire de Henri II, se mit en devoir de trouver des ressources pour la réédification du temple.

Tout naturellement, il s'adressa à la baronne d'Elbeuf ; mais Antoinette de Bourbon ne montra d'abord aucune sympathie pour ses chanoines. Elle les éconduisit, lors d'une première démarche ; puis, à la suite d'une autre entrevue, elle les renvoya à son fils le cardinal de Lorraine, qui finit par leur faire avoir une exemption de décimes. Le zèle de Jean Postel ne se ralentit point. Il employa de puissants personnages, et mena son entreprise à bonne fin.

Réné III de Lorraine, baron d'Elbeuf, se maria le 3 février 1554 à Louise de Rieux, fille de Claude Ier de Rieux, comte d'Harcourt, et de Suzanne Bourbon-Montpensier. A cette occasion, et pour reconnaître les services du jeune marié, le roi érigea la baronnie d'Elbeuf en marquisat.

Les noces furent splendides. Toute la famille royale y assista. Le soir, Catherine de Médicis fit représenter la *Sophonisbe*, de Trissin, devant les jeunes époux. Cette pièce est regardée comme la première tragédie régulière écrite depuis le renouvellement de l'art dramatique, mais elle datait déjà de 1515.

L'alliance de Réné III avec Louise de Rieux eut pour résultat de faire rentrer, dans la

Année 1555

branche d'Elbeuf, la partie du comté d'Harcourt qui en avait été détachée à la suite du long procès survenu autrefois entre les deux sœurs Jeanne et Marie d'Harcourt.

Ce fut Réné III, en prenant et portant le nom d'Elbeuf, qui fit connaître notre localité à la cour royale et tira notre bourg de l'obscurité dans laquelle il avait été plongé jusque-là.

Peu après son mariage avec Louise de Rieux, Réné III vint à Elbeuf. M. Maille croit que ce fut le premier seigneur de notre ville, depuis Marie d'Harcourt, qui l'ait visitée. Il semble même l'avoir habitée pendant quelque temps, dit-il. — On sait cependant que Réné II de Lorraine était venu à Elbeuf.

Dans les premiers jours de 1555, Réné III se rendit à la Saussaye. Ce fut l'occasion d'une fête pour les chanoines, qui allèrent en corps au devant de lui et de sa jeune femme.

La compagnie profita de l'occasion qui se présentait pour intéresser la princesse à la reconstruction de son église. Elle se rendit volontiers aux désirs des chanoines et leur promit de parler au roi en faveur de leur œuvre, qui, disait-elle, ne voudrait rien refuser à d'aussi honnêtes gens.

En effet, Henri II ne put résister aux charmes de la jeune femme, et bientôt le monarque lui donna une grosse somme qui fut employée à la reconstruction de l'église de la Saussaye.

Le branle étant donné, sa belle-mère, Antoinette de Bourbon, fit elle-même abandon de nombreux chênes de ses forêts, donna de l'argent de sa cassette et un lingot d'or de son trésor. Quant à Louise de Rieux, elle offrit à la collégiale une subvention importante et abandonna, au profit du chapitre, les amendes de la juridiction pendant trois ans.

Pour reconnaître ces bienfaits, les chanoines firent peindre les armes des deux dames dans l'église, par un artiste d'Evreux, et, sur la demande de la douairière Antoinette, ils décidèrent que tous les jours, avant la grand'messe, il serait fait une procession autour de l'église, et, dans les fêtes, aux deux croix, pour attirer la bénédiction céleste sur les donatrices et leur postérité.

M. Maille remarque, à ce sujet, qu'il est singulier que les chanoines aient, pour ainsi dire, disposé d'Antoinette avant qu'elle eût les yeux fermés, en décidant que l'anniversaire de son mari serait transféré au jour du décès de sa veuve, encore pleine de vie, alors.

Les carrières du Tapis-Vert furent exploitées, par les chanoines de la Saussaye pour les besoins de leur église, après le don qui leur en avait été fait par le seigneur d'Elbeuf.

Pendant le carême de l'an 1555, le marquis d'Elbeuf se trouvait à la cour. Le sieur de Bordillon fut envoyé en Champagne « comme lieutenant du Roy en l'absence de M. de Nevers, et avec luy alla le marquis d'Albeuf, que suivirent les seigneurs de Montpesat, de Cursol, de Suze, de Pelou et autres... Où sitost estre arrivez, pareillement assemblèrent toutes les garnisons, tant de cheval que de pied, et, sçachant que dedans Mariembourg y avoit faulte de vivres, nonobstant les grandes neiges et pluyes, y menerent gros nombre de chariots et charrettes, chargées de farines, de vins, et toutes autres munitions. Puis, cependant que ceux de là dedans se fournissoient de bois pour se chauffer, passèrent oultre jusques à Cimetz, en délibération de forcer et desfaire qui s'y estoient réunis pour nuire à ceux de Mariembourg, ce que toutefois, l'ayant quitté et abandonné, pour avoir ouï nouvelles de ceste venue, dont le feu y fut mis partout et en tous villages des environs... Cela faict, noz genz s'en retournèrent en leurs garnisons, et depuis, à plusieurs et diverses fois, ont toujours continué de remplir Mariembourg de force vivres et provisions. »

Ce passage, emprunté aux *Commentaires* de François de Rabutin, est suivi de quelques autres où il est encore parlé du jeune Réné III de Lorraine : « Furent envoyez devant les coureurs, pour descouvrir et recognoistre tous les passages, au nombre de trois cens, partie harquebusiers à cheval françois, partie anglois et écossois, soldats forts duits à ce mestier, soubs la charge, ce me semble, de M. de Sansac, que suyvoit d'assez près le marquis d'Elbeuf, prince pourveu de hardiesse et toute autre vertu, avec sept ou huict cens chevau-légers dont il estoit général, et après luy M. de Bordillon... »

Il s'agissait encore de conduire un convoi de vivres : — «... sans estre aucunement importunez des ennemis, estans libres et ouverts les chemins. Environ les dix heures du matin, le marquis d'Elbeuf avec sa cavallerie légère, et M. de Bordillon avec l'avant garde, arrivèrent à Mariembourg, où, peu après, entrèrent et furent mis dedans les charriots et charettes, au nombre de quatre à cinq cens... Ainsi fut la forte ville de Mariembourg, en vingt-quatre heures, à la barbe des ennemis, remplie d'un gros nombre de vivres et de munitions... »

Au 13 juillet 1555, le marquis d'Elbeuf, général de toute la cavalerie légère, se trouvait réuni avec ses troupes à l'armée française assemblée à Maubert-Fontaine ; le lendemain il était à Couvins, ancien château ruiné, situé à une lieue de Mariembourg. Le jour suivant, « allasmes passer *rasibus* et près des portes de Mariembourg, où l'on fit entrer des vivres ». Puis l'armée se mit en bataille, les sieurs d'Elbeuf et de Nemours en tête de la cavalerie.

« ...Sur l'heure arriva un trompette que M. le marquis d'Albeuf envoyoit au mareschal de Sainct-André, par lequel étoit adverty que M. de Sansac avoit descouvert et recogneu les ennemis au nombre de cinq cens chevaux. Nos chevaux-légers et harquebusiers à cheval estoient contraints d'aller chercher l'ennemy jusques dans les bois... M. le marquis d'Albeuf donna derechef advertissement à M. de Nevers de luy envoyer promptement mille à douze cens harquebusiers pour faire ouverture à sa cavalerie, et trois cens hommes d'armes pour les soustenir... »

Il y eut plusieurs fusillades et luttes dans les bois ; mais comme notre armée jugea qu'il serait imprudent de s'engager trop avant, elle revint sur une hauteur: « Ce fut adonc que la meslée recommença de plus belle, car notre cavalerie toute d'un front, commença à charger de toute lucte et force... c'estoit chose esmerveillable d'en ouyr le chamaillis et le tonnerre, qui dura plus de cinq grosses heures.

« ... Ce qui restoit encore de jour, M. de Nevers et M. le mareschal de Sainct-André, messieurs les marquis d'Albeuf, de Nemours, employèrent à revisiter et considérer les places et endroits propres à y loger et accommoder

Année 1555

leurs gens de pied ou de cheval, pour derechef le lendemain inviter les ennemis à la bataille.

« Le lendemain mardy, seiziesme de juillet, dès que le jour commença à poindre, toute l'armée fut mise et rangée en bataille sur cette montagne » ; mais il n'y eut qu'une série d'escarmouches et de charges de cavalerie dans lesquelles se distingua le marquis d'Elbeuf. Le lendemain, l'armée marcha sur Cimetz, dont Réné d'Elbeuf et le sieur de Bordillon avaient trouvé les portes ouvertes quelques jours auparavant ; mais, depuis, l'ennemi y avait mis des troupes, qui même firent une sortie sur les fourrageurs français.

Louis de la Faye quitta l'office de vicomte d'Elbeuf vers 1555. Louis Farin lui succéda et conserva cette fonction jusqu'en 1560, époque à laquelle la charge de vicomte fut supprimée.

Suivant M. Maille, qui parle d'après les registres capitulaires de la Saussaye, Louis Farin, agréa des chanoines de Saint-Louis une gracieuseté de 7 livres 10 sols pour son zèle à leur être utile. C'est ainsi que le vicomte d'Elbeuf rendait la justice.

Les chanoines de la Saussaye eurent de nombreux démêlés avec la vicomté de l'Eau de Rouen. En 1555, une sentence du bailli et un arrêt du Parlement condamnèrent le receveur de l'Eau à des amendes pour retard dans ses payements à la collégiale, « vu les ordonnances contre les billonnages et concussions des receveurs, vu la plainte portée tant par le marquis d'Elbeuf que par le chapitre de la Saussaye... »

Le billonnage était un trafic illégal sur les monnaies, tel, par exemple, que la mise en circulation de monnaies fausses, la destruction de monnaies, transformées ensuite en matières premières, etc.

Une des pièces de l'abbaye de Bonport était la copie d'une vente faite le 27 août 1555, par Michel Berment à Jean Fossard, d'une ou plusieurs maisons à Elbeuf, sur lesquelles les regieux possédaient une rente de douze deniers.

Voici le prix de quelques articles en 1555 :

« L'aulne du drap noir du meilleur valloit 60 sols ; le commung 35 et 40 sols ; le blanchet meilleur 25 sols ; le commung 20 sols ; le gris le meilleur 20 sols ; le commung 15 et 18 sols.

« La paire de soulliers de vache, sans semelle, les meilleurs 6 sols ; avec la semelle, au plus grand poinct qu'ilz eussent sceu estre, 10 sols.

« Le bœuf aagé de trois et quatre ans 10 livres tournois ; la poulle 2 sols et demi ; 13 œufs 1 sol ».

Une comète parut en décembre de celte-là : « Et fust ceste comète appellée du commung peuple l'estoille à la grande queue... et dura quasi par tout le moys en sa fureur et horrible regard ». C'est cette comète qui, dit-on, effraya Charles-Quint.

En 1556, Louis Doucet, gentilhomme de la vénerie royale, et Jeanne Menar, sa femme, donnèrent à l'église Saint-Etienne la verrière représentant saint Hubert chassant dans les Ardennes et apercevant Jésus-Christ sur la croix, entre les bois d'un cerf. Cette verrière existe toujours.

La création d'une vénerie royale dans notre région remontait au XIIe siècle. Quand Richard Cœur-de-Lion fit bâtir le château-fort de la

Roche-Fouet, à Orival, il fit établir aussi une vénerie pour son usage, tout près de sa résidence, en un point qui s'appelle encore actuellement la Vénerie. Il est situé sur le flanc d'un côteau, entre la Roche-Fouet et la Roche-Foulon, à peu de distance de la Mare aux Anglais.

Du temps de Richard, les habitants d'Orival et de Moulineaux furent déclarés, eux et leurs successeurs, « francs de pasturage et de pasnage » pour leurs bestiaux dans la forêt de Rouvray, à la condition de « faire la hue du deduit du Roy ou de ses veneurs » quand le monarque chassait dans cette forêt ; et chaque fois qu'ils se rendaient à ladite « hue », le roi devait leur donner à chacun « derrée de pain ou un denier ».

Les veneurs, piqueurs et valets de chiens habitaient la Vénerie d'Orival, dont, depuis longtemps, il ne reste d'autre trace que le nom, car elle fut probablement détruite à la même époque que le château lui-même, en 1203 ou 1204, c'est-dire l'année où Jean-sans-Terre, successeur de Richard, s'enfuit de Normandie devant l'armée de Philippe-Auguste.

Plus tard, les rois de France rétablirent une vénerie dans notre région, mais sur l'autre rive de la Seine, en la paroisse de Cléon. Cette seconde « muette » était déjà ancienne en 1397.

Nous devons ce dernier détail à M. Ch. de Beaurepaire, qui, dernièrement, découvrit un devis de réparations à faire à la « Muette » de la garenne de Cléon, daté de l'an 1397 ; ce devis a été tout récemment l'objet d'une intéressante notice, publiée par le savant archiviste dans le *Bulletin* de la Commission des Antiquités de la Seine-Inférieure, et que nous reproduisons dans ses principales parties :

« Une *Muette*, d'après la définition de Littré, est une « maison bâtie dans les parcs où l'on « tient des relais de chasse, où sont les che- « nils, les équipages, et où logent les officiers « de vénerie, les piqueurs, etc. » C'est le même mot que *meute*, et, bien qu'écrit d'une manière un peu différente, il paraît prouvé qu'on le prononçait de même.

« On sait que la Muette est le nom d'un château à Passy, près de Paris, qui, d'abord, rendez-vous de chasse, devint une maison de plaisance pour la duchesse de Berry en 1716, et pour le Roi en 1719, après la mort de cette duchesse.

« Nous trouvons des Muettes non loin de Rouen, à Boos, dans le voisinage de la forêt de Longbouel, à Isneauville et Quincampoix, dans le voisinage de la Forêt Verte, à Quièvre-ville-la-Milon, à peu de distance de la forêt de Préaux.

« Il y avait aussi une Muette dans la garenne royale de Cléon. En 1397, comme on le voit par le document que nous publions, c'était un bâtiment à deux étages, de dix-neuf pieds de largeur en tous sens et de six pieds de hauteur. Un de ses côtés était tourné du côté de la cha-pelle Saint-Christophe, un autre du côté d'El-beuf. — La chapelle Saint-Christophe, mar-quée sur la carte de l'ancien diocèse de Rouen, était située sur la paroisse de Freneuse.

« A l'époque où cette Muette fut recons-truite aux frais du Roi, la garenne de Cléon était confiée à la garde d'un garennier, Jean de Couronne, dont les gages étaient de six de-niers par jour. Un compte de la vicomté de Rouen, de 1431, mentionne une somme de 18 livres 2 sous payée à Jehan De la Halle, garennier de Cléon, à raison de 2 sous par jour, outre ses gages ordinaires, « pour crochetter, « hayer et despiner la dite garenne. »

Louis Doucet, paroissien de Saint-Etienne probablement, était donc l'un des gentilshommes de la vénerie royale de Cléon, et nous ne sommes pas éloigné de croire que les traits prêtés à saint Hubert par l'artiste peintre sur la verrière dont il s'agit, ne sont autres que ceux du donateur lui-même.

M. de Beaurepaire nous fournit encore d'autres renseignements sur la vénerie de Cléon et la garenne qui en dépendait :

« Cette garenne, d'une contenance de 120 acres, fut aliénée, le 3 mai 1571, par le prix de 3.870 livres, à Robert Le Cornier. Elle fut érigée, sous le nom de seigneurie du Cornier, en huitième de fief de haubert relevant du Roi, à cause de la vicomté de Pont-de-l'Arche, par lettres patentes du mois de février 1615, vérifiées à la Chambre des Comptes, le 7 juillet 1621, en faveur de Robert Le Cornier, petit-fils de l'acquéreur. »

Au siècle suivant, la garenne de Cléon était devenue la propriété des ducs d'Elbeuf ; nous verrons qu'en 1757, elle causa la désolation des habitants de Saint-Aubin, de Cléon et de Freneuse, qui ne pouvaient rien récolter, à cause de la multitude de lapins qui, de la garenne, se répandaient sur les trois paroisses et détruisaient tout. Cette garenne existait encore en 1785 et suscitait de nouvelles plaintes.

Cependant, dit encore M. de Beaurepaire, « il est à croire qu'une partie de la garenne n'avait pas été comprise dans le premier contrat d'aliénation, puisque, en 1643, un sieur de Voisinets obtenait du Roi le don de « la coupe de plusieurs chênes, bois blancs, bouleaux, mort-bois aux deux côtés de la garenne de Cléon ».

Enfin, voici le texte du devis de 1397 ; les documents locaux de cette époque sont trop rares pour nous dispenser de le publier ; il nous fournira d'ailleurs un nouveau spécimen de notre langue à la fin du xive siècle :

« Cy ensieut l'escroe et la devise des réparacions qui falent de neccessité pour réparer et maitre en estat deu la Muecte de la garenne Cléon : c'est assavoir des meytiers de charpenterie, de machonnerie, de plasterie, de hucherie, de oeure de fer, de clou, de lacte, de tuille et de arestiers, de serreurez et de tout ce qui y convient des mestiers dessus dis, à faire bien et deuement tant que l'en y puist demourer seurement. En laquelle Muecte a quatre cartiers, et contient chascun cartier de long dix-noef piés ou environ, et vint-un piés de hault ou environ. Et premièrement y fault du mestier de charpenterie un tref en l'estage de bas pour cellui qui y est de présent, qui fu ars de feu d'aventure en un bout, lequel tref contient dix-noef piés de long ou environ, et d'un pié de refait, revestu de deux plas pos par les deux boux de xiiii piés de long ou environ chacun post, et de demi pié de reffait en un sens et d'un pié de reffait en l'autre sens, joingnans contre les vieux pos et endentés contre les liens du tref de haut, revestu de deux coutez et de deux liens par les deux boux bien et seurement si comme il appartient, et aussi lier les de deux bonnes bendez de fer qui acoleront les deux pos et le tref ensemble, et y maitre des coulombez et des esperons soubs les liens pour celles qui seront trouvées pourries. *Item* et estraindre les pos et les entretoisez par tout où mestier en sera et les lier de bonnez bendez de fer, par tout où mestier en sera. *Item* pour renfournier le comble qui est revestu de quatre arestiers qui siéent sur une plate-fourme, et y fault un demi tref pour cellui qui est rompu sur quoy le soubs-chevron porte eu cartier de devers Ellebeuf, et le revestir de quevrons pennos contre les arestiers et oster ceulx que l'on trouvera pourris, et y faire tout ce qui y fauldra estre fait dudit mestier, et y faire quatre lucarnes appentichez, qui seront entre deux quevrons revestus chascune d'un scullet, d'un travetel et deux pasnectez, de trois quevrons bien et deuement, si comme il appartient, et faire les huis et les fenestrez, tant hault comme bas, partout où il seront esluissies. *Item* du mestier de machonnerie faire trois marches de pierre par dehors, à l'entrée de l'uis par où l'en entre en l'estage de bas.

« *Item* faire le degré à wys, qui servira depuis l'aire de bas jusques au planchié des hault, assiz eu coing, par dedens euvre, devers la chappelle Saint-Christofle, lequel degré sera revestu d'un noel de xxv piés de long ou environ, de joues de deux piés et demi de long, chascun espasse, par bonne mesure, au proufit des estages, et les souspendre de souspentes par tout où mestier sera, de telle longueur comme il appartendra. *Item* de machonnerye et plastrerye en ladicte Muecte par les dis quatre cartiers, et se aflleurera le plastre par dedens oeure accouilombes, et seront les pos et les coulombes couvertes par le dehors de plastre de de deux poux d'espaisse, comme toute la carreure se pourporte en hault et en bas, et aussi parer de plastre tous les trois planchiers dedens oeure, ainsi comme il se pourporte en long et en lé, et clorre et monter la wys bien et deuement, si comme il appartient, et y faire et parfaire de plastre tout ce qui y appartendra à estre fait. *Item* couvrir et lacter ladicte Muecte de tieule bien et deuement, si comme il appartient, et pour trouver toutes les matères cy-dessus devisées, c'est assavoir pour trouver charroys, pierre, mortier, plastre, ferreurez, clou, late, tieulle, arestiers et toute peine d'ouvriers à ce faire, excepté que le Roy notre sire trouvera bois en estant en sa forest de la Londe ou de Rouvray pour faire la dicte besongne, chesne pour faire ladicte charpenterie et mort bois pour escharfauder et pour cuire le plastre.

« Mis à pris et baillé en tasche à rabbez accoutumé, si comme il appartient, à cent livres tournois, et en passera le rabès le dyemence prouchain après la Saint-Jehan-Baptiste prouchain venant, à Rouen, en l'ostel du viconte de Rouen, en son compteur. Rabessié par Jehan Assellin, charpentier, d'un rabbez acustumé, le mardi xxvie jour de juing, l'an mil ccc iiii^{xx} xvii, heure de nonne Notre-Dame eu dit compteur, présens Jehan de Dénestanville et Adam Guarin, le mardi jour de feste Saint-Marcial, iiie jour de juillet m.ccc, iiii^{xx} xvii, devant ledit viconte, Jehan Gueroult dit Biauvallet, plastrier, de la paroisse Saint-Candre-du-Selier, mist un rabbez acoustumé sur ladicte tasche. Présens maistre Guillaume Du Fresnoy, maistre des œuvres de charpenterie du Roy, nostre dit sire, en ladicte viconté de Rouen, ledit Jehan Asselin, Jouen Vasselin, Guillaume Le Fèvre, R. Tardif, Jehan Choppillart, et autres. Et lui demoura ladicte tasche par ledit pris comme derrain rabesseur et promist venir demain devers ledit viconte pour soy obligier et apleigier de bien faire et parfaire ladicte tasche jouxte ce que dit est. »

Après cette digression, à propos d'un des plus curieux vitraux de l'église Saint-Etienne, classé, du reste, parmi les monuments historiques, nous reprenons l'ordre chronologique :

Le 3 novembre 1556, Robert Le Roux fut expulsé du Parlement de Rouen, comme calviniste, avec une demi-douzaine de ses collègues parmi lesquels se trouvait Jean de Quiévremont. Le premier était de la famille des vicomtes d'Elbeuf, et le second parent des anciens bailli et lieutenant d'Elbeuf.

Le 17 de ce mois, le duc de Guise partit de Saint-Germain-en-Laye pour rejoindre l'armée du roi qui se trouvait en Piémont. Dans cette armée « des plus belles, non tant pour le nombre que pour la qualité des personnes et la générosité des courages », il y avait entre autres corps de troupe, 480 chevau-légers et 60 arquebusiers à cheval, commandés par le marquis d'Elbeuf, Sipierre, La Roche-Posay et Biron. Le payement d'une compagnie de chevau-légers s'élevait à 13.610 livres par mois ; l'arquebusier à cheval touchait 14 livres. Le marquis d'Elbeuf était alors âgé de 20 ans. Le prince d'Aumale, son frère, accompagna aussi le duc de Guise, aîné de la famille.

Les Guises caressaient de secrètes espérances. François comptait qu'il surgirait, pendant la campagne, des circonstances qui lui permettraient de se faire roi de Sicile. Quant à son frère le cardinal de Lorraine, il visait à la tiare, le pape Paul IV étant arrivé à une extrême vieillesse.

Les Guises marchaient donc sur le royaume de Naples, quand, tout à coup, François quitta son camp et revint à Rome sous prétexte de conférer avec le pape sur la conduite de la guerre et obtenir des sûretés pour l'armée française; mais son but était de se créer des intelligences afin de faire placer son frère sur le trône pontifical.

Cette manœuvre, percée à jour, lui suscita des ennemis. Guise retourna à son armée, qui ne fit aucun progrès. François demanda des secours en France, menaçant de revenir si on ne lui en donnait pas.

Les troupes d'Italie furent rappelées, car les armées françaises venaient de subir plusieurs défaites et de perdre les places de Saint-Quentin, le Catelet, Ham et plusieurs autres. Guise fut déclaré généralissime du royaume.

Le roi ayant créé des nouvelles compagnies de gendarmerie de cinquante lances chacune; le marquis d'Elbeuf en avait reçu une, au mois d'août.

Le duc de Guise joignit aux troupes qu'il ramenait d'Italie les forces restées en France et entreprit d'inaugurer son généralat par une action plus éclatante encore que la défense de Metz.

Il y avait 210 ans que Calais était aux mains des Anglais; il résolut de la leur enlever et investit la place au moment où l'ennemi y pensait le moins.

De succès en succès précipités, François de Guise se trouvait, après quatre jours de siège, au pied de la citadelle. Profitant de la marée basse, son artillerie foudroya une des tours et, avant le retour de la mer, 800 Français, sous le commandement du marquis d'Elbeuf, entrèrent dans cette tour, pour protéger l'entrée des leurs au moment du reflux. Dans l'intervalle, ils furent chargés avec furie par la garnison; mais s'étant maintenus dans leur poste, la nouvelle baisse des eaux amena la reddition de la place, après six jours d'attaque.

« L'artillerie, les munitions, les meubles, les laines, les étoffes précieuses et toutes les richesses de cette ville opulente, qui était le seul entrepôt de tout le commerce de l'Angleterre et des Pays-Bas, demeurèrent à la disposition du duc de Guise. Il mit à part ce qu'il y avait de plus précieux, pour récompenser ses principaux officiers, auxquels il distribua des gratifications de deux, de six, de vingt, de trente mille livres, abandonna le reste au pillage et ne réserva rien pour lui. C'est par de pareilles libéralités, dit un auteur, qui surpassaient souvent celles des plus grands monarques, qu'il gagnait le cœur de la noblesse et se rendait l'idole du soldat ».

Rabutin, dans ses *Mémoires*, mentionne la part que prit René III, marquis d'Elbeuf, à ce siège mémorable.

« Les Français assaillirent de première furie de si grande hardiesse et impétuosité, qu'après avoir taillé en pièces ceux qu'ils rencontrèrent des premiers, contraignirent en peu d'heures le surplus leur quitter la place de ce chasteau, et les chassèrent et rembarrèrent dans la ville.

« Ainsi les nostres à vive force s'advantagèrent de ce passage et première entrée dans Calais, où M. de Guise leur commanda se fortifier et ne s'en laisser débouter pour le surplus de la nuict, leur laissant pour chef et conducteur messieurs d'Aumalle et marchis d'Albeuf ses frères... »

Le premier registre capitulaire de la Saussaye prouve le retentissement qu'eut dans notre contrée la prise de Calais. Après un texte latin de Clément Banastre, chanoine, mentionnant la défaite des Anglais et les succès du duc de Guise et du marquis d'Elbeuf, se trouve la pièce suivante :

CALAIS AU ROI

O bien heureuse, je suis vue
Par toi, noble roi de Valois,
Puisqu'en France suis revenue,
N'estant plus subjecte aux Anglois !

Par deux cents dix ans j'ai esté
A l'Anglois, à mon grand regret,
Et maintenant, félicité,
Par toi reçois, ô Roy discret.

Roy de vertu et de victoire.
Doux sur tous Rois t'exalterai,
Et si tes faits racconterai
Aux hommes de bonne mémoire.

A propos du chanoine Banastre, disons qu'il appartenait à une famille d'Elbeuf, de laquelle la ruelle Banastre portait le nom. Sur cette ancienne ruelle se trouve une section de la rue de Seine actuelle.

Les Archives de l'Eure possèdent les aveux rendus au chapitre de la Saussaye, en l'audience des plaids de meubles d'Elbeuf, tenue par le vicomte d'Elbeuf, le 13 mai de cette année, par les tenanciers de terre situées à Saint-Martin-la-Corneille et à Thuit-Anger.

M. Michelet parle dans ces termes du vainqueur des Anglais :

« Au retour de Calais, ce n'était plus le même Guise. C'était un grand chef de parti.

Il allait, il montait emporté du coursier de feu qu'on appelle opinion. Sa fortune eut deux ailes : d'une part, l'engouement populaire ; de l'autre, la passion calculée d'un parti en péril, qui avait besoin d'un messie. Il avait la France, il avait l'Eglise. Sa subite grandeur faisait ombre à la société.

« Il ne ménagea pas cette situation unique. Ce fils de la fortune, cyniquement, d'une âpreté sauvage, la brusqua en se dégradant ».

Pendant le siège de Calais, des Etats généraux se tinrent à Paris. Henri II, parla beaucoup des malheurs du peuple, de son désir de réformer les abus, mais ajouta que, pour cela, la paix était nécessaire et, pour obtenir cette paix, il fallait de l'argent.

Le clergé offrit, par le cardinal de Lorraine, frère du marquis d'Elbeuf, la somme d'un million ; la noblesse offrit ses biens et sa vie ; la magistrature offrit également ses biens, et le tiers-état accepta d'être chargé de deux millions.

On était partout en France dans l'ivresse de la prise de Calais, l'argent vint facilement et le cardinal de Lorraine fut chargé de dire au roi que, s'il n'en avait pas assez, les trois ordres lui en fourniraient d'autre.

Il y eut partout de grandes réjouissances, mais surtout à Paris. Les écussons de la maison de Guise et du cardinal de Lorraine figurèrent à côté de ceux du roi et de la reine à un grand dîner à l'Hôtel-de-Ville, où le roi assista.

Après son triomphe, le duc de Guise retourna à l'armée. Le siège de Thionville fût entrepris, en mai 1558. Blaise de Monluc, l'un des principaux officiers généraux du duc de

Guise, raconte que, pendant ce siège, le marquis d'Elbeuf, âgé alors de vingt-deux ans, ne l'abandonna jamais, de même que quatorze ou quinze gentilshommes de la suite de François de Lorraine.

La conduite brillante du jeune marquis à Thionville, lui valut le commandement d'une compagnie de 100 hommes, qui, dès lors, prit le nom d'Elbeuf.

Peu après, une paix dite « paix malheureuse », fut signée à Cateau-Cambrésis. Le duc de Guise s'opposa dans le Conseil à la ratification du traité avec une vivacité et une hauteur qui déplurent au roi.

René III de Lorraine présenta, en 1558, un desservant à la chapelle « saint Félix et Adaucte ». Deux ans, plus tard, il présenta également un ecclésiastique à la chapelle Sainte-Marguerite d'Orival.

Le Répertoire de l'Archevêché de Rouen mentionne que, le 18 février 1558, l'abbé de Saint-Taurin d'Evreux nomma un nouveau curé pour desservir la paroisse Saint-Etienne d'Elbeuf.

Castelnau, dans ses *Mémoires*, dit qu'alors le clergé de France, le premier et le plus riche des trois Etats, dépendait du cardinal de Lorraine ; aussi la plupart de la noblesse et des capitaines s'appuyaient sur la faveur et autorité du duc de Guise et du cardinal de Lorraine, son frère, qui disposaient entièrement des affaires du royaume. Les deux frères étaient bien unis et en bonne intelligence avec leurs autres frères, à savoir : le duc d'Aumale ; le cardinal de Guise ; René de Lorraine, marquis d'Elbeuf, et François de Lorraine, général des galères.

Ce qui alarme dans le masque des Guises, dit Michelet, c'est la mobilité nerveuse de la face qu'on ne retrouve à ce degré nulle part :

« Le cardinal, d'un teint infiniment délicat, transparent, tout à fait grand seigneur, évidemment spirituel, éloquent, d'un joli œil de chat, gris pâle, étonne par la pression colérique du coin de la bouche, qu'on démêle sous la barbe blonde ; elle pince ? elle grince ? elle écrase ?...

« François, d'un teint grisâtre, plutôt maigre, d'un poil blond gris, d'une mine réfléchie, mais basse, malgré sa nature fine et sa décision vigoureuse, n'a rien d'un prince. Figure d'aventurier, de parvenu qui voudra parvenir toujours. Plus on le regarde longtemps, plus il a l'air sinistre. Sa sœur, Marie de Guise — mère de Marie Stuart — l'accusait de tirer à lui seul. Son frère Aumale ne recevait rien du roi que François n'en fût triste, ne l'en chicanât. Son visage dit tout cela. Il a l'air chiche et pauvre, et si mauvaise mine que personne, je crois, n'oserait contre un pareil joueur, jouer une pièce de trente sous...

« François II et sa jeune femme Marie Stuart faisaient un grand contraste. C'était un petit garçon qui ne prit sa croissance que six mois après. Pâle et bouffi, il gardait ses humeurs, ne mouchait pas. Bientôt, il moucha par l'oreille, et dès lors il ne vécut guère. Un nez camus complétait cette figure royale.

« Il n'avait pas fallu moins que la violence des Guises, leur féroce impatience, pour marier cet enfant malade, que sa mère défendit en vain... Ils le mirent avec leur dangereuse nièce Marie Stuart (pour le gouverner ? ou le tuer ?) comme on jette une cire au brasier ;

non formé, misérable de ce don ravissant, il se mourait pour elle. Il n'y eut jamais pareille fée. Sa beauté, célébrée par les contemporains, était la moindre encore de ses puissances. Les portraits sérieux nous la montrent fort rousse, de cette peau fine, transparente et nacrée qu'avait son oncle le cardinal ; l'œil vif, mais brun, qui par moment dut être dur. Etonnamment instruite par les livres, les choses et les hommes, politique à dix ans, à quinze elle gouvernait la cour, enlevait tout de sa parole ; de son charme, troublait tous les cœurs.

« En cette merveille des Guises (comme en eux tous), il y avait tous les dons, moins la mesure et le bon sens. Chimérique, malgré son intrigue, elle donna dans tous les panneaux ».

Marie Stuart, ajoute M. Michelet, avait été élevée par le cardinal de Lorraine, et ne faisait qu'un avec lui. Les lettres de sa plus tendre enfance, qui témoignent d'une précocité d'esprit extraordinaire, montrent aussi combien elle naquit violente et dure. Elle y félicite sa mère des exécutions qu'elle faisait en Ecosse : « Vous avés très bien fait de ce que voulés faire justice ; ils en ont bon besoin ».

Henri II mourut en 1559, le 10 juillet, des suite d'une blessure qu'il avait reçue dans un tournoi. Aussitôt après sa mort, des factions s'élevèrent, et des gens de guerre, ne sachant que faire, se portèrent vers l'une ou vers l'autre, sous prétexte de religion.

Les deux principaux partis furent celui des princes du sang et celui des Guises. La reine-mère balançait entre les deux et était tantôt de l'un, tantôt de l'autre, suivant ce qu'elle croyait être de ses intérêts, qu'elle ne confondait pas avec ceux de François II, son fils, le nouveau roi.

Quant aux Guises, dit Mezeray, « ils étaient cinq frères : le duc, le cardinal de Lorraine, le duc d'Aumale, le cardinal de Guise et le marquis d'Elbeuf. Il ne faut pas compter les trois derniers, parce qu'ils ne faisaient rien que par mouvement des deux autres ».

François II, le nouveau roi, âgé de 15 ou 16 ans, avait, nous l'avons dit, épousé Marie Stuart, reine d'Ecosse, nièce du duc de Guise ; de là, l'influence des Guises à la cour.

La reine-mère s'unit aux Guises, malgré la répugnance qu'elle avait pour le duc d'Aumale, son gendre. En peu de temps, les fils de Claude de Lorraine, se rendirent maîtres de la cour royale : le duc de Guise eut l'intendance générale de la guerre, et le cardinal de Lorraine celle des finances. Leur premier soin fut d'éloigner ceux qui gênaient leur ambition.

Au mois de juillet 1559, le roi François II décida d'envoyer à la reine d'Ecosse cent hommes des compagnies du marquis d'Elbeuf et du sieur de Beauvais. Une revue fut passée près de Dieppe, où cette petite troupe s'embarqua vers la fin du mois, pour aller secourir Marie Stuart, contre les révoltés de son royaume.

Un état de cette époque mentionne que le marquis d'Elbeuf possédait, en 1559, cinquante lances à Montivilliers, qui parurent à une revue d'automne.

Un titre de cette même année mentionne M° Frerderic Godet comme ayant été bailli d'Elbeuf au 15 mai 1551. Ce fut très probablement un intérimaire de Mauduit, cité comme bailli en 1550 et 1554.

Une dépêche de l'évêque de Limoges au roi de France, datée du 23 février 1559 (1560 n. s.), nous apprend que Réné de Lorraine, marquis d'Elbeuf, qui était allé lui-même au secours de sa nièce la reine d'Ecosse, avait obtenu des succès avec son armée, dans ce royaume ; mais s'il faut en croire de Thou, ces succès ne furent guère brillants ; voici ce que dit cet historien :

« Vers le commencement du printemps, Sébastien de Luxembourg de Martigues, jeune seigneur d'un grand courage, arriva de France avec deux navires, qui portoient environ mille fantassins et quelques cavaliers. Les Ecossois ayant remarqué que ces vaisseaux étoient mal gardés, s'en emparèrent une nuit.

« Réné, marquis d'Elbeuf, frère du duc de Guise et de la régente, suivoit Martigues avec huict vaisseaux, et apportoit en Ecosse de l'argent et les autres choses nécessaires à la guerre ; mais sa petite flotte ayant été battue d'une violente tempête, il relâcha dans les ports de France ».

Une note de M. Louis Paris, qui a publié des documents relatifs au règne de François II, ajoute que « les troubles d'Amboise, survenus vers cette époque, rendirent nécessaires en France les troupes que d'Elbeuf conduisait en Ecosse, et l'expédition n'eut pas lieu. »

Cependant, une pièce de l'année qui suivit nous apprend que la reine d'Angleterre avait fait prisonniers « les gardes de monseigneur le marquis d'Elbœuf et ses grands chevaulx ».

CHAPITRE X
(1559-1566)

Réné III de Lorraine (suite). — Cabale contre les Guises. — Le marquis d'Elbeuf en Ecosse. — Pillage des églises d'Elbeuf et des environs par les protestants. Prise et reprise de Rouen. — L'atelier monétaire du Vallot. — Assassinat d'un Guise. — Mort de Réné III, marquis d'Elbeuf.

Tant que Diane de Poitiers, maîtresse de Henri II, avait disposé des grâces, les Guises s'étaient attachés à elle. Un d'eux, Claude, duc d'Aumale, avait même épousé une des filles de la favorite, et toute la famille, y compris le marquis d'Elbeuf, s'était ressentie des bienfaits de cette femme. Mais, aussitôt qu'elle cessa de leur être utile, ces ambitieux la sacrifièrent, et les personnes favorisées de la reine-mère revinrent en triomphe, fêtées et caressées par les Guises.

A la complaisance, ils joignirent l'artifice, disent les historiens. Il n'y eut sorte de mauvais rapports qu'ils ne fissent, de discours malins qu'ils ne rappelassent, d'anciens mécontements qu'ils ne réveillassent, pour indisposer Catherine de Médicis, mère du roi, contre le connétable de Montmorency, premier ministre du feu roi, ennemi des Guises : ils réussirent dans leurs manœuvres.

Quand les députés du Parlement allèrent saluer le jeune roi, après la mort de son père, il leur apprit qu'il avait choisi le cardinal de Lorraine et le duc de Guise, ses oncles, pour gouverner le royaume. Aussitôt, on l'a vu, le duc s'empara du commandement des troupes et le cardinal de l'administration de finances.

Une cabale s'éleva contre la maison de Lorraine, dont la puissance portait ombrage aux princes du sang et à une grande partie de la haute noblesse française. Les Guises soudoyèrent des espions pour connaître les menées de leurs adversaires et d'Antoine de Bourbon, roi de Navarre, que ceux-ci avaient gagné.

Antoine, chargé d'éclairer le roi sur les abus des Guises, ne put être reçu par le monarque, qui le renvoya à ses oncles. Le duc et le cardinal, encore une fois vainqueurs, affichèrent un air de hauteur et d'insolence, et s'enhardirent à oser davantage dans l'avenir.

Le calvinisme faisait toujours des progrès, les Guises entreprirent de les arrêter ; dès ce moment, on mêla la religion aux affaires politiques. Bientôt les ministres s'aperçurent que ce n'était plus contre quelques particuliers qu'ils avaient à lutter, mais contre un parti formidable, ayant ses conseils, ses chefs et ses soldats. Les plus odieuses tortures commencèrent pour arracher la confession de pauvres gens soupçonnés de combattre les Guises.

Il se forma alors un complot entre les calvinistes et une partie de la noblesse française, connu dans l'histoire sous le nom de Conjuration d'Amboise.

Le but des conjurés était de soustraire le jeune roi François II à la domination des Guises, d'enlever le pouvoir à ceux-ci et d'assurer le libre exercice de la religion réformée. Le chef avoué de la conjuration était La Renaudie, gentilhomme du Périgord, mais l'âme du complot était le prince de Condé.

Il avait été entendu que les conjurés arriveraient en armes sur Blois, où se trouvait la cour, le 15 mars. Prévenus à temps, les Guises se renfermèrent avec le roi dans château d'Amboise. La Renaudie fut tué et ses amis durent se rendre, le 17. Beaucoup périrent sur l'échafaud.

Contre les Guises s'étaient aussi révoltés les Chatillons, famille considérée et dont les chefs était l'amiral de Coligny, le colonel d'Andelot, et le cardinal de Châtillon, évêque de Beauvais, tous frères, ainsi que l'étaient les Guises.

Les Chatillons purent parler à la reine-mère. L'amiral de Coligny lui représenta la mauvaise administration des Guises, le mécontentement du peuple, plaida la cause des protestants et demanda la suspension des peines décernées contre eux.

Peu après, des ennemis des Guises résolurent de s'emparer de leurs personnes. Des combats eurent lieu en divers endroits. Castelnau fut pris et conduit à l'échafaud avec plusieurs de ses conjurés. En mourant, ils demandèrent à Dieu vengeance de la cruauté des Guises.

Le marquis d'Elbeuf prit part aux évènements qui se passèrent pendant le court règne de François II, et il était aussi d'avis qu'il fallait « couper la tête à l'hérésie et à la rébellion ». Son frère, le cardinal de Lorraine, alla jusqu'à humilier le roi de Navarre, qui ne fut reçu que debout et tête nue par l'orgueilleux prélat-ministre, resté assis et couvert.

Le 4 septembre, un ecclésiastique fut nommé titulaire de la chapelle-léproserie de Sainte-Marguerite *(leprosaria de Elboto seu capella Sta Marguerita de Elboto)*. Il nous paraît avoir conservé ce bénéfice pendant trente-huit ans.

François II mourut le 5 décembre suivant, âgé de moins de dix-huit ans, après un règne qui n'avait pas duré dix-huit mois. Charles IX son frère lui succéda ; il était âgé de dix ans. Catherine de Médicis, sa mère, jalouse de la princesse de Lorraine, fit signifier au duc de Guise de ne plus s'immiscer aux affaires du royaume.

Le duc sortit d'Orléans, où il était avec des seigneurs en tête desquels se trouvaient ses frères, le marquis d'Aumale, le marquis d'Elbeuf, grand prieur de France, et les cardinaux de Lorraine et de Guise.

Après la mort de François II, Marie Stuart, sa veuve, sur le conseil de ses oncles, les Guises, prit le parti de retourner dans son royaume. Le marquis d'Elbeuf et le duc d'Aumale, son frère, suivirent la reine Marie en Ecosse, où elle était peu attendue de ses sujets.

Pendant son séjour en France, Marie Stuart, avait eu au nombre de ses officiers domestiques, Louise de Rieux, marquise d'Elbeuf, aux gages de 800 livres par an.

Voici un extrait des manuscrits de Lacourt, conservés à Reims, qui a trait au départ de Marie Stuart pour l'Ecosse :

« La reine-mère haïssoit mortellement Marie Stuard, et le cardinal de Lorraine fut obligé,

MARIE STUART

Reine de France, puis d'Ecosse
Petite-Fille de Claude de Lorraine,
Baron d'Elbeuf

par politique, à la faire repasser en Ecosse... L'aversion de la reine mère provenoit encore de la crainte qu'elle avoit que la beauté de la jeune douairière ne touchât quelque jour le cœur du nouveau roi. Elle étoit, en effet, la personne de son siècle la plus accomplie...

« Ces qualités étoient soutenues d'une beauté si singulière, que Charles IX, quelques années plus tard, ne pouvoit considérer son portrait sans en estre émeu... il songeoit à la posséder, et s'entretenoit quelquefois de la difficulté qu'il trouveroit à Rome pour épouser sa belle-sœur».

La reine-mère vouloit absolument le départ de sa bru, pour laquelle la France avait tant d'attraits et qui eût préféré se retirer dans quelque province de notre pays que de retourner régner en Ecosse. Marie retardait son voyage. « Les ducs d'Aumale et d'Elbeuf lui conseilloient de rester, dit Lacourt ; mais le cardinal de Lorraine, qui avoit à se ménager avec la roine mère, lui parla avec authorité, et la força même à partir...

« Le cardinal de Loraine, les ducs de Guize et de Nemours et les autres princes de sa maison l'accompagnèrent jusqu'à Calais, d'où elle s'embarqua pour l'Ecosse, conduite par le grand-prieur de France, le marquis d'Elbeuf, et plusieurs autres seigneurs affectionnés à la maison de Guise.

« Elle arriva le huitième jour de son embarquement, après avoir été poursuivie par la flotte d'Angleterre, qui tenoit la mer pour l'enlever ou lui disputer le passage... »

Le marquis d'Elbeuf resta quelque temps en Ecosse et fut le dernier des seigneurs qui abandonnèrent la reine, sa nièce.

C'est en l'an 1560 que fut supprimé, par les

Etats généraux tenus à Orléans, l'un des sièges de justice dans toutes les seigneuries non royales. En conséquence, l'office de vicomte d'Elbeuf, que remplissait alors Louis Farin, dans notre localité, disparut pour toujours. Il ne resta plus que le bailliage, charge qui fut tenue par le même Louis Farin, à partir d'une année que nous ne pouvons préciser, mais antérieure à 1568.

Depuis la fondation de son industrie drapière, Elbeuf avait vu constamment se développer le nombre de ses fabricants. Son apogée paraît avoir été aux environs de 1560, époque à laquelle on comptait quatre-vingts drapiers dans notre localité ; mais bientôt elle déclina, et nous verrons qu'un siècle plus tard, il n'existait plus à Elbeuf que cinq fabricants de draps.

En 1560, les Etats d'Orléans décidèrent que les draps ne seraient vendus « qu'après avoir été mouillés et rafraîchis, bien et dûment séchés sans être de nouveau tirés à rouet, poulie et autres engins semblables ».

Les draps pour l'armée et pour les indigents « ne devaient être tirés ni aramés, mais mis sur des fondoirs pour sécher tels quels ».

Les ordonnances de Charles IX, datées d'Orléans, le 22 avril 1561, fixèrent les habillements que devraient porter à l'avenir les ecclésiastiques, les nobles et le Tiers Etat. En voici quelques passages :

« Les Eclésiastiques se vêtiront de draps modestes et ne porteront aucun drap de soye ;

« Les Cardinaux peuvent porter la soye sans aucun superflus ;

« Les Archeveques et Eveques porteront le taffetas et damas et pour le plus des velours et satins

« Tous les autres sujets de quel Etat, qualité et condition qu'ils soient, excepté les princes, princesses et ducs ne pourront porter des draps en or et en argent pour fillure, brodure, passements et franges, velours ou soye, en quelle manière que ce soit, à peine de 3.000 livres d'amende aplicable moitié à nous et l'autre aux pauvres ;

« Permis aux dames et damoiselles et manants qui résident hors les villes de s'habiller en soye de toutes couleurs selon leur Etat et qualité sans abus ;

« Messieurs les Présidents, Conseillers des Cours souveraines et autres officiers de justice ne pourront porter dans les villes la soye ;

« Les femmes et filles ne porteront la première année de leur mariage ni chaînes, ni brasselets en or, sous peine de 200 l. d'amende pour chaque fois, dont moitié aux pauvres moitié aux dénonciateurs.

« A l'égard des artisans et gens de mettiers, serviteurs et laquais, leur est deffendu l'usage de la soye à peine de prison et de confiscation d'habits, enjoint aux maîtres de ne le permettre à peine d'en répondre civilement.

« Deffenses aux tailleurs et brodeurs des villes de ne prendre ni faire aucuns habits contre notre Edit, à peine de 200 l. d'amende pour la première fois, 400 l. pour la seconde et le fouët pour la troisième.

« Enjoint à tous ceux qui ont des habits hors de leur Etat de s'en deffaire dans trois mois ».

Cette même année, Robert le Roux, sieur de Tilly, fief sis à Boissey-le-Châtel, rendit aveu à René de Lorraine, pour le domaine de Tilly. Quelques années plus tard, le marquis d'Elbeuf vendit à Le Roux une pièce de terre, sise à Boissey, sur laquelle était un ancien château démoli et une chapelle dite de Saint-Cyr, en se réservant le droit de nommer à la chapelle.

Ce fut en septembre de cette année qu'eurent lieu plusieurs colloques entre des ministres protestants et des évêques catholiques. A celui de Poissy, le cardinal de Lorraine déclara qu'il ne pouvait y avoir aucune réunion des réformés avec l'Eglise catholique s'ils ne reconnaissaient la réalité du corps de Jésus-Christ dans l'eucharistie. Les évêques applaudirent et déclarèrent qu'ils se retireraient si les protestants refusaient de reconnaître ce point.

Le courage des Guises, dit Mezeray, « ne s'abaissoit point par l'élévation de leurs ennemis : ils estoient soutenus du parti catholique, et ils le soutenoient...

« Le premier jour de mars 1562, comme le duc de Guise passoit par la petite ville de Vassi, il arriva qu'il s'émut querelle entre les gens de sa suite et les Huguenots qui tenoient leur prêche dans une grange, et que lui étant couru pour l'apaiser, fut blessé d'un coup de pierre à la joue.

« Comme ses gens lui virent le visage tout en sang, leur furie s'augmenta de telle sorte qu'ils tuèrent près de soixante personnes et en blessèrent deux cents.

« C'est ce que les Huguenots ont appelé le massacre de Vassi, et qui, en effet, fut comme le premier signal de toutes les sanglantes guerres de Religion qui troublèrent ensuite ce malheureux règne, quoique ce fut un pur accident, sans qu'il y eût aucune faute du duc de Guise ».

Le prince de Condé embrassa le parti des protestants, qui bientôt s'emparèrent de nombreuses villes. Toute la France fut plongée dans la guerre civile.

Le 16 avril, vers minuit, 500 protestants armés se jetèrent sur la ville de Rouen et s'emparèrent des forts principaux. Au point du jour, le château fut bloqué par eux et sommé de se rendre, ce qui fut fait avant midi. La citadelle du Vieux-Palais se rendit ensuite, pendant que le monastère de Sainte Catherine était occupé par d'autres troupes de Condé, chef des calvistes.

Farin dit que les églises de Rouen furent profanées avec une licence effrénée, mais principalement celle de Notre-Dame, où les protestants enlevèrent 1.700 marcs d'argent et 50 marcs d'or, sans compter les autres richesses. Plusieurs autres temples catholiques des environs eurent le même sort.

François Dupont rapporte dans ses notes manuscrites, que le 17 mai (ou juin), l'église Saint-Jean d'Elbeuf fut à son tour dévastée par les protestants venus de Rouen, qui « brulèrent les meubles, les images et les enfants du contre-Christ. Ces enfants du contre-Christ, ajoute notre auteur, furent depuis remplacés par deux autres statues accompagnant encore aujourd'hui (1782) le nouveau Christ placé en 1742.

« Il me paroit que l'église et le trésor furent longtemps à se ressentir et à se remettre de ce pillage et de cette combustion, puisque quarante-quatre ans après, par un inventaire des meubles de l'église, il ne s'y en trouvoit qu'une petite quantité et de peu de valeur, entre autres sept paremens d'autel, un seul calice d'argent et deux calices d'étain pour cinq autels qui existoient pour lors.

« Cette année 1562 sera à jamais mémorable dans notre histoire, et elle est appelée dans un ancien registre de la Charité d'où j'ai tiré ces évènemens « l'année des huguenots ». Les catholiques en tirèrent une cruelle vengeance dix ans après, à la journée de Saint-Barthelemi ».

Un ancien manuscrit, publié par M. Potier, ancien bibliothécaire de la ville de Rouen mentionne aussi le pillage de 1562 :

« Les Huguenots, après avoir dévasté Darnétal, furent ensuite à la ville d'Elbeuf, y brulèrent deux églises avec plusieurs maisons dudit Elbeuf qu'ils pillèrent.

« Il y eut plusieurs personnes mises à mort par lesdits huguenots ; la raison pourquoi fut pour ce que ledit lieu d'Elbeuf appartenoit au frère de M. de Guise, que les huguenots ont toujours haï mortellement... »

Enfin, un chroniqueur rapporte, dans les termes suivants, le pillage que les protestants exercèrent dans notre localité :

« Le mercredi 17 mai 1562, environ onze heures du soir, les huguenots de la ville de Rouen sortirent en grand nombre de chevaux et gens de pied, tous en armes, avec la galère munie de grosses pièces d'artillerie, et avec trois ou quatre autres canons qu'ils menoient en char.

« Ils arrivèrent à Elbeuf dans la nuit, entrèrent à l'église de Monsieur saint Jean-Baptiste et à Saint-Etienne, et y firent absolument du pis qu'ils purent, au saint sacrement de l'autel, aux ornements, linges, livres et autres objets, rompirent stalles, chaises et bancs, mirent tout en feu et en cendres, démolirent les images, dérobèrent les calices et autre argenterie, toutes choses précieuses dédiées au service divin.

« Le même jour, ils commirent les mêmes excès à Freneuse, Cléon, Saint-Aubin-jouxte-Boulleng, au prieuré de Monsieur saint Gilles et saint Leu, à Orival, Caudebec, Martot, Criquebeuf-sur-Seine et plusieurs autres lieux élevés en l'honneur de Dieu et de ses saints.

« Après ces horreurs exécrables, lesdits huguenots partirent dudit lieu d'Elbeuf et allèrent assiéger la ville du Pont-de-l'Arche, laquelle ils battirent à coups d'artillerie l'espace de deux à trois heures ; mais tous leurs efforts furent vains ; car la grâce de Notre Seigneur est grande et donna si bon courage aux bonnes gens de la garnison de ladite ville, qui pourtant n'étoient que bien peu, qu'ils tuèrent et blessèrent bien, à coup d'arquebuse, le nombre de six vingts hérétiques, sans que nul des nôtres fut atteint, et par ainsi s'en retournèrent les huguenots à leur grande honte et confusion, pillant et dévalisant en route les pauvres gens fidèles.

« Dans le même temps, le service divin fut interrompu dans le pays par la crainte et fureur des huguenots ».

Les registres capitulaires de La Saussaye nous peignent les craintes des chanoines à cette époque. Le chapitre ne savait à quel saint se vouer ; il recevait, de droite et de gauche, des réquisitions de blé et de bestiaux, pendant que ses fermiers réclamaient avec insistance une réduction du prix de leurs fermages, à cause des dévastations dont ils étaient victimes par les gens de guerre.

La panique devint telle, à La Saussaye, que les chanoines firent démonter et cacher les magnifiques vitraux de leur église, et prirent des peines infinies pour mettre en sûreté et serrer leurs ornements. Ils firent transporter les chappes, calices et autres objets précieux qu'ils possédaient dans la forteresse de Pont-de-l'Arche.

Un matin, la peur, chez eux, fut à son comble. Le chapitre s'assemble et décide que l'office sera dit immédiatement, sans désemparer, pour « et afin qu'ensuite un chacun se puisse sauver là où il voyra bon ». Les chanoines quittèrent donc la Saussaye et se dispersèrent.

Après leur fuite, la collégiale fut dévastée, car, dans une autre délibération du chapitre, ils décidèrent d'envoyer une députation au duc de Guise, leur seigneur, « colonne de la foi », ainsi qu'ils le qualifient, pour qu'il sache qu'ils ont été pillés, et pour lui demander une diminution sur les décimes.

Peu après, ils firent murer leurs portes et enclore leur cloître dans la crainte des brigands de nuit. C'est de l'année suivante que datent les portes dites des Chanoines, existant encore à l'entrée du cloître de la Saussaye et que l'on voit, au dernier plan, sur notre gravure représentant l'église de cette paroisse.

Le 22 juillet, le roi, étant à Vincennes, donna des lettres patentes pour le transfert du Parlement de Rouen à Louviers.

Tous les membres de la Cour ne s'y rendirent pas, car une profession de foi du Parlement de Rouen siégeant à Louviers, datée du

Année 1562

13 août, ne porte que 26 signatures sur plus de 70 membres qui composaient l'assemblée.

Pendant les deux mois environ que le Parlement siégea à Louviers, il ne resta pas inactif. Voici l'extrait d'une lettre figurant dans les *Mémoires de Condé* :

« Je fus en une villette appelée Louviers, à six lieues de Rouen, où se sont retirez les prédentz et conseilliers de Normandie, où je veis à trois fois pendre 60 huguenotz et un ministre qu'avoit été maistre d'escholle en latin, de la pluspart des conseilliers, et venir faire profession de foy, plus que à mille gens de loy et qualité des villes circonvoisines, qu'avoient esté toutz rebelles et huguenotz ; tous receus en grace, par acte dudict conseil. Ung capitaine pirate, je le veis metre sur une roue, où on luy rompa toutz ses membres. Il avoit faict plusieurs maulx sur la mer d'Espagne, appelé capitaine Leschelle, enfant de Rouen ».

Un arrêt du Parlement de Normandie, séant à Louviers, fut donné le 26 août « contre les rebelles séditieux et qui ont pris et porté les armes contre le Roy ; violé les temples, saccagé et bruslé les monastères, religions et lieux de dévotion ; et mesmes les maisons des catholiques, pillé, robbé et emporté les biens y estans ».

Quand les protestants de Rouen en eurent connaissance, ils envoyèrent un trompette à Louviers pour signifier au Parlement qu'ils appelaient, au roi majeur, de cet arrêt. Le Parlement ayant renvoyé le trompette, dépêcha un huissier pour signifier son arrêt aux habitants de Rouen et leur en laisser copie, disent les *Mémoires de Condé*.

C'est par Elbeuf que se firent à peu près toutes les communications entre Rouen et Louviers, tant que le Parlement resta dans cette dernière ville, car Pont-de-l'Arche était entre les mains des officiers du roi et les protestants de Rouen ne tenaient nullement à passer par cette place ; le bourg d'Elbeuf tenait aussi pour le parti catholique, mais il était moins dangereux de le traverser.

Dans le courant de septembre, avant le 23, le comte de Montgommery, gouverneur de Rouen, enjoignit aux habitants des autres villes de la province de se mettre sous la protection de la capitale normande. Le comte disait représenter le roi. Cette pièce intéresse trop notre contrée pour nous dispenser de la reproduire textuellement :

« Aprez avoir ouy plusieurs plainctes des subjectz du roy en ce pays de Normandye, pour les pilleries, brigandages, meurtres et saccagements commis par les adversaires de Dieu et du royaulme, perturbateurs de la paix et tranquillité publicque, et autheurs des guerres civiles suscitées en toutes provinces, pays, terres et seigneuries du roy, durant sa minorité ; et prévoyant la ruyne et extrême calamité du royaulme exposé à la proye des nations estrangières ;

« Il est enjoinct et commandé à tous les habitans des villes circonvoisines, du ressort de la qualité de ce lieu, spécialement de celle de Caudebec, Harfleu, Honnefleu, Ponteau-demer, et autres semblables, occupées par lesdits adversaires, soubz l'auctorité du duc d'Aumalle, eulx reduire dedans quinze jours, soubz la protection de Dieu, obéissance du roy et sauvegarde de ceste ville, sur peine d'être exposées au sac et à la proye des gens de guerre, retenuz pour la conservation du sceptre et couronne de France, durant la minorité du roy et guerres civiles ». Signé : « De Montgommery ».

Comme on le voit, les deux partis se réclamaient de l'autorité du roi Charles IX, encore mineur, et du nom de Dieu.

Les soldats catholiques étant commandés par le duc d'Aumale, frère du marquis d'Elbeuf, furent probablement mieux accueillis dans notre bourg que ceux du parti protestant, dont le chef dans notre région était le comte de Montgommery, meurtrier involontaire du roi Henri II, ce que ses adversaires ne manquaient pas de rappeler à l'occasion. Dans tous les cas, il est certain que notre localité et les campagnes voisines restèrent dans les plus grandes alarmes tant que les protestants occupèrent Rouen.

Montgommery, craignant la colère de Catherine de Médicis, après l'accident du tournoi, avait fui en Angleterre, où il avait embrassé le protestantisme, et il y avait peu de temps qu'il était revenu en France quand il prit le commandement de Rouen contre l'armée des catholiques.

Sur la fin de septembre en la même année, dit Farin, « le roi Charles IX prit une généreuse résolution de rabatre l'orgueil des protestans, qui causoient tant de désordres dans son royaume.

« Il vint donc à Rouen avec la Reine Mère et le Roy de Navarre : Son armée étoit de saize mille hommes de pied et deux mille chevaux. La ville fut aussi-tost assiegée de toutes parts, et le canon tirant continuellement fit une brèche entre la porte de Saint-Hilaire et le val de la Jatte.

« Le 13 d'octobre, un rude assaut donné à la ville depuis le matin jusques au soir, coucha par terre un grand nombre de soldats de part et d'autre ; mais le duc de Montgommery repoussa bien loin les assaillants.

« Le second assaut se donna le 23 d'octobre, où le Roy emporta la victoire. Les hérétiques quittèrent la partie et Montgommery se sauva avec quelques-uns dans une galère...

« Le 26 d'octobre, les temples furent ouverts et le Roy sortit processionnellement de St-Ouen et entra dans la Cathédrale, où il fut reçu par un petit nombre de chanoines, qui ne pouvoient exprimer leur joye que par des larmes et des soupirs ».

Le Parlement revint le 29, et, pour sa première séance à Rouen, fit pendre le ministre Marlorat et quelques autres. La ville fut pillée pendant huit jours « sans avoir esgard à l'une ou à l'autre religion ».

Parmi les protestants qui avaient saccagé Elbeuf et ses environs se trouvait « noble homme Jean Du Bosc, sieur d'Emendreville (Saint-Sever, faubourg de Rouen), conseiller au Parlement. Il fut également arrêté et décapité à Rouen, en cette même année, pour s'être signalé sur tous les autres par son acharnement à détruire les églises de cette ville.

Jean avait pour frère Martin du Bosc, seigneur de Bourneville, ardent ligueur et conseiller intime du duc de Guise. Il devint gouverneur de Sainte-Menehoulde.

Nous croyons pouvoir placer ici une note, déjà publié par *l'Elbeurien*, dans laquelle notre savant ami M. Joseph Drouet a traité d'une découverte faite, le 28 novembre 1876, dans la partie du bois du Vallot, dépendant de la forêt d'Elbeuf, appartenant à M. Beaudouin, ancien adjoint au maire de notre ville :

« Des ouvriers en déracinant un arbre, rencontrèrent divers objets en fer fortement oxydés qui attirèrent leur attention. Ils paraissaient avoir été enfermés dans une caisse de bois cerclée de fer. Le temps et l'humidité ont fait disparaître le bois, et le cercle de fer et une vis ont seuls bravé leur action destructive.

« Voici maintenant en quoi consistaient ces objets : Un mouton ou moulin en fer très massif, paraissant avoir servi à frapper les monnaies ou à découper les flans ;

« 4 poinçons pour fabriquer les coins ;

« Une grande quantité de petits poinçons pour imprimer les lettres et les accessoires des coins ;

« 2 paires de coins pour fabriquer les monnaies de deux modules différents ;

« Un mors de cheval brisé ;

« Un fer à cheval très fort, dont les clous en forme de marteau s'adaptent exactement dans des alvéoles creusées dans la masse du fer.

« Cette ferrure caractéristique nous permet de dater trois curieux « fers » *en bronze*, trouvés, il y a une dizaine d'années, en creusant les fondations d'une cheminée de pompe à vapeur dans la rue du Glayeul ; cette riche ferrure, qui, par sa petitesse, semblait provenir d'une mule, présentait, comme le fer de M. Beaudouin un clou à tête de marteau s'engageant dans une empreinte de la même nature que celle que nous venons de décrire. Il convient donc de reporter à l'époque de la Renaissance ce mode d'assemblage des pièces de la ferrure des animaux.

« Tous les objets provenant de la trouvaille du bois du Vallot sont en fer ou en acier. La simple énumération que nous venons d'en faire démontre suffisamment que la plupart ont servi à fabriquer de la monnaie.

« L'organisation des possesseurs de cet attirail de monnayage était, du reste, assez compliquée, puisque, outre le moulin et les coins tout préparés, ils possédaient encore les pièces nécessaires pour en fabriquer rapidement de nouveaux.

« Les coins retrouvés et nettoyés avec soin, ont permis à M. Beaudouin d'obtenir sur les flancs de cuivre et d'argent, des pièces dont l'empreinte est encore assez vigoureuse.

« Constatons tout d'abord que les coins étaient destinés à la frappe des monnaies d'or connues sous le nom de *Henri* et de *double Henri*; le *demi Henri* seul manque à la série pour qu'elle soit complète.

« Voici la description des empreintes obtenues avec les coins :

« 1° Henri d'or :

« HENRICVS II DG FRAN REX. Buste du roi cuirassé, la tête nue à droite.

« R/Soleil. DVM TOTVM COMPLEAT ORBEM. 1560. Croix composée de 4 H couronnées, cantonnées de deux lys et de deux croissants. La lettre Q dans le centre de la croix (Châlons-sur-Saône).

« 2° Double Henri d'or :

« HENRICVS II DG FRANC REX. Même buste colleretté et cuirassé.

« R/Soleil. DVM TOVM (*sic* pour TOTVM) COM-
PLEAT ORBEM. Même croix. G en cœur (Poitiers).

« Au premier abord, on serait tenté de croire que ces monnaies ont été frappées pour Henri II dont elles portent le nom : cependant, il n'en est rien, ou du moins on ne pourrait revendiquer pour lui que la seconde de ces pièces ; quant à la première, elle ne saurait lui appartenir. Henri II mourut, en effet, le 10 juillet 1559, et cette pièce porte la date de 1560. L'extrait suivant de l'arrêt rendu par la cour des monnaies le 13 février 1559 (1560 nouveau style), va nous donner la clé de ce mystère.

« Cet arrêt permet : « De faire ouvrer et
« monnayer : Deniers d'or, Henrys, Testons,
« demi-Testons et Douzains sur pilles et trous-
« seaux gravés sous le nom du feu roi Henry
« et y appliquer le 1559. Et pour ce faire, en-
« joint ladite Cour à Jean Beaucousin, tailleur,
« de fournir de pilles et trousseaux, à ce né-
« cessaires, en mettant par lui auxdits trous-
« seaux, le différent dudit maistre avec un
« point dedans la lettre D, et ce, par provision
« jusqu'à Pasques, etc. »

« D'après un autre arrêt, on se contentait, en conservant les coins d'Henri II, de mettre la date exacte, et de placer un point secret sous la lettre particulière de l'hôtel des Monnaies. Cette fabrication persista jusqu'au 17 août 1561 ; c'est-à-dire pendant tout le règne de François II et huit mois encore après l'avènement de Charles IX.

« On voit par là que notre n° 1, qui porte la date de 1560, ne saurait appartenir à Henri II, mort le 10 juillet 1559. C'est une monnaie de François II, qui fut roi depuis cette date jusqu'à sa mort, arrivée le 5 décembre 1560. Quant au n° 2, nous serions disposé à le donner aussi à François II. On a vu, par l'extrait que nous avons cité, que les monnaies pour ce prince furent, dans le principe, frappées avec la date de 1559, sous la réserve de mettre un point secret au centre ; il rentre entièrement dans les prescriptions de l'arrêt.

« Il serait intéressant de retrouver des espèces se rapportant à ces coins ; elles seraient aisément reconnaissables à l'aide du signalement que nous en donnons, particulièrement le n° 2, avec sa faute d'orthographe, et on pourrait croire que quelques-unes, sinon toutes, auraient été frappées à Elbeuf.

« Maintenant, on nous demandera, sans doute, ce qu'il faut penser de cet outillage de monnayeurs, et comment il se fait qu'il se soit retrouvé à Elbeuf, où l'on n'a jamais monnayé officiellement. Pour répondre à ces questions, nous n'avons plus la ressource des documents officiels, et il nous faudra rester dans le champ des conjectures, procédé toujours défectueux et peu digne de la science.

« M. Billiard, conservateur adjoint du musée d'antiquités de Rouen, considérait ces instruments comme des outils de faux-monnayeurs. Cette opinion de notre vénérable ami et collègue de la Commission des antiquités a pour nous un grand poids, par l'autorité qui s'attache à un numismatiste aussi compétent que M. Billiard ; aussi accepterons-nous son jugement. Seulement, il nous semble qu'il ne saurait s'agir ici de faux-monnayeurs ordinaires ; l'importance de leur outillage nous paraît de nature à le démontrer.

« Des faux-monnayeurs ordinaires se fussent

contentés d'avoir des coins ; ceux-ci sont organisés comme un hôtel des Monnaies ; outre les coins tout préparés, ils possèdent les poinçons gravés pour les têtes, les poinçons pour les croix des revers et pour les lettres des légendes, en un mot tous les outils nécessaires pour parer à l'usure ou à la rupture des coins et en fabriquer de nouveaux, de façon à faire face à une fabrication très suivie ; jusqu'à la présence du moulin, instrument alors dans sa nouveauté, et qui n'existait même pas dans tous les ateliers officiels de la Monnaie en France.

« Mais, alors, si ces instruments ne proviennent ni d'une officine régulière, ni de faux-monnayeurs ordinaires, de qui émanent-ils donc ?

« On sait qu'à l'époque de la frappe de ces monnaies, les dissensions religieuses entre catholiques et huguenots avaient pris un caractère d'acuité extrême. Les politiciens du temps, s'abritant derrière des prétextes religieux, essayaient, par tous les moyens, de satisfaire leur ambition, et la guerre civile désolait notre malheureux pays. Après le massacre de Vassy, les huguenots avaient pris les armes ; leurs partisans en province étaient nombreux parmi la noblesse ; ils proclamèrent le prince de Condé défenseur, roi et protecteur du royaume ; en quelques semaines ils s'emparèrent de plus de deux cents villes parmi lesquelles Rouen, Poitiers, Châlons-sur-Saône, etc.

« On peut lire, dans les chroniqueurs, à quels excès se portèrent les religionnaires contre les personnes et les propriétés. Les églises de Rouen montrent encore les cicatrices des plaies qui leur furent faites. Toute l'orfèvrerie, l'argenterie, le cuivre et les cloches furent enlevés et fondus. On conçoit, en effet, que pour faire face aux frais de cette guerre civile, il fallait de grandes ressources ; on frappa monnaie avec le métal provenant du pillage des églises et des particuliers.

« Ce qui se passa à Rouen se répéta à Elbeuf toutes les matières d'or et d'argent des églises et des couvents furent enlevées. Ces troupes de pillards se faisaient sans doute suivre par un atelier de monnayage ambulant, qui convertissait en espèces, pour la solde des troupes, tout ce qui provenait de leurs rapts.

« Les instruments de monnayage dont nous nous occupons nous paraissent provenir d'un atelier semblable. Enfouis dans un moment de réaction, les détenteurs, pour un motif ou pour un autre, ne purent venir les reprendre, et c'est ainsi qu'ils sont parvenus jusqu'à nous ».

M. Joseph Drouet croit donc que cet atelier monétaire, qui constitue l'une des curiosités du musée d'Elbeuf, auquel M. Beaudouin l'a donné, aurait été en possession d'un parti de protestants : nous penchons aussi pour cette opinion, qui paraît appuyée par la tradition.

Suivant de vieux habitants de la vallée de l'Oison, de Saint-Pierre-des-Cercueils et de Thuit-Anger, les protestants auraient été disséminés à la suite d'une série de petits combats dans cette vallée et les communes voisines, où des boulets et des débris d'armes ont été retrouvés.

Notons toutefois une variante. Quelques-uns assurent que ce furent des Anglais que les Français chassèrent de ces parages. Cela ne détruit pas la tradition, car Montgommery avait avec lui des officiers qu'il avait amenés d'Angleterre.

Les affaires des protestants, après la prise de Rouen, menaçaient de prendre une tournure désastreuse. Le prince de Condé, enfermé dans Orléans, suivait avec anxiété la marche des évènements qui, depuis quelque temps, lui étaient contraires.

Condé et Coligny sortirent enfin d'Orléans, avec 9.000 fantassins et 5.000 cavaliers, et allèrent camper sous Paris. Catherine de Médicis fit ouvrir des négociations pour la paix qui n'aboutirent pas. Condé reprit la route de Normandie, pour recevoir des renforts que lui envoyait Elisabeth d'Angleterre.

L'armée catholique se mit à sa poursuite et l'atteignit tout près de Dreux, le 19 décembre. Cette armée était commandée par le duc de Guise, le connétable de Montmorency et le maréchal de Saint-André. Le duc d'Aumale et le marquis d'Elbeuf combattirent avec acharnement les protestants, mais dans la mêlée, le grand-prieur — un autre de leurs frères — fut tué, ainsi que le maréchal de Saint-André.

Par une singularité dont l'histoire ne fait pas d'autre mention, les deux généraux ennemis furent faits prisonniers: le prince de Condé par les catholiques, le connétable par les protestants.

Le duc de Guise eût pu délivrer celui-ci, mais comme il n'était pas fâché de voir disparaître un homme qu'il considérait comme son rival, il l'abandonna lâchement. Guise demeura maître du champ de bataille.

Un titre de 1562 mentionne Réné de Lorraine, marquis d'Elbeuf, baron de Beaumesnil, et de Routot, seigneur de Notre-Dame de Lillebonne.

Le peuple de Rouen se souleva, en 1563. Le maréchal de Vieilleville se mit en défense et dissipa les séditieux. Les corps de troupes répandus aux environs et les villes voisines se dirigèrent sur Rouen. Le maréchal de Vieilleville rapporte que le sieur de Bourry arriva avec cent vingt chevaux, se répandit dans plusieurs rues, et exerça sa furie sans épargner personne. Le baron du Neubourg « entra sur le midy du mesme jour par la porte du Pont de Seyne, avec environ cent chevaulx, qui n'en fist pas moins. De quoy tous les habitans s'estonnèrent si forts, qu'ils pensoient estre sacagez ». Quelques jours après l'émeute, les sieurs de Bourry et du Neubourg prirent congé du maréchal et rentrèrent chez eux.

Une relation mentionne la présence de Réné III de Lorraine, marquis d'Elbeuf à une procession faite dans l'église Sainte-Geneviève de Paris, le 27 décembre 1563, en réparation d'un sacrilège :

« ... Tôt après y sont arrivés (à la Sainte-Chapelle, lieu de la réunion) le roi, la reine ; Monseigneur, frère du roi ; Madame, sœur du roi et leur suite (trois cardinaux et cinq évêques) ; les princes dauphin d'Auvergne et de la Roche sur Yon (princes du sang) ; les ducs de Guise, Nemours, Aumale, le marquis d'Elbœuf, la princesse de la Roche sur Yon, la duchesse de Guise, etc... l'archevêque de Sens portant l'hostie sacrée sous un poêle dont les bâtons de devant étoient soutenus par le duc de Nemours, Aumale et le marquis d'Elbœuf, et ceux de derrière par le prince dauphin d'Auvergne et le duc de Guise... »

Réné revint en Normandie, et peut-être se trouvait-il à Elbeuf quand il apprit que les protestants marchaient sur Caen. Le marquis partit aussitôt pour cette ville, dans laquelle il s'enferma.

Castelneau raconte dans ses *Mémoires* que l'amiral de Coligny séjourna quelques jours à Dives en attendant des nouvelles de l'Anglais et que, peu de temps après, il alla assiéger la ville de Caen « de laquelle du Renouart estoit gouverneur, où le marquis d'Elbeuf, s'estoit retiré, estant en ce pays-là ; et usa de tant de diligence qu'il l'eût à la fin par composition, laquelle ne fut tenue en toutes choses... » La capitulation eut lieu le 2 mars 1563.

Les seigneurs catholiques reprochèrent au marquis d'Elbeuf d'avoir accepté trop facilement une capitulation, en disant que le château de Caen était presque imprenable et qu'il était incroyable que les assiégés l'eussent rendu quand la défense était si facile. Plus tard, Catherine de Médicis, en visitant cette forteresse — qui sert de caserne aujourd'hui — dit qu'elle ne comprenait pas comment le marquis d'Elbeuf n'avait point su la garder, quand des femmes auraient pu la défendre avec leur quenouille.

Mergey, contemporain de Réné III, ne lui fut point plus favorable ; mais un autre écrivain l'excusa à cause de son état de santé.

Cette date du 2 mars 1563 est plus mémorable encore par l'assassinat de François de Lorraine, second duc de Guise, frère du marquis d'Elbeuf, qui eut lieu dans les circonstances suivantes :

L'assassin, Jean Poltrot de Méré, né en Angoumois, était âgé de 31 ans. Après avoir adopté la religion réformée, il avait été attaché à la personne du duc de Soubise, alors gouverneur de Lyon, pour le parti des protestants.

Témoin de la haine de ceux-ci contre le duc de Guise, Jean Poltrot forma le projet de l'assassiner, et s'en ouvrit, dit-on, à Soubise, qui l'adressa à l'amiral Coligny, chef du parti protestant. Celui-ci lui donna cent écus pour acheter un cheval.

Poltrot se rendit alors devant Orléans, dont Guise faisait le siège, et se fit présenter au duc, auquel il déclara qu'il voulait abjurer la Réforme et servir dans l'armée catholique. Guise accueillit ses offres avec empressement et lui donna quelque argent. Alors Poltrot attendit une occasion favorable pour accomplir son dessein.

Le soir du 2 mars, le duc de Guise, en compagnie d'un ami, se rendait à son habitation, lorsque Poltrot, caché derrière une haie, lui tira un coup de pistolet. Mortellement blessé, Guise expira deux jours après.

Poltrot ne put fuir. Après son arrestation, il déclara avoir plusieurs complices, notamment Théodore de Bèze, La Rochefoucauld et Coligny, mais il revint sur cette déclaration ; toutefois, l'amiral fut désigné par l'opinion publique comme ayant armé le bras de l'assassin.

Le Parlement condamna Poltrot à être déchiré avec des tenailles rougies au feu, tiré à quatre chevaux et écartelé. Cette horrible sentence fut exécutée en la même année.

Cet assassinat dut jeter la consternation dans le bourg d'Elbeuf, d'abord parce que la victime était le frère de son seigneur, ensuite parce que la population appartenait au parti catholique, à quelques exceptions près.

Les chefs des catholiques s'émurent également. Castelnau dit, dans ses *Mémoires*, que « le duc de Lorraine qui avoit espousé Madame Claude, sœur du Roy ; la duchesse de Nemours, mère de plusieurs beaux enfans du duc de Guise ; le cardinal de Lorraine, les ducs de Guise, d'Aumale, d'Elbœuf, pressèrent fort la Reyne mère pour avoir raison de la mort du feu duc de Guise... »

Cependant la paix s'imposait. Les finances royales étaient épuisées, le commerce presque anéanti, les terres en friche dans de très nombreux villages, car la guerre, qui ne durait que depuis un an, avait fait des soldats d'une multitude de paysans. La France entière était ravagée par les troupes et les brigands ; en un mot, la misère était à son comble. D'un autre côté, la reine, privée d'un tel général que le duc de Guise, craignait pour l'avenir. On signa la fin des hostilités.

A ce sujet, Claude Haton mentionne, dans ses *Mémoires*, qu'après la paix d'Orléans, « M. le prince de Condé, l'admiral de France d'Andelot, La Rochefoucault et tous les rebelles estoient avec M. le connestable, les seigneurs d'Aumalle et marquis d'Elbœuf, les ungs parmy les autres, realliez ensemble soubz le nom et service du roy, combien qu'il sembloit qu'il y eust toujours quelque mesfiance entre lesditz admiral d'Andelot et leurs favoris, et les sieurs d'Aumalle et marquis d'Elbœuf, à cause de la mort de deffunct M. de Guise ».

Un des plus grands ravages dont l'histoire de notre contrée fasse mention, fut causé par un débordement de la Seine, qui commença le

21 février 1564. A Rouen, le pont fut emporté et de nombreux vaisseaux perdus, ainsi qu'une quantité considérable de marchandises. Une autre inondation, qui eut lieu sept ans après, causa aussi de grands dégâts.

Le 15 juillet 1564, Rodolphe le Danois, chanoine d'Évreux et vicaire général de Gabriel le Veneur, évêque, conféra à Rodolphe Laurent, prêtre, la cure de Saint-Jean, « vacante par la résignation faite en sa faveur, par Olivier de Varennes, suivant la signature donnée à Rome le 16e jour des calendes d'aoust de la 4e année du pontificat de Pie IVe ».

Réné III fut l'objet de quelques critiques. Brantôme lui-même, qui pourtant ne lui épargne pas les éloges, lui fait aussi quelques reproches : il le blâme d'avoir brigué et emporté le généralat des galères, charge dont était à la vérité pourvu son frère, le grand prieur, mais qui avait été ravie, pour l'en gratifier, au baron de Lagarde, honneur et soutien de la marine française, vénérable vétéran qui la méritait à tous égards et à qui elle aurait dû revenir après la mort du favori.

« Monsieur d'Elbeuf, dit Brantôme, se serait bien passé de cet emploi, car il en avait assez d'autres, était assez grand et assez riche, sans prendre cette fonction, dans laquelle il était novice, n'ayant jamais pratiqué la mer.

« Enfin, devenu marin bon gré mal gré, le marquis d'Elbeuf se fit pardonner ses convoitises par ses services ; il s'adonna aux constructions navales, et, entr'autres, il fit faire une magnifique galère-modèle, vrai progrès pour le temps, galère que, de ses titres et qualités, il nomma la *Marquise*. »

Année 1566

Le 8 décembre suivant, le comte de Tende, amiral des mers du Levant, et le marquis d'Elbeuf, général des galères, firent un règlement concernant l'exercice de la justice sur les vaisseaux du roi.

Un des derniers actes du marquis d'Elbeuf eut pour objet de venger l'insulte faite par le connétable de Montmorency au cardinal de Lorraine, son frère, attaqué dans la rue Saint-Denis, à Paris, et obligé de se réfugier chez un marchand, où il se cacha sous le lit d'une servante.

Réné rassembla des amis et il allait avoir raison de cette violence, quand un ordre formel du roi arrêta la querelle.

Me Raoul Laurent, curé de Saint-Jean, est mentionné dans des actes de 1565, 1575 et 1580.

Suivant M. Parfait Maille, bien que la collégiale fût redevable, par ordre même du roi auquel il s'était adressé, du payement de ses rentes sur la vicomté de Rouen, Réné III est celui des patrons de la Saussaye qui a essuyé le plus de refus, celui pour lequel le chapitre a montré le moins d'égards, tenant peu ou point compte de ses recommandations, « ce qu'il faut attribuer aux troubles qui régnaient alors, aux labeurs guerriers de ce seigneur, presque toujours en armes et dans les camps, et qui mourut presqu'à la fleur de l'âge. L'histoire ajoute que sa trop grande réplétion avait un peu endormi sa vigilance, et qu'un rouge bord et une tranche de jambon n'étaient que trop l'objet de ses soins assidus ».

Réné III, général des galères de France, chevalier de l'ordre du roi, marquis d'Elbeuf, mourut en 1566, à l'âge de trente ans. Les chanoines de La Saussaye fondirent un obit à son intention.

Il ne laissait, de Louise de Rieux, dame d'Ancenis, sa femme, que deux enfants : Marie de Lorraine, née le 22 août 1555, mariée en 1576 au duc d'Aumale son cousin, et Charles I*er* de Lorraine, né le 18 avril 1556, auquel revinrent le marquisat d'Elbeuf et les baronnies de Beaumesnil, de Quatremares et de Routot.

CHAPITRE XI
(1567-1581)

Charles Ier de Lorraine, marquis d'Elbeuf. — Les protestants. — La Saint-Barthélemy. — Matériel des fabriques de draps. — Les drapiers, les notables et autres habitants d'Elbeuf. — L'hospice Saint-Léonard.

Pendant toute son adolescence, Charles Ier de Lorraine, marquis d'Elbeuf, eut pour tuteur et gardien le cardinal de Lorraine, et le roi exerça tout le pouvoir féodal du fief d'Elbeuf pendant sa minorité.

Le cardinal de Lorraine se montra fort économe de la fortune de son pupille, et lui rendit plus tard un compte très net de son administration.

Le cardinal avait pour principe de n'acheter pour les besoins de jeune prince que ce qui ne se trouvait pas dans ses domaines; aussi Charles ne mangeait-il que du gibier de ses terres, des fruits et des légumes de ses jardins. Chaque année, le cardinal faisait embarquer, à Elbeuf, la quantité de bois jugée nécessaire pour la consommation de la maison du jeune homme, et le bateau était conduit à Paris, sous la surveillance d'un chanoine de la Saussaye.

Les travaux de réédification de l'église colgiale de la Saussaye étaient alors à peu près terminés. En cette année 1567, les chanoines firent baptiser trois cloches. Une fut nommée Antoinette, en souvenir des dons de la veuve de Claude de Guise, baronne d'Elbeuf ; la deuxième reçut le nom de Louise, prénom de Mlle de Rieux, marquise d'Elbeuf.

En cette même année, la forêt d'Elbeuf servit de repaire à des brigands. La crainte devint générale dans toute la contrée.

Les chanoines de la Saussaye, effrayés encore une fois, résolurent d'envoyer les meubles, papiers et lettres de la collégiale en lieu sûr, de cesser le service divin et de se réfugier à Rouen.

Une sentence sur parchemin, datée du 11 février 1568, mentionne Louis Farin, ci-devant vicomte, comme bailli d'Elbeuf.

Le prince de Condé fut assassiné le 13 mars 1569. C'était une perte immense pour les protestants, dont il était le chef. L'amiral de Coligny, pour ranimer son parti, fit succéder à Condé un autre prince du sang, fils de la reine de Navarre, alors âgé de seize ans, qui devait arriver aux plus hautes fonctions et même s'immortaliser plus tard sous le nom de Henri IV, mais que l'on désigna pendant d'assez longues années sous celui de prince de Béarn ou du « Béarnais ».

Un nouveau curé fut nommé, pour la paroisse Saint-Etienne d'Elbeuf, par l'abbé de Saint-Taurin d'Evreux, le 26 avril 1570. Le nom du titulaire ne nous est pas connu.

On sait qu'une paix fut conclue entre les catholiques et les protestants, par un traité signé à St-Germain-en-Laye, le 11 août 1570.

Les réformés, par ce traité, acquirent la liberté d'exercer leur culte, et ils devenaient admissibles à tous les offices et charges publiques. Tous les procès criminels faits pendant la guerre furent cassés ou annulés, et la mémoire de condamnés réhabilitée. Comme garantie, quatre places de sûreté furent données aux protestants : La Rochelle, Montauban, Cognac et la Charité.

La Normandie avait beaucoup souffert des guerres civiles et des massacres ordonnés par la cour, dit M. Goube. « Le diocèse de Rouen en fut préservé, plus que le reste de la province, par la sagesse et la douceur de son archevêque, le cardinal de Bourbon.

« Ce vertueux prélat, pénétré de vrais principes de la saine morale, loin de favoriser l'affreux scandale que donnait à l'Europe chrétienne la perfide Catherine de Médicis, exhortait à la douceur tous les habitants de son diocèse. Il disait hautement: « que les protestants
« n'étaient que des brebis égarées qu'un ber-
« ger sage ne doit pas massacrer, mais qu'il
« doit tâcher doucement de ramener au ber-
« cail ».

« Le cardinal-archevêque accueillait indifféremment les catholiques et les réformés : il cherchait à convaincre et non à forcer les opinions. Il rattacha au catholicisme une multitude de protestants. Si la cour et les évêques de France, si le souverain pontife eussent adopté le précieux exemple de ce sage prélat, la terre n'eût pas été ensanglantée, et les pages de l'histoire ne seraient pas souillées des crimes qui déshonorent et flétrissent à jamais les règnes des fils de Henri II ».

Nous voudrions que toutes les vertus dont M. Goube gratifie le cardinal Charles de Bourbon eussent été réelles ; malheureusement les chroniques du temps nous le montrent tout dévoué aux prétentions des Guises et avec une animosité contre les huguenots. Ce fut lui que la Ligue proclama roi, après la mort de Henri III, sous le nom de Charles X, et on lui reproche d'avoir eu des mœurs dépravées, alliées à une bigoterie sans caractère religieux, mêlée de superstitions astrologiques.

Loin d'avoir gagné des protestants au catholicisme, ce fut au temps où Charles Ier de Bourbon fut archevêque de Rouen (1550-1590) qu'il y eut le plus grand nombre de convertis aux doctrines de Luther et de Calvin, dans les paroisses des environs d'Elbeuf. Ce fut de son temps que les Lemonnier, drapiers de La Londe et de Boscroger, se firent protestants, et probablement aussi les Lecointe. Ces deux familles, considérables à cette époque, augmentèrent beaucoup le nombre des réformés d'Elbeuf, au siècle suivant.

Charles Ier de Lorraine prit les armes de très bonne heure. A l'âge de quinze ans, il assistait à la célèbre bataille de Lépante, gagnée par la marine chrétienne de l'Europe sur la flotte ottomane, en 1571.

Des règlements, inspirés par le garde des sceaux Birague, en 1571, régirent la fabrication des draps. L'année suivante, il fut fait défense d'exporter des laines et d'importer des draps

Nous noterons un certain nombre d'actes passés au tabellionage du Bec-Thomas, devant M° Noel Nicole, tabellion juré, et Hesbert, son adjoint.

Le 7 avril 1572, « venerable et discrette personne maistre Guillaume Le Blond, prebtre, demourant en la parroisse saint Jehan d'Ellebeuf » bailla pour six ans à Crespin Berthelin, demeurant à Boscroger, deux pièces de terre sises à Tourville-la-Campagne. Ce même jour Le Blond donna à loyer d'autres terres sises à Thuit-Signol.

Le 28 juin, « noble damoiselle Marye de Gaugy, femme de noble homme Guillaume Roulland, reconnut devoir « 37 livres 10 sols tournois pour la vendue d'une jument de poil noir » payable par moitié, à la Toussaint et à la Chandeleur.

Le 5 juillet, « Jehan Barbe, demourant à Soteville soubz le Val lez Pont de l'Arche, vendist à Pierre Lefebvre, bourgeois de Sainct Jehan d'Ellebeuf, cent quatre boesseaulx de advoine, recognue bonne, loïale et marchande, à trois deniers prez de la meilleure de la halle d'Ellebeuf... pour 27 livres 10 sols ».

M. Guilmeth assure que la maison de commerce de Pierre Boissel était la plus ancienne d'Elbeuf, et que, suivant un usage presque généralement suivi alors, ce Pierre Boissel nourrissait ses ouvriers. Comme preuve, il cite un achat de 125 boisseaux de blé fait par ce fabricant le 3 juillet 1572.

Cette preuve n'en est pas une, car si des actes notariés nous montrent des drapiers achetant des céréales, c'est qu'ils faisaient aussi le commerce de grains, de fourrages, de bestiaux, de navires même.

Le grand évènement de l'année 1572 fut l'immense et horrible tuerie connue dans l'histoire sous la dénomination de massacre de la Saint-Barthélemy.

L'extermination générale des protestants, aux dires du cynique Davila et de plusieurs autres fanatiques, avait été préméditée longtemps à l'avance.

Après la paix de Saint-Germain, l'amiral de Coligny, chef des protestants, avait été attiré à la cour, où Charles IX le combla de caresses, et qui, en retour, nourrissait l'esprit du roi de grands projets.

Mais les Guises firent pénétrer bientôt dans Paris une véritable armée de spadassins. Des rumeurs sinistres se firent jour, car Catherine de Médicis, mère du roi, venait d'entrer en lutte ouverte contre Coligny, préludant avec les Guises à l'abominable drame qui allait se dérouler.

Les Guises entretenaient depuis longtemps un assassin pour tuer Coligny ; c'était un nommé Maurevert, qui avait déjà assassiné le seigneur de Mouy. On le cacha chez un chanoine de Saint-Germain-l'Auxerrois, où, pendant trois jours, il attendit le passage de l'amiral. Le vendredi 22 août, Coligny reçut un coup de feu à bout portant. Maurevert s'enfuit sur un cheval tiré de l'écurie des Guises, qui l'attendait sellé et bridé dans l'arrière-cour du cloître.

Les gentilshommes protestants accusèrent hautement les Guises d'être les auteurs de l'assassinat. Ce premier crime commis, Guise, Aumale, Montpensier, le bâtard d'Angoulême et autres, tinrent un conseil avec le roi et Catherine de Médicis. Les conjurés passèrent la journée du 23 à préparer l'exécution de leur forfait.

Vers minuit, douze cents arquebusiers des gardes allèrent occuper des positions convenues d'avance, et, pendant que les assassins s'armaient dans les divers quartiers de Paris, Guise réunit ses capitaines : « La bête est prise au piège, leur dit-il, il faut se soûler de sang ! c'est le roi qui le veut ! »

Catherine donna le signal du massacre ; il commença avant l'aube du dimanche 24. La première victime fut Coligny, blessé quelques jours auparavant, qui tomba sous les coups de l'allemand Behme, sicaire du duc de Guise, qui, avec le duc d'Aumale, son frère, se tenait devant la demeure de l'amiral, rue de Bethisy, dans laquelle les bandits jetèrent son corps pour que les Guises pussent bien s'assurer de l'identité de la victime, dont la tête fut coupée et portée à la famille royale.

Au Louvre, le carnage commença à cinq heures du matin. Là tombèrent les plus vaillants capitaines de l'époque.

La tuerie s'étendit en toute la ville, sur la conduite de Guise, du duc d'Aumale, des Tavannes et des Nevers. Après avoir égorgé les gentilshommes protestants, ce fut le tour des magistrats, des bourgeois et des ouvriers accusés d'hérésie. Des parents dénoncèrent ceux dont ils attendaient l'héritage, des catholiques tombèrent également sous les coups des milliers de soldats répandus dans Paris. Le sauvage Tavannes, que nous verrons, plus tard, venir à Elbeuf, hurlait partout : « Saignez ! saignez ! La saignée est bonne en août comme en mai ». C'est Brantôme qui rapporte ces odieuses paroles.

Des protestants logeaient au faubourg Saint-Germain, alors hors des murs de Paris. Guise expédia des assassins contre eux. Quelques-uns s'échappèrent cependant ; parmi ceux-ci se trouvaient le vidame de Chartres, Jean de Rohan, Montgommery, qui s'enfuirent du côté de Vaugirard, poursuivis par les ducs de Guise, d'Aumale et d'Angoulême, mais qui ne purent les atteindre. Les fugitifs gagnèrent la Normandie.

Le massacre continua jusqu'au mardi. Le mercredi, Charles IX alla voir le cadavre de Coligny au gibet de Montfaucon. Brantôme s'exprime en ces termes :

.« Ainsi qu'il commençoit à rendre quelque senteur, le roi l'alla voir. Aucuns qui estoient avec lui bouchoient le nez à cause de la senteur, dont il les en reprit, et leur dit : « Je ne « le bouche comme vous autres, car l'odeur « de son ennemy est très-bonne ».

Le jeudi 28, le clergé fit célébrer un jubilé en l'honneur de cette « victoire mémorable » sur les protestants.

En province, on agit un peu différemment. On avait commencé par emprisonner les plus notables des huguenots, on finit par les massacrer dans les prisons. Les victimes furent presque exclusivement des marchands, des fabricants, des bourgeois, des artisans. On y trouva aussi quelques magistrats, mais très peu de gentilshommes d'épée.

On tua pendant le restant d'août, durant tout le mois de septembre et même en octobre en certains endroits.

Les historiens les plus modérés portent le nombre des victimes à 25.000, dont 4.000 environ pour Paris ; perte énorme, car c'était l'élite de la nation française qui venait de périr dans ce drame, le plus triste et le plus sanglant de notre histoire.

Charles Ier, marquis d'Elbeuf, alors âgé de seize ans, faisait partie de la suite du duc de Guise. Il avait assisté aux massacres de la St-Barthélemy, pendant que son futur beau-père, le comte de Charny, sauvait par sa prudence les protestants de Bourgogne, en ajournant les ordres de Charles IX.

Les protestants échappés de la Saint-Barthélemy ayant réuni leurs forces, une quatrième guerre commença en 1573.

Le jeune marquis d'Elbeuf assista au siège de la Rochelle. Claude, duc d'Aumale, son oncle, y fut tué d'un coup de canon. Charles de Lorraine quitta le siège pour aller au-devant des ambassadeurs qui arrivaient en France afin d'offrir la couronne de Pologne au duc d'Anjou, qui devint bientôt roi de France sous le nom de Henri III.

Le nouveau roi de Pologne se rendit dans ses Etats, ayant dans sa suite Charles Ier de Lorraine, marquis d'Elbeuf, une quinzaine d'autres grands seigneurs et plus de cinq cents gentilshommes.

François Dupont dit avoir vu dans un vieux registre de l'église Saint-Jean qu'à la date du 4 juin 1573, Louis Farin était lieutenant du bailli d'Elbeuf : c'était probablement le fils de Louis Farin, ancien vicomte, puis bailli d'Elbeuf.

Cette année-là mourut Charles de Guise, cardinal de Lorraine, frère de Réné III de Lorraine, précédent seigneur d'Elbeuf.

Charles de Guise était né en 1525. Nommé à l'âge de treize ans archevêque de Reims, à vingt-deux ans ayant sacré Henri II, il avait été promu cardinal par le pape Paul III. Devenu ministre et conseiller du roi François II, il lui avait fait épouser sa nièce Marie Stuart, ainsi que nous l'avons déjà dit.

Ce cardinal de Lorraine fut l'un des principaux instigateurs des guerres civiles. Le premier, il avait proposé d'établir une ligue contre les protestants, projet que réalisa son neveu Henri de Guise, et il traita toujours les réformés avec une cruauté excessive. Sans la courageuse opposition du chancelier L'Hospital, il eut importé l'inquisition en France.

Ce fut cependant un prélat savant et éloquent ; il protégea les lettres, fonda l'université de Reims et s'opposa toujours aux empiétements de la cour de Rome. On a de lui des *Harangues*, des *Lettres* et des *Sermons*, et la Bibliothèque nationale conserve les manuscrits de ses *Dépêches et Négociations*.

En 1575, au combat de Dormans, où Henri de Guise reçut la blessure qui lui valut le surnom de Balafré, la compagnie d'Elbeuf combattit des forces protestantes considérablement supérieures ; cinquante hommes de cette compagnie, dans laquelle étaient plusieurs Elbeuviens, sous la conduite de leur jeune marquis, firent 1.500 prisonniers.

Une des plus anciennes pièces que nous connaissions mentionnant le matériel d'une fabrique de draps au XVIe siècle, est le bail que consentit, le 18 décembre 1575, Guillaume Talon, drapier drapant de la paroisse Saint-Etienne, en faveur de Denis Levavasseur, pour une durée de six années. Il est ainsi conçu :

« …Une maison scize en ladicte parroisse Sainct Estienne, dans la rue Meleuse, avec les ustenciles du mestier de draperie ci aprez designez, c'est à scavoir : une presse à presser draps, avec un nombre de feuillets, quatre tableaux, un cable, une paire de forces à tondre draps, quatre tables à tondre, avec huict tailles et deux faudets, deux cens couppies de croix de chardon, deux grandes chaudières, etc... Le tout pour le prix et somme de xxv livres par chacun an, païable en quatre termes, et à la charge d'entretenir la presse et les aultres ustenciles en bon estat et de mettre deux vaisseaux à la foulerie de ladicte maison, dont luy sera tenu compte sur le prix dudict bail... »

La dernière condition de ce contrat nous indique que le foulage au pied était encore pratiqué à Elbeuf, malgré le moulin à foulon du Pré-Basile.

Un nouveau traité de paix fut signé entre le roi et les protestants, qui reçurent huit places fortes pour leur sûreté.

Peu après, les Guises, entrevoyant que les réformés seraient toujours un obstacle pour la réalisation de leurs projets d'ambition, conçurent l'idée d'une union dont le pape se déclarerait le chef.

Ce plan adopté par leurs partisans et un grand nombre de catholiques, ils parlèrent d'élire en France un chef défenseur de la catholicité, mais indépendant du roi.

Henri III crut sans doute qu'en adhérant au projet et en s'en déclarant le chef, il pourrait conduire l'Union à son gré et empêcher les ligueurs de placer le duc de Guise à leur tête ; mais l'esprit fécond et l'habileté de celui-ci lui assurèrent bientôt des avantages sur le monarque.

Les Guises rédigèrent ce que nous appellerions de nos jours un programme. Le but de la ligue était, disaient-ils, de supprimer les abus, modérer les impôts, réformer l'administration de la justice, discipliner les troupes, donner la liberté au commerce, etc.

On conçoit que devant de telles promesses la Ligue fit de grands progrès ; en Normandie, presque toutes les villes y adhérèrent, avec d'autant plus d'empressement que le roi se livrait à de folles prodigalités et que sa conduite était un sujet de scandale public.

Le *Journal de Henri III*, auquel nous ferons quelques emprunts, dit que « vers la my septembre, se firent à Joinville les nôces du seigneur d'Aumale avec Mademoiselle d'Elbœuf, sa cousine, et de M. de Luxembourg, frère de feu le duc de Brienne, avec la sœur dudit d'Aumale ». L'épouse de Charles de Lorraine, duc d'Aumale, était Marie de Lorraine, fille de Réné, marquis d'Elbœuf.

Nous avons dit que l'ancien moulin à tan du Pré-Bazile avait été transformé en moulin à fouler les draps. En 1576, Marguerite Lellamand, héritière de René Lellamand qui l'exploitait, fieffa ce foulon à Pierre Lefebvre, fils de Guillaume Lefebvre, drapier, moyennant une rente de 5 livres irracquittable et l'obligation de payer la redevance seigneuriale de 40 sols par an dont le moulin était chargé. Sept ans après, Pierre Lefebvre le céda à Jean Bénard, lequel le revendit, en 1606 à Nicolas Flavigny.

Un registre du tabellionage du Bec-Thomas, commençant au 9 avril 1576 et finissant au 25 juin 1578, nous donne le nom de nombreux et principaux habitants de notre bourg.

Parmi les drapiers de la paroisse Saint-Etienne nous trouvons : Pierre Lethiais, Martin Auber, Jean Regnoult, Jehan Manssel, Martin Esnoult, Gaston Boscguillaume, Jehan Paulmier, Guillaume Dugard et Guillaume Robellot ;

Les drapiers de la paroisse Saint-Jean cités dans ce registre sont : Louis Grippoix, Nicolas Dugard, Pierre Regnoult et Pierre Lestourmy.

Un autre drapier de la paroisse Saint-Etienne, Guillaume Tallon, vendit à Pierre Boissel une vache de poil noir, que ce dernier tenait à ferme de Tallon, moyennant 10 livres tournois.

Nous trouvons encore, dans ce même registre, mention de défunt Pierre Bérenger, teinturier, paroisse Saint-Etienne ; Jean Osmont « esmoulleur de forches à tondre draps » demeurant en la même paroisse ; André Gesbert « tailleur de draps », paroisse Saint-Jean ; Guillaume Baudouyn et Guillaume Raullant, telliers à Elbeuf ; l'acte de vente d'une maison appelée « la Presse » sise paroisse St-Etienne ; le contrat de mariage de Cardin Bastaille, drapier de la paroisse Saint-Etienne.

Enfin, citons encore Jean Petit, curé de Bosnormand, Jacques Aillet, receveur du chapitre de la Saussaye ; Louis Gautier, curé de Boscroger, et François Bardoul, sieur des Hautes-Terres.

En ce même temps, Adrian Tassel, « fermier du courtaige et aulnaige appartenant à Monseigneur (le marquis d'Elbeuf), bailla la dicte à Richard Grippois, drapier, moyennant 100 livres tournois pour le temps restant à courrir ».

Me Louis Ducoudré était receveur du marquisat d'Elbeuf. — Nicolas Sanson, sergent du Bec Thomas, demeurait sur notre paroisse Saint-Jean. — M° Noel Dufour « opérateur et tailleur de la pierre de la rompture » habitait la même paroisse. Sa signature se composait d'un monogramme figurant sur les registres. de l'ancien tabellionage du Bec-Thomas.

Les « marques » des contractants par devant les notaires du Bec-Thomas sont assez intéressantes. Les laineurs y sont représentés par une « main à chardons » ; les charpentiers par une hache ; les pêcheurs par un hameçon, etc.

A cette époque, les draps d'Elbeuf étaient déjà partiellement réglementés et Guillaume Robellot, drapier, était « garde, pour le roy notre syre, du scel des draps subjects à scel ». Le 9 août, il affranchit Jacques Boisguillaume, drapier drapant de la paroisse Saint-Etienne, de tout ce qui pouvait « lui appartir dudict droict, pour le faict des draps subjects à scel, que ledict Boscguillaume pourra faire pendant cinq ans, moyennant un escu d'or sol par chascun an ». Robellot céda, en outre, à Boisguillaume, dans la rue Meleuse seulement, le droit qu'il avait « d'exercer sur tous draps subjects à scel » ; et encore, « à faire recevoir, par les gens du conseil en la vicomté du Pont-de l'Arche, le dist Guillaume Robelot pour ledict estat et exercice de sceller les draps ».

Un autre acte, daté du 20 janvier 1577, est encore relatif au sceau que devait porter au moins une catégorie des draps d'Elbeuf et des paroisses voisines, où il y avait également des fabricants ; il est ainsi conçu :

« Pierre Senescal, drappier drappant de la paroisse Sainct Estienne d'Elbeuf, au hameau des Escamçaux, déclare associer Jehan Senescal au bail que luy a faict Guillaume Robellot pour le droict de police et scel sur les drappiers drappants demeurans es villages du Bosc Roger, Thuit Anger, Thuit Signol, le Buquet et les Escameaux, pour 100 sols par chacun an et les amendes et confications qui pourront estre adjugées sur les personnes contrevenantes aux édict et ordonnance du Roy nostre syre. Et promect ledict Jehan Senescal exercer bien et deuement les estats de police de scel, sans y commectre abus... »

Malgré les charges des expéditions en Italie, dit M. G. François, des guerres avec l'Espagne, avec l'Angleterre, le commerce français n'avait cessé d'aller croissant. Un mouvement inverse allait se produire avec les guerres de religion, les massacres inspirés par le fanatisme, les luttes qui allaient livrer la France aux Espagnols, comme au xv° siècle la rivalité des Armagnacs et des Bourguignons avait failli assurer la conquête anglaise.

Les teinturiers de Paris, qui, au milieu du xvi° siècle, teignaient 600.000 pièces de draps par an, n'en teignaient plus à la fin que 100.000. Parmi les villes occupées à la fabrication des étoffes de laine, quelques-unes seulement conservaient une certaine activité : Amiens, Sommières, où depuis quelques années on faisait de belles serges; Rouen dont les draps du sceau étaient renommés; Nimes, Chartres, cités par Laffémas de Humont dans son *Histoire du Commerce*. Il donne Amiens comme exemple d'activité, et cependant, en 1578, l'échevinage de cette ville constatait que pour un des métiers les plus florissants, cinq ou six mille ouvriers étaient alors réduits à vivre d'aumônes. On peut juger d'après cela de la situation des autres villes.

Une nomination à la cure de Saint-Etienne porte la date du 29 décembre 1577. Le nouveau titulaire ne resta que dix-neuf mois dans la paroisse.

Mathieu Dupont, d'Elbeuf, nommé délégué du Tiers-Etat de la vicomté de Pont-de-l'Arche le 3 novembre 1578, était présent à l'assemblée des Etats qui s'ouvrit à l'hôtel-de-ville de Rouen, le 14 du même mois. Le délégué de la noblesse était Nicolas de Vipart, baron du Bec-Thomas.

Vers cette époque, la marquise d'Elbeuf demanda à entrer dans la confrérie de « Madame sainte Cécile » fondée à Evreux.

Ce fut en cette année que mourut Louis 1er de Lorraine, cardinal de Guise, frère du cardinal de Lorraine et de René III, seigneur d'Elbeuf.

Dès sa jeunesse, il avait été destiné à l'état ecclésiastique, et à peine eut-il reçu les ordres qu'il fut nommé évêque de Troyes, puis d'Alby. Ensuite, il devint archevêque de Sens, mais il se démit ce bénéfice en faveur du cardinal Pellevé. Il avait été nommé cardinal à l'âge de vingt-sept ans, puis peu après évêque de Metz. C'était cependant un homme sans ambition, n'aimant que la bonne chair et le bon vin.

L'abbé de Saint-Taurin d'Evreux nomma un nouveau curé à Saint-Etienne le 24 juillet 1579. Le bénéficiaire resta huit ans dans la paroisse.

Nous avons dit que François 1er avait ordonné que les léproseries et hôpitaux seraient à l'avenir administrés par deux bourgeois élus par leurs pairs, en mettant toutefois en doute l'exécution à Elbeuf de cette ordonnance, renouvelée cependant par Charles IX, en 1561, et aux Etats de Moulins, en 1566.

Mais en 1579, l'article 65 des Etats de Blois enjoignit à tous les officiers royaux de tenir la main à l'observance des anciens édits et ordonnances concernant les hôpitaux, sous peine d'en répondre en leur propre nom, « et ce nonobstant toutes les provisions ou déclarations delivrées au contraire... lesquelles nous revoquons... Et ne pourront desormais estre establis commissaires au régime et gouvernement de fruicts et revenus desdites maladreries et hospitaux, autres que simples bourgeois, marchands ou laboureurs et non personnes ecclésiastiques, gentils-hommes, archers, officiers publics, leurs serviteurs ou personnes par eux interposées. »

La cour du Parlement de Rouen « sur cest article 65 de Blois, enjoingnit aux baillifs, lieutenans généraux et particuliers, proceder dedans deux mois à l'execution de ladite ordonnance, tant pour le faict des hospitaux et maladeries de jurisdictions royales que des autres ès enclaves de hautes justices... »

En 1580, dit l'*Annuaire* des cinq départements de Normandie (année 1863), l'administration de l'hospice Saint-Léonard d'Elbeuf, qui avait été donnée à des bénéficiers, fut complètement modifiée, à la suite de malversations commises par les titulaires de ce bénéfice, qui avaient aliéné ou dissipé la plus grande partie des revenus de cette maison de charité. L'administration en fut confiée à des notables d'Elbeuf, élus en présence des officiers du duc. Cette mesure entraîna la suppression du bénéfice ; l'office resta seul.

Voici la version de M. Guilmeth :

« Les spoliations dont l'hôtel-Dieu de Saint-Léonard était depuis si longtemps la victime avaient enfin porté leurs fruits. Sauf les droits dans la forêt des Monts-le-Comte et les vingt acres de terre dans le Vexin, il ne restait plus à cet établissement que cent livres de rente...

« Il fut convenu entre Charles Ier de Lorraine et les habitants d'Elbeuf : 1º que, désormais, ce serait aux plus notables de ces habitants eux-mêmes que serait confiée l'administration de l'hôtel-Dieu ; 2º que les nouveaux administrateurs seraient élus, à certaines époques fixes, à la pluralité des suffrages ; et 3º que cette élection aurait toujours lieu soit sous les yeux du seigneur d'Elbeuf lui-même, soit sous les yeux de ses officiers. Cette dernière réserve était tout ce qui restait en 1789, aux puissants héritiers de la maison d'Harcourt, de leurs anciens droits de fondateurs et de bienfaiteurs de l'hôtel Dieu d'Elbeuf ».

Notons, en passant, que les titres de l'hospice signalent un teinturier en toile, exerçant à Elbeuf en 1580.

Charles Ier de Lorraine, alors à peine âgé de vingt-quatre ans, à son arrivée des Pays-Bas, soit qu'il fut disgracié ou qu'il n'osât retourner à la cour du roi après sa désertion de l'armée, se confina à Elbeuf, où il était dès 1580.

Afin de satisfaire son goût pour la musique ou pour le plaisir d'ennuyer les chanoines de la Saussaye, il les obligea à prendre à gages une contre-basse pour accompagner les chants au chœur, puis les contraignit de venir à Elbeuf, pour donner plus de solennité aux processions. Plus tard, il s'empara de toutes les gerbes de la dîme que la collégiale possédait à Bosc-Roger, bien qu'une partie fût engagée au seigneur de la Londe, ce qui amena quelques difficultés entre le sieur de Bigars et le chapitre.

En ce même temps, notre localité reçut une garnison de gens d'armes ; elle se composait des cavaliers d'ordonnance de la compagnie d'Elbeuf.

La même année, il y eut un second contrat, entre Charles Ier de Lorraine et ses vassaux d'Elbeuf. Comme la liberté de prendre du bois dans la forêt avait engendré des abus tendant à la destruction des arbres, il fut convenu que, chaque année, il serait assigné aux usagers un canton ou triège pour y exercer leurs droits.

Le sieur Nicolas Le Blanc, de la Saussaye, fut nommé bailli d'Elbeuf en 1580. Il conserva cet office jusqu'en 1594.

Le « second registre pour Loys Hesbert pour le tabellionnage d'Ellebeuf, commenchant le sixiesme iour de may 1580 et finissant le quatrième novembre 1581. — Adjoinctz audict tabellion Me Guillaume Lechandellier, Pierre Caré, Denis Grimouin, sergent » nous fournit les noms d'une autre série d'Elbeuviens :

« Noel Bostguillaume, bourgeois marchand de grains ; Lambert Ferey, tavernier ; Me Alexis Mansel, greffier ; Mo Loys Farin, lieutenant du bailly d'Ellebeuf ; Jehan Bosguillaume, boulanger ; Robert Bonnelin, drappier ; Etienne Benard, drappier ; Jehan Centsolz, drappier ; Nicolas de Flavigny, apoticaire ; Zacharie Gueroult, tavernier ; Richard Vitecoq, maréchal ;

Jehan Le Sueur, boucher ; Noel Goupil, Nicolas Lemonnier, Guillaume Marguerin, Pierre Sainct Gilles, Jacques Vallois, Guillaume Sainct Gilles, Pierre Garret, Pierre Berthe, tous drappiers ; Crespin Juhel, taincturier ; Philippe Delalonde, tapissier ».

Nous y trouvons aussi des actes concernant « Nicollas Forestz, esmoulleur de grandes forches à tondre draps ; Jean Viel, fermier des moullins d'Ellebeuf ; Nicolas Madiot, valet de chambre et garde robbes de monseigneur ; Guillaume Delarue, ayde de... de la maison de monseigneur le marquis d'Ellebeuf. »

Le 25 janvier 1581, « Melciot Auber, drappier gaigea debvoir et promist païer à Jehan Aillet, aussy drappier, son gendre, la somme de XXII escus. » — Le lendemain, « Jehan Cappellet, fils de feu Jehan, bailla à rente à Salmon Godin, drappier, » plusieurs maisons sises à Elbeuf.

A cette époque, Luc Lefebvre, Jean Hesbert et Jean Regnoult étaient chanoines à la Saussaye et Adrien de Nollent sieur du Thuit-Anger.

Le 20 mars 1581, Alphonse Persec, écuyer de Mme de Guise, reçut comptant de Mathieu Dupont, receveur du marquisat d'Elbeuf, la somme de 250 écus. — Le 8 mai suivant, Alphonse Persec reçut une autre somme, 300 écus d'or, pour la vendue faite au marquis d'Elbeuf « d'un cheval turc de poil gris, estant en la grande escurie de monseigneur, et, de plus, CLIX escus et demy d'or pour les despens faictz par les grandz chevaulx de monseigneur... »

Charles de Lorraine habitait Elbeuf avec sa femme. Daniel de la Tour était le capitaine de ses meutes ; Daniel de Vallemont son aumonier ; Nicolas Garet, capitaine de ses chasses. — Celui-ci se maria en décembre. — Sébastien Biguet son « contrerolleur et argentier ». Le 13 juin, Biguet paya 510 livres à Vincent Tressey, marchand boulanger, « pour reste et parpaye du pain par luy fourny en la maison de monseigneur. »

Charles Ier signa, le 12 mai, plusieurs actes sur les registres du tabellion d'Elbeuf : par l'un deux, il constituait pour son procureur Toussaint de l'Isle, écuyer, sieur du Grand-Boinville.

Les registres du tabellionage du Bec-Thomas, de cette année 1581, mentionnent Luc Lefebvre, chantre et chanoine, Sauvage Le Ca-Camus, Jean Regnoult et Jean Hébert, chanoines de La Saussaye ; ce dernier était curé de Saint-Pierre-des-Cercueils ; Hector de Nollent, sieur de Lessard ; Geoffroy Gonjoult et Guillaume Saint-Gilles, drapiers à Elbeuf ; Guillaume Harenc, drapier à Thuit-Signol ; Guillaume Lefebvre, drapier à Boscroger. — Martin Robelot, ancien prêtre, demeurant à Caudebec, qui avait fait un don au trésor de cette église, était récemment décédé.

Par contrat daté de cette même année, Gaston Boisguillaume, drapier de la paroisse Saint-Etienne, afferma à Pierre Bérenger, teinturier, de la même paroisse, « cinq paires de forces à tondre draps, deux tables rondes avec crochets, faudets et et trestaux, trente douzaines de chardon, un table à pincher et ses trestaux, un mestier de tisserand fourny de raud, bobines, navettes, et deux montures de lames ; le tout moyennant cinq livres par an. »

Les comptes de l'archevêché, pour l'année

1581, portent : « Frais de l'exécution de Guillaume de Surtauville, pendu et étranglé, sa dépense en prison XXII d. par jour. » Guillaume avait été détenu pendant quelque temps aux prisons d'Elbeuf, mais nous ne connaissons pas le crime dont il avait été accusé.

Charles de Lorraine avait pour maître d'hôtel Pierre Rigaud, auquel il accorda le 21 juillet 1581, le droit de construire un colombier sur la terre du Londel, à Quatremares, à la charge de douze pigeons par an. Plus tard, les fils de Rigaud, s'appuyant sur ce droit seigneurial, se donnèrent de la noblesse ; mais Edme et Nicolas de Rigaud, ses petits-fils, ne purent produire de titres nobiliaires lors de la recherche qui fut faite en 1668, et furent déclarés usurpateurs. Plus tard encore, les deux frères Edme et Nicolas furent condamnés à mort et exécutés à Rouen, comme convaincus de vol.

Le marquis d'Elbeuf suivit le duc d'Anjou en Flandre. Après la prise de Cateau-Cambrésis, il se rendit en Lorraine, puis se dirigea sur Paris. Il était à Provins le 18 octobre 1581, avec une suite considérable.

Nous avons dit que la rue des Traites devait son nom à un bureau où étaient perçus des droits sur les marchandises circulant par la Seine. Aux Etats de Normandie, tenus à Rouen à partir du 15 novembre 1581, les trois ordres remontrèrent que les impositions mises sur les vins qui descendaient de Paris à Rouen étaient plus élevées que le prix du vin lui-même, que les « Bureaux des Traictes domaniales » faisaient augmenter les vins, les toiles et autres marchandises « de sorte que il conviendroit aux marchands venant achepter en

Normandie, apporter presque autant d'argent pour payer les imposts, comme le principal de la marchandise. »

Ce n'est pas d'hier, comme on le voit, que les plaintes des consommateurs se sont produites au sujet des contributions indirectes, qu'il est de nos jours question de faire disparaître.

Au moment où paraît cette feuille, la ville d'Elbeuf vient de supprimer les taxes d'octroi sur la plupart des objets qui y étaient soumis, et elle n'attend plus qu'une loi pour abolir également les droits sur le vin, boisson hygiénique dont les habitants de notre contrée ont presque toujours été privés à cause des impositions du fisc, augmentées de celles des villes.

CHAPITRE XII
(1581-1583)

Charles Iᵉʳ de Lorraine (suite). — Erection du marquisat d'Elbeuf en duché-pairie. — Le tabellionage d'Elbeuf. — Mariage du duc Charles. — Assemblées paroissiales. — Charles de Lorraine a Elbeuf et a la Saussaye ; ses préparatifs de guerre, emprunts et achats de navires. — Vente de la baronnie de Quatremares. — Notables habitants d'Elbeuf.

Charles Iᵉʳ de Lorraine, marquis d'Elbeuf, avait su gagner les bonnes grâces du roi Henri III, avec lequel il devint même intimement lié, et obtenir, par lettres patentes données en novembre 1581 à Paris, la réunion en un seul et même fief du marquisat d'Elbeuf, des baronnies de Quatremares, de Routot et de Beaumesnil, des seigneuries de Grosley, de Conches, de Tiron, de Criquebœuf-sur-Seine, de la Heuze, de Cléon et autres et de l'ériger en duché-pairie, en faveur de lui-même d'abord, et « apres son deceds, pour ses hoirs et successeurs tant masles que femelles, procréez en loïal mariage, ou aultres ses héritiers. »

Le roi exposa, dans ces lettres patentes, les

raisons qui l'avaient porté à créer le duché-pairie d'Elbeuf :

« Ayant esgard que le marquisat d'Elbeuf est de telle et ancienne marque, grandeur et valleur, en nostre duché de Normandie, et de si belle estendue, qu'il consiste en plusieurs gros bourgs tres bien peuplez et marchands, avec plusieurs chasteaux et tres-grand nombre de vassaux, fiefs et arriere-fiefs, bourgades et villages, duquel marquisat dependent trois belles baronnies... lesquels fiefs, terres et seigneuries, leurs appartenances et despendances estans, comme nous en sommes bien advertis, si proches les uns des autres et de si bon et si grand revenu, que ledict marquisat pourra recevoir, porter et maintenir les noms, titres et dignitez de Duché et Pairie ; — Pour ces causes, etc. »

Ces lettres patentes, suivant le *Journal* de Henri III, furent enregistrées par le Parlement de Paris le 29 mai 1582.

Cette élévation fut vivement critiquée par les contemporains, car Charles de Lorraine revenait précisément des Pays-Bas, de l'armée du duc d'Alençon, dont il avait trahi la cause, en l'abandonnant avec quatre cents cavaliers, pour ménager les Espagnols, ennemis de la France, avec lesquels les princes de Lorraine s'entendaient déjà pour le triomphe de la Ligue.

Tavannes dit dans ses *Mémoires* que Charles de Lorraine n'aurait pas brigué la pairie si vite, s'il eût attendu et se fut soucié d'être grand avant d'être élevé ; et que comme personne incapable et de peu de moyens, il n'aurait jamais obtenu, si on eût considéré les degrés qui l'y avaient conduit, et si on eût voulu, pour lui conférer cette dignité, que l'âge l'en eût rendu digne et qu'il l'eût méritée par ses services.

« Le lundi 18 décembre, le Roy et les Reines partirent de Paris pour aller à Annet tenir sur les fonts le fils du duc d'Aumale ». La mère de l'enfant était Marie de Lorraine, fille de René III, marquis d'Elbeuf.

Le 31 du même mois, Henri III donna à Charles Ier de Lorraine, duc d'Elbeuf, le collier de l'ordre royal du Saint-Esprit.

Dans les comptes de Martin Regnard, receveur général du chapitre de Notre-Dame de Rouen, figurent 12 bouteilles de vin blanc et clairet présentées aux ducs de Guise et d'Elbeuf en 1582.

En cette même année, Nicolas Le Blanc, sieur de la Saussaye, alors bailli d'Elbeuf, fut député aux Etats de la province, pour la vicomté de Pont-de-l'Arche, à l'effet de réformer la coutume.

Le 12 juin, Cardin Maingo, d'Elbeuf, acheta « 50 boisseaux de pommes à piller, cent et quatre boisseaux de pommes de migoc, mesure du Neufbourg, pour ix escus et x sols ». — « Migoc » est mis ici pour « mijot » ; on entendait par pommes de mijot, toutes les variétés pour la table, que l'on conservait pendant l'hiver et jusqu'au printemps suivant ; on les laissait « mijoter », c'est-à-dire mûrir sur la paille.

Ce fut en cette année que le pape Grégoire XIII fit réformer le calendrier Julien, qui, si on eût continué à le suivre, aurait fait descendre Pâques en hiver et Noël en été ; il y avait déjà une erreur de onze jours. En conséquence, le 10 novembre 1582, on compta le 20. L'année

1582 eut donc dix jours de moins que les précédentes et les suivantes.

Pendant le mois de janvier 1583, « la rivière de Seine déborda estrangement ». Il en résulta une augmentation des prix du blé, de l'avoine, du foin et autres denrées.

Les tabellionages, à cette époque, étaient loin de pouvoir être comparés aux études de notaires actuelles. Celui d'Elbeuf était installé dans une échoppe où, de temps à autre, Me Louis Hesbert, tabellion royal en la vicomté de Pont-de-l'Arche, au siège du Bec-Thomas, ou Me Denis Grimouin, son adjoint, venait recevoir les obligations de parties envers d'autres.

Le tabellion se tenait assis dans sa petite baraque en planches ; ses clients et les témoins restaient devant lui, debout, dans la rue ou sur le marché. Pendant l'hiver, le tabellionage était transféré dans la grange d'une masure voisine, et quand l'officier public avait besoin d'un signet, il prenait tout simplement dans la plus proche gerbe un fêtu de paille : nous en avons retrouvé un assez grand nombre dans les vieux registres de l'ancien tabellionage que conserve Me Fessard, actuellement notaire à Elbeuf.

Une de ces pailles, datant de 1583, portait encore une portion d'épi dans lequel se trouvaient plusieurs grains de seigle, que nous avons soigneusement mis en terre, dans un pot à fleurs, avec d'autres de même espèce, afin d'avoir un point de comparaison pour le cas où tous germeraient ; mais les derniers seuls levèrent : les grains de 1583 avaient donc perdu leur faculté germinative, peut-être depuis des siècles déjà. Nous n'eûmes pas de meilleur résultat avec deux grains de sarrasin, trouvés dans un registre du même tabellionage de la fin du xvie siècle. Notons, en passant, que cette dernière plante était alors presque nouvelle en Normandie.

Les registres de 1583, comme nous le verrons bientôt par des actes relevés dans l'ordre de leur date, contiennent des détails intéressants, notamment l'énumération de plusieurs moyens employés par Charles Ier de Lorraine, duc d'Elbeuf, pour se procurer de l'argent, ses achats de navires et ses préparatifs de guerre.

Dans celui qui commence à la date du 22 janvier 1583, le premier acte concerne une vente faite par Toussaint Lebrun, « cousturier », demeurant à Thuit-Anger, à la charité de Saint-Jean établie dans l'église collégiale de la Saussaye, stipulée par Me Luc Lefebvre, chantre et chanoine, et Me Jean Hesbert, chanoine ; au nombre des témoins se trouvait Me Mathurin Le Sueur, avocat.

Une fois duc et pair, Charles Ier chercha à se rehausser encore par une grande alliance ; son choix se fixa sur Marguerite Chabot, fille aînée de Chabot, comte de Charny-Buzançais, grand écuyer de France après son beau-père, le comte de Boissy, et lieutenant du roi au gouvernement de Bourgogne, sur la résignation de Gaspard de Tavannes, maréchal de France, qui y fut trompé.

Il ne s'était démis de la lieutenance de Bourgogne que sous la promesse expresse qu'on la rendrait bientôt à son fils Guillaume, époux de Catherine Chabot ; mais le comte de Charny, infidèle à sa parole, au lieu de restituer cette charge à son gendre, la fit passer à son jeune fils, depuis loyal lieutenant du roi, bien que déloyalement pourvu par un père « en réputation pourtant, dit Brantôme, d'être un fort honnête et vaillant seigneur, homme de bien et d'honneur. » Mais Brantôme n'est pas très scrupuleux.

Le dimanche 13 février 1583, en l'hôtel de Guise, furent célébrées les noces de Tournon, comte de Roussillon, « auxquelles le duc de Guise n'assista point, pource que il partit de Paris le matin pour aller aux nôces du duc d'Elbeuf son cousin, qui épousoit la fille aînée de Chabot, comte de Charny, grand écuyer ». Ce passage du *Journal* de Henri III, nous donne donc la date du mariage de Charles Ier de Lorraine, alors âgé de 27 ans.

Ce mariage rendit le duc d'Elbeuf neveu des Larochefoucauld, beau-frère des Tavannes, des Tillières et des Cheverny, ce dernier marié, à treize ans, à une femme de onze ans.

Singularité! dit M. Maille. Par cette union, contractée au château de Pagny, en présence du duc de Guise, il devint aussi petit-fils du célèbre amiral Brion, victime de son oncle, le cardinal de Lorraine, après avoir été favori de François Ier qui le sacrifia à la jalousie du prélat.

Cette alliance, qui valut au duc d'Elbeuf de grands domaines en Bourgogne et qui le lia si intimement à ses gouverneurs, fut cause qu'on lui attribua plus tard l'intention de s'en faire une principauté souveraine et indépendante, mais il n'en existe aucune preuve, et il y a toute probabilité qu'il n'y songea jamais, par l'impossibilité même de faire prévaloir ses désirs, s'il en avait eu, contre les projets du duc de Mayenne, son tout-puissant oncle, qui y prétendait ouvertement, à main armée, et qui était maître d'une grande partie de la province, aux mains des royalistes pour le reste.

Un acte passé devant les tabellions du Bec-Thomas, le mois suivant, mérite d'être relevé :

Cardin Lefebvre dit Gourdin, demeurant en la paroisse Saint Etienne d'Elbeuf, reconnait avoir vendu à Georges Seneschal, d'Orival, sa part de droit sur un héritage se composant d'une maison de masure sise « en la parroisse Doryval, bornée d'ung costé noble homme de Taconnières, d'autre costé la ruelle du port du four, d'ung bout la rue et d'autre le canal de Seyne, tenue de la seigneurye de la Londe et subjecte pour le total en une feuille de may au premier jour de may, trois sols, un cognon de pain et ung pot d'eau, le tout de rente faite audit seigneur de la Londe en sa sieurye Doryval par chacun an, avec dix solz de rente deubz audit sieur de Taconnières... »

Le vendeur ne sachant pas signer, apposa son « merc » au bas de l'acte ; cette marque, représentant une main de chardons de laineur de draps, indique sa profession. A en juger par la marque de l'acheteur Seneschal, figurant une hache, il devait être charpentier de bateau. Un témoin, Boisguillaume dit Dantan, signa d'une belle écriture. Quant à la feuille de mai, c'était une redevance à laquelle le seigneur de la Londe avait droit sur ses vassaux ; elle consistait en une feuille verte qu'ils devaient lui présenter le 1er mai de chaque année.

Le 27 du même mois, Me Jean Bonamy, avocat, Guillaume Grandin, Noel Bonamy, Hutin frères, Louis Marabot, Etienne Bénard, Jean Grandin, Marin Leboissellier, Jacques Bosguillaume dit Dantan, Laurent Ermeroult, Denis Tallon et Guillaume Brizemare, « tous paroissiens, manants et habitants de la paroisse Sainct Estienne d'Elbeuf, assemblez en estat de commung issue de la grande messe paroissiale, ont estably leurs procureurs, c'est assavoir Marin Leboissellier et Estienne Benard, deux desdits paroissiens... pour faire l'assiette et collation de la taille de ladite paroisse... » — Tous les notables ci-dessus nommés savaient signer, sauf Marabot et Leboissellier, l'un des répartiteurs.

Le 1er mars, Guillaume Fortin, de Saint-Aubin-jouxte-Boulleng, reconnut devoir à Richard Lemarié « voincturier de la voincture d'Ellebeuf, la somme de quinze escus sol pour vendue et livrée d'un cheval de poil gaulne (jaune) ». Fortin signa cette reconnaissance d'une ancre renversée. — La voiture dont il parlé dans cet acte était le bateau faisant le service d'Elbeuf à Rouen.

Les registres du tabellionage du Bec-Thomas mentionnent également une réunion des habitants de la paroisse Saint-Jean :

« Du dimanche vingtiesme jour de mars advant midy... furent présents honnestes hommes maistre Jacques Lechandellier, et Alexis Mansel, Jehan Cappellet fils de Jacques et autres, tous parroissiens, manans et habitans de la paroisse Sainct Jehan d'Ellebeuf, assemblez ce jour d'huy en estat de commung issue de la grande messe parroissiale, eulx faisant fort des autres parroissiens... » Il s'agissait également de donner pouvoir à deux d'entre eux pour répartir la taille sur les habitants de la paroisse.

Le 22 avril, Marin Aubert, drapier d'Elbeuf, céda à Jean Regnault fils Nicolas, aussi drapier, un métier de tisserand « garny de deux lames et d'un raud ».

A l'imitation de ceux de son parti, qui faisaient la guerre dans le Berry, l'Orléanais, la Champagne et la Bourgogne, Charles de Lorraine n'eût rien de plus pressé, après son mariage, dit M. Maille, que de se jeter en Normandie, d'y fomenter la révolte au nom de la Ligue qui commençait à lever la tête, d'y rassembler une armée à laquelle Henri III, envers qui le duc d'Elbeuf montrait tant d'ingratitude, opposa le duc de Joyeuse, et que ne tarda pas à dissiper le traité de Nemours qui donna tout pouvoir aux princes lorrains, les obligeant cependant de reconnaître alors, à leur confusion et malgré ce qu'ils en faisaient publier, qu'ils n'étaient ni descendants, ni successeurs, ni héritiers des Carlovingiens.

Charles de Lorraine vint à Elbeuf où il résida pendant quelques jours, probablement dans le vieux manoir de la place du Coq, où sa veuve demeura longtemps elle-même au siècle suivant. Pendant son séjour, le duc reçut MM[es] Hesbert et Grimouin, tabellions du Bec-Thomas, qui rédigèrent l'acte suivant :

« Du seiziesme jour de juing... fut présent en sa personne hault et puissant prince Monseigneur Charles de Lorraine, duc d'Ellebeuf, pair de France, comte de Harcourt, baron d'Ancenis, Routot, Beaumesnil et Quatremares, seigneur de Grosley... chevalier des deux ordres du roy et cappitaine de cent hommes d'armes des ordonnances de Sa Majesté, lequel de sa pure et franche voulenté feist, nomma et constitua ses procureurs généraux et spéciaux, c'est assavoir noble homme Me Loys Le Sergent, bailly de Loviers *(malgré le pluriel, il n'est mentionné qu'un unique procureur)* ausquelz et chacun d'eux portant ces présentes, ledit seigneur duc a donné et donne par icelles plain pouvoirs, puissance, auctorité, commission et mandement spécial pour et en son nom prendre et recepvoir d'ung ou plusieurs personnes jusques à la somme de mil escus sol, et pour icelle vendre, créer et constituer rente au prix de dix pour cent sur tous et chacuns des biens, fiefz, terres, rentes, héritaiges, meubles et revenus dudit seigneur duc, par generale ou specialle hipotèque, et la promit de faire paier, livrer et garantir en la ville de Rouen aux despens dudict seigneur aux quatre termes de l'an y acoustumez, égament à condition de racquit toutteffois et quantes en remboursant... » — Cet acte est signé : CHARLES DE LORRAINE.

Le lendemain, les tabellions inscrivirent sur leurs registres un second acte, également signé du duc :

« Furent présents en leurs personnes Vincent Tressey et Georges Romey, marchands boulangers, demeurant à Saint-Ouin du Bois, prez Amboise, et estant de présent au bourg d'Ellebeuf, lesquels ont recongneu et confessé et par ces présentes recongnoissent et confessent avoir faict marché, promis et promectent à tres hault et puissant prince Monseigneur Charles de Lorrayne... present, en presence aussy de nobles hommes Jehan de Boyer, sieur de Chanlecy, maistre d'hostel, et Sebastien Biguet, conterolleur de la maison de mondict seigneur, ce acceptant pour mondict seigneur, de fournir et livrer pour la provision de la maison de mond. seigneur duc d'Ellebeuf, partout où il yra au dedans et hors ce royaulme, pendant et durant le temps de ung an commenchant du premier jour de may dernier passé et finissant à semblable jour et terme que l'on comptera mil v^c quatre vingtz quatre, tout le pain de bled forment et comme il conviendra et sera requis et nécessaire de fournir par chacun jour pour la provision et despence de ladicte maison, chacun pain du poix de huict onces, lequel pain lesd. sieurs de Chanlecy et Biguet ont promis et promectent de faire paier auxdict Tressez et Romey ou au porteur de ce present en cesté manière :

« Sçavoir et pour chacune douzaine de pains, tant de bouche que de commis, neuf solz tz ; et sera faict le compte delivraisons d'icelluy pain comme est acoustumé pour en estre faict ledict paiement en fin de chacun mois... Et sy faulte y avoit de la part dudictz Tressey et Romey ou l'ung d'eux de faire ladicte fournitture, ilz ont consenty et acordé, consentent et accordent qu'il en soit achapté à leurs despens.

« Aussy a esté acordé que sy Monseigneur duc va hors ledict royaulme ou au camp ou à six lieues prez dudict camp, quelque lieu et endroict qu'il soit, que lesdictz Tressey et Romey auront le double parisis qui est dix-huict deniers pour douze, pour chacune douzaine de pains qu'il fournira au camp ou hors du royaulme, excepté les terres de Lorrayne Barrois et de Bourgoigne, auxquels lieux ils n'auront que les premiers prix de neuf solz pourveu que ledict seigneur ne soit à sieulte de camp.

« Et aura lesdictz Tressey ou ledict Romey ou l'ung de leurs gentz bouche à court à la taille des officiers de Monseigneur, avec trois pintes de vin mesure de la cour chacun jour, qui leur sont delivrez pour leurs gentz et serviteurs ; avec ce leur sera baillé une couverture de drap de coulleur es armes de mondict seigneur pour servir à l'ung de ses chevaulx et couvrir ledict pain, ou pour icelle quatre escus sol, et sera aussy marquée... »

Le 30 juin, le duc d'Elbeuf se trouvait à son manoir de la Saussaye, plus agréable que celui d'Elbeuf, où MM[es] Roch Seneschal et Hesbert, tabellions, enregistrèrent un troisième acte :

« Fut présent... Monseigneur Charles de Lorraine... lequel a promis décharger noble homme Me Pierre de Breuil, lieutenant du bailly d'Evreux en la vicomté de Beaulmont le Roger... » d'une recette faite pour le compte du duc en ses baronnies de Beaumesnil et de Quatremares.

Le lendemain 1er juillet, Charles de Lorraine, étant encore à la Saussaye, acheta « pour les affaires du roy, de Michel Advisse, maistre et pilote de navire, demeurant à Honfleur, une barque ayant quarante-cinq pieds de quille, quatorze pieds de bande... et tous ses matéreaux, mats, vergues, voelles... du port de quarante tonneaux ; ensemble vingt harquebuzes, douze morions... La vendue faicte moyennant le prix de trois centz escus d'or ».

Le même jour, le duc donna pouvoir à Me Mathieu Dupont, son receveur, d'emprunter sur ses biens une nouvelle somme de 1.333 écus d'or, à raison de dix pour cent l'an.

Le lendemain 2 juillet, étant à Rouen, il donna encore pouvoir à Me Baptiste Devrinier (?) avocat, d'hypothéquer ses biens pour une somme de « cinq mil escus sol par cinq centz escus d'or sol de rente, d'une ou plusieurs personnes. »

L'après-midi de ce même jour, les tabellions du Bec-Thomas consignèrent un nouveau contrat sur leurs registres :

« Fut present M⁰ André Richard, escuier, secretaire de messire François Duplessis, sieur de Richelieu, conseiller du roi en son conseil d'Estat, prevost en son hostel et grand prevost de France, procureur deuement fondé dudict sieur de Richelieu, par procuration speciale passée devant Pierres de Bricguet et Jehan Marchand, notaires au Chastelet à Paris, le samedi unziesme jour de juing mil vᶜ quatre vingtz trois aprez midy... confesse avoir eu et receu comptans en francz, quartz d'escus testons, escus sol, escus pistolles, et autre monnoye de present ayant cours, de tres hault et puissant prince Monseigneur Charles de Lorraine, duc d'Ellebeuf, pair de France... par les mains de son conterolleur et argentier, la somme de quatre mil cinq centz escus d'or sol, que mondict seigneur s'estoit constitué paier audict seigneur de Richelieu, pour la vendue d'un grand navire appelé le *Lois Aultremer*, garny de ses ustencilles, suivant le contrat de la vente duement faicte par ledict sieur de Richelieu audict seigneur... » L'original de la procuration donnée par du Plessis de Richelieu est joint à la minute.

François du Plessis de Richelieu n'était autre que le père du fameux cardinal. Il était né en 1548, et mourut à Gonesse en 1590. Il s'était distingué à la bataille de Montcontour, et avait accompagné Henri III en Pologne. Plus tard, il assista aux batailles d'Arques et d'Ivry, et fut l'un des plus fidèles serviteurs du Béarnais, qui lui donna 20.000 écus de gratification et le nomma capitaine de ses gardes.

Etant à la Saussaye le 4 juillet, le duc d'Elbeuf fit venir à nouveau les tabellions du Bec-Thomas, qui rédigèrent ce nouvel acte :

« Fut présent... Monseigneur Charles de Lorraine, duc d'Ellebeuf... soy disant avoir droict par promesse et transport des sieurs de Viepont, abbé de Sainct Jehan et Sainct Martin, pretandans chacun droict au prieuré de Sainct Martin de la Garenne, de disposer des fruictz, levées et revenus dudict prieuré de Sainct Martin pour ceste année presente seulement, lequel en sadicte qualité passa son procureur general et special, c'est assavoir noble homme Jehan François Viauney (?) cappitaine, auquel seul portant ces présentes ledict seigneur duc donne puissance et auctorité de bailler à ferme pour le reste de l'année presente seulement, les fruictz, levées et revenus dudict prieuré de Sainct Martin, en toutes ses circonstances, deppendances dudict prieuré... » — Saint-Martin-la-Garenne est actuellement une commune du canton de Limay (Seine-et-Oise).

Le duc d'Elbeuf, étant encore à la Saussaye, le 9 juillet, vendit à Guillaume Regnault, épicier à Rouen, une rente de 166 écus assignée spécialement sur sa baronnie et haute justice de Routot, pour la somme de 1.660 écus d'or, qui fut immédiatement payée au duc en présence des tabellions.

En ce même mois « Pierre Sainct-Gilles, drappier de la parroisse de Sainct-Jehan d'Ellebeuf, en la rue de la Rigolle » reconnut quitte Noël Bonamy, boucher, de la paroisse Saint-Etienne, « de toute la marchandize de peaux de bestes à laisne que ledict Sainct-Gilles auroit eu dudit Bonamy ».

Le 19 juillet « au manoir seigneurial de la Saulsaye », le duc d'Elbeuf encaissa 1.000 écus d'or qui lui furent prêtés par « noble homme maistre Jehan du Vey, sieur de Bourville et des Vallées, conseiller du roi au siège présidial du bailliage de Rouen ». En retour, le duc s'engagea à payer un rente de 100 écus d'or à son prêteur, qui prit hypothèque sur le domaine ducal. Cette affaire avait été traitée par l'intermédiaire de Louis Le Sergent, bailli de de Louviers, procureur de Charles de Lorraine.

Le lendemain 20, Nicolas Toustain, de Biville-en-Caux, s'engagea devant les tabellions du Bec-Thomas, « à curer et nettoyer bien et duement le puys du magnoir seigneurial de la Saulsaye de touttes immondices et jusques au fond dudict puys, de faire tant qu'il rendra audict puys de sept à huict piedz d'eaue et davantage sy comme le puys porte, de bonne eaue claire et nette, de commencher ledict curage mardy ou merqredy prochain et continuer jusques à la fin sans cesser.

« Ce faict moiennant le prix et somme de cinquante escus d'or sol, que Sebastien Biguet, au nom dudict seigneur, s'est submis paier audict Toustain, assavoir le tiers lors qu'il entrera en besogne, l'autre tiers lors que ledict Toustain aura trouvé l'eaue et l'autre tiers à la fin de l'œuvre parfaicte. Et au cas que ledict puys ne peust porter la proffondeur desdicts sept à huict piedz d'eaue ainsy que dict est, ledict Toustain sera submis de faire ledict curage et à proffondir ledict puys, de sorte que le sceau contenant deux barils ou envyron ou pareil de celuy du puys des chanoines de la Saulsaye y pourra descendre puiser et remply plain d'eaue claire… »

Ainsi que cet acte le démontre, le puits du cloître de la collégiale existait déjà à cette époque. Il indique, en outre, que Charles de Lorraine avait alors l'intention de venir habiter souvent son manoir de la Saussaye.

Le duc Charles, étant dans ce même manoir le 2 août, donna pouvoir à Mathieu Dupont, receveur du duché, d'emprunter en son nom une nouvelle somme, à hypothéquer sur tous les revenus de ses seigneuries.

Le lendemain, M° Dupont avait trouvé un prêteur de 3.333 écus d'or en la personne de « hault et puissant seigneur messire Georges, baron de Gouvris, chevalier de l'ordre du roy gentilhomme ordinaire de sa chambre ».

Le 9, Jean Ferry, approvisionneur de la maison du duc d'Elbeuf, reçut la somme de 2.497 livres 16 sols 8 deniers pour fournitures faites depuis le 16 mai précédent jusqu'au 1er août.

Ce même jour, Romey, boulanger, reçut de Biguet, argentier de Charles de Lorraine, la somme de 1.868 livres 9 sols, pour le pain livré à la maison du duc, « et ce comprins deux couvertures des deux annéez precedentes ».

Le 17 août, Charles de Lorraine fit un nouvel emprunt de 1.333 écus d'or, par l'intermédiaire de Mathieu Dupont, à Antoine de Primerany, demeurant à Rouen. La reconnaissance de cette somme fut encore signée à la Saussaye, où le duc se trouvait ce jour-là. Cette somme fut garantie au prêteur sur la coupe des bois de la forêt des Monts-le-Comte.

Le 22 août, Pierre Pastallier, demeurant à Saint-Martin-la-Corneille, prit à ferme du duc d'Elbeuf, pour neuf années, « une pièce de terre labourable vulgairement appelée les Vingtz

Acres, assise devant le manoir de la Saulsaye... pour le prix de cent seize escus deux tiers evaluez à trois centz cinquante livres de ferme... »

Ce même jour, le duc bailla à ferme, pour vingt années, la coupe du bois de cette forêt, à Jean Nicolle, bourgeois d'Elbeuf, moyennant le prix de 2.333 écus et un tiers d'écu évalués à 7.000 livres tournois de ferme par an. « Au moien de quoy mondict seigneur a promys et juré en foy de parolles de prince tenir ce qui dessus est garanty ».

Le 25, Charles de Lorraine donna pouvoir à Me François Theveron, écuyer, son secrétaire, tant en son nom qu'en celui du sieur de Chasteauneuf « recepvoir toutes les quantités de vivres et victuailles que ledict sieur de Chasteauneuf fournit à mondict seigneur, duc d'Ellebeuf, pour envictuailler certain navire que nostre dict seigneur duc fait acheminer sur mer, arrester la somme de deniers à quoy se trouveront monter lesdictes victuailles... »

Le 28, le duc passa un autre acte concernant les bois des Monts-le-Comte et le signa devant les tabellions, en la maison de Me Luc Lefebvre, chanoine de la Saussaye.

Le manoir du chanoine Lefebvre était situé, comme toutes les habitations canoniales, entre cour et jardin, aux abords de l'église collégiale, avec une porte d'entrée sur la place commune et centrale dite du Cloître.

Les maisons des chanoines bâties avant le xviie siècle n'existent plus, sauf une, que représente la planche ci-contre, exécutée d'après une photographie prise l'an dernier (1894), et montrant partiellement le pitoyable état dans

Ancien Manoir des Chanoines-Doyens de La Saussaye
(État Actuel)

lequel se trouve cette habitation, qui fut celle des doyens de la collégiale.

Cet édifice, qui avait déjà plus d'un siècle d'existence en 1583, n'étant plus habitable, sera prochainement démoli, nous assure-t-on. Il serait à souhaiter que l'on conservât au moins la gracieuse porte qui fait face au Cloître.

Du côté droit de cette porte, à la hauteur de la pointe de l'accolade, on voit une statuette qui fut longtemps un objet de vénération dans toute la contrée. Mais tout passe, et la réputation du saint personnage que représente cet icone ne s'étend plus au dehors de la Saussaye, et comme « on n'est jamais prophète dans son pays », la statuette ne voit maintenant que de très rares pèlerins.

Thomas Dosmont, sieur de Seglas, à Boscroger, acheta de Nicolas Forest, d'Elbeuf, deux chevaux pour la somme de 90 écus évalués à 270 livres.

Devant les tabellions du Bec-Thomas et par acte du 6 septembre, « honnête homme Me Loys Farin, lieutenant du duché d'Ellebeuf, lequel meu en dévotion et affin que Richard Farin, son nepveu, qui est clerc estudiant acolitte puisse parvenir aux saintes ordres, tant diacre, sous-diacre que prestre, volontairement donne à sondict nepveu seize escus deux tiers evaluez à cinquante livres tz par chacun an, la vie durand dudict Richard seulement... jusques à ce qu'il soit pourveu en benefice ou chappelle... Présents: Lois Farin, sieur de Boutigny, fils dudict Me Loys et cousin frereux dudict Richard, et venerable prestre Me Raoul Lauvelle (?) prestre curé de Saint-Jean d'Ellebeuf... »

« Denys Delatour, cappitayne des meuttes de Monseigneur le duc d'Ellebeuf, ayant esté pourveu par ledict seigneur à l'office de garde et garenyer de Grosley, par la commission donnée de Monseigneur en dabte du douziesme jour de juing dernier » donna ses pouvoirs à l'un de ses commis pour le représenter en justice.

Louis Mansel, adjudicataire des quatrièmes d'Elbeuf, par bail et adjudication du 20 septembre de cette année, s'associa, le 24 du même mois, Robert Seneschal et Jean Cappelet fils Jacques, bourgeois de la paroisse Saint-Martin-du-Pont de Rouen.

Le duc d'Elbeuf signa plusieurs autres actes à la Saussaye, le 6 octobre, puis repartit pour Paris.

« Damoiselle Suzanne de Morainville, veuve de feu Pierre Desgrefeuille, en son vivant escuyer, maistre d'hostel de Monseigneur le duc d'Ellebeuf, tuctrice des enfants mineurs dudict deffunct, demeurant au hamel du Londel, parroisse de Quatremares... » passa un acte devant les tabellions du Bec-Thomas, le 18 de ce même mois.

A cette époque, il y avait procès au bailliage de Pont-de-l'Arche, entre « Cippion Mansel, recepveur collecteur, pourveu par le roy à la recepte et collection des deniers de la taille de la paroisse Sainct-Jehan d'Ellebeuf », d'une part, et plusieurs habitants de cette paroisse de l'autre.

François Vivian était alors trésorier général du duc Charles de Lorraine.

« Damoiselle Jehanne Ménard, veufve de feu Louis Loutrel, en son vivant escuyer, sieur de Bost Berenger, gentilhomme de la venerye du roy nostre sire, demeurant à Sainct Estienne d'Ellebeuf...» eut de son mari deux fils, Jean et Louis Loutrel, mentionnés, ainsi que leur mère, dans un acte du 3 décembre. — Cette pièce tend à démontrer que le donateur du vitrail de Saint-Etienne représentant saint Hubert, dont nous avons parlé, habitait cette paroisse.

Les anciens créanciers de Charles de Lorraine le harcelaient pour être remboursés des sommes qu'il leur devait ; mais n'ayant plus rien ou à peu près des emprunts faits sur ses biens, il prit le parti de vendre sa baronnie de Quatremares, membre du duché-pairie.

Jean de Boyer, sieur de Chanlecy, maître d'hôtel ordinaire du duc d'Elbeuf et son procureur par acte daté du 12 octobre, signé à Paris, transporta et céda donc, au nom de Charles de Lorraine, à Jean de la Haye, sieur de Chantelou, Cesseville, Fontaine-sous-Jouy, Amfreville, Iville et Sotteville, chevalier de l'ordre du roi, conseiller d'Etat, et à Madeleine Le Picard, épouse du sieur de Chantelou, « la seigneurie pleine et entière baronnye de Quatremares en ses circonstances et deppendances, sans en rien réserver ny retenir.

« La dicte terre et baronnye consistant en haulte justice ressortissant neuement en la cour de Parlement, avec droit de tabellionage, manoir seigneurial, maisons, granges, jardins, de colombier, terres labourables et aultres domaynes non fieffés... ensemble tout le domaine fieffé qui en deppend, tant en deniers, grains, oeufz, chappons, poulles, champart, creances et aultres revenus et redebvances seigneuriales, amendes, forfaictures, confiscations, fouage, reliefz, treiziesmes, droict.

presentation et patronnage des benefices dudict lieu de Quatremares, Surville, Sourtauville, Crasville, Dameneville et à la chapelle Sainct Loys de l'eglize dudict lieu de Quatremares, et qui sont du domayne de ladicte baronnye, toutefois que vaccation arryve et y eschect, teneures, droictz et generallement toutes les droictures, franchises, libertez et preeminences à ladicte baronnye appartenanz.

« ... De laquelle baronnye reliefve et tient par foy et hommage le fief d'Aneboult, situé au village de Surville et es environs, que possède à present noble homme Lois de Hocteville, seigneur de Maigremont. Laquelle terre et baronnye compecte et appartient proprietairement audict seigneur duc d'Elbeuf de la succession de feu son père et ses predecesseurs, tenue, rellevante et mouvante par foy et hommage dudict duché d'Ellebeuf, auquel ladicte baronnye par union lors de l'erection dudict duché avoit esté incorporée et joincte, et de present demembrée dudict duché par concession et lettres patentes du roy, données à Sainct Germain en Laye au mois d'octobre dernier...

« Ladicte vendue faicte moiennant le prix et somme de quatre vingtz mil cent livres tournois franchement venant ès mains dudict seigneur vendeur ou venant à son acquit ; pour le paiement de laquelle somme lesdicts seigneur de Chantelou et la dame son espouze, acquisiteurs, se sont ensemblement et l'ung pour le tout par indivis obligez d'acquitter et descharger ledict seigneur duc, de ce jour à l'advenir, du principal, arrerages et prorata de huict mil dix livres tournois de rente en plusieurs parties et envers les personnes cy aprez nommez, parce que ledict seigneur duc d'Ellebeuf sera tenu lors que ledict sieur de Chantelou luy vouldra faire scavoir le racquit qu'il veut faire des parties de rente cy après desclarez faire tenir à contendz ceux ausquelz sont deues lesdictes parties de rente, que ledict sieur de Chantelou et ladicte dame sont subjectz acquitter pour mondict seigneur duc d'Elbeuf, la desclaration de faict.

« Premièrement la dame de la Pommeraye, veufve de deffunct Vincent Puchot, quatre centz escus d'or sol ;

« Au seigneur marquis de Rothe... six mil escus ;

« A Nicolas Cabeuil, de Rouen, mil escus ;

« A André Bonissent, de Rouen, cinq centz escus ;

« A François de Cyville, quatre centz escus ;

« A damoyselle Marie de Bauquemare, fille du sieur de Franqueville, cent soixante six escus d'or deux tiers d'escu ;

« Aux héritiers de feu sieur de Tilly, mil escus ;

« Aux enfants de feu sieur Desgrefeuille, mil deux cents escus ;

« Pour le rachat de partie de terre fieffée du domayne de Quatremares, quatre centz escus ;

« A Pierre de Serville, de Rouen, deux mil escus ;

« A M. le président du Thil, mil escus ;

« A Clément Durand, quatre centz soixante six escus deux tiers ;

« A Laurence de Meullent, de Rouen, mil escus ;

« A Guillaume Regnault, de Rouen, mil six centz soixante six escus deux tiers ;

« A ladicte Meullent, veufve de Richard Bunel, six centz escus;

« A Eloy Perdrix, huit centz escus;

« Audict sieur président du Thil, trois mil escus;

« Toutes lesquelles parties cy-dessus reviendront à ladicte somme de quatre vingtz mil cent livres tournoiz.

« Lesdicts sieur acquisiteur et dame ont promis paier audict seigneur, duc d'Ellebeuf, trois mil escus d'or sol outre... »

Ce contrat de vente, passé le 6 décembre 1583, figure en entier sur les anciennes minutes du tabellionage du Bec-Thomas.

Les titres et actes divers de cette année 1583 nous donnent les noms d'un assez grand nombre de notables habitants d'Elbeuf et serviteurs du duc Charles. Nous citerons les suivants:

Richard de Marsollet, verdier des eaux et forêts du duché; Jacques Le Chandelier, procureur fiscal; Alexis Mansel, greffier du précédent; noble homme Claude Poizeau, valet de chambre du duc; Nicolas Madiot, son valet de garde robes; Robert Seneschal, commis au greffe du bailliage d'Elbeuf; Nicolas Bourdon, d'Elbeuf, percepteur pour le duc du droit de « languéage » dans la baronnie de Routot; Raoul Buisson, curé de Saint-Etienne. — Anne Le Forestier, veuve de Jean de Parvoclain (?) en son vivant sieur de la Rozière, habitait Saint-Aubin-jouxte-Boulleng.

Les drapiers des deux paroisses d'Elbeuf dont nous avons rencontré les noms sont: Guillaume Talon, Simonnet Richer, Jean Paulmier, Jean Langlois, Jean Thibouville, Jean Le Cousturier, Jean Heurtault, Pierre Heurtault, Gaston Bosguillaume, Jean Lissebonne, Geoffroy Delarive, Nicolas Dugard, Jean Robelot, Jacques Gallois, Marin Auber, Thomas Dehors, Robert Revel, Guillaume Brisemare, Michel Durufley. — Noel Aillet est dit « tisserand de drap » ; Jean et Alexis Cauchois père et fils, cardiers ;

Nommons encore : Clément Ferey, tavernier et adjudicataire des quatrièmes ; Robert Lestourmy, boulanger ; Georges Delapierre, pâtissier ; Zacharie Gueroult et Richard Grippois, taverniers ; Raoul Delarive, serrurier ; Jean Le Sueur, boucher ; Raoullin Harcourt, meunier.

Parmi les prisonniers détenus dans la prison d'Elbeuf vers cette époque, se trouvaient : Louis Carité et Nicolas Bonamy, boucher ; ce dernier pour dettes, à la requête du seigneur de Boscregnoult en Roumois.

Nous avons rencontré, pour la troisième fois, le nom de Flavigny dans un acte de cette année. Ce nom était nouveau à Bec-Thomas, car dans une procuration du 6 janvier 1584, par laquelle Noel Léger, sergent royal au duché d'Elbeuf, donnait pouvoir à Alexandre Flavigny de le représenter dans un procès au Parlement, le tabellion écrivit à plusieurs reprises « Flagny ». Le procureur signa « de Flavigny » d'une fort belle écriture.

CHAPITRE XIII
(1584-1589)

Charles Ier de Lorraine, duc d'Elbeuf (suite). — Actes du tabellionage. — Réné d'Elbeuf a la collégiale de la Saussaye. — L'affaire Bourbon-Montaud. — La peste a Elbeuf. — La Ligue. — Assassinat des Guises et arrestation du duc d'Elbeuf. — Nouvelle guerre civile.

Le 21 janvier 1584, « damoiselle Marye Delaporte, veuve de feu Me Guillaume Ermeroult, en son vyvant escuier, lieutenant du visbailly d'Evreux, demeurant au manoir seigneurial de la Roquette, parroisse d'Oissel », vendit à Guillaume Dupont, boucher, fils Jean, de Saint-Jean d'Elbeuf, trois vergées de terre en sablon, sises à Cléon, au triège du Presbytère, moyennant neuf écus avec un demi écu « pour le vin du marché ».

Le même jour, Nicolas Regnault, marchand de grains, de la paroisse Saint-Jean, acheta à Boissay-le-Châtel 60 boisseaux de blé, mesure du Neubourg, rendus à Elbeuf, moyennant 35 écus évalués à 105 livres tournois. — Le prix d'une vache pour la boucherie était alors de 11 à 12 livres.

A cette époque, il avait procès au bailliage de Pont-de-l'Arche, au sujet des dîmes du triège de la Fosse-Liénard, que réclamait le curé de Caudebec.

Jean de Boyer, sieur de Chanlecy, maître d'hôtel et porteur de la procuration du duc d'Elbeuf, bailla à ferme, le 28 février, à Eloy Perdrix, bourgeois de Rouen, la baronnie de Routot avec ses terres et dépendances, telle qu'il l'avait eue de la duchesse douairière de Guise, usufruitière de cette baronnie. Outre diverses charges mentionnées au contrat, le preneur s'engagea à payer 2.300 livres par chaque année, plus 100 écus pour le vin du marché.

Le 5 mars, Pierre de Bessin, sieur de Mathonville, demeurant à Saint-Aubin-jouxte-Boulleng, donna sa procuration pour le représenter dans un procès qu'il avait au Parlement, au sujet d'un héritage de Robert de Rouves.

Le 7, le sieur de Chanlecy, procureur du duc Charles, donna décharge à Mᵉ Pierre du Breuil, ci-devant receveur de la baronnie de Beaumesnil, et résilia le bail contracté pour cette seigneurie, sans demander aucune indemnité pour les réparations restant à faire « tant au château de Beaumesnil, murailles, pourpris d'icelluy, pontz, moullins, halles, chaulsées, qu'en autres édiffices », à la condition que le sieur du Breuil lui donnerait « délivraison du pappier terrier, que ledict du Breuil sera tenu rendre à mondict seigneur en la chambre de son thesor à Ellebeuf, en forme probante, deuement approuvée du seneschal et greffier de ladicte baronnie, dedens six mois ; à faulte de quoy faire... ledict du Breuil sera tenu à paier à mondict seigneur pour peyne la somme de cinquante escus sol... »

Le registre du tabellion porte la copie d'une lettre du duc d'Elbeuf concernant cette affaire. Elle se termine ainsi : « ... Je ne vous ferey pas plus longue lettre, priant Dieu, Monsieur de Chanlecy, vous tenir en sa saincte garde. — A Paris ce vingt sisiesme feburier mil v^c quatre vingtz quatre. — Vostre très fidelle amy. — CHARLES DE LORRAINE. »

Le 10 de ce même mois de mars, Jacques Laisné, de Thevray, prit à ferme pour neuf années, de Charles de Lorraine, duc d'Elbeuf, « la baronnye, terre et seigneurye de Beaumesnil, consistant en un chasteau de forteresse, clos de fossez, fermes, rentes sieuralles, terres, labours, moullins, halles, coullombier, jardinages et aultres choses... »

Le bailleur fit diverses réserves, notamment « la demeure du cappitayne dudict chasteau au grand corps de maison et l'estable aux chevaux d'icelluy... » Le prix du bail fut fixé à 3.000 livres chaque année.

Le 15, Pierre Dumoustier vendit à un voiturier par eau demeurant à Rouen, « un basteau du port de deux centz muids de vin... estant de présent sur le quay d'Ellebeuf... moyennant cent escus d'or sol evalluez à trois centz livres tournois ». — La signature du vendeur figure une hache.

A cette époque, un nommé Etienne Hermier était détenu à la prison d'Elbeuf, « pour le cryme de faulse monnoie ». — Jacques Fouquet, drapier, de Fouqueville, était également enfermé pour dettes dans la même prison.

Jean Dupont, sergent traversier dans la forêt des Monts-le-Comte, demeurait en la paroisse

Saint-Jean, ainsi que Lazare Gueroult et Raoullin Mauger, taverniers. — Georges Hentu et Jean Nicolle, drapiers, et Pierre Poitevin, menuisier, sont mentionnés dans des actes de cette année.

Le 20, Nicolas Gosse, d'Infreville, et Pierre Lemonnier, du Petit Bosbenard, s'engagèrent envers le duc d'Elbeuf « à faire et construire un moullin à vent de bois en la parroisse de Sainct Pierre du Boscroger au lieu qu'il leur sera monstré et rendre prest, bien et deuement faict, dedens la Sainct Gille prochain venant, en querant le bois au lieu et parc de l'abaye du Bec... Cest marché faict pour la somme de soixante escus d'or sol... »

Le même jour, Pierre Genestay, de Basville, scieur de bois, s'engagea envers Charles de Lorraine à scier tout le bois nécessaire pour la construction de ce moulin, et sans rien réserver du sciage, moyennant la somme de 70 livres.

Le 31, « noble homme François Doulcet, sieur de Bosberenger, gentilhomme ordinaire de sa venerye, demeurant au Bosberenger, paroisse du Bourgtheroulde », transporta une rente de 20 livres à Nicolas Forest, marchand d'Elbeuf. Le vendeur était fils de Louis Doucet et de Jeanne Menard, qui avaient fait don d'un vitrail à l'église Saint-Etienne.

A cette époque, Alexis Mansel, greffier à Elbeuf, était certainement le plus important négociant de notre localité. Les registres des tabellionages du Bec Thomas et de Bourgtheroulde contiennent un très grand nombre d'obligations en sa faveur pour vente de diverses marchandises, notamment du blé et du vin. Mansel faisait également la banque, et n'était pas tendre pour ses débiteurs, qu'il faisait emprisonner à Elbeuf quand ils ne le payaient point.

Un acte daté du 1er mai, concernant un détenu, pour dettes envers le roi, dans les prisons d'Elbeuf, mentionne « honneste personne Jehan Leblond, taincturier à Thuict Heudebert » (Saint-Ouen-du-Tilleul). — Il faut en conclure que la teinture se pratiquait dans les paroisses du Roumois comme à Elbeuf même.

Les noms de famille étaient encore loin d'être fixes et invariables. Nous trouvons, par exemple, dans des obligations de cette époque : Jean Delarive, dont le fils est appelé Rivette ; Pierre Aillet, père de Jean Hayet ; Simon Laurent, père de Simon dit Le Sage, lequel eut pour fils Jean Lesage ; un autre Jean Delarive, dont le fils porte le surnom d'Aubert, lequel devint le nom de famille des enfants de ce dernier ; Jean Pinard, laboureur-vigneron, eut un fils également du prénom de Jean dont un des descendants est nommé Vigneron et un autre Levigneron.

Melchisedech et Jean de Flavigny frères, fils Simon, sont plusieurs fois cités dans des actes de cette année. Jean habitait Elbeuf. — « Florestant des Champs, sieur de Bois-Labbé, homme d'armes du sieur de Mathignon, mareschal de France, et damoiselle Anne Le Forestier, sa femme », habitaient Saint-Aubin-jouxte-Boulleng.

Le 5 juillet, « Cippion Mansel, fils Robert, recepveur de la taille de Sainct Jean, vendit à Georges Berenger, de cette mesme paroisse, le principal de vingt cinq livres de rente, racquittable par deux centz cinquante livres, en quoy feu noble homme Charles de Bigars, sieur de Normanville, s'estoit engagé envers deffunct Alexis Mansel, père dudict Robert... »

Charles III, duc régnant de Lorraine et beaucoup de membres de sa famille tinrent une conférence secrète, près de Nancy. Cette assemblée fut suivie d'une autre, à Joinville, le 31 décembre 1584. Le duc de Taxis, au nom du roi d'Espagne, et le sieur de Roncherolles, au nom du cardinal de Bourbon, y signèrent un traité, au bas duquel figuraient également les noms des princes de Lorraine et de Guise, des ducs d'Aumale et d'Elbeuf, et dont le préambule était ainsi conçu : « Considérant le danger où est réduite la religion catholique dans le royaume de France, depuis que le roi de Navarre (Henri IV) s'est déclaré chef des hérétiques, ils ont cru nécessaire de s'unir par une sainte ligue pour le maintien de la religion catholique dans le royaume ». De cette époque donc date cette fameuse Ligue, qui engendra une nouvelle guerre civile.

Les registres capitulaires de la Saussaye mentionnent qu'en 1584 « a esté rendue la croix de Monsieur (le duc d'Elbeuf), laquelle croix, portée à Rouen pour refaire, est demeurée en garde entre les mains du chapitre jusqu'au retour de Monsieur ».

En 1585, le duc Charles, malgré les hauts cris et les énergiques protestations des chanoines de la Saussaye, leur imposa pour doyen son frère bâtard « noble homme René d'Elbeuf, écuyer, sieur de Beaumesnil, imberbe, encore sur les bancs de l'école, qui se contenta de toucher les revenus de son bénéfice, vécut toujours à Paris, n'exerça jamais ses fonctions, et ne résigna qu'après s'être marié, ce qui le rendait absolument incapable de canonicat ». René de Beaumesnil était né d'une Ecossaise nommée Marguerite Chrestien et de René III de Lorraine, marquis d'Elbeuf.

Ce René est cité comme parrain, au Gros-Theil, d'une cloche pesant 1.400 kilog., et sur laquelle on lit : « N. D. Anne de Tiercelin, dame de la Londe, m'a nommée Anne, à la compagnie de noble homme René d'Elbeuf, seigneur de Beaumesnil, et damoiselle Françoise de Nollent, en 1585 ».

En ce même temps, les troupes de la Ligue furent battues et dispersées en plusieurs provinces. Le duc de Joyeuse, entre autres, mena battant avant lui celles que le duc d'Elbeuf commandait, depuis la Touraine jusqu'en Normandie, où elles se dispersèrent tout à fait. Le duc d'Epernon de son côté, donna la chasse à 4.000 hommes qui avaient pris rendez-vous autour d'Orléans.

Pierre de l'Estoile rapporte que « le 14 may, par arrêt du grand conseil, fut décapité devant l'hotel de ville Bourbon Montaud, gentilhomme gascon, pénitent et favory du duc d'Espernon, qui l'avoit donné au Roy, et étoit l'un des quarante-cinq fendans appointés à douze cents écus de gage, et bouche à cour, que le Roy avait mis sus depuis ces derniers troubles pour être toujours pres lui comme seures gardes de son corps, se deffiant de chacun, et se voyant comme deffié par ceux de la Ligue par leur désobéissance, croissant par l'impunité et la foiblesse du soupçon superieur.

« Son procès lui fut fait sur ce qu'il avoit accusé le duc d'Elbœuf de lui avoir offert dix mil écus pour tuer le Roy ; et pour ce que Sa Majesté lui en avoit promis vingt mil s'il vérifioit ce qu'il disoit ; n'en pouvant montrer ne preuve ne indice, fut mis à la question, où il confessa que mensongerement il avoit avancé ce propos afin de tirer de la bourse du Roy quelque bonne somme de deniers, à raison d'un tant important et signalé avertissement.

« En ce temps, le duc d'Aumale, l'un des chefs de la Ligue, ayant levé quelque nombre de fressuriers, faucheurs et telles canailles qu'il conduisoit en personne, disant qu'il cherchoit les huguenots pour les dévaliser et massacrer, court bonne part de Picardie, tue et pille gentilshommes et roturiers, prêtres, moines, etc., sans épargner les églises ; faisant autant de maux que les plus échauffés huguenots dans les troubles precedens n'avoient fait. Aussi est-ce à faire à des badaux à croire que telles gens ayent aucune religion ».

Plusieurs auteurs assurent que le duc d'Elbeuf ne put jamais bien se laver de l'affaire Bourbon Montaud.

Les Guises eurent l'adresse d'obtenir un Edit du roi contre les protestants et le commandement des armées pour l'exécuter. Ils obtinrent en outre un grand nombre de places fortes ; et les cardinaux de Bourbon et de Guise, les ducs de Guise, de Mayenne, d'Aumale et d'Elbeuf reçurent chacun une compagnie d'arquebusiers à cheval pour la garde de leur personne, plus 300.000 écus pour des travaux de fortification. Ce traité fut signé à Nemours le 7 juillet.

A l'automne, la Ligue était aux abois, l'argent lui faisait défaut. Le 7 octobre, les Guises préparèrent une ordonnance royale prescrivant la vente des biens appartenant aux protestants.

La seigneurie de Martot était alors en la possession de la famille Costard, qui figure sur plusieurs actes passés à Elbeuf ou au Bec-Thomas. — Le 7 février 1586, Nicolas Costard, dit le capitaine Martot, eut la tête tranchée au Grand-Carrefour d'Evreux, et un de ses parents, Robert Costard, fut pendu.

Le Parlement de Rouen ayant rendu un arrêt par lequel les religieux de Bonpont avoient été autorisés de faire payer leurs rentes « sur leurs journeaux et possessions, vu que leurs titres, à la plus grande partie, avaient esté pillés et égarés pendant les guerres », il en résulta plusieurs procès, dont un certain nombre contre des Elbeuviens.

La liasse n° 70 des Archives de Bonport renferme de nombreuses pièces relatives à ces différends, parmi lesquels nous citerons celui qui éclata entre l'abbaye et Pierre Fouquet, en 1586, à cause d'une maison sise à Elbeuf, « où pendoit pour enseigne le *Pot d'Etain* » et qui dura quinze ans au moins ; d'autres commencés aussi en 1586, contre Michel Solon, Thomas Bénard et Jacques Thiboult, et enfin, un cinquième, contre Marguerin Dubosc, qui dura fort longtemps également.

Le 18 février 1587, Marie Stuart, reine d'Ecosse, périt sur l'échafaud par ordre d'Elisabeth, reine d'Angleterre, sa cousine, qui l'avait tenue prisonnière pendant dix-huit ans. Ainsi finit cette célèbre reine, fille d'un des anciens seigneurs d'Elbeuf.

Robert Costard, sieur de la Motte-Prestral, servant sous les ordres du duc d'Elbeuf, reçut de ce prince l'ordre d'aller arrêter, à Sainte-Colombe-sur-Seez, un protestant nommé Louis Hardy. Un domestique de ce dernier voulant défendre son maître, fut tué par Costard qui, plus tard, ayant commis d'autres crimes, fut condamné à mort ; mais il obtient le privilège de saint Romain, en 1606, et eut la vie sauve.

Le 19 avril, « noble homme Loys de Taconnières, seigneur d'Oryval en partie, demeurant audict lieu, acheta la moictié d'une rive plantée en vignes, osiers, saules et autres arbres ». Cette rive dépendait de son fief.

Le 28, « Mᵉ Guillaume Mares, advocat, à présent prisonnier es prisons d'Ellebeuf », donna procuration à Alexandre de Flavigny et l'autorisa à plaider pour lui.

Yvon, Jacques et Antoine Delacroix frères, d'Elbeuf, passèrent un acte le 3 mai. Jacques, qualifié de « maistre » écrivait remarquablement bien. Ses frères signèrent « Yvon de la † » et « Anthouene de la † ».

Par un autre acte de la même année, Yvon et Antoine cautionnèrent Jacques de la somme de 320 livres par an, à cause de la sergenterie de la haute justice du duché d'Elbeuf dont il avait été déclaré adjudicataire ; cette fois Antoine signa son nom en entier.

Nicole Le Saige, serrurier, ne savait pas écrire, mais il remplaçait son nom par un dessin figurant une clé artistique dont l'œil était en forme de lyre.

Le 16 juin 1587, « Mᵉ Jean Hondemare, chyrurgien, de la parroisse Sainct Jehan, vendit un escu de rente à Mᵉ Loys Hesbert, tabellion du Bec-Thomas. »

Une pièce d'écriture datée du 25 juin de cette année mentionne les trièges du Mont-Duve, des Rouvalets, de la Chouque et du Buquet, tous sur la paroisse Saint-Etienne. — Une autre, du 28, mentionne une maison « portant pour enseigne les Maillotz » sise paroisse Saint-Jean, et louée à Raoullin Maingo, tavernier.

Dans le courant de juillet, de nombreux marchands d'Elbeuf firent des achats de blés en Roumois et dans la campagne d'Amfreville, livrables à la Saint-Gilles. Le prix consenti était généralement de 5 livres la mine ; mais vers le 25, des marchés furent traités à raison de 4 livres la mine.

En ce même mois, M° Richard Grisel, échevin de Rouen, avait la procuration de Louis Farin, lieutenant du bailli d'Elbeuf.

Jean Bonamy, procureur fiscal du duché et administrateur de l'hôtel-Dieu d'Elbeuf, est nommé dans un contrat relatif à un apprenti boucher, dont le maître était Guillaume Dupont, de la paroisse Saint-Jean.

Le Répertoire des bénéfices de l'Archevêché de Rouen mentionne une nouvelle nomination à la cure de Saint-Etienne d'Elbeuf, le 15 août 1587, par l'abbé de Saint-Taurin. Le titulaire jouit de ce bénéfice jusqu'en 1593.

Nous trouvons dans le grand Pouillé d'Evreux les détails qui suivent concernant l'autre paroisse de notre ville :

« Le 28e septembre 1587, M° Guillaume Postel, prestre, chanoine, official d'Evreux et vicaire général de M. Claude de Saintes, évêque de ladite ville, a conféré à M° Richard Farin, clerc du diocèse d'Evreux, la cure de Saint Jean d'Elbeuf, vacante par « la résigna-
« tion faite en sa faveur par M° Rodolphe Lau-
« rent », prestre, dernier curé et possesseur, suivant la signature donnée à Rome le jour avant les calendes de mars de la IIme année du pontificat de Sixte V. »

« Le 28 septembre 1587, sur la présentation

faite par noble et vénérable personne, Me Guillaume Péricard, aumosnier du Roy, son conseiller au parlement de Rouen, abbé commendataire du monastère de Saint Taurin d'Evreux, à la cure de Saint Jean d'Elbeuf, vacante par « la mort de Raoul Laurent », prestre, dernier curé, ladilte cure a été conférée à Robert Torchy, prestre, chapelain de l'église cathédrale de Rouen ».

A cette époque « Loys Farin, sieur de Boutigny, lieutenant du bailly d'Ellebeuf » habitait la paroisse Saint Jean. — Un autre habitant de notre localité est ainsi désigné : « Jehan Cappelet, esleu pour le Roy nostre syre en l'eslection du Pont de l'Arche ».

Le duc d'Elbeuf montra du courage aux combats de Vimory et d'Auneau, en Beauce. Ce dernier combat eut lieu le 24 novembre, contre les Allemands. Charles de Lorraine escalada pendant la nuit les murs du parc d'Auneau et, à la pointe du jour, tomba sur l'ennemi. Le duc de Guise commandait en chef les troupes françaises. Près de deux mille Allemands périrent dans cette affaire.

Un des registres du bureau des Finances de la généralité de Rouen mentionne que la draperie était obligée de fournir des subsides à raison de 12 deniers pour livre, et que la situation industrielle et commerciale était extrèmement mauvaise alors. On reconnaît que « le trafic et manufacture de draps a presque du tout cessé ».

Ce ne fut pas la seule affliction des habitants de notre bourg, car, suivant François Dupont, en 1587 et 1588, une maladie contagieuse fit de grands ravages à Elbeuf. Dans la seule paroisse Saint-Jean, 500 personnes moururent. Des quatorze frères qui composaient la confrérie de Charité, cinq furent enlevés, mais leurs places furent aussitôt remplies par d'autres. La crainte devint telle, dit Dupont, que « tous les habitants s'enfuirent et emportèrent leurs meubles. Cet évènement est consigné dans le registre de la Charité, page 297 ».

Comme la population était alors à peu près égale dans les deux paroisses, si l'on se basait sur le chiffre de la mortalité parmi les frères de charité, on pourrait conclure que notre bourg était peuplé d'environ 3.000 habitants, avant l'épidémie, et de 2.000 seulement après.

Enfin, pour comble de misère, notre contrée était parcourue par des soldats, protestants ou catholiques, qui portèrent la désolation dans nombre de villages, en volant, pillant et violant.

En 1588, le chapitre de la Saussaye donna l'ordre à ses serviteurs de tenir le cloître fermé, « pour obvier aux adversités du temps, troubles, guerres et gens d'armes ».

Les Guises, dont la popularité était devenue très grande, se croyaient alors les maîtres des destinées de la France. Le 1er janvier 1588, ils se réunirent à Nancy ; le duc d'Elbeuf assista à la conférence.

On y rédigea une requête au roi, par laquelle le monarque était sommé de se joindre ouvertement à la Ligue, de retirer toutes les charges publiques que les protestants possédaient, d'établir l'Inquisition, etc.

Au fond, ils ne rêvaient qu'à renverser Henri III pour élever Henri de Guise au trône. Les cadets de la maison, le duc d'Elbeuf particulièrement, étaient à peu près ruinés : ceux-ci espéraient, pour rétablir leurs finances, se tailler de petites souverainetés dans la France, qu'ils voulaient partiellement démembrer à leur profit.

Mais Henri de Guise, le chef de la famille, entendait, s'il parvenait à saisir le pouvoir, le conserver tout entier ; de là des tiraillements entre lui et ses compères, lesquels ne supportaient son joug qu'avec l'espoir de s'en délivrer au plus tôt.

Ce fut à la suite de la réunion de Nancy que l'on donna le nom de « faction Caroline » aux cadets de Lorraine, parce que tous s'appelaient Charles, qui était aussi le nom du duc de Lorraine : Charles, duc de Mayenne, frère du duc de Guise ; Charles de Savoie, duc de Nemours, son frère utérin ; Charles de Lorraine, duc d'Aumale, et Charles de Lorraine, duc d'Elbeuf, leurs cousins germains.

Avant de se résigner aux exigences de la Ligue, le roi fit parcourir la province par des commissaires afin de connaître l'opinion publique. C'est ainsi que l'historien de Thou vint en Normandie, visita beaucoup de villes de notre province, notamment Evreux, Rouen, Dieppe, Saint-Valery, Le Havre, Lisieux, Caen, Falaise, etc. A l'exception de Caen, partout ou presque partout, les populations montrèrent leurs sympathies pour la Ligue.

A la date du 13 janvier, les président et trésoriers généraux de France au bureau des finances de Rouen, sur le vu de lettres patentes données par le roi, à Paris, le 20 décembre précédent, payèrent au duc d'Elbeuf et aux héritiers de feu sieur de la Roche-Guyon, la somme de dix mille livres, prise sur le produit des ventes de bois faites dans les forêts du roi.

Le duc d'Elbeuf se trouvant à Rouen, le 9

mars, le chapitre de la cathédrale se porta audevant de sa personne et lui présenta le pain et le vin.

Le 9 mai, le duc Henri de Guise arriva à Paris, suivi du duc d'Elbeuf et autres princes de Lorraine. Le roi chercha le moyen de faire assassiner le chef de la Ligue, mais il ne se trouva personne pour tenter le crime, et les deux ennemis s'entretinrent pendant l'après-dînée en présence de la reine-mère.

Le lendemain, Henri III donna l'ordre aux nombreux étrangers qui se trouvaient dans Paris de sortir de la ville. Une émeute éclata; dans l'après-midi 60 ou 80 Suisses furent assommés dans la Cité ; des barricades s'élevèrent dans toutes les rues. Le duc de Guise eût pu faire prisonnier le roi, mais il recula devant la responsabilité de cette mesure. Le 10 mai 1588 est connu dans l'histoire sous le nom de « Journée des Barricades ».

Henri III s'échappa et se réfugia à Chartres, suivi de ses officiers. Le duc de Guise s'empara de la Bastille et de l'Arsenal, et les membres de sa famille de plusieurs villes de province. La reine-mère s'employa alors à réconcilier son fils avec le duc de Guise.

Ce fut le 22 mai de cette année que l'*Armada* sortit du port de Lisbonne afin d'aller écraser l'Angleterre, sous le prétexte de venger le monde catholique de la mort de Marie Stuart, et dans le but de rétablir le catholicisme dans le royaume d'Elisabeth.

On sait que cette armée navale, la plus puissante que l'on eût jamais vue, se composait de 150 vaisseaux, avec 8.000 marins, 20.000 soldats, 2.600 pièces de canon, des munitions innombrables, et fut en grande partie détruite et qu'il périt dans cette expédition environ 16.000 hommes.

A cette entreprise, préméditée depuis longtemps par Philippe II, roi d'Espagne, faut-il rattacher les achats de navires faits par le duc d'Elbeuf quelques années auparavant? Nous n'oserions l'affirmer ; mais on sait que les intérêts de l'Espagne étaient plus chers aux Guises que ceux de la France même, et que les ligueurs avaient prêté la main à Philippe pour s'emparer du port de Boulogne.

Le dimanche 12 juin, le roi se trouvait à Vernon, et se disposait à se rendre à Rouen. Mais Jacques Le Veneur, comte de Tillières, lieutenant général de Normandie, gouverneur du Vieux Palais de Rouen, qui avait épousé Charlotte Chabot et conséquemment était beau-frère du duc d'Elbeuf, l'en dissuada. Claude Groulart, premier président du Parlement de Normandie, mentionne ce détail dans ses *Mémoires* :

« Le comte de Tillières, ayant espousé la belle-sœur de M. d'Elbœuf, avoit secrettement, encore qu'il n'en feist semblant, faict profession de la Ligue ; de sorte qu'ayant entendu que le Roy venoit à Rouen, il se fascha fort ; et de fait le traiziesme de juin, comme nous préparions à recevoir le Roy, ils advisèrent ensemble, le père, le sieur de Chemelerault et luy, d'envoyer dire au Roy que le peuple estoit fort esmeu, qu'il y avoit danger de sédition, et qu'il valoit mieux que l'on différast au lendemain : ce qu'ils faisoient affin d'avoir loisir d'exciter le peuple, et luy persuader qu'on vouloit mettre des garnisons : ce qui sans doute eust fait résoudre les mutins à dénier l'entrée au Roy... »

Groulart, questionné par un envoyé d'Henri III, répondit que, s'il ne venait dans la journée, il n'entrerait jamais dans la ville. Le roi vint.

Nous avons recueilli les faits suivants concernant particulièrement notre localité, en cette année 1588 :

Le 3 mars, Georges Béranger, Robert Viel et Denis Grimouin, trésoriers, vendirent au nom de l'église Saint-Jean, une rente d'un écu, pour en employer le capital aux besoins du trésor.

Le 9, Anne de Goue, veuve de Pierre Hondemare, chirurgien à Elbeuf, constitua une rente de 50 livres à son fils Pierre, « clerc tonsuré estudiant, pour qu'il puisse parvenir aux saintes ordres ».

Par devant les notaires du Bec-Thomas, le 14 avril, Charlotte de Saldaigne, épouse séparée de biens de Pierre de Bessin, sieur de Mathonville, demeurant avec son mari à Saint-Aubin, donna procuration à son fils Raoul de Bessin. — Ce dernier devint bailli d'Elbeuf.

Un acte du 7 juin mentionne Thomas Lemonnier, drapier, paroisse Saint-Etienne, tuteur des enfants de Jean Lemonnier, de la même paroisse. C'est de cette famille que furent les Lemonnier, fondateurs de la grande industrie drapière elbeuvienne au siècle suivant.

Le 17 juillet, Me Simon Roze, curé de Caudebec, bailla à ferme pour trois années « tous et chacuns les quarts qui audict sieur curé appartiennent à cause de sa cure, sur les grosses dixmes des parroisses de Caudebec, Sainct Jehan et Sainct Estienne d'Ellebeuf, sans en rien retenir, avec la dixme des navets qui pourroient excroistre durant led. temps sur la parroisse de Caudebec seulement, réservé la dixme en triége du Busc Martin... moiennant la somme de trente troys escus un tiers et vingt cinq boisseaux de bled mesteil, mesure d'Ellebeuf, par chacun an... avec troys escus au vin... »

Le 18 septembre, Jean Dugard, receveur de la Haye-Malherbe, vendit une petite rente à « noble homme Nicolas Le Blanc, sieur de Sainct Pierre des Cerqueux, bailly d'Ellebeuf».

Le duc Charles de Lorraine se trouvait dans son bourg d'Elbeuf, le 24 du même mois. Il profita de son passage ici pour donner pouvoir à Jean Robert, son « conterolleur et argentier », de constituer et vendre en son nom une rente de 1.500 écus à prendre sur tous ses biens et seigneuries, à raison de dix pour cent par an.

Le lendemain, le duc d'Elbeuf vendit à Jean Dendemare, écuyer, fils de feu Pierre Dendemare, 220 écus de rente, moyennant la somme de 2.200 écus qu'il reçut comptant, « en francz, demy francz, quartz d'escus, testons et aultre monnoie ayant cours ». Mathieu Dupont, receveur du duché, et Jean Nicolle, administrateur des bois d'Elbeuf, furent chargés de payer régulièrement cette rente de 660 livres, assise sur les domaines ducaux.

Le duc d'Elbeuf, « pair et grand escuyer de France » manda à Eustache Tuvache, receveur de son comté de Lillebonne, qu'il eût à payer aux chanoines de Rouen ce qui leur était dû à cause des alluvions de Petitville, suivant l'arrêt du Parlement de Normandie. Cette lettre se termine ainsi : « Donné en notre bourg d'Elbeuf, le 27e jour de septembre 1588 » signé : CHARLES DE LORRAINE ; et plus bas : « DE SAINT-PÈRE ».

Pierre Torchy resta peu de temps à la cure de Saint-Jean ; car, le 5 novembre 1588, il démissionna purement et simplement, par procureur, entre les mains de Postel, official et vicaire général de Claude de Saintes, évêque d'Evreux. Par suite, Guillaume Péricard, chantre et chanoine de l'église métropolitaine de Rouen et abbé de Saint-Taurin, présenta Richard Farin, clerc, qui, l'année précédente, avait postulé à ce bénéfice.

En 1588, nous trouvons des actes mentionnant « Jehan Cappelet, esleu pour le Roy nostre sire en l'eslection du Pont de l'Arche ; Richard Pollet, procureur fiscal au duché d'Ellebeuf ; Ferry Gentil, pannetier de la maison de monseigneur le duc d'Elbœuf, natif de Lorraine ; Nicolas Bezy, faulconnier de monseigneur le duc d'Allebeuf ».

Les roches d'Orival, avec la permission du seigneur de la Londe, qui en était le propriétaire, fournissaient sans doute les faucons de la fauconnerie du duc d'Elbeuf. Ces oiseaux de proie furent toujours en grand nombre dans les crevasses de ces rochers ; il y en a encore en quantité. On y a trouvé même, parfois, des aigles et des vautours.

« M⁰ Jehan Cappelet, esleu... » était subrogé au droit de « Jacques de Guincestre, adjudicataire des fermes de l'ancien aide des cinq sols par muid de vin en la generalité de Rouen ».

Parmi les actes de 1588, nous citerons les suivants : La location d'un troupeau de moutons, à Caudebec, par un fabricant d'Elbeuf, pour en récolter la laine ; une donation à la fabrique de Saint-Etienne ; un contrat mentionnant « noble homme Antoine Farin, fils et héritier de feu Pierre Farin, escuyer, et de damoiselle Marguerite Le Bœuf, demeurant à Ellebeuf » ; un autre acte dans lequel sont cités : « noble homme Louis Farin, sieur de Boutigny, Richard Farin, curé de Sainct Jehan d'Allebeuf, et Anthoine Farin, frères, tous demeurant paroisse Sainct Jehan ».

Les registres mémoriaux de la Chambre des comptes de Normandie portent, pour l'année 1595, une copie des « lettres patentes de descharge accordées à Christophe Coynart, recepveur des tailles de Conches, de douze cens trente et un escus vingt et un sols d'une part, et sept cens quatre vingt dix escus d'aultre, prins par force par le duc d'Elbeuf, en l'année 1588, des deniers de sa recepte ». Charles de Lorraine exerçait donc un véritable métier de brigand.

Les Etats de Blois s'ouvrirent le dimanche 16 septembre. Le roi y jura l'Union. Henri III jura également, sur un autel, amitié avec le duc de Guise et communia avec lui de la même hostie ; mais ce n'était que pour mieux déguiser un projet qu'il méditait depuis longtemps, sur les conseils d'Ornano, dont la duchesse d'Aumale, sœur du duc d'Elbeuf, avait dénoncé publiquement les intentions.

Les avis ne manquaient pas, d'ailleurs, à Henri de Guise, et le duc d'Elbeuf fut l'un de ceux qui l'avertirent des dangers qu'il courait à Blois. Mais Guise était si plein de la confiance que nul n'oserait s'attaquer à sa personne, qu'il répondit un jour à Charles de Lorraine : « Je vois bien que vous avez consulté un almanach de l'année prochaine — on était à l'avant-veille de Noël — car tous sont farcis de menaces pareilles ». Les évènements devaient se dérouler avant même cette année prochaine.

Le vendredi 23 décembre, le roi, étant au château de Blois, fit appeler le duc de Guise pour lui parler. « Dix ou douze de ceux qu'on appeloit « les quarante-cinq » vite le saisirent par le corps, et en mesme temps saisirent son espée et sa dague; de sorte que, sans qu'il se peust deffendre, il fut incontinent tué par eux à coups de dague. Et bien tost après, le Roy, ayant veu au travers de la porte la fin de son commandement, partit de son cabinet, et, voyant ainsi ledit sieur de Guise mort, dit qu'il estoit lors assurement roy... et au mesme temps fit appeler M. le cardinal de Guise et M. l'archevesque de Lyon qui estoient dans l'antichambre.... le Roy leur montra ledit corps mort et tout sanglant dudit sieur de Guise, et après les fit emmener prisonniers en une chambre haute dudit chasteau de Blois, d'où incontinent ils furent séparez, et des gardes séparément donnés à chacun.

« Au mesme temps, l'on envoya aussi des gardes à M. le Cardinal de Bourbon en sa chambre, comme à madame de Nemours et à messieurs les princes de Joinville, d'Elbœuf et de Nemours... »

Le lendemain, Henri III fit aussi assassiner le cardinal de Guise qui fut tué à coups de hallebarde, dans la chambre où le roi l'avait fait enfermer, par un nommé Duguast accompagné de quatre soldats.

Du Plessis de Richelieu, « grand prevost de France », le personnage qui avait vendu un navire au duc d'Elbeuf, avait été présent à l'assassinat des duc et cardinal de Guise. Il entra dans la salle des Etats, où il cria que l'on avait voulu tuer le roi, fit arrêter plusieurs grands seigneurs et garder plus étroitement le duc d'Elbeuf, le prince de Joinville et le duc de Nemours.

Ensuite, Richelieu fit brûler les corps des deux Guises et ordonna que leurs cendres fussent jetées au vent, de peur que le peuple n'en fît des reliques.

En apprenant ce double assassinat, la reine-mère dit au roi : « C'est bien coupé, mon fils ; mais je ne sais si vous coudrez aussi bien ».

Lorsque la nouvelle de l'assassinat des Guises parvint à Paris, un soulèvement général y éclata. Les chaires retentirent d'imprécations contre le monarque ; la Sorbonne, par un décret du 26 janvier, le déclara déchu de la couronne. Tous les bourgeois prirent les armes, et le duc d'Aumale, cousin des princes qui venaient de périr, fut mis provisoirement à la tête des troupes parisiennes. On attendait le duc de Mayenne, qui, se trouvant à Lyon au moment de la mort de ses frères, s'était dérobé à ceux qui avaient été envoyés pour l'arrêter.

Le duc d'Elbeuf, le prince de Joinville et autres membres de la famille de Guise, arrêtés à Blois, furent conduits au château d'Amboise vers la fin de janvier 1589. Quelques jours après Henri III, se défiant du sieur de Cognac et du capitaine Duguast, ce dernier commandant d'Amboise, fit mener le cardinal de Bourbon à Tours, puis à Chinon et enfin à Fontenay. Le prince de Joinville fut emprisonné à Tours, et le duc d'Elbeuf à Loches.

Le duc de Mayenne, oncle du duc d'Elbeuf, prit le commandement des troupes de la Ligue.

La ville de Chartres fut la première qui se rendit aux Ligueurs. Mayenne y entra le 7 février 1589 ; il y fit jurer l'édit d'union, plus trois articles additionnels, dont le dernier réclamait la vengeance des massacres de Blois.

Ce dernier article entraîna Dreux à suivre l'exemple de Chartres. Elbeuf, bourg ouvert, était sans importance au point de vue militaire ; mais ses habitants furent naturellement portés vers l'Union, à cause de l'arrestation de leur duc.

Ainsi que le constate la *Chronologie* novennaire de Palma Cayet, « Rouen ne fût des dernières à se sentir de ce remuement... toutes les villes et ponts de la Normandie qui sont sur la rivière de Seine, excepté le Pont-de-l'Arche, où commandoit le sieur du Rollet, se mirent du party de l'Union ».

Les ligueurs, maîtres de l'hôtel-de-ville de Rouen, dont ils s'étaient emparés le 9 février, laissèrent massacrer les protestants de cette ville par le peuple, aveuglé et excité par certains ligueurs. Le 28 du même mois, le duc de Mayenne se rendit à Rouen, afin de contraindre le Parlement à souscrire au formulaire de la Ligue.

Il fit établir un « Conseil de l'Union » composé d'ardents ligueurs, auxquels il adjoignit « quelques énergumènes, dignes à tous égards de leur être associés ; les frères Sequart, par exemple ; Bigars de la Londe, sergent-major de Rouen — c'est-à-dire commandant de la place — le curé de Saint-Vivien... »

En même temps, plusieurs membres du Parlement furent contraints de suivre les ligueurs dans des expéditions qu'ils firent contre les châteaux d'Harcourt et du Neubourg.

Le château d'Harcourt venait d'être surpris par le sieur de Hacqueville sur le sieur de Graveron ; Bigars de la Londe, sergent-major de

Année 1589

Rouen, l'investit avec 2.000 fantassins, 500 cavaliers et deux pièces de canon. Le sieur de Hacqueville, après avoir demandé inutilement à l'ennemi « de lui donner quelques coups de mousquet dans la tête », dut se rendre.

Il en fut de même de M. de la Lande, qui commandait au château du Neubourg. Dans une requête au Parlement de Caen, présentée l'année suivante par le sieur de Hacqueville, il évaluait à 10.000 écus la perte des meubles qui lui avaient été volés par les soldats du sieur de Bigars.

Le duc de Mayenne, sur la proposition du curé de Saint-Patrice, salué gouverneur de Normandie, fut, le 4 mars, institué à Paris lieutenant-général de l'Etat et couronne de France. Le Parlement ayant différé d'enregistrer le pouvoir, les ligueurs assiégèrent le palais de justice. Le peuple brisa les sceaux royaux et effaça l'effigie et le nom du roi ; des conseillers furent emprisonnés et durement traités.

C'est après avoir été instruit des évènements de Rouen, auxquels Bigars de la Londe prit une part active, que le roi suspendit le Parlement de Normandie et ordonna son transfèrement à Caen.

En mars, Caudebec-en-Caux, le Havre, Honfleur, Lisieux, Evreux, Louviers, Vernon, Andely et beaucoup d'autres villes avaient embrassé la cause de la Sainte Ligue et juré l'Union.

Les places fortifiées de notre contrée qui tenaient encore pour le roi étaient Pont-de-l'Arche, Pont-Audemer, Dieppe, Caen, Alençon et quelques autres.

Bigars de la Londe prit lui-même Pont-

Audemer, et, en récompense de son zèle, le duc de Mayenne le nomma, le 7 mars, commant du fort Sainte-Catherine du mont de Rouen.

M. Floquet a reproduit en termes très saisissants, tirés des registres secrets du Parlement, l'état lamentable de la Normandie pendant les guerres de la Ligue. Ce n'était partout que villages brûlés, scènes de meurtres, de viol et de pillage « les paouvres paroissiens journellement pillez, battus, molestez par des soldats qui rompent les coffres, emportent argent, linge, lange, bagues... »

La foi, la religion catholique était toujours le prétexte de ces forcenés ; on n'entendait parler que des « rébellions, esmotions populaires, son de tocquesain, assemblées illicites faictes par des seigneurs abusant du sainct nom de Dieu ».

Les chefs de la Ligue en Normandie, instruits par le pillage d'Elbeuf en 1562, veillèrent sur les biens de Charles de Lorraine pendant sa captivité et particulièrement sur sa ville de Lillebonne. Des ordres furent donnés par Moy de Pierrecourt et le sieur de Villars pour que « les ennemys de la patrye et de Monsieur le duc d'Elbœuf » ne pussent s'en emparer, et il fut enjoint aux habitants des environs « tenans ou non tenans de monseigneur le duc d'Elbœuf » d'aller faire la garde à tour de rôle du château de Lillebonne, auquel la Sainte-Union tenait beaucoup, du reste, au point de vue stratégique.

En avril, la ville de Vendôme fut prise par l'Union. Quelques jours après, le duc de Mayenne fit tirer deux volées de coups de canon sur le château de Saint-Ouen, situé à une lieue d'Amboise, et où le comte de Brienne s'était jeté. Brienne rendit le château au duc de Mayenne « à la charge qu'il ferait mettre en liberté le duc d'Elbeuf, ou bien qu'il se remettroit son prisonnier, et que tous ceux qui estoient avec luy auroient la liberté, à condition de ne porter d'un an les armes contre l'Union.

« Le duc de Mayenne fit cest accord avec le comte de Brienne, pensant retirer de la prison le duc d'Elbeuf, sur l'advis qu'il eut que le Roy avoit envoyé M. le cardinal de Bourbon au chasteau de Chinon, que le duc de Guise avoit esté mis au chasteau de Tours, et le duc d'Elbeuf à la tour de Loches qui estoit en la puissance du duc d'Epernon, beau-frère dudit comte de Brienne, lequel toutesfois n'en put rien obtenir : aussi du depuis il fut long temps prisonnier à Paris ».

Le duc d'Elbeuf avait failli une fois, auparavant, être délivré.

Un nommé Lognac, son geôlier, séduit par l'argent de la Ligue, avait promis sa liberté ; mais Henri III, ayant couvert l'enchère, le retint et le surveilla de plus près.

Ce Lognac, qui avait été le protégé de l'assassin du duc de Guise, fut congédié par le roi. Il se rendit en Guyenne, où un de ses voisins avec lequel il était en querelle, l'assassina à son tour.

Henri III, cerné au centre de son royaume par les révoltes successives des diverses provinces, se trouvait à peu près réduit à la possession des villes de Tours, Blois et Beaugency ; il se vit alors contraint par les circonstances à réclamer l'aide de Henri le Béarnais, roi de Navarre, dont il avait jusque-là dédaigne l'appui. Henri III apprit à Tours, en avril, pendant qu'il se réconciliait avec Henri de Navarre, la défaite des Gautiers, dont plus de 3.000 périrent, et la prise de Bernay.

Le duc de Mayenne porta ses armes en Normandie ; il prit Alençon, le 22 mai ; mais à la nouvelle que ses partisans avaient été battus à Senlis, il se hâta de regagner Paris. Peu s'en fallut même que Rouen ne tombât au pouvoir des royalistes, car une sorte de réaction s'était manifestée en faveur du roi. Etampes, Poissy, Pontoise, venaient d'ouvrir leurs portes aux troupes royales, quand le Parlement de Normandie reçut la nouvelle que Henri III venait d'être assassiné par le moine Jacques Clément (1er août 1589).

Avant de mourir, Henri avait proclamé le roi de Navarre « légitime successeur de sa couronne » ; il restait à savoir si la France allait ratifier cette dernière volonté. Cependant, dès ce moment, le Béarnais prit le nom de roi de France et de Navarre.

La mort du roi avait divisé l'armée et les gentilshommes qui la commandaient. Les uns, quoique catholiques, s'étaient rangés au parti du protestant Henri IV ; les autres ne consentaient à le servir que s'il promettait de se faire instruire en la religion catholique ; d'autres, enfin, firent montre de scrupules et préférèrent se retirer ou passer à la Ligue.

La Ligue proclama roi de France, sous le nom de Charles X, le vieux cardinal de Bourbon, dont la royauté ne compte même pas dans l'histoire. Cependant, pour beaucoup, il était le vrai roi, et Henri IV qu'un factieux prétendant au trône.

La Mésangère, qui était occupée par les

ligueurs, fut prise par des protestants de l'armée du Béarnais qui s'y installèrent et fortifièrent le château. — On sait que la Mésangère est actuellement une dépendance de Bosguérard-de-Marcouville. Sur ce territoire étaient également assis les fiefs des Castelliers et des Monts dont furent seigneurs plusieurs baillis d'Elbeuf.

Nous avons dit que le Parlement de Normandie était alors divisé en deux camps : l'un était resté à Rouen avec les ligueurs de cette ville, l'autre s'était rendu à Caen pour servir la cause royale. Le 20 août, Villars, l'un des chefs de la Ligue en Normandie, s'empara de Honfleur. Le mois suivant, Bayeux se déroba à l'obéissance du Béarnais. Dieppe tenait toujours pour les royalistes.

Henri IV soumit Clermont, Creil, Gisors, Meulan, Pontoise, et Gournay le 21 août. Il atteignit Pont-Saint-Pierre, le 22, où le sieur Le Blanc du Rollet lui remit les clefs de Pont-de-l'Arche.

Le 24 août, Henri IV parut devant Rouen avec le duc de Montpensier et le maréchal de Biron. Darnétal et les faubourgs furent enlevés jusqu'à la porte Saint-Hilaire, c'est-à-dire jusqu'aux boulevards actuels de la ville.

Au commencement de septembre, Henri IV apprit que le duc de Mayenne était à la tête de 25.000 hommes d'infanterie et 7.000 chevaux. Le roi, voulant compenser l'infériorité en nombre de ses troupes par une position avantageuse, alla s'établir à Arques.

Mayenne, après avoir passé la Seine à Vernon, enlevé Gournay, Neuchâtel et Eu, alla camper, le 15 septembre, à une demi-lieue d'Arques ; mais il fut battu, le 21, dans une bataille restée célèbre, par le Béarnais.

En octobre, Henri IV retourna à Paris, laissant au duc de Montpensier le soin de combattre les ligueurs de Normandie.

Le duc de Montpensier parvint à Caen au commencement de novembre ; mais tandis qu'il s'occupait à réunir les forces des royalistes, les ligueurs de Rouen, sous les ordres du duc d'Aumale, avaient tenté une expédition sur la rive gauche de la Seine.

D'un autre côté, le 9 décembre, Biron quittait le Mans pour aller investir Alençon, qui se rendit le 24, à Henri IV, alors revenu de Paris.

Avant de passer à l'année suivante, notons quelques menus faits concernant spécialement notre région :

Le 21 janvier 1589, « Collas Mérot, drapier à Caudebec, meu de devotion », donna au trésor de cette église, stipulé par Mᵉ Isaac Cauchoix, curé, cent sols de rente pour faire célébrer quatre hautes messes chaque année aux fêtes de Notre-Dame, « scavoir l'Annonciation, la Somption, la Nativité et la Conception ». — A cette date ou peu après Louis Garren était prêtre dans la paroisse.

Des pièces d'écriture de cette année mentionnent la sente des Bergerons au Mont-Duve, la rue du Mont-Roty, la cavée ou sente partant du Mont-Roty et tendant à Saint-Auct, la ruette Notre-Dame, la ruelle de l'Abreuvoir tendant à la rue Meleuse, et le Clos des Vignes, qui avait une entrée sur la même rue. La sente tendant au Vallot est également citée.

Parmi les habitants d'Elbeuf, nous noterons Pierre Sanson ou Sanxon, vicaire de Saint-

Jean ; Claude Larible, marchand de fer et de charbon.

La paroisse de Martot avait alors perdu son autonomie, car plusieurs titres très explicites citent ce village comme dépendance de Criquebeuf-sur-Seine.

Pierre Turpin, Saulvage Le Camus et Robert Regnault, chanoines de la Saussaye, baillèrent au nom du chapitre, à Jean Cappelet, élu pour le roi à Pont-de-l'Arche, demeurant à Saint-Jean d'Elbeuf, « une pièce de terre en pray nommé le Pray Basire, sise à Elbeuf, bornée d'un costé l'eaue de Seyne, la noe du moulin à tan... d'un bout en pointis la dicte riviere, moyennant 24 livres de ferme par an, à charge « d'entretenir l'osier de present planté sur ledict lieu au nombre de six mille ». Cet acte est daté du 11 mars 1589.

Patrice et Gillot Bourdon père et fils achetèrent, le 9 mai, une portion d'héritage sise en la paroisse Saint-Jean, à l'endroit « où à présent y a une fonteyne ou reservoir pour mectre poisson ».

Un autre acte de l'année suivante indique que cette fontaine était située rue de la Rigole et qu'elle était passée des Bourdon à Richard Pastallier.

Le 12 juillet, Léger Delacourt, « allesnyer », dont la marque représentait un cœur couronné, prit Jean Hébert en qualité d'apprenti. Celui-ci s'engageait à rester trois ans chez son maître et à lui payer 40 livres pour apprendre le métier d'alênier. En échange Delacourt devrait « icelluy nourrir et entretenir de boyre, menger, feu, lit de hostel, entretenement de chaussure, de soulliers seulement ». Delacourt habitait la paroisse Saint-Etienne.

Les drapiers d'Elbeuf figurant dans les contrats de cette triste année 1589 sont : « Robert Parquier, Thomas Lemonnier, Jehan Grandin, Jehan Martin, Jehan Le Cherf, Raoullin Boisguillaume. — Richard « drapier drappant, à Sainct Estienne d'Ellebeuf, vendit à Nicolas Flavigny, appoticaire, une maison avec un jardin ».

Jacques Benard et Jacques Lambert étaient tailleurs d'habits. Nous trouvons également Pierre Bérenger, teinturier.

La fabrique de Thuit-Signol donna quittance d'une somme de 20 écus d'or évalués à 60 livres tournois, léguée à l'église de cette paroisse par Robert Aillet, suivant son testament du 16 décembre 1589, qui lui fut remise par « noble homme Claude de Poiseau, verdier du duché d'Elbeuf », fils du testateur.

CHAPITRE XIV
(1590-1593)

Charles Ier de Lorraine (suite). — Les ligueurs a Elbeuf et a Bourgtheroulde. — Leurs brigandages. — Le duc d'Elbeuf recouvre sa liberté. — Prise de Louviers. — Siège de Rouen par Henri IV. — Continuation de la guerre civile. — Triste état de notre contrée.

La guerre civile continuait toujours en Normandie et dans d'autres provinces.

Falaise, assiégée dès le 1er janvier 1590, se soumit au roi le 7 ; Bayeux suivit. Lisieux fut pris le 9. Verneuil, Pont-l'Evêque, Evreux, Pont-Audemer se soumirent également, et, le 19, Henri IV mit le siège devant Honfleur, seule ville, dans cette partie de la Normandie, qui tint encore pour la Sainte-Ligue ; elle capitula bientôt.

Après avoir rallié les forces du comte de Soissons et le maréchal de Biron, Henri IV traversa Bernay, le 31 janvier ; le lendemain, il enleva Nonancourt et allait se diriger sur Paris quand il apprit que d'Allègre avait surpris le château de Rouen, mais il reçut la nouvelle que ce château était retombé au pouvoir des ligueurs.

En mars, le vicomte de Tavannes, grand ami des Guises, était avec son armée à Elbeuf, où elle passa une nuit.

Jean de Saulx, vicomte de Tavannes, était alors âgé de 36 ans. A la bataille de Dormans, où s'était également trouvé le seigneur d'Elbeuf, il avait dégagé de la mêlée le duc de Guise, grièvement blessé. Ennemi acharné des protestants, il les exaspéra par ses rigueurs, et lutta pendant trois ans contre son propre frère, resté fidèle au roi.

Le 14 mars, Henri IV vainquit les ligueurs à Ivry et poursuivit ensuite les troupes de Mayenne, dont une grande partie se noya dans la rivière d'Eure alors grossie par les pluies.

A cette époque, Claude II Le Roux, petit-fils des anciens vicomtes d'Elbeuf, et qui était resté fidèle à la cause royale, avait dû abandonner son manoir seigneurial de Bourgtheroulde pour aller à Caen, où le Parlement de Normandie avait été transféré.

Aussitôt qu'il eut quitté son château, celui-ci devint la proie des Ligueurs et particulièrement de soixante soldats du lieutenant Les Monts, qui brisèrent les portes pour s'en rendre maîtres. Le sieur de Semo, serviteur de Le Roux, fut traité avec la dernière rigueur, et, le pistolet sous la gorge, il dût indiquer aux pillards les endroits où se trouvaient les richesses de son maître.

Le 17 mars, Charles de Sarcilly, maître d'hôtel ordinaire de la maison du duc d'Elbeuf, reçut sa procuration pour citer en justice Pierre Daupeley, écuyer, sieur du Homme, fief sis à Beaumont-le-Roger et relevant de la baronnie de Beaumesnil, propriété de Charles de Lorraine.

Le 13 avril suivant, le château des Le Roux, à Bourgtheroulde, fut de nouveau livré au pillage.

Cinquante cavaliers de la compagnie d'Amfreville, commandés par le sieur Moy de Pierrecourt, attachèrent leurs chevaux, puis escaladèrent les murailles, enfoncèrent les portes du « Logis », où ils restèrent plusieurs jours à faire bombance. En se retirant, ils emportèrent une infinité d'objets de prix, des épées, des hallebardes et tout le linge qu'ils purent trouver.

En mai, il y avait beaucoup de ligueurs à Elbeuf et à la Londe. Les seigneurs de ces deux localités étant des chefs de la Ligue, il n'y eut de dévastations que dans les campagnes voisines.

Vingt-deux compagnies quittèrent notre localité et ses environs, passèrent par Bourgtheroulde pour aller attaquer le château de la Mésengère, qu'elles prirent par composition. Ces troupes se rendirent ensuite à Boissey-le-Chatel, puis au château de Tilly, appartenant à Robert II Le Roux, neveu du seigneur de Bourgtheroulde.

Malgré la promesse faite antérieurement par le vicomte de Tavannes, qui commandait ces troupes, Tilly fut mis à sac. Entre autres objets, une tapisserie de haute lisse « façon de Paris et d'une valeur de plus de 300 escus » fut volée.

Le château de Bourgtheroulde et le bourg lui-même eurent de nouveau à souffrir des ligueurs du 7 au 12 mai. La campagnie de Pierrecourt logea dans les maisons des habitants ;

celle du capitaine Le Mercier occupa le château, dont elle avait aussi escaladé les murs.

Un sieur de Graveron, du régiment de la Londe, fit pêcher une quantité considérable de poisson dans les étangs du manoir seigneurial.

Les ligueurs, après avoir quitté Bourgtheroulde, se répandirent dans les paroisses des environs et notamment à Boissey, où il volèrent les moutons du berger de Tilly.

Les troupes de l'Union reparurent à Bourgtheroulde le 25 du même mois ; elles avaient à leur tête les sieurs de Tavannes, Pierrecourt, Perdriel et autres. Elles logèrent au château.

L'un des derniers jours de ce mois de mai, le régiment entier de Bigars de la Londe se rendit au manoir de Le Roux ; il était sous la conduite du « sergent-major » Collombier ; vingt-six chevaux d'artillerie l'accompagnaient. Ces chevaux demeurèrent deux jours à Bourgtheroulde, et le régiment de la Londe cinq. Pendant cette nouvelle occupation, l'intendant de Semo fut fait prisonnier, et ne recouvra sa liberté qu'en payant 50 écus.

Les ligueurs avaient repris les châteaux du Neubourg et de la Rivière-Thibouville. Mais des troupes royales reparurent tout à coup au midi d'Elbeuf, et leur retour jeta encore une fois l'effroi dans la contrée, où l'on redoutait de voir les propriétés pillées par les soldats du roi. La panique fut surtout grande à La Saussaye : les chanoines abandonnèrent la collégiale et se réfugièrent en grande partie à Elbeuf, chez des parents ou des amis.

Les troupes de la Ligue revinrent dans notre localité en octobre. Le 8, le sieur de Vellage était à Bourgtheroulde avec cinquante cuirassiers. Ces soldats quittèrent ce bourg le 10, mais d'autres y reparurent le 12, au nombre de soixante, avec Vellage et le capitaine Fieffort. De nouveaux dégâts furent commis dans le château des Le Roux, pendant trois jours.

En partant, ces soldats se dirigèrent sur Elbeuf, puis retournèrent à Rouen par la Londe.

Les chanoines de la Saussaye, rassurés par le voisinage des ligueurs, se rétablirent à la collégiale ou dans les cures voisines dont ils étaient bénéficiaires.

Quelques jours après, les capitaines Beaunais et Les Monts et un troisième officier parcoururent tout le pays environnant, mettant à sac les maisons des paysans et se rendant coupables des plus grands crimes. Mais le point de ralliement des ligueurs était ou Elbeuf ou Bourgtheroulde. Ils se trouvèrent en grand nombre dans cette dernière localité, le 2 novembre, mais en repartirent bientôt.

Trois régiments arrivèrent à Bourgtheroulde le 7 décembre, avec les capitaines La Croix, La Fosse et Bouteillers, et ce fut encore en sautant par dessus les murs qu'ils pénétrèrent dans le château.

Ils découvrirent dans un grenier, où l'intendant de Semo les avait fait cacher, dix grands bahuts et quatre coffres remplis d'objets de valeur et de poudre à canon. Tout fut enlevé par les soldats, qui volèrent jusqu'à l'argent d'une servante.

Le vicomte de Tavannes était alors à Elbeuf avec une forte armée. Il en partit le lundi 10 décembre et se rendit à Bourgtheroulde. Sa compagnie logea dans le château et le reste de ses troupes dans le bourg.

Pendant les trois jours qu'elles y restèrent, elles enlevèrent ce qui avait négligé jusque-là :

des voitures, des essieux, des grains, des livres. Dans la cour du « Logis », les soldats allumèrent douze ou quinze feux pour le seul plaisir de détruire.

Une requête, présentée plus tard par le sieur Le Roux au Parlement, contient le passage suivant :

« ... Le chevalier Picard et les siens ont exercé toutes sortes de cruautés, jusqu'à forcer toutes les femmes qu'ils ont trouvées, voire celles qui avaient l'aage de soixante-dix ans ».

Il serait trop long et surtout trop écœurant de raconter les horreurs qu'au nom de la Sainte-Union les ligueurs commirent dans le Roumois et autres pays qu'ils parcoururent. Une partie des objets volés par ces brigands était dirigée sur Elbeuf ou la Bouille, et de là à Rouen, par bateaux.

Plusieurs compagnies, dont celle du sieur de Croix, restèrent au manoir de Bourgtheroulde du 24 au 26 décembre.

Pendant ces évènements, Charles de Lorraine était toujours en prison.

Dans un passage de ses *Mémoires*, Nicolas de Neufville, sieur de Villeroy, parle de la détention du duc d'Elbeuf : « Madame de Longueville fut lors mise en liberté avec madame sa belle-fille et mesdamoiselles ses filles, par le moyen du duc du Mayne, lequel fut en cela traversé de plusieurs points ; de sorte que ladite dame, qui s'attendoit d'en estre quitte pour vingt-cinq ou trente mille escus, à quoy du commencement elle avoit esté taxée, sous prétexte d'ayder à payer la rançon de M. d'Elbeuf détenu prisonnier à Loches par M. d'Espernon, fut contraincte s'obliger encores pour pareille somme, moyennant certaine promesse que luy fit ledit duc, sans lequel elle n'eust encores esté quitte à si bon marché... »

D'après M. Henri Quevilly, le duc d'Elbeuf aurait recouvré sa liberté avant le 22 décembre, car il aurait, ce jour et le lendemain, reçu la visite du roi Henri IV dans ses châteaux de Brionne et d'Harcourt ; ce qui nous parait fort douteux.

Ce qu'il y a de certain, c'est que, dès qu'il fut libre, on fit des démarches auprès du duc d'Elbeuf pour l'engager à reconnaître Henri IV ; mais ni l'offre du payement de ses dettes, ni celle du gouvernement d'une province, ne put le tirer de la rebellion. Il gagna le Poitou et s'empara de Poitiers, dont il fit à son profit un centre de domination.

C'est vers cette époque qu'Henri IV noua des relations avec Gabrielle d'Estrée, alors âgée de quinze ans et dont il fit sa maîtresse. Nous verrons plus tard que de cette liaison, qui eut tant d'influence sur le Vert-Galant, naquit une fille que le roi maria à un duc d'Elbeuf, fils de Charles Ier de Lorraine.

La guerre civile se poursuivait presque sans interruption. Un peu avant la fin de l'année 1590, Bigars de la Londe, avec 7.000 fantassins et 1.200 chevaux, s'empara du Château-Gaillard, près des Andelys.

Des ligueurs se rendirent à Bourgtheroulde, pour la dernière fois, le 6 janvier 1591. Ils étaient commandés par les capitaines La Croix, La Fosse et Bouteillers, qui séjournèrent également à Elbeuf, à diverses reprises.

L'intendant de Semo dut abandonner le château des Le Roux et aller se réfugier à Caen, auprès de son maître. Le manoir étant vide, du reste, il n'y avait plus rien à garder. Avant de quitter Bourgtheroulde, les ligueurs brûlèrent les halles.

Quand Henri IV eut établi définitivement son autorité, les capitaines et autres officiers dont nous avons indiqué les noms, comme ayant pris part à la dévastation des châteaux de Bourgtheroulde et de Tilly, furent décrétés de prise de corps, et Le Roux reçut 20.000 écus d'indemnité.

Valdory, dans son *Discours du siège de Rouen*, rapporte qu'une expédition de barques et petits bateaux, dirigée vers Pont-de-l'Arche, par les ligueurs, revint le 22 janvier « à port de salut, avec un bon butin de vaches, moutons, conihoult, sildre, bois, bled et prisonniers ». Ce nom de « conihoult » était parfois donné au vin des rives de la Seine. Un hameau de ce nom, situé à Jumièges, est souvent cité dans les anciens comptes de l'Archevêché, comme producteur de vin.

Ce même jour, Henri IV, étant au camp de Sommery, écrivit au duc de Nivernais :

« J'ai appris, en arrivant, que tout ce qu'il y avoit de mes ennemys, logez en deçà de la rivière, l'avoient repassée hyer, sur le soir. Il semble qu'ils ayent desseing de gaigner Beauvais, le long de la rivière ; et font courir le bruit qu'ils veulent s'aller loger dans Andely, pour, à la faveur des batteaux couverts, qu'ils feront passer sous le pont de l'Arche, envoyer des harquebusiers à Rouen. Le prince de Parme est logé à Mereil, ce qui me fait croire qu'ils n'ont pas envie de passer la rivière, comme ils se sont vantez de le faire. Leur premier logis fera cognoistre quel chemin ils veulent tenir ».

Vers ce même temps, les ligueurs de Rouen,

manquant d'argent, créèrent divers nouveaux impôts et obligèrent les habitants à nourrir les soldats. En outre, le Parlement força les gens de la campagne d'apporter aux marchés de Duclair, de la Bouille et d'Elbeuf, desquels on éloignait les troupes royales, tous les blés, vins, cidres, etc., dont ils pouvaient disposer. Il avait eu soin, d'ailleurs, dit M. d'Estaintot, de réchauffer le zèle des paysans par des processions publiques, « où l'on suppliait Dieu de délivrer les catholiques de la tyrannie des hérétiques ».

Le 6 juin, la place de Louviers tomba entre les mains des troupes royales, par la trahison d'un prêtre de la Ligue. Palma Cayet a raconté longuement ce fait de guerre, qui impressionna vivement non seulement les populations d'Elbeuf et des paroisses voisines, mais encore le parti de Mayenne. Voici la version que Sully en donne :

« ...Le roy reussit mieux à l'egard de Louviers. Cette ville tenoit à ses gages un prestre, qui du plus haut clocher d'où il ne sortoit point, faisoit le guet avec beaucoup d'exactitude : Dès qu'il voyoit paroistre quelqu'un dans la campagne, n'y eust-il qu'une personne seule, il mettoit une certaine cloche en branle & attachoit en dehors du mesme costé une grande banderolle. On ne desespera pas de tenter sa fidelité, & deux cents ecus au soleil avec la promesse d'un benefice de trois mille livres de revenu le corrompirent.

« Il restoit à gagner quelqu'un de la garnison : le sieur du Rollet s'en chargea & n'y réussit pas moins bien ; il s'adressa à un caporal & à deux soldats, qui accoutumèrent aisement le reste de la garnison a leur confier la garde d'une des portes & a les y laisser seuls.

« Tout estant ainsi conclu, le roy se presenta devant Louviers a onze heures du soir ; personne ne sonna au clocher, ni ne remua dans la garnison. Du Rollet entra & fit ouvrir la porte, par laquelle le roy vint sans la moindre resistance jusques dans le centre de la ville. Fontaine Martel fit quelques efforts inutiles pour rassembler la garnison : pour les bourgeois, ils ne s'occupèrent que du soin de cacher leurs femmes & leurs filles.

« La ville, dont la principale richesse consiste dans ses magazins de toiles & de cuirs, fut entierement pillée. J'avois avec moi un gentilhomme nommé Beaugrard, qui estoit de Louviers même ; il nous fut d'un grand secours pour deterrer toutes les caches où estoient ces sortes de marchandises ; il en fit amasser une quantité prodigieuse, dont le produit partagé revint pour moi a trois mille livres. Le roy donna Louviers a garder a Du Rollet ».

Claude de Saintes, évêque d'Evreux et en cette qualité nominateur aux deux cures d'Elbeuf, fut fait prisonnier à Louviers. On trouva dans ses papiers un écrit dans lequel il justifiait l'assassinat de Henri III et s'efforçait de prouver qu'il était permis de tuer Henri IV. On l'envoya à Caen ou siégeait une partie du Parlement, pour faire son procès ; peu s'en fallut qu'on le condamnât à mort. Il mourut en prison.

François de Bigars, seigneur de la Londe, ardent ligueur, comme l'on sait, et dont le régiment portant son nom avait été défait, quelques jours auparavant, par les troupes du roi, aux environs de Dieppe, fut pris lui-même à Louviers et emprisonné.

Après la bataille d'Ivry, Henri IV avait nommé gouverneur d'Evreux Louis de Grimouville, sieur de Larchant et de Chambray, protestant, lequel se montra très dur pour les habitants. Le roi, se trouvant à Vernon, le 8 juin, écrivit cette lettre au nouveau gouverneur d'Evreux :

« Monsr de Larchant, ce mot sera pour vous dire la facheuse nouvelle de la prinse de Louviers, de laquelle je m'asseure que vous ne pleurerés poinct. J'ay icy avec moy vostre frère, qui dit qu'à ceste heure vous et luy avés quelque chose, et que vous jouirés du bien dont ces coquins vous empeschoient de jouir. Je vous prie de vous en venir avec mon cousin le cardinal de Bourbon.

« Le faict de Louviers est un miracle ; c'est Dieu qui en doit avoir l'honneur, bien que l'autre prinse — la prise de Vernon — ayt esté tres bien executée.... Je beserois les mains à Made de Larchant, mais je crains que vous en soyés jaloux. On m'a dit qu'elle pleure quand il arrive quelque bon succès en mes affaires ; mandés moy si c'est de joye ou de fascherye. Bonjour. De Vernon ce viiie juing. Henry. »

La femme du sieur de Larchant était « noble, haulte et puissante dame Suzanne du Val, dame du Houllebec, Genestay, Bordigny et Hectomare ». Nous avons d'elle un acte par lequel elle bailla à ferme 100 brebis à laine, dont les produits devaient être partagés entre elle et le fermier, fabricant de drap à Elbeuf.

Elle avait eu d'un premier mariage un fils, Jean de Postis, qui enleva une nièce de sa mère ; un enfant, né de cette séduction, fut déclaré légitime par le Parlement. Ce procès fut l'objet de nombreux commentaires dans toute notre province.

Pont-de-l'Arche et Louviers étant aux mains du roi, les ligueurs d'Elbeuf et de la Londe placèrent des vigies dans le clocher de l'église de Caudebec, afin d'éviter toute surprise. Cet édifice, reconstruit au siècle précédent, était alors dans l'état où il se trouvait encore en 1869, avant sa transformation, et tel que le représente notre gravure.

Peu à peu, les troupes de la Ligue quittèrent Elbeuf et le Mont-Hamel, derrière la Saussaye, qu'elles avaient occupé à plusieurs reprises, pour surveiller la vallée de l'Oison, et allèrent s'enfermer dans Rouen.

Dans le parti du roi, on espérait que la prise de Louviers allait le déterminer au siège de la capitale normande, dont les abords étaient libres. La défiance des Rouennais contre Tavannes, gouverneur de cette place, était si grande, qu'à la nouvelle de la prise de Louviers, ils l'avaient arrêté jusqu'à ce qu'il eût fait sortir du fort Sainte-Catherine la garnison étrangère qu'il y avait mise. Tavannes avait voulu relever son crédit en s'emparant de Pont-de-l'Arche par surprise ; mais peu s'en fallut qu'il ne fût surpris lui-même par le roi, qui avait été averti de ses desseins.

Peu après, Tavannes fut remplacé par le sieur de Villars.

Gaspard de Saulx, seigneur de Tavannes, commandant en chef des troupes catholiques en Normandie, a laissé des notes sur les évènements qui affligeaient alors notre contrée. Nous reproduirons la suivante seulement, où est mentionné le nom de notre localité :

« Si les ennemis nous attendent et qu'ils

EGLISE DE CAUDEBEC-LÈS-ELBEUF
AVANT SA RESTAURATION, EN 1870

soient campés au-dessus de Roüen, esperans le prendre en notre presence, à quoy la raison les invite, il n'y a que deux moyens : tourner sans les approcher de trois lieües, afin qu'au marcher et en parant le flanc ils n'ayent lieu de combattre avant qu'ayons telle assiette que desirons.

« Tournant à gauche, faudroit passer près Blainville, Rys, Charleval et Fleury, droict au pont Sainct Pierre et camper en un haut en deçà du Pont de l'Arche, sur la riviere de Seine ; l'on leur romproit les vivres qui viennent du haut, et Neufchastel pris empeschent ceux de Diepe.

« Le moyen seroit ouvert de jetter par batteaux dans Roüen des hommes, ou de faire un pont pour passer à l'endroit d'Orival ou Elbeuf, et envoyer trois mil hommes tailler en pièces ce qui est au faux-bourg Sainct-Sevé, avec le comte de Soissons ; ce qui est plus facile, d'autant que leur armée navale ne peut passer au pont de Roüen, et faudroit tirer des vivres pour nous des Andelis, Pontoise, Vexi-Français et autres lieux ».

Les ligueurs avaient, avons-nous dit, un extrême regret d'avoir perdu Louviers ; ils tentèrent plusieurs entreprises pour reprendre cette place. Le frère du sieur de Fontaine-Martel avait résolu de s'en emparer le 16 août; mais Pierre Le Blanc, sieur du Rollet, ayant été averti de son dessein, il ne put l'exécuter.

Toutefois, Louviers fut en proie à une vive émotion ce jour-là, à cause de la « possession par le malin esprit » d'une nommée Françoise Fontaine. Palma Cayet a consacré de nombreuses pages de sa *Chronologie noven-*

naire à cet évènement, qui eut un retentissement considérable à Elbeuf et dans toute la contrée et dont on parla longtemps.

Le dimanche 10 novembre, Le Blanc du Rollet passa par Elbeuf avec des troupes qu'il conduisait au siège de Rouen.

Le lendemain, le maréchal de Biron se présenta sous les murs de Rouen pour l'investir. L'armée royale se posta ainsi : les Anglais au Mont-aux-Malades, le sieur du Hallot à Croisset et à Canteleu, le comte de Soissons et le sieur du Rollet à Saint-Sever, les Suisses et quatre régiments d'infanterie française à Blosseville et au Mesnil-Esnard, la cavalerie dans les villages vers Pont-de-l'Arche. Quand Henri IV arriva, ses lansquenets occupèrent Neuvillette et la Mivoie, et son régiment des gardes se rendit à Bois-Guillaume, à la place des Anglais, lesquels occupèrent l'ancienne Chartreuse au pied de la côte Sainte-Catherine, sur la route de Darnétal.

Le duc de Mayenne accourut, nomma de Villars gouverneur général, « et à son absence Monsieur de la Londe, gentilhomme normand de noble et ancienne race, et expérimenté aux affaires de la guerre, et dès ce jour, on fit bonne garde par toute la ville » dit Farin. La première approche fut l'œuvre du maréchal de Biron, lui-même ; mais le peuple de Rouen, commandé par Bigars de la Londe, le repoussa vivement.

Dès les premiers jours du siège, les défenseurs de la place firent « esquiper en guerre quelques petits bateaux et barques, lesquels butinoient, tantost d'amont vers le Pont-de-l'Arche, tantost d'aval vers Caudebec, emmenant quelquesfois des bateaux chargez de foins, avoines et autres munitions ; d'autresfois, des prisonniers et des bestiaux ».

Elbeuf vit aussi pendant ce même siège, les espions que Villars, commandant de Rouen, envoyait dans les environs. Un autre passage de Palma Cayet en fait mention :

« Il desiroit toujours sçavoir l'estat des assiégeans, chose qui luy estoit facile, et qui se fait plus d'ordinaire aux sièges qui se font es guerres civiles qu'aux estrangères, car pour ce faire il faisoit sortir quelques-uns de ses capitaines, lesquels ayans passé l'eau l'alloient repasser au Pont-de-l'Arche, et revenoient en l'armée royale portans l'écharpe blanche ».

Durant le siège de Rouen, Henri IV entretint son armée au moyen de magasins qu'il avait établis à Louviers, à Caen, à Pont-Audemer, et à Pont-de-l'Arche.

Pendant qu'il assiégeait la capitale normande, Henri IV écrivit cette lettre au duc de Nevers, alors gouverneur de la Brie et de la Champagne :

« Mon Cousin, Ce porteur, l'un de mes valetz de chambre, qui commande pour mon service dans le chasteau de Marac, appartenant au duc d'Elbeuf vous fera entendre comme pour la conservation dudit chasteau, il a entretenu ceste année vingt cuirassiés et quinze harquebusiers, pour l'entretenement desquels il n'a rien receu que la paye d'un mois ; qui me fait vous prier, selon qu'il vous requerra, de pourveoir au payement, ainsy que vous verrés estre requis pour le bien de mon service : priant Dieu qu'il vous ayt, mon Cousin, en sa sainte et digne garde. Du camp devant Rouen, le vj^e jour de décembre 1591.

« HENRY »,

Marac est aujourd'hui une commune de 4 à 500 habitants, faisant partie du canton de Langres.

Les Archives départementales conservent une lettre de Charles Ier de Lorraine, duc d'Elbeuf, adressée au Chapitre de la cathédrale de Rouen :

« Messieurs, ayant sceu que Madame la Marechale de Joyeuse et quelques devotes personnes de notre ville, pressées d'un désir infini à ce qui est de l'honneur de Dieu et conservation de nostre saincte religion, desiroient à l'exemple de quelques gens de bien d'Espaigne, fonder ung monastère de religieuses reformées de l'ordre des dechaussées Carmes en votre ville, recognoissant combien les bonnes œuvres », etc. — Bref, il demandait au Chapitre de s'intéresser à l'établissement de Carmélites à Rouen.

Le sieur de la Chastre, l'un des capitaines de l'armée de la Ligue, proposa un moyen de délivrer la ville de Rouen et de combattre le Béarnais. Le développement de cet avis, exposé au conseil tenu par les chefs de la Ligue, et et que le duc de Parme voulut avoir par écrit, se trouve à la Bibliothèque nationale, fonds Colbert. Il se résume à ceci :

Laisser croire à Henri IV que les ligueurs se dirigeaient sur Rouen, et, à la hauteur de Meulan, jeter des ponts sur la Seine, y faire passer toute l'armée, et se rendre par la rive gauche, c'est-à-dire par Louviers et Elbeuf, jusqu'au faubourg Saint-Sever. L'armée aurait ainsi trouvé un pays riche où elle eût pu vivre grassement, tout en s'appuyant sur Verneuil et Dreux, deux villes du parti des ligueurs.

Après bien des hésitations, on se décida à une marche directe sur Rouen.

Nous avons trouvé sur les registres paroissiaux de Beaumont-le-Roger plusieurs notes concernant des faits de guerre dans notre contrée. Voici le texte de la première :

« Le merquedy vingt cinquiesme jour de décembre 1591, le chasteau de Harrecourt, qui tenoit pour l'Union, fut rendu entre les mains de monsieur de Montpensier et monsieur de Farvacques, par composition, à la veue de six pièces de canon ».

Le duc de Montpensier, l'un des premiers qui avaient reconnu Henri IV comme roi de France, avait combattu avec lui à Arques, à Ivry et assista au siège de Rouen. Il mourut à Lisieux. Il était fils de Louis II de Bourbon, duc de Montpensier, et de Catherine-Marie de Lorraine, fille du duc de Guise, assassiné par Poltrot devant Orléans, et sœur du duc de Mayenne.

Le 26 décembre, les troupes du Béarnais prirent Beaumont-le-Roger, après avoir seulement tiré quatre coups de canon sur la ville.

Le siège de Rouen se poursuivait, mais sans succès pour Henri IV. Le sieur de Larchant, dont nous avons parlé, fut tué devant cette place le 25 février 1592.

Le jeudi 5 avril, il y eut une émeute dans la cour du Palais ; plusieurs gentilshommes reçurent des coups, notamment le sieur de la Chambre, ancien serviteur du duc d'Elbeuf. Villars envoya de la cavalerie qui mit les séditieux en fuite.

Farin cite comme l'un des faits les plus remarquables de ce siège la part que prit à la défense de la ville « Mᵉ Martin Hébert, curé de Saint-Patrice, homme généreux, qui en une seule sortie tua de sa main dix-sept des ennemis ».

Le 20 avril Henri IV leva le camp devant Rouen, et se replia, par Boos, sur Pont-de-l'Arche.

Le lendemain, qui était un mardi, entrèrent dans Rouen les ducs de Mayenne, de Guise, d'Aumale, le prince de Parme, le cardinal de Plaisance, légat du pape. Un *Te Deum* solennel fut chanté à Notre-Dame, à l'occasion de la délivrance de la ville.

Henri IV établit son quartier général à Louviers, plaça une partie de ses troupes à Pont-de-l'Arche, où tous ses officiers, dispersés avec leurs détachements dans les quartiers de la haute Normandie, devaient se réunir au premier appel ; car c'est à Pont-de-l'Arche que le Béarnais voulait faire passer la Seine à son armée pour aller arrêter celle du duc de Parme ; cet avis fut partagé par Sully, mais la grande majorité du conseil de guerre s'y opposa.

A partir de ce moment, des troupes de la Ligue tinrent garnison à Elbeuf et à la Londe, afin de surveiller celles du roi.

Une relation en vers espagnols, dont l'auteur, Antonio Emmanuel, attaché à l'armée du duc de Parme, fut témoin des faits qu'il raconte, nous fournit quelques renseignements sur les opérations de guerre dont notre contrée fut le théâtre.

Antonio Emmanuel, après avoir mentionné que le duc de Parme avait fait lever le siège de Rouen le 22 avril, parle de la prise de Caudebec-en-Caux, le 26 du même mois, et ajoute qu'après ce fait d'armes, l'armée dont il faisait partie passa la Seine le 11 mai. Cependant, d'autres auteurs assurent que cette traversée s'opéra le 15 ; l'historien de Thou fixe même cette opération au 22, et nous croyons que cette dernière date est la vraie.

Quoi qu'il en ait été, Antonio Emmanuel ajoute que le duc de Parme, après son passage sur la rive gauche, remonta vers Paris, puis se dirigea sur Château-Thierry, pays d'abondance où l'armée se dédommagea de ses privations antérieures, dit-il. Cette dernière phrase nous laisse entrevoir le triste état de nos environs, qu'il avait nécessairement parcourus.

Notre auteur ne resta pas longtemps en Champagne, car il assista le mois suivant à des processions, à Rouen, dans lesquelles on vit plus de deux mille dames marcher pieds nus sur le pavé, afin d'obtenir de Dieu la guérison du duc de Mayenne, tombé malade.

Mayenne se rétablit bientôt. Il conféra avec l'amiral de Villars, gouverneur de Rouen, et tous deux décidèrent de demander de nouveau le concours du duc de Parme, lequel leur envoya un détachement composé d'Espagnols, de Wallons et d'Allemands, formant une force d'environ 400 hommes.

Cette troupe arrivée à Rouen, le duc de Mayenne y joignit l'infanterie et la cavalerie dont Villars pouvait disposer, et se mit en campagne pour aller surprendre Pont-Audemer, mais en se gardant bien de laisser derrière lui la Mesangère *(la Mesagera)*, occupée par une forte garnison d'infanterie et de cavalerie du parti d'Henri le Béarnais et des protestants.

Les propositions de capitulation ayant été repoussées, la Mesangère fut investie le 3 juillet et ses bastions battus en brèche par deux gros canons. Emmanuel décrit, avec l'emphase méridionale, les ravages exercés par cette terrible artillerie, qui détruisit en une heure plus que l'on n'aurait pu édifier en un an. Il remarque, cependant, que la rapidité de cette destruction était surtout due à ce que le mur battu par les canons n'était pas soutenu par un terre-plein.

Les assiégés, perdant courage, se retirent dans la tour du château et délibèrent sur une capitulation. Pendant leur conférence, les assaillants, ayant reconnu la profondeur du fossé, « dont les eaux croupissantes étaient couvertes de conferves », trouvent moyen de le franchir, de s'introduire dans la place et de baisser les ponts-levis.

La garnison, ainsi surprise, est obligée de se rendre à discrétion, et le château reste occupé par un détachement français de l'armée de Mayenne, puis le gros du corps va s'emparer de Pont-Audemer, pendant qu'une autre bande des troupes du duc de Parme brûle le Neubourg.

Pont-Audemer tomba aux mains de l'armée de Mayenne, par la trahison du gouverneur de cette ville, Hacqueville de Vieux-Pont, frère du sieur de Vieux-Pont, baron du Neubourg, qui demeura inviolablement attaché à Henri IV.

Mayenne se rendit ensuite devant Quillebeuf, qu'il assiégea, mais inutilement, et dut se replier sur Pont-Audemer, puis retourna à Rouen.

Dans son récit, Antonio Emmanuel montre sous un bien triste jour les campagnes du Roumois.

Suivant lui, il existait dans ce pays « mille châteaux forts », entourés de bons terre pleins, qui ne pouvaient être pris qu'avec du canon, et dont chacun était peuplé de « mille voleurs », charmés de pouvoir colorer leurs brigandages de prétextes politiques.

Il n'y avait point, ajoute-t-il, de petit gentilhomme possesseur d'une simple maison, qui n'eût établi chez lui un de ces repaires, d'où tous ces petits seigneurs guerroyaient, avec leurs parents et leurs amis, quand ils ne pouvaient plus s'attaquer à d'autres.

Il peint ainsi les pères, les fils, les frères s'entre-égorgeant ; les gentilshommes rasant les villages dans le rayon de leurs forteresses improvisées pour en assurer les abords, entourés de soldats qu'ils ne pouvaient payer, attendu qu'ils dépensaient tous leurs revenus en armes, en festins et en chevaux.

Enfin, ils accablaient les pauvres paysans, leurs vassaux, de taxes arbitraires, de sorte que ceux-ci étaient réduits à abandonner leurs chaumières et à se réfugier dans les bois, nus et mourants de faim pour échapper à une aussi dure oppression.

En tenant compte de l'exagération d'Antonio, on peut se faire néanmoins un triste tableau de notre contrée à cette époque.

Un acte passé postérieurement devant le curé de Saint-Pierre-du-Bosguérard, rappelle un incident des faits militaires de cette année : « Pierre Mallet, chirurgien à l'artillerie de France, âgé de 60 ans, demeurant à Antybe au païs de Provence, parti de chez son père l'an 1592, où il fut prins et enlevé par les gens guerre estant en l'armée du Roy d'Espaigne que conduisoit pour lors le prince de Parme, faisant lors la guerre en France, et depuis ce temps s'est habitué à Antybe où il possède la maison où il est à présent où pend pour enseigne *les trois petits Aigles d'or...* »

Le 3 juillet, le duc d'Elbeuf se trouvait à Rouen, où il signa une sauvegarde dont ce fragment est conservé aux Archives de la Seine-Inférieure :

« Le . . . . lieutena. . . . .

« Sur l'assurance qui nous . . . . porter les armes contre ce party et . . . . . sieur abbé de Sainct Josse et qu'à present tenu sera de faire sa demeure en sa maison du Mesnil pour y vivre paisible avec sa famille, sans faire la guerre à personne.

« En ceste consideration, nous luy avons permis et permettons par ces presentes, en vertu de notre pouvoir, d'y faire sa retraicte sans qu'il soit permis ny loisible à aucun de le rechercher ny inquieter en façon que ce soit ; deffendant très expressement à tous chefs et gens de guerre, mareschaux de camp, mareschaulx de logis, fourriers et tous autres qu'il appartiendra de ne loger ne souffrir loger aucuns de leurs soldatz en ladite maison du Mesnil, ni en icelle prendre, emporter ou fourrager aucuns vivres ny biens, d'autant que nous avons pris et mis en notre protection et sauvegarde spéciale ledit Duchastel, sa femme, famille et tout ce qui luy appartient ; luy permettant en vertu de ces presentes d'aller et venir de sa maison en ceste ville et autres lieux tenant le party de l'Union ; à la charge qu'il ne fera aucune menée ny pratique contraire à cedit party, et où il en apparoistroit ceste presente lettre sera de nul effect ; voulant au surplus que des contrevenans à icelle punition en soit faicte telle que le cas le requerra.

« En tesmoing de quoy nous l'avons signée de nostre main et faict mettre et apposer le cachet de nos armes. Donné à Rouen le IIIe jour de juillet 1592. — Charles de Lorraine ».

Et plus bas : « Ledit sieur Duchastel fera les submissions requises à l'effet de la présente sauvegarde ».

Ce post-scriptum laisse supposer que ce ne fut pas gratuitement que le duc d'Elbeuf prit Duchastel sous sa protection.

Les registres capitulaires de La Saussaye nous apprennent que, en 1592, les chanoines désertèrent de rechef la collégiale et se dispersèrent de tous côtés, pour la sûreté de leurs personnes, après la prise et captivité de leur doyen et du pillage de leurs biens, « nous recommandant à Dieu, le priant qu'il lui plaise, disent-ils, nous donner bonne patience et bonne paix, ce qui sera quand il nous en jugera dignes ».

Ces mêmes registres nous fournissent aussi de tristes détails sur la situation générale des environs d'Elbeuf et de la Saussaye. Les fermiers réclamèrent aux chanoines, à grands cris, des remises et réductions à cause des ravages, dégâts, déprédations, logements, réquisitions de guerre, et leurs collecteurs demandèrent d'être déchargés de la recette, « vu la grande difficulté du temps ».

Au commencement de novembre, Villars entreprit de se rendre maître de Pont-de-l'Arche ; mais il ne réussit qu'à s'emparer du château-fort qui se trouvait au bout du pont, sur la rive droite. Les troupes royales restèrent dans la ville, sans cependant pouvoir reprendre le château.

Dans une lettre datée de Saint-Denis, 6 novembre, écrite par Henri IV au marquis de Pisany, l'un de ses officiers, il l'entretient de ce fait de guerre :

« ... Par la pratique de deux prisonniers de guerre qui estoient dans le château du Pont-de-l'Arche, tenus en beaucoup de liberté avec tout gracieux traictement, il a esté executé une trahison, par le moyen de laquelle les ennemys s'en sont rendus les maistres. Mais Dieu a voulu qu'elle n'a peu penestrer jusque dans la ville, ayant ceux qui y commandoient esté si diligens au premier bruict de ce qui se passoit au dict chasteau, qu'ils auroient incontinent coupé une arche du pont contre iceluy, et par ce moyen sont demourez maistres de la dicte ville et du pont, que j'espere qu'ils conserveront, avec le secours qui y est aussy tost accouru de mes garnisons plus proches, comme au premier advis que j'ay eu de ce faict, je y ay aussy d'icy de fort bonnes forces ; et ay nouvelles que les lieuctenans generaulx de la basse Normandie s'y en alloient pareillement avec celles du dict pays.

« Je ne sçay si pour ceste heure ils pourront advancer quelque chose au recouvrement du dict chasteau ; mais au moins les ennemys ne s'en pourront en rien prevaloir pour le passage de la riviere, me demourant la ville et le pont ; et pour mon regard, ce ne sera pas grande incommodité de ne m'en pouvoir aussy servir, parce que j'ay tous les aultres passages, des ponts estans sur la dicte rivière jusques à Paris, tenant Vernon, Mantes, Meulan, Poissy... »

Les deux prisonniers qui avait livré le château de Pont de-l'Arche à Villars étaient les sieurs de la Châtre et du Cluseau. Disons tout de suite que le château ne put être repris et qu'il resta ainsi à la Ligue pendant que la ville était au roi, et que cet état de choses ne prit fin qu'à la soumission de Rouen, en 1594.

On peut conclure de la lettre qu'on vient de lire que le bourg d'Elbeuf, situé sur la rive gauche du fleuve, était alors entre les mains des troupes royales.

M. Guilmeth dit avoir appris, par plusieurs lettres, qui existaient encore au moment de la Révolution dans le chartrier du prince de Lambesc, « que le Béarnais et quelques-uns de ses plus illustres compagnons d'armes vinrent plus d'une fois, en 1592 et 1594, demander au vieux manoir d'Elbeuf un asile, et à la ville elle-même des munitions ».

Dans des réunions qui eurent lieu en 1592, avec le sieur de Villeroy, ce dernier fit des ouvertures sur les moyens de contenter le duc de Mayenne et sa maison ; « conserver à M. de Guyse l'estat de grand maistre, le gouvernement de Champagne, et à messieurs ses frères les bénéfices que tenoit feu M. de Guyse, leur donnant aussi moyen de s'entretenir et payer leurs debtes, et en faire autant pour M. de Mercœur en Bretaigne, pour M. d'Aumale en Picardie, pour M. d'Elbœuf en Bourbonnois, etc., et ainsi des autres du party ».

Le 26 janvier 1593, l'abbé de Saint-Taurin fit une nomination au bénéfice-cure de Saint-Etienne d'Elbeuf. Le nouveau titulaire n'en jouissait déjà plus au 24 décembre de l'année suivante.

Un acte de cette année est relatif à la prise

à ferme, moyennant 22 écus et quatre chapons par an, de la sergenterie de la basse justice d'Elbeuf, appartenant à Charles Godin, au droit d'Anne Mauduit, sa femme.

Un autre est le contrat d'apprentissage d'un jeune homme nommé Pastallier ; il s'engage à servir trois ans chez Richard Damours « futailler », auquel il paiera 45 livres ; mais celui-ci devra lui fournir « lict, feu, hostel et souliers ».

Mentionnons encore le « mur des Vignes », rue Meleuse, et le triège des Fossettes, paroisse Saint-Jean, cités dans divers titres.

Le Registre du Clergé, des Etats généraux de 1593, mentionne au nombre des seigneurs qui se trouvèrent le 12 mai à une procession générale à Paris, qui avait été décidée la veille, « Monseigneur de Mayenne et messeigneurs de Guyse, d'Aumalle et d'Elbœuf ». Les registres du Parlement de Paris indiquent l'ordre dans lequel marchèrent les membres du cortège :

Après le dais, qui abritait « la vraye croix, le chef sainct Denis » et autres reliques, venaient le duc de Mayenne, le Parlement, le duc de Guise, neveu de Mayenne, et après eux les ducs d'Aumale et d'Elbeuf.

Le 10 mai, pendant les conférences qui se tinrent à Suresnes pour traiter de la paix, les ducs de Guise, d'Aumale, d'Elbeuf, beaucoup d'autres seigneurs et de prélats accompagnaient le duc de Mayenne.

A cette époque, on parlait égalent de la paix à Rouen. Avant le 12 de ce mois, il se tint à l'hôtel que Bigars de la Londe possédait dans cette ville, une réunion où assistèrent les principaux officiers de la Ligue et deux conseillers au Parlement. On y agita la question de mettre bas les armes.

Le sieur de Bigars songeait dès lors à faire sa soumission à Henri IV, et sur une demande qui lui avait été faite d'envoyer des renforts à la ville de Bernay, assiégée par les royalistes, le seigneur de la Londe se contenta de faire expédier trois cents livres de poudre.

Dans une seconde conférence, où se trouvaient Bigars de la Londe et François Desportes, abbé de Bonport, ardent ligueur également, on délibéra pour envoyer des renforts aux troupes de l'Union qui assiégeaient Bacqueville ; mais ayant appris coup sur coup que les troupes du roi avaient pris Bernay, Beaumont-le-Roger, Harcourt et qu'elles marchaient sur Rouen, Bigars et Desportes décidèrent de ne pas prolonger la lutte.

Ce François Desportes n'était autre que celui qui fut nommé par ses contemporains « le Tibulle français ». Il tenait de la munificence de Henri III la commende des abbayes de Bonport, de Tiron, de Josaphat et de Vaux de Cernay. A la mort de son bienfaiteur, l'abbé Desportes s'était retiré à Bonport ; mais sa participation à la Ligue l'avait fait déposséder de ses bénéfices par Henri IV. Après la paix, ils lui furent rendus. Le poète-abbé mourut le 6 octobre 1606, à Bonport, où on lui éleva deux monuments funéraires.

Pendant l'occupation de Pont-de-l'Arche par les troupes royales, ce fut un soldat, le capitaine Le Blanc du Rollet, gouverneur de cette ville et de Louviers, qui occupa le siège abbatial de Bonport.

La Ligue, dans notre contrée, était sur le point d'expirer, et les royalistes s'efforçaient de lui porter les derniers coups. Le 20 de ce même mois de mai, la Mésangère tomba entre leurs mains.

Ce même jour, une troupe de soldats d'Henri IV se présenta devant le cloître de la Saussaye, où se trouvaient des ligueurs ; quand ceux-ci apprirent que les royalistes étaient suivis de deux pièces de canon, il s'empressèrent de fuir. Les chanoines eurent encore grand peur ce jour-là, mais leurs désagréments se bornèrent à nourrir les nouveaux venus, qui ne restèrent que fort peu de temps à la Saussaye.

Les Etats généraux continuaient leurs réunions à Paris. La plus mémorable séance où le duc d'Elbeuf ait assisté et qui le rendit tout joyeux, dit M. Parfait Maille, fut celle du 25 mai :

Les Espagnols y proposèrent leur Infante pour reine et son mariage avec un prince français, aux choix des Etats.

Le duc d'Elbeuf, qui voyait déjà le sceptre dans sa famille, en fut charmé, mais la froideur des Etats, la protestation du Parlement et celle de l'évêque de Senlis, un des plus fougueux ligueurs contre le renversement de la loi salique, ne tardèrent pas à le désenchanter.

La Ligue se défilant, et les bons Parisiens par députation demandant à grands cris la trêve ou la paix, il fut obligé de leur faire un gracieux accueil et de promettre d'appuyer leur requête, raisonnable d'après lui qui leur en imposait, faisant contre fortune bon visage.

Il jouait si bien double jeu que, pendant qu'il amusait ainsi les Parisiens, il jurait, entre les mains du légat, de maintenir inviolablement la sainte Ligue, de s'y dévouer mieux que jamais, sainte Ligue qu'il était le premier à détruire, en méconnaissant ses chefs, rejetant leurs instructions, désobéissant à leurs ordres, et se rendant indépendant, sainte Ligue qu'il était sur le point de renier et d'abandonner lui-même.

Pierre de l'Estoile rapporte dans ses *Mémoires* que, pendant la tenue des Etats, notre duc eut, avec un certain Zamet, florentin, venu à la suite de Catherine de Médicis, une singulière aventure, image assez caractéristique des mœurs qui régnaient alors.

Ce Zamet, d'abord cordonnier, puis banquier, partisan, épicurien, homme de plaisir, Lucullus qui se disait « seigneur de dix-huit cent mille écus », ce Zamet donnait, chez lui, à manger et à jouer aux grands seigneurs, qu'il traitait si bien qu'il fallait souvent les reporter chez eux sur un matelas, entr'autres le duc de Mayenne, peu retenu sur le vin, comme l'on sait.

Un jour que le duc d'Elbeuf y joua, il paraît qu'il gagna à Zamet une assez forte somme dont il ne put se faire payer.

Après y avoir employé le vert et le sec, sans autre forme de procès, il enleva Zamet de Paris, et le tint prisonnier.

Les conférences de Suresnes se continuaient pour traiter de la paix. Le mardi 15 juin, « l'après-disnée, Le Vaier, referendaire en la chancellerie de Paris, accompagné de deux à trois cens bourgeois, alla chez le duc de Maienne lui demander la treufve ou la paix. Et pour ce que ledit duc de Maienne se trouvoit mal et avoit la goutte au bras, il fist sa requeste au nom de toute la compagnie, pour laquelle il portoit la parole, à messieurs de

Lion et duc d'Elbœuf, qui leur firent bon visage, dirent que leur requeste estoit raisonnable, et qu'ils la feroient entendre à M. de Maienne... »

Sully considérait le Pape, le roi d'Espagne, le cardinal de Bourbon, les ducs de Lorraine, de Guise, de Mayenne, d'Elbeuf et autres comme étant d'un parti de destruction, et que leur nombre étant infini « infinies en seront aussi les bresches qu'ils feront à la France et à la royauté, s'il ne se fait une pacification d'agreation avec eux tous ensemble. » Dans les propositions que la Ligue fit à Henri IV et dont la première était qu'il devait se faire catholique, elle demanda que le duc d'Elbeuf eût le gouvernement des provinces du Bourbonnais et de la Marche, et le duc de Guise celle de la Champagne avec la charge de grand-maître et tous les bénéfices qui avaient été dans la maison de Lorraine.

Une lettre d'Henri IV, datée du camp devant Dreux, 13 juillet 1593, adressée à du Rollet, gouverneur de Pont-de-l'Arche et de Louviers, nous apprend que le château de la Mésangère fut démantelé par ordre du roi, ainsi que l'avait proposé du Rollet, tout en le laissant à son propriétaire légitime.

Le mercredi 18 juillet, alors qu'on ne savait encore si la guerre serait continuée, « le duc d'Elbeuf vinst trouver le Roy à Saint Denis dans le jeu de paulme. Le Roy le voyant, quitta le jeû, et dit ces mots : « I! faut que « j'accole ce gros garçon » Et s'estant enfermé avec lui bien deux heures, le Roy le fist boire d'autant, et beust aussy ; puis fust avec lui jusques au grand marché, où ledit duc d'Elbeuf prist congé de Sa Majesté. Ce qui fist courir le bruit à Saint-Denis et partout qu'on auroit mieux que la treufve ».

Le 23 du même mois, les ducs de Guise, d'Elbeuf, d'Aumale et autres seigneurs furent présents à un serment prêté par le duc de Mayenne entre les mains du cardinal de Plaisance, légat du Pape.

La trêve fut publiée le 1er août.

Le 23 septembre 1593, Marguery Dubosc fils Marguery « estammier en la paroisse Sainct Jehan » vendit le droit qu'il avait sur le petit moulin de Moulineaux, qui lui venait de la succession de « feu Me Guillaume Dubosc, en son vyvant curé dudit Moullineaux » originaire d'Elbeuf.

Me Hector Poignant, curé de Martot, donna pouvoir à Me Simon Frosmont, son vicaire, de plaider en son nom. L'acte fut passé à Elbeuf. — A cette époque, Me Jean Lefebvre, originaire de notre bourg, était curé de Grand-Couronne.

L'abjuration du protestantisme par Henri IV mit fin à la Ligue. Elle laissait le pays désolé, la terre inculte, des ruines et des misères partout.

Les soldats qui avaient combattu pour ou contre le roi furent en grande partie licenciés; mais la longue habitude des camps les avait deshabitués du travail. Aussi, une quantité considérable de gens de guerre sans emploi et même beaucoup d'officiers se firent voleurs de grand chemin.

Pendant plusieurs années, on n'entendit parler que de brigandages et de vols à main armée. La forêt de la Londe servit de repaire à une bande de ces malfaiteurs. Il paraît même que le château Fouet d'Orival, au dire de M. Parfait Maille, fut une des forteresses de ces bandits, d'où ils répandirent la terreur dans Elbeuf.

Les plaintes des paysans se firent entendre dans leurs cahiers pour les Etats de Normandie de novembre 1593. Comme preuve de l'état misérable, non seulement du peuple, mais encore de toutes les classes de la société, nous citerons une requête présentée par Jean Madré, pénitencier, au duc de Mayenne, lieutenant général de l'état et couronne de France, que nous trouvons dans un registre conservé aux Archives départementales :

« ..... Depuis 1589 jusqu'à maintenant, le revenu des bénéfices des chanoines auroit esté pris et occupé par ceux du parti contraire à l'occasion des prises des villes de Dieppe, Gournay, Caudebec, Gisors, Louviers, Pont-de-l'Arche, Ellebeuf ». Jean Madré représente au duc que les chanoines, n'ayant plus de quoi vivre, étaient partis de Rouen, et lui demande, « vu leur pauvreté, de les décharger des décimes jusques à ce qu'il plaise à Dieu donner une saison plus tranquille ».

Si les chanoines étaient réduits à la misère, quelle était donc la situation du peuple ? Malheureusement, il s'écoula encore plus de dix ans avant que nos populations pussent jouir en tranquillité des fruits de leur travail.

Le 13 décembre, Suzanne de Morainville, veuve de Pierre d'Aigrefeuille, ancien maître d'hôtel de Charles de Lorraine, reçut des mains de Pierre Pastallier, fermier des Vingt-Acres, 354 livres tourn. à valoir sur les 500 livres de rente que le duc d'Elbeuf devait à la veuve, rente assise sur la baronnie de Quatremares et les Vingt-Acres.

Le lendemain 14, Robert et Marguery Chevalier, frères, chapeliers, demeurant paroisse Saint-Jean, s'engagèrent envers Me Morin de Saint-Aubin, curé de Marcouville, tuteur des enfants de Nicolas de Saint-Aubin, à montrer à Charles de Saint-Aubin, aîné de ces enfants, « l'estat de chappelier pour faire chappeaux, iceulx doubler et brouder d'aultant que ledit Charles en pourroit comprendre, durant trois ans... » Les frères Chevalier s'engagèrent également à « nourryr, hesberger, traicter et allimenter ledict Charles de vivres et allimentz, lui querre feu, lict de hostel, mesmes l'entretenement de la reffaçon de soulliers... » Le curé de Marcouville, en échange, s'engagea à payer aux maîtres chapeliers la somme de 30 livres par an.

Le 23 de ce même mois, Charles de Sarcilly, sieur d'Ernes, maître d'hôtel et intendant des affaires de Charles de Lorraine, et François Vivian, avocat au Parlement de Paris, procureurs du duc d'Elbeuf, procédèrent à la résolution du bail passé avec Jean Nicolle, adjudicataire des bois des Monts-le-Comte.

La fabrication des draps, pendant la guerre de la Ligue, avait été presque nulle. Les ateliers avaient été fermés, et les chefs de maison travaillaient seulement avec leur famille et leurs serviteurs, sans le concours d'ouvriers du dehors. Aussi, malgré la qualification de « drappier » donnée dans les actes de cette époque à d'assez nombreux Elbeuviens, il ne faut voir dans la plupart d'entre eux que des artisans, plus ou moins aisés, achetant des laines et les filant, puis tissant et apprêtant eux-mêmes les draps qu'ils envoyaient ensuite à la halle de Rouen.

Les drapiers d'Elbeuf habitaient, pour la plus grande partie, la paroisse Saint-Étienne, aux abords de notre petite rivière.

Leur matériel était, et devait l'être encore longtemps, très élémentaire : une chaudière, quelques jeux de cardes à main, deux rouets, un ou deux métiers, une paire de forces. Quant aux matières premières, elles se bornaient à la quantité de laine nécessaire pour la confection d'un drap ou deux tout au plus ; et quand l'étoffe était vendue, le drapier achetait d'autre laine. Il possédait aussi quelques bûches de bois de teinture, un peu d'huile pour l'ensimage, un millier de chardons pour le tirage à poil, et c'était à peu près tout.

CHAPITRE XV
(1594-1596)

Charles Ier de Lorraine (suite). — Il vend Poitiers a Henri IV. — Les Elbeuviens contre les Caudebecais et autres. — Lettres du roi au duc d'Elbeuf. — Les registres paroissiaux de Saint-Etienne. — Marguerite Chabot. — Emprisonnement de trois prêtres. — Une clameur de haro. — Gabrielle d'Estrées.

Le 28 mars 1594, Pierre Sanson, curé de Saint-Jean, donna au trésor de cette église, représenté par Etienne Osmont, prêtre clerc de la paroisse, Yvon Delacroix, Vincent de Cléon et Robert Ravenel, trésoriers, un écu de rente, à charge par le trésor de faire dire à perpétuité, en la chapelle Notre-Dame, à l'intention du donateur, le jour de la vigile de l'Assomption, une haute messe à diacre et sous-diacre, et des prières.

Pierre Sanson stipula que le curé ou vicaire, pour ses recommandations et assistance à la messe, recevrait 5 sols ; l'officiant 6 sols, les chapelains assistant à la messe chacun 20 deniers, le clerc sonneur de la messe par trois fois 3 sols, les enfants chantant au lutrin 2 sols.

A la fin de la messe, et pendant que vivrait le donateur, il serait chanté un *Libera* à la chapelle, et après son décès sur sa tombe, dans l'église, où son corps serait inhumé. — Cette donation fut enregistrée par les frères Nicolas et Louis Hesbert, tabellions à Elbeuf.

Le 8 mai 1594, Charles de Lorraine, nomma Pierre Rabelin, sieur du Prou, aux fonctions de capitaine de Lillebonne, à la condition de faire sa résidence dans la tour du château. Ce capitaine habitait précédemment le bourg d'Elbeuf.

Le 14, Alexis Saint-Ouen, sergent royal et héréditai en la vicomté de Pont-de-l'Arche, au siège du Bec-Thomas, demeurant à Elbeuf, bailla à ferme pour trois ans, à Michel Duchesne, demeurant à Pont-de-l'Arche, la branche de la sergenterie de Saint-Denis-des-Monts, dépendant de celle du Bec-Thomas, moyennant 36 livres par an.

Les paroissiens de Saint-Etienne se réunirent en assemblée générale, le 12 juin, pour mettre terme à un différend, dont l'extrait d'acte qui suit va indiquer le genre :

« Du descord et procedz pendant et indécis par devant Mons. le bailly d'Ellebeuf ou son lieutenant, sur l'execution faite par Michel Martin, l'un des thesauriers de la parroisse Sainct Estienne d'Ellebeuf, pour recouvrer payement de vingt neuf années d'arrerages de 27 sols 6 deniers de rente sur les biens de Jehan Brisemare, à present detempteur d'une maison qui fust à messire Jehan Grandin, en son vyvant prestre, en laquelle led. Jehan Grandin s'estoit constitué envers led. trésor, le iiiie jour d'aoust mil v⁰ trente six, pour faire dire chacun an cinq messes basses...

« Scavoir faisons que led. Michel Martin, Nicolas Lemonnier et Jehan Cousturier, thesauriers à presant de lad. église, lesquels, en la presence de *(suivent les noms de seize des principaux paroissiens)* assemblez en estat de commung pour cest affaire contre led. Brisemare... »

Brisemare consentit à hypothéquer d'un écu la maison dont il s'agissait « scise parroisse Sainct Estienne en la ruelle Carrage ».

On sait que le duc d'Elbeuf avait alors le gouvernement de la ville de Poitiers, qui était demeurée fidéle à la Ligue; mais son gouverneur, dans l'espérance de tirer une grosse somme d'argent du roi et un gouvernement plus important, négocia sa soumission et la remise à Henri IV de la ville qu'il commandait.

L'entente fut prompte, paraît-il, car, dès le mois de juin, le roi étant devant Laon, qu'il assiégeait, écrivit aux habitants de Poitiers que leur gouverneur s'était soumis à son autorité, et qu'il les invitait à en faire autant.

Le duc d'Elbeuf avait déjà préparé l'opinion, aussi la soumission de la ville se fit-elle facilement; elle était accomplie le 15 de ce même mois, ainsi que nous le prouvent deux lettres du roi, datées l'une de ce jour et l'autre du lendemain. A quelque temps de là, le duc d'Elbeuf rappela à Henri IV les promesses qu'il lui avait faites, comme conditions de la livraison de Poitiers.

Voici ce que dit M. Parfait Maille à ce sujet :

« Le moment était arrivé où les peuples fatigués de souffrances, las de la révolte, ne soupiraient plus qu'après la paix, et ne désiraient que faire leur soumission et rentrer dans le devoir, à l'exemple de Lyon, Rouen et Paris.

« Bien prit au duc d'Elbeuf de prendre les devants, pour faire son accommodement, car, s'il eut attendu plus tard, les Poitevins l'expulsaient de leur ville et traitaient sans lui, qui, n'ayant alors plus rien à offrir, aurait été forcé, bon gré mal gré, de subir le sort qu'on lui aurait fait.

« Mais la fortune qui lui souriait, lui ménagea une bonne composition, trop bonne pour une factieux comme lui, si loin de la noblesse de cœur du gouverneur de Beauvais qui, conseillé de mettre aussi le roi à rançon, répondit : « Je ne veux point que l'on me reproche « d'avoir été de ceux qui ont vendu au roi son « propre héritage ».

« Le malheur est que cette magnanimité faisait exception au milieu de la corruption générale, et que les plus fidèles étaient moins récompensés que les rebelles.

« L'arrangement du duc d'Elbeuf lui valut un million en or, le gouvernement du Poitou, échangé plus tard contre celui du Bourbonnais ; il fut dans la suite nommé grand veneur, grand écuyer et chevalier d'un ordre royal ».

On a publié le tableau des sommes qui furent accordées par Henri IV aux chefs de la Ligue pour acheter leur concours. Le total s'élève à la somme, énorme pour l'époque, de six millions et demi d'écus. Le duc de Lorraine y figure, à lui seul, pour 900.000 écus ; le duc d'Elbeuf, qui avait livré Poitiers, pour plus de 200.000 écus ; le sieur de Villars, qui avait cédé Rouen, Pont-Audemer et le Havre, pour

715.430 écus. Voilà comment furent traités les généraux de la Ligue.

Le 10 juillet, Nicolas de Flavigny, Jean Huet, Denis Grimouin l'aîné, Nicolas Theffray, Jacques Bénard, Robert Béranger, Jacques Dupont, Nicolas Hesbert, Patrice Bourdon, Robert Chevallier, Jean Lesueur, Marguery Dubosc, Jacques Mansel, Pierre Dupont, Louis Lemaître, Denise Lefebvre veuve de Jean Dupont, Robert Hertoult, Robert Bosguillaume, Robert Viel, Jacques Cappelet, Martin Anfray, Pierre Pastallier, Nicolas Pollet, Thomas Saint-Gilles, Cristian Lemenestier, Nicolas Dulondel, plusieurs autres du nom de Mansel, etc., tous paroissiens et habitants de Saint-Jean, se réunirent et constituèrent des procureurs en les personnes de Thomas Saint-Gilles et Louis Lemaistre.

Le but des habitants de la paroisse Saint-Jean était de « poursuivre et pourchasser par toutes voies de justice et par devant tous juges jusques à arrest de la court déffinitif les paroissiens des parroisses de Caudebec, Thuict Anger, Sainct Martin de la Corneille Sainct Pierre des Cherqueux, Bostroger et Bosnorment, affin d'estre vers eux et les parroissiens de la parroisse Sainct Estienne d'Ellebeuf, condampnez au rescor et rescompense de la despence que ont faict audict bourg d'Ellebeuf les gentz de guerre avec leurs serviteurs et chevaulx de la compagnie du sieur chevallier Doize, ayantz sejourné aud. bourg d'Ellebeuf par l'espace de seize jours entiers ; laquelle despence et nourriture lesdicts habitants d'Ellebeuf auroient quize auxdictz gentz de guerre hommes et chevaulx à la charge de la rescompenser, et dont ils devoient estre ressaisis par les parroissiens desdictes parroisses cy dessus nommez, et singulièrement depuis et comprins le xxviie de juing dernier jusques à leur partement, le tout suivant l'intention et la volonté de monseigneur de Villartz, admiral de France, lieutenant et gouverneur pour le Roy nostre syre es bailliages de Rouen et Caux, ainsy qu'il appert par les ordonnances des xxviie et xxixe jours de juing dernier.

« Et pour faire condampner lesdicts parroissiens desd. parroisses à la demande desd. parroissiens d'Ellebeuf... »

Cette procuration fut passée devant les tabellions du Bec-Thomas, en présence de Louis Le Roux, chapelain, et signée par environ trente-cinq bourgeois de la paroisse Saint-Jean, plus par une dizaine d'autres qui, ne sachant pas écrire, apposèrent leur marque au bas de l'acte.

Le même jour, Thomas Bérenger, Jean Grandin fils Robert, Pierre Le Sueur, Pierre Bérenger, Nicolas Delafosse, Jean Cousturier, Thomas Lemonnier, Jacques Marabot, Jacques Bosguillaume, Jacques Grandin fils Guillaume, Noel Le Mercier, Robert Duhazey, Etienne Leboisselier et autres, tous paroissiens de Saint-Etienne, nommèrent également des procureurs pour se joindre à ceux de Saint-Jean et poursuivre la cause commune. Leurs fondés de pouvoirs furent Nicolas Forest et Etienne Leboisselier.

Le dimanche suivant 17 juillet, après une annonce faite au prône de la messe paroissiale, tant à Saint-Jean qu'à Saint-Etienne, les habitants des deux paroisses se réunirent de nouveau à l'issue de la grand'messe, et séparément par une nouvelle délibération, confirmèrent les pouvoirs donnés aux quatre bourgeois chargés de défendre les intérêts du bourg contre les habitants des paroisses voisines, dans le recouvrement des sommes dépensées pendant le séjour de la compagnie Doize.

Le même jour, Toussaint du Bosregnoult, sieur de Lenteuil, donna sa procuration à Me Mathieu Le Sueur, avocat à Elbeuf, pour le représenter devant le bailli du duché, dans une affaire contre Me Guillaume Dubosc, curé du Bosregnoult en Roumois.

A cette date, Jean Bonamy, avocat, demeurant paroisse Saint-Etienne, était décédé. Son fils Nicolas réclama les deniers qui étaient dus à Jean Bonamy par suite de son administration de l'Hôtel-Dieu d'Elbeuf.

Parmi les procès dont la population elbeuvienne s'entretint à cette époque, nous citerons les suivants :

Jacques de Saint-Ouen, curé de Caudebec, commença le 12 août, une procédure tendant à le mettre en possession de ses droits de chauffage dans la forêt de Bord, consistant en 45 mesures de bûches par an.

Le 20 du même mois, Hector de Nollent, sieur de Thuit-Anger, entama également une action pour être déchargé de la tutelle des enfants mineurs du seigneur de la Londe, à laquelle il avait été nommé, bien qu'il ne fût point leur parent.

Enfin, le 24, les paroissiens de Saint-Aubin-jouxte-Boulleng, entrèrent en procès avec le doyen de Périers-sur-Andelle, qui avait fait arrêt sur les deniers dus par Me François de la Rive, prêtre de Saint-Aubin, au bénéfice-cure et à Me Claude Godefroy, chanoine de Notre-Dame de Cléry et curé de Saint-Aubin.

Le 16 septembre, Jacques Godefroy, d'Elbeuf, prit à ferme de Mᵉ Michel Buisson, curé de Saint-Georges d'Orival, toutes les dîmes de cette paroisse depuis le roule Plantrou, faisant la séparation des dîmes d'Oissel, jusqu'à la ruelle aux Picards, qui était au bout du Grand Jardin, mais sans comprendre celui-ci, appartenant aux enfants du sieur de Taconnières et dont le curé se réservait le dîmage. Le prix de cette location fut fixé à 27 livres par an.

Au mois d'octobre, le roi, étant à Paris, manda au duc d'Elbeuf, lequel apparemment n'avait pas encore reçu la somme promise pour prix de sa soumission :

« Mon Cousin, J'ay esté fort aise d'entendre de vos nouvelles par vostre lettre et par le sieur Chalery, duquel j'ay aussy sceu comme les choses sont composées en ma ville de Poictiers et les affections des habitants d'icelle toutes conformes à mon service ; à quoy je suis bien adverty que le bon exemple que [vous] leur en avés donné a de beaucoup servy, dont je vous sçay fort bon gré.

« J'ay commandé que toutes les despesches despendant de l'execution des articles qui vous ont esté accordez vous soient faites et delivrées. Pour celle du gouvernement de ma ville de Poictiers, je vous prie, que, sans apprehender que je veuille rien changer de ce que je vous ay promis, vous trouviés bon de remettre à la prendre vous-mesmes quand serés par deça, croyant que ce que j'ay différé pour cest esgard n'est qu'à bonnes fins, et que vous en demeurerés satisfaict et content ; et afin que ce soit d'autant plus proche, je vous prie d'advancer vostre voyage le plus que vous pourrés, et ce pendant de faire acheminer toujours d'avance le regiment que vous avés par delà, sur le chemin de Lyon, afin qu'il soit tout porté sur le lieu quand je passeray, qui sera bien tost, faisant estat de partir au plus tard dans quinze jours.

« J'ay assemblé quelques moyens pour les despenses de mon voyage et des forces que je mene avec moy. Je fais bien estat que vous m'y accompagnerés, et vous prie de me venir prendre jusqu'icy. J'ay bonne opinion que mon cousin le duc de Guise sera aussy de la partie, car que vois ses affaires comme resolues. Cela estant, je l'auray icy incontinent.

« Je ne vous recommande point l'ordre que vous aurés à establir au dict Poictiers avant vostre partement, et que toutes choses y soient en tranquillité et repos, parce que je m'asseure que vous y aurés assez de soing. Je ne vous diray point aussy de nos nouvelles de deçà, pour vous croistre l'envie de les bien entendre jusque sur le lieu, où vous pourrés estre asseuré que vous serés tres bien receu. Sur ce, je prie Dieu, mon Cousin, vous avoir en sa saincte garde. Escript à Paris, le vj^e octobre 1594. — HENRY ».

Le duc de Guise, dont parle le roi dans cette lettre, ne fit sa soumission qu'en novembre, en lui remettant sept places fortes de la Lorraine et de la Champagne ; il reçut en échange le gouvernement de la Provence.

Cependant, sans doute parce que le duc de Guise tenait encore contre le roi, le duc d'Elbeuf ne s'était pas rendu à l'invitation d'Henri IV. Celui-ci lui adressa une seconde lettre ainsi conçue :

« Mon Cousin, Je vous ay cy-devant escript

comme je désirerois que vous me vinssiés trouver et mesme, si ce que vous voulés amener avec vous ne pouvoit estre si tost prest, que vous ne laissassiés de vous advancer devant, avec vostre train seulement.

« Oultre le désir que j'ay bien grand de vous avoir ici près de moy, l'occasion de l'arrivée du sieur de Malicorne me fairoit desirer particulierement que vous vous y trouvassiés afin de terminer et regler ce qui sera de vostre charge et de la sienne, et qu'il n'y demeure rien d'indecis. Pour ceste mesme raison je vous fais ceste recharge, et vous prie d'arriver icy auparavant que le dict sieur de Malicorne s'en retourne, ce qui ne sera peut estre pas beaucoup differé, parce que le renverray quand je partiray pour mon voyage de Lyon, dont je suis tres pressé. Ce sera vostre contentement, quand avec luy les choses seront reglées à ce qu'il n'y arrive pendant mon absence aucune incertitude.

« Quant au regiment que vous avés par deça, je vous prie de le faire advancer le plus deligemment que vous pourrés pour se rendre à mon armée, à laquelle je fais prendre le chemin de Bourgogne.

« Je ne veux, au reste, oublier à vous dire que je suis adverty qu'il y a encore en ma ville de Poictiers plusieurs gentilshommes qui estoient des plus affectionnez au party de la Ligue, lesquels neantmoins n'ont point fait le serment de fidelité : ce qu'il est necessaire qu'ils facent pour oster le souspçon que l'on en pourroit avoir ; à quoy je vous prie de donner ordre, comme aussy, avant vostre partement, à tout ce que vous en jugerés nécessaire pour la seureuté et conservation de la ville pendant vostre absence, et ce avec l'advis de ceux de la ville.

« Je crois que le sieur de Chaton vous aura adverty comment tout le reste de vos expeditions est prest et resolu. Ce ne sera pas en cela seulement que vous recognoistrés ma bonne volonté ; mais en tout ce que vous rechercherés, la trouverés toute disposée à votre contentement. Sur ce, je prie Dieu, mon Cousin, vous avoir en saincte garde. Escript à Paris, le xviij^e octobre 1594. — Henry ».

Le duc d'Elbeuf répondit au roi qu'il craignait les rapports faits contre lui, mais qu'il se rendrait néanmoins à ses désirs ; cependant il ne se pressa pas de partir. La paix avec le duc de Lorraine fut signée le 16 novembre. Le 27 de ce même mois, Henri IV fut blessé par le couteau de Jean Chatel, et c'est pendant qu'on instruisait le procès de cet assassin que le roi écrivit cette nouvelle lettre au gouverneur de Poitiers, qui ne se décidait pas à se rendre auprès de lui :

« Mon Cousin, Je seray très aise de vous voir, suivant la promesse que vous m'en avés donnée par vostre lettre. Je vous asseure que vous serés le bien venu et qu'il ne sera en la puissance de ceulx qui voudront vous porter envie, de me donner aultres impressions de vous que celles que vous donnerés par vos actions. Vous sçavés quelle est ma franchise et comme je ne puis ni veulx tromper ceulx que j'affectionne, de ce qui les concerne ; mais il ne s'ensuit que j'adjouste foy à tels rapports ; je m'arreste aux effects, lesquels j'ay attendu de vous tels que vous m'avés promis... Escript à Amiens, le xiiij^e décembre 1594. — Henry ».

Au 29 octobre 1594, « vénérable et discrette personne Me Jacques Barbey, prestre, de la paroisse de Moyaux, vicomté d'Orbec », était enfermé, pour dettes, dans la prison d'Elbeuf, à la requête de Cardin Lefebvre, tavernier, demeurant en notre bourg.

Le 9 novembre, Jean Nicolle, de la paroisse Saint-Jean, cautionna Thierry Migot, maître du pont de Poissy et marchand audit lieu, envers le duc d'Elbeuf, de la somme de 1.103 écus un tiers, pour le prix de l'adjudication faite à Migot de huit ventes de bois en la forêt des Monts-le-Comte, aux trièges de la Vigne, de Saint-Cyr, du Val Anffray et du chemin de Pont-de-l'Arche.

La paroisse Saint-Etienne eut un nouveau curé cette année-là en la personne de Me Michel Bonamy. Sa nomination, par l'abbé de Saint-Taurin, porte la date du 24 décembre.

Me Richard Farin, suivant les registres de la Charité de Saint-Jean, résigna la cure de cette paroisse en 1594, à Me Pierre Sanson, son vicaire depuis 1589, et prit la cure de Freneuse. — En 1638, Richard Farin fit une donation au trésor de Saint-Jean, de trente perches de terre dans l'île de Quatre-Ages. En l'année 1653, il fit une seconde donation de 50 livres, pour « faire brûler un cierge devant l'image de la Vierge, aux fêtes de ladite Vierge et aux festes solennelles. — Il faut qu'il soit mort dans un âge très avancé », remarque François Dupont.

Des obligations de cette année 1594 nous donnent les renseignements suivants :

En novembre, « noble homme Claude de Poizeau, verdier du duché », demeurait à Thuit-Signol. — Me Alexis Mansel fils Alexis était greffier du bailliage et duché d'Elbeuf. — François Vivian, avocat au Parlement de Paris, était fils de « feu noble homme Françoys Vivyan, en son vyvant trésorier général du duc d'Elbeuf ». — Mathieu Dupont était bailli de Quatremares. — Le sergent royal au duché d'Elbeuf était Jacques Delacroix. — Jean Nicolle, contrôleur des tailles, habitait notre bourg, et Mathieu Chrestien était geôlier et gardien des prisons d'Elbeuf.

Au nombre des marchés sur lesquels les chanoines de la cathédrale de Rouen achetaient les blés qui leur étaient nécessaires, les comptes de cette année mentionnent Nogent-le-Roi, Chartres et Elbeuf.

Les drapiers, ou au moins une partie d'entre eux, faisaient le commerce de grains et bestiaux. Plusieurs achetaient également des vaches et les donnaient ensuite à loyer. D'autres habitants d'Elbeuf et des environs faisaient de semblables spéculations, notamment les bouchers, des officiers publics et des ecclésiastiques.

Les nombreux actes de cette époque que nous avons parcourus ne mentionnent point de transactions relatives à la fabrication des tissus de laine.

Les drapiers d'Elbeuf cités sont : Richard de Saint-Amand fils Guillaume, Pierre Davy aîné, Etienne Boisselier et Raoullin Crosnier. — Jean Cauchois était cardier ; sa marque représente une carde à main.

Beniton Baron « foullon de draps » habitait Romilly. Il y avait également des fouleurs de draps à Saint-Pierre-des-Cercueils ; c'est sans doute sur le ruisseau de l'Oison, au bas de la côte du Mont-Poignant, que se trouvaient leurs ateliers. — Pierre Lucas était tapissier à Mandeville.

Comme habitants d'Elbeuf, nommons encore : Jacques Dupont et Robert Mansel, bouchers ; Pierre Lesueur et Dugard père et fils, boulangers ; Antoine Delacroix et Jean de Saint-Ouen, menuisiers ; Robert Berenger, tavernier ; Abel Seneschal, meunier du moulin Saint-Jean.

Enfin, dans les obligations et autres contrats sont mentionnés : Richard de Nollent, sieur de Saint-Cyr, demeurant à Chandé, vicomté de Verneuil ; Christophe Leconte, curé de la Harengère ; François de la Rive, prêtre à Saint-Aubin-jouxte-Boulleng, dont il était originaire ; Etienne Duval, prêtre à Bourgtheroulde ; Jean Morin, sieur du Becquet, demeurant à Thuit-Anger, etc.

Le plus ancien des registres paroissiaux d'Elbeuf est celui de la paroisse Saint-Etienne. Il fut ouvert par M⁰ Bonamy, curé. Le premier acte de baptême que nous y trouvons est celui-ci :

« Le premier jour de janvier mil v^c iiii^{xx} et quinze a esté baptisé Henry Martin fils de Henry ; les parreins honorables hommes Me Mathieu Dupont, bailly de ce lieu et de Quatremares, et Marin Martin ; la mareine Justine Dupont, femme de François Regnault ».

Comme on le voit, les enfants avaient alors plusieurs parrains et, parfois, plusieurs marraines.

Quelques mois après, Mathieu Dupont, qualifié dans ce second acte de « escuyer, advocat en la Court, baillif du duché d'Elbeuf », fut parrain de Mathieu Boissel, fils de Louis. Cette famille Boissel était l'une des plus considérables de la bourgeoisie de Saint-Etienne. — Un des descendants de ces Boissel acheta, un siècle et demi plus tard, la baronnie de Routot, que lui vendit un duc d'Elbeuf.

Le 17 janvier, Nicolas Bonamy, fils de feu Jean Bonamy, avocat, en présence et du consentement de M° Michel Bonamy, curé de Saint-Etienne, de Jean Grandin fils Guillaume, de Jean Grandin fils Robert, de Jacques Bosguillaume, ses parents, tous demeurant en la paroisse Saint-Etienne, vendit à « damoiselle Florentyne de Taconnyères, veufve en deuxièmes noces dudict M° Jean Bonamy… tous le droict de deux tiers de trois centz livres, à prendre sur l'hostel Dieu d'Elbeuf, pour l'année que ledict defunct Nicolas administra les biens dud. hostel Dieu… »

Au printemps, il se déclara à Elbeuf, à Caudebec, à Pont-de-l'Arche et sans doute aussi dans d'autres localités de notre région, une maladie qui fut qualifiée de peste et dura trois années.

En avril, le roi adressa cette autre lettre au duc d'Elbeuf :

« Mon Cousin ; J'escris à M. de Malicorne et aux habitans de ma ville de Poictiers, que je ne veux pas qu'il soit innové au gouvernement d'icelle que je ne vous aye veu, et pris advis et resolution avec vous de ce qui sera necessaire pour le bien et service de la dicte ville. Vous me viendrés trouver à Fontainebleau, où je me rendray lundy sans faute, et vous y serés le bien venu : priant Dieu, etc… Paris, le vij° avril 1595. — Henry ».

Le 7 de ce mois, en effet, le roi recommanda à la ville de Poitiers de n'admettre aucun changement dans le gouvernement de la place en l'absence du duc d'Elbeuf, gouverneur.

Les Espagnols, commandés par Velasco, arrivaient en Franche-Comté pour donner la main au duc de Mayenne, que Biron venait d'expulser de la Bourgogne. Henri IV se porta sur la frontière et rencontra l'ennemi à Fontaine-Française.

Dans cette journée, où le Béarnais faillit perdre la vie, la compagnie d'Elbeuf, commandée par Charles de Lorraine, combattit vaillamment aux côtés du roi. Le duc Charles montra lui-même tant de bravoure qu'il l'emporta sur tous les autres, et que Henri IV, suivant d'Aubigné, ne parut parfaitement content que des ducs d'Elbeuf et de la Trémouille, « qui se joignirent ensemble pour abattre la rosée devant Sa Majesté ».

Sully rapporte, cependant, que le roi n'alla en Bourgogne que d'après les avis du duc d'Elbeuf, qui y avait des intérêts à défendre.

Les archives de Bonport possédaient une sentence, du 17 juin 1595, rendue dans un procès entre cette abbaye et Mathurin P..., au sujet d'une partie de rente de sept sols six deniers assise à Elbeuf ; et une copie collationnée d'un état des rentes alors dues, à l'abbaye de Bonport, par des habitants du bourg d'Elbeuf.

Au commencement de juillet 1595, le Parlement de Paris condamna Charles de Lorraine, duc d'Aumale, époux de Marie de Lorraine, à être écartelé, comme complice du meurtre de Henri III ; le 6 du même mois, on exécuta ce jugement sur son effigie. Le condamné était alors à l'étranger, où il mourut misérablement.

Henri IV data une lettre de Montmeroy — probablement Montmorot — le 21 juillet, par laquelle il avisait les habitants de Poitiers du retour du duc d'Elbeuf et leur donnait ordre de lui obéir comme gouverneur et son lieutenant général dans cette ville.

Les désastres causés par la guerre civile avaient, avons-nous dit, ruiné un grand nombre de paysans et beaucoup d'industriels. La fabrication était devenue presque nulle à Elbeuf. Certains fabricants qui avaient caché leurs draps, afin de les soustraire aux gens de guerre, les perdirent néanmoins, car déposés dans des caves, carrières ou autres lieux humides, ces étoffes pourrirent ou du moins furent altérées au point de n'être plus vendables.

La détresse avait également atteint la collégiale de La Saussaye, qui se trouva dans l'obligation de supprimer un enfant de chœur et de faire d'autres économies, des taxes ordinaires et extraordinaires étant venues s'ajouter aux pertes des chanoines.

Un procès qui se déroula au bailliage de Pont-de-l'Arche, en 1595, nous apprend que Nicolas de Guenet, sieur des Brosses, propriétaire de la ferme du Bout-du-Gard, avait épousé Barbe Le Blanc, fille de « deffunct noble homme Nicolas Le Blanc, vivant sieur de Saint-Pierre des Cerqueux et bailly d'Elbeuf ».

Vers le commencement de l'année suivante, Henri IV permit au duc d'Elbeuf de quitter l'armée et de retourner en Poitou ; mais, écrivit le roi au sieur de la Guinemaudière, « non pas tant pour sa commodité particulière que pour mon service, luy ayant donné charge d'assembler la meilleure troupe qu'il pourra, pour l'ame er et se rendre auprès de moy dans un mois au plus tard, que je fais estat d'aller au-devant du cardinal d'Austriche qui fait son compte de venir secourir ceste place que je tiens assiégée... Escript à Follembray le xiiij⁰ jour de janvier 1596 ».

Quelques jours après, Henri IV chargea le duc d'Elbeuf d'une mission à remplir auprès de Louise de Lorraine, veuve de Henri III.

Le 22 mars, le duc d'Elbeuf étant de retour à Poitiers, déclara devant les notaires royaux de cette ville que « desirant remettre et restablyr en bon estat les affaires qui concernent ses terres et les biens de sa maison, et la parfaite confiance qu'il a dans la personne de illustre, haulte, puissante et vertueuse princesse Madame Marguerite Chabot, sa treschère espouze, ledict seigneur duc la constitue et establyt sa procuratrice générale et spécialle, etc. »

La duchesse avait pour écuyer, pendant l'absence de son mari, Prosper de Vintemille, dont la signature figure sur plusieurs actes de cette époque, avec celle de « La Feuille, tailleur de la dicte dame ».

Le 24 du même mois, « noble homme Mᵉ Loys Dulondel, verdier de Mauny, gentilhomme de la venerye du Roy nostre sire, present en la succession de feu Mᵉ Robert Dulondel, son frère, vyvant advocat au Pontaudemer demeurant à Caumont... après qu'il eust leu certain contract de partage entre luy et Nicolas Dulondel, fils de feu Mᵉ Françoys Dulondel, vyvant greffier au bailliage d'Elbeuf... à la stipullation de noble homme Pierre Dulondel, sieur de Heurtebize, son fils aisné... icelluy Mᵉ Loys Dulondel ratifia... » — Cette famille fournit de nombreux fonctionnaires, des avocats et plusieurs fabricants de draps d'Elbeuf.

A cette époque, il y avait procès entre Jean Hesbert, chanoine de la Saussaye, curé d'Amfreville-sur-Iton, demeurant à Louviers, et Claude Poizeau, sieur de la Chambre. Celui-ci fut condamné à payer à celui-là 1.050 écus, dont Hesbert fit cession à divers. Le même jour, Pierre Harent « l'ung des cappitaines des bourgeois de Rouen » et Michel Beaudouin, archer de la verderie du duché d'Elbeuf, cautionnèrent Claude Poizeau.

Le 4 avril, le trésor de Saint-Jean, représenté par Me Pierre Sanson, curé, Nicolas Theffray, Yvon Delacroix et Vincent Le Clerc, gagna un procès à Rouen contre « noble homme Nicolas Duquesnay, avocat, sieur de Bézu », au sujet du remboursement d'une rente.

Me Noel Léger et Guillaume Léger, d'Elbeuf, par acte du 7, cautionnèrent Nicolas Delafosse, de la paroisse Saint-Etienne, envers Hercule Bachelet, « lieutenant du sieur du Raoullet (Le Blanc du Rollet), cappitaine sur le faict des chasses et gardes des bestes de la forest de Bord », et la veuve d'Alexis Mansel, ancien greffier du duché d'Elbeuf, de la somme de 710 livres tournois, pour la ferme du greffe du duché dont Delafosse s'était rendu adjudicataire.

Au 2 mai, Louis de Marsollet, originaire d'Elbeuf, était « l'ung des douze cappitaines de la ville de Rouen ».

Le 4, Louis de Saint-Ouen, sergent royal au Bec-Thomas, Fiacre Hesbert et Marguery Chevalier, ces deux derniers de la paroisse Saint-Jean, « plegèrent et cauxionnèrent venerable et discrete personne Me Jacques de Sainct-

Ouen, prestre curé de Nostre Dame de Caudebec, à restablyr es prisons d'Ellebeuf touttefois qu'il plaira à justice l'ordonner ledict sieur curé, estant à present incarceré es dictes prisons, à l'instance de Monsr le sieur de la sieurye du duché d'Ellebeuf, pour les causes mentionnez au procez, et promistrent lesdicts plèges à honneste homme Jacques Delacroix, sergent royal audict Ellebeuf, que, à cause de la delivrance qu'il fera de la personne dud. sieur curé, il n'aura perte... » — Nous ne savons pour quelle raison le curé de Caudebec avait été emprisonné.

Le 18, étant à Elbeuf, « noble homme Joseph Le Bœuf, sieur d'Osmoy, demeurant audict Osmoy » donna sa procuration à Nicolas Le François, en présence de Richard Farin, curé de Freneuse.

Parmi les clients des marchands de blé d'Elbeuf, nous trouvons Me Hugues Le Tourneur, curé d'Alizay et doyen de Périers-sur-Andelle. Ce doyenné comprenait les paroisses de Saint-Aubin-jouxte-Boulleng, Freneuse, Cléon, etc.

Le 10 juillet 1596 « noble homme Etienne Bonamy, sieur de la Banne, fut parrain à Saint-Étienne.

Le 13 de ce mois, « Monsr maistre Michel de Mouchy, conseiller du Roy nostre sire au Parlement à Rouen et prieur de Sainct-Gilles, demeurant aud. lieu, parroisse Sainct Aulbin jouxte Boulleng, en recongnoissance comme messire Robert de Mouchy, chevallier, sieur de Creveron, son frère, allant dernièrement à la guerre contre les Espagnolz, pour donner plus de commodité et asseurance audict sieur prieur de se faire payer de la somme de cent soixante et deux escus qui luy estoit deue par led. sieur de Creveron, auroit fait obliger deux des ses fermiers du pays de Caux... » Il nomma un procureur, par acte passé devant les tabellions d'Elbeuf.

Ce Michel de Mouchy fut, plus tard, l'auteur de la perte du prieuré de Saint-Gilles pour l'abbaye de Saint-Ouen de Rouen, à laquelle il avait été donné par ses fondateurs. Voici ce que dit à ce sujet dom Pommeraye :

« Le prieuré de Saint-Gilles étant tombé avec le temps entre les mains de Me Michel de Mouchy, il le résigna aux réverends Pères Jésuites du noviciat de Rouen, en faveur de son frère qui estoit religieux de cette maison ».

Un procès s'engagea entre l'abbaye et les Jésuites ; ceux-ci le gagnèrent, et le pape les confirma dans cette possession, obtenue par des manœuvres déloyales.

Vers ce temps, Marguerite Chabot de Charnay-Busançois, fille et héritière du comte Léonor Chabot de Charnay-Busançois, grand écuyer de France, et de Jeanne Rye de Longroy, épouse de Charles Ier de Lorraine, accoucha d'un fils qui reçut le prénom de Charles, et plus tard, succéda, dans le duché d'Elbeuf, à son père, sous le nom de Charles II de Lorraine.

Me Gieuffroy Viard, chanoine de la Saussaye ; Me Guillaume Viard, prêtre ; Jacques Viard, sergent en la forêt des Monts-le-Comte, tous demeurant à Thuit-Anger, reconnurent devoir, par acte du 20 juillet, à Jacques des Loges, sieur de la Vallée, lieutenant des gardes du duc d'Elbeuf, la somme de 600 écus qu'il leur avait prêtée pour achat de chevaux, bestiaux, semences, etc., pour l'exploitation de leurs terres.

Le lendemain, Marguerite Chabot, en vertu de la procuration de Charles de Lorraine, son mari, bailla à ferme, pour neuf années, à Eloy Perdrix, bourgeois de Rouen, la baronnie et les terres de Routot. La duchesse se réserva le droit de présentation aux bénéfices et offices, les reliefs et treizièmes des fiefs et vavassories nobles, les forfaitures, gardes de mineurs, confiscations, aides, etc. Outre diverses conditions, le preneur s'engagea à payer annuellement la somme de 2.300 livres tournois.

Le 23, la duchesse d'Elbeuf reconnut que François Vivian, avocat au Parlement de Paris, « oultre les complaisances qu'il avoit cy devant renduz à Monseigneur Charles de Lorraine, son mary »... celui-ci était resté redevable envers Vivian de 400 écus ; elle les lui remit comptant.

Le 12 août, Marguerite Chabot examina les comptes de « Mᵉ Jean Robert, cy-devant conterolleur et argentier de Monseigneur le duc d'Elbeuf. » La duchesse s'engagea à payer diverses dettes contractées par Robert pour le compte du duc, notamment envers le curé de Chartres, le curé de Chrestienville, un marchand linger de Neufchâtel ; Romey, boulanger ; feu Pierre Sureau, praticien ; un épicier de Rouen ; le curé de Calleville ; Bénard, tailleur à Elbeuf ; des marchands de Poitiers, etc. ; toutes ces dettes s'élevant ensemble à 2.903 écus.

Le même jour, la duchesse signa un arrangement concernant la terre des Vingt-Acres, à la Saussaye, avec Pierre d'Aigrefeuille, écuyer, sieur du Londel à Quatremares, fils de feu d'Aigrefeuille, serviteur de Charles de Lorraine.

La procédure était assez singulière, ainsi que l'on pourra en juger par les actes suivants :

Le 11 septembre, Etienne Bonamy, cautionna et plégea « Mᵉ Michel Bonamy, prestre curé de la paroisse Sainct Estienne d'Ellebeuf, à present prisonnier es prisons d'Ellebeuf pour la clameur de haro sur luy interjectée par Salmon Godin, demeurant audict Ellebeuf, et restablir es dictes prisons ledict Mᵉ Michel prestre, son frère, touttefois et quantes qu'il plaira à justice l'ordonner, et promist ledict Etienne à honneste homme Jacques Delacroix, sergent royal au duché d'Ellebeuf, que à cause de l'eslargissement qu'il fera de la personne dudict prestre, son frère, desdictes prisons, suivant l'ordonnance donnée de mons. le bailly du duché d'Ellebeuf en jour d'hier, icelluy sergent n'en aura aucune peyne, perte, ny dommaige... »

Le même jour, Jean Lecerf, d'Elbeuf, et et Nicolas Godin, demeurant au logis du Nouveau-Monde, à Orival « plegèrent et cauxionnèrent Salmon Godin, père dudit Nicolas, à present prisonnier es prisons d'Ellebeuf, pour la clameur de haro par luy interjectée sur maistre Michel Bonamy, prestre curé de Sainct Estienne, de restablir es prisons la personne dud. Salmon Godin touttes fois et quantes... »
Le reste comme ci-dessus.

Sans prétendre entrer dans les détails que comporterait l'explication de cette procédure, nous devons cependant dire quelques mots sur la clameur de haro, dont l'origine en notre province remontait à Rollon.

Voici ce que dit du haro l'ancien *Coutumier Normand* :

« Il ne doit estre cryé fors pour cause criminelle, si come pour feu, ou pour larcin, ou pour homicide, ou pour autre evident peril, si come s'alcun court seure à un autre le cousteau trait. Cil qui crie haro, ajoute le compilateur, sans appert péril, le doit amender au Prince ; & s'il nie qu'il ne le cria pas, le Prince doibt enquerir par les prochains d'illec, & par ceulx qui l'oüirent, savoir qu'ils ouyrent le haro que cil nie, & s'il en est attaint, il l'amendera ; & se l'enqueste le met en non savoir, il s'en pourra desrener.

« Et s'aulcun est attaint qu'il n'eut point de raisonnable cause pourquoi il deust haro, il le doit amender griesvement, non pourtant il n'en doibt pas estre mis en prison s'il donne bons pleges de l'amende.

« Et s'aulcun est accusé de tel cry, il ne doibt pas estre mis en prison, s'il n'y appert mesfaict de sang, ou de playe, ou d'aulcun grand mesfaict ; & se le mesfaict est apparissant, & cil qui en est accusé dye qu'il est prest de soutenir l'enqueste, savoir s'il est coupable ou non, il ne doibt pas estre mis en prison ; car il montre assez clairement qu'il n'y a point de coulpe.

« A ce cry doivent yssir tous ceulx qui l'ont ouy ; & s'ils voyent mesfaict où il y ait peril de vie, ou de membres, ou de larcin, pourquoy le malfaicteur doibve perdre vie ou membre, ils le doivent retenir ou crier haro aprés lui, aultrement sont ils tenus à l'amender au Prince, ou de s'en desrener qu'ils n'ont pas ouï le cry, s'ils en sont accusés ; s'ils tiennent le malfaicteur, ils sont tenus à le rendre à la Justice, & ne peuvent le garder que une nuict, si ce n'est pour appert péril. Tous ceux à qui la Justice commandera à garder tels malfaicteurs ou les amener en prison en la Ville où les malfaicteurs sont, doivent faire aide de leurs corps une nuict & un jour, ou d'aultres pour eulx qui soient suflisants à les mener en prison, & c'est appellé le plet de l'espée ; car teulx malfaicteurs doivent estre refrenez à l'espée & aux armes, & doibvent estre mis en prison & liés. »

Quand l'ancien *Coutumier* fut réformé, on maintint le haro et on l'étendit à toute introduction de procès possessoire, même pour meubles et héritages, lorsqu'il y avait péril dans le délai. Chaque partie devait donner caution, et, en attendant ces cautions, le clamant et le clamé étaient mis en lieu sûr. Voilà pourquoi nous voyons le curé de Saint-Etienne et Salmon Godin emprisonnés.

Les Espagnols continuant la guerre en Picardie et en Flandre, et les finances royales étant épuisées, Henri IV convoqua à Rouen une assemblée des Etats, afin de leur demander des subsides.

De Paris, le roi se rendit à Gaillon. Il vint sans doute à Elbeuf le lundi 14 octobre, mais malgré les recherches que nous avons faites, nous n'avons pu découvrir aucune trace de son passage dans notre bourg. Ce même jour, il arriva au prieuré de Grammont, vis-à-vis du monastère des Emmurées, au faubourg Saint-Sever, où il demeura jusqu'au mercredi, qu'il fit son entrée dans Rouen par le pont.

Quelques jours après, le légat du pape vint également à Elbeuf, où il s'embarqua, pour aller rejoindre le roi.

Le 19 octobre, Henri IV ordonna de procéder

à l'entière vérification de la décharge de demi-année, pour l'exercice 1588, du prix de la ferme du sol pour livre imposé sur la draperie et les manufactures de laine existant dans l'étendue du ressort du Parlement de Rouen, accordée à Réné Grouard, fermier général, et à ses sous-fermiers.

Le 26, le roi donna une nouvelle marque de faveur à Charles de Lorraine, en lui faisant don des reliefs et autres droits seigneuriaux qu'il devait à la couronne à cause de son duché d'Elbeuf et de ses autres terres en Normandie. Il lui accorda, le même jour, ces lettres de répit :

« Henry, par la grâce de Dieu roy de France et de Navarre, à nos améz et feaulx conseillers les gens de nos comptes à Rouen, bailly dudict lieu ou son lieutenant... salut.

« Notre tres cher et amé cousin le duc d'Elbeuf nous a faict dire et remonstrer qu'il est tenu à nous faire la foy et hommage à cause de son duché d'Elbeuf et de plusieurs aultres fiefs et seigneuries qu'il a tant en notre païs de Normandie que ailleurs, et de nous bailler les adveu et denombrement en tel cas acoustumez, à quoy il n'a peu et lui est encore impossible d'y pouvoir maintenant y satisfaire, ayant durant la confusion et violances des derniers troubles survenus en ce royaume esgaré la plus part des pièces et enseignements concernant sesdicts fiefs et seigneuries qu'il lui est besoing recouvrer ; au moïen de quoy il nous a tres humblement supplié le dispenser de ce faire jusques à ce qu'il ayt faict la reveue de ses tiltres et papiers.

« Sçavoir faisons que nous desirans en toutes choses bien et favorablement traicter nostre cousin le duc d'Elbeuf, pour les grandz, signallez et recommandables services qu'il nous a faictz et que nous recevons et esperons cy aprez recevoir de luy ; à iceluy nostre cousin, pour ces causes et aultres à ce nous mouvans, avons donné et octroyé, donnons et octroyons par ces presentes pour ce signées de nostre main, terme, respit, souffrance et delay de quatre ans de nous faire lesd. foy et hommage et bailler par escript sesd. adveux et denombrementz... Sy mandons et ordonnons, etc.

« Donné à Rouen le xxvi⁰ jour d'octobre l'an de grace mil v⁰ iiii^{xx} et seize, de nostre règne le huictiesme ». Signé : « Henry ».

Ces lettres furent enregistrées à la Cour des comptes le 13 mars de l'année suivante.

Henri IV était accompagné de Gabrielle d'Estrées, marquise de Monceaux, sa maîtresse, qui, le 2 novembre, accoucha d'une fille dans le monastère de Saint-Ouen de Rouen. Cette enfant fut appelée Catherine-Henriette ; le roi la légitima l'année suivante.

Le jour de son baptême, célébré le 17 par le cardinal de Gondy, Henry IV donna une grande fête, à laquelle furent invités les premiers seigneurs du royaume et les ambassadeurs des cours étrangères, lesquels, conduits par le duc de Montpensier, assistèrent à la cérémonie, à la vue des députés des Etats et du légat du pape lui-même : ce qui donna à plusieurs personnes l'occasion de blâmer cette ostentation, croyant qu'il eût été préférable de cacher cet enfant illégitime que de l'exposer à la vue de tout un peuple.

Catherine-Henriette de Vendôme, l'enfant dont il s'agit, devint plus tard duchesse d'Elbœuf, par son mariage avec Charles de Lorraine, iie du nom.

La « belle Gabrielle » eut du roi deux autres fils : César, duc de Vendôme, et Alexandre de Vendôme, grand-prieur de France. Gabrielle d'Estrées, mourut empoisonnée en avril 1599, à l'âge de vingt-quatre ans. Son fils Alexandre mourut également empoisonné.

Le registre du bureau des Finances de l'année 1596 porte la décision suivante : « Sur la requeste presentée par les habitans du bourg d'Elbœuf tendant affin d'estre tenuz quictes et deschargez du tiers de la somme de cent escus à laquelle ils ont esté taxez pour leur part de la subvention des villes closes et gros bourgs de ce royaulme, suivant l'arrest du conseil du Roy estant au bas de la requeste qu'ils avoient présentée au Roy et nosseigneurs de son conseil ;

« Veu... et attendu la modicité de la somme, ordonne qu'en payant comptant la somme de soixante six escus quarante sols que montent les deux tiers de la somme de cent escuz à laquelle ils ont esté taxez pour la presente année... ils soient tenuz quictes et deschargez de trente trois escuz un tiers... par Me Henry Dambray, receveur general des finances de la dicte generalité... »

Le Neubourg, qui avait été imposé à 180 écus, fut plus heureux, car on le déchargea entièrement de cette imposition, sur une réclamation de ses habitants.

Le 12 novembre, Guillaume Dugard, d'Elbeuf « pour la bonne amour » qu'il portait à Louis Vincent, de la Londe, lui abandonna tous les droits qu'il avait sur la garenne de Cléon et à la messerie de Saint-Aubin, Cléon et la Heuse, à la charge de se faire recevoir par les officiers du roi. — Le messier avait la garde des moissons.

Le 18 décembre, Guillaume de l'Isle, écuyer, sieur du Grand Brinville et Grongueil, gentilhomme de la chambre du duc d'Elbeuf, demeurant au Grand Brinville, paroisse de Chatou Saint-Marc, au bailliage d'Etampes, nomma un procureur pour percevoir des deniers qui avaient été constitués à son profit par la duchesse d'Elbeuf, procuratrice de son mari, à prendre sur les fermiers et receveur de ses terres d'Elbeuf et de Quatremares.

Au nombre des habitants d'Elbeuf ou fonctionnaires du duché figurant dans des actes de cette époque, nous citerons : Nicolas de Flavigny, apothicaire à Elbeuf et propriétaire à Saint-Ouen du Thuit-Heudebert ; Robert Seneschal, avocat, demeurant en la paroisse Saint-Jean ; Claude de Poizeau, verdier des eaux et forêts au duché d'Elbeuf, demeurant à Thuit-Signol ; Jacques Marabot, Robert Lefebvre, Robert Hazey et Jean Le Cherf, tous drapiers de la paroisse Saint-Etienne ; Michel Bonamy, curé de Saint-Etienne ; Noel Lecarpentier, fermier des quatrièmes d'Elbeuf, demeurant à Oissel ; Laurent Cavé, sergent en la forêt des Monts-le Comte, demeurant en la paroisse Saint-Etienne ; Jacques Dupont, boucher et riche bourgeois de la paroisse Saint-Jean, lequel, entre parenthèses, avait une fort belle écriture, et Jacques Bénard, « tailleur de draps », qui achetait souvent des rentes et des terres.

D'autres actes passés à Elbeuf, en cette même année 1596, concernent : Simon Signol et Robert Regnault, chanoines de la Saussaye ;

Marguerin de Malhortie, demeurant au manoir seigneurial du Bec-Thomas ; Jean Le Sergent, bailli vicomtal de la Haye-Malherbe ; Jacques Delacroix, receveur pour le duc d'Elbeuf de la baronnie de Quatremares ; Jean Morin, sieur du Becquet, demeurant aux Ecameaux, paroisse du Bosnormand ; Nicolas de Guenet, sieur des Brosses, demeurant au manoir « des Deffenz » à la Haye-Malherbe ; Jacques Le Charestier, conseiller au bailliage de Rouen, originaire de Saint-Pierre-des-Cercueils ; Réné de Franqueville, sieur de la Galitrelle, homme d'armes de la compagnie de Montpensier, fils de Guillaume de Franqueville, écuyer, sieur dudit lieu ; Pierre Lucas, tapissier à Mandeville ; Noel X..., drapier à la Chouque, paroisse de Bosnormand ; etc.

CHAPITRE XVI
1597-1598)

Charles Ier de Lorraine (suite). — Les registres paroissiaux de Saint-Jean. — La sergenterie de la haute justice d'Elbeuf. — Prisonniers de guerre. — La gérance du duché d'Elbeuf, par Marguerite Chabot. — Contrats d'apprentissage. — Actes divers. — Aveu des chanoines de la Saussaye ; les biens de la collégiale.

Le plus ancien registre pour l'inscription des baptêmes de la paroisse Saint-Jean fut ouvert le 1er janvier 1597. Le premier acte qui y est consigné est, à la date du 16, le baptême de Jean Rouvin fils Guillaume. Le nouveau-né eût pour parrains « honnestes hommes Mr Jacques Grimouin et Nicolas de Flavigny fils Nicolas » et pour marraine la femme de Jean Renault.

Furent parrains ou marraines en cette même année à Saint-Jean : « Discrette personne Me Etienne Osmont, clerc. — Marguerite, femme de Me Mathieu Dupont, baillif d'Elbeuf. — Jacques Pollet, advocat et procureur de Quatremares. — Jacques de Saint-Ouen, curé de Caudebec ».

Mathieu Dupont, receveur et fermier général du duché, père de Mathieu Dupont, bailli, donna à ferme pour neuf ans, à partir du 1er janvier 1597, à Alexis de Saint-Ouen, sergent, la sergenterie royale de la haute justice du duché d'Elbeuf, à la charge « pour le preneur de bien, deuement et fidellement tenir ledit estat et office, sans malversation, et sur le tout garder et observer les ordonnances royaux faicts sur l'exercice des sergenteries ; servir Monseigneur et sa justice, etc., faire tomber et paier les rentes, reddevances et autres droictz deubz audict duché, etc., et specialement soy transporter de quinzaine en xve es villaiges de Couronne, Moullineaux et Mandeville deppendentz dudict duché, avoir l'œil et estre diligent au deu de son office, à ce que il ne soit aulcune chose empiedté sur la justice, teneure et droictz de mondict seigneur... ainsy que doibt faire ung bon, zellé et fidelle serviteur à l'endroict et pour le service de son seigneur et maistre, faire diligence de la collecte des amendes, etc. ; conduire et ramener les prisonniers de ce lieu, sans en pretendre ny demander aucun sallaire ni diminution sur le prix de son fermage, soit pour geollage, fraiz de conciergerye, nourriture de prisonniers, etc. Ceste baillée et prinse à ferme faicte en oultre pour le prix et somme de sept vingt escus sol estimés à quatre centz vingtz livres tournois par chacun an ».

Le 22 de ce même mois, par devant les tabellions d'Elbeuf, le procureur « d'illustre seigneur Marc de Rye, marquis de Varemboy, chevallier de la Toison d'or, comte de Varaz, etc., gouverneur et cappitaine général du comté d'Arthois, cappitaine d'une compagnie d'hommes d'armes pour le service du roy d'Espaigne ... promict paier, en une seule fois, à Jehan de Boyer, escuier, sieur de Chanlecy, la somme de dix mille escus sol evalluez à trente mil livres tournoiz, que ledit sieur de Chanlecy a transportée aux sieurs barons de Lux et de Sainct Augers pour partie des deniers montantz à plus grande somme à laquelle ledict sieur marquis, prisonnier de guerre, jugé par le roy, a composé de sa ranzcon avec lesdicts sieurs barons ».

A ce contrat intervint Marguerite Chabot, épouse du duc d'Elbeuf « auquel elle avait promis faire ratifier le contenu de ces présentes, recognoissant que ledict sieur de Chanlecy a faict ledict transport de ses propres deniers à la prière et par le commandement de madicte dame et pour servir au désir qu'elle a de advancer la liberté dudict sieur marquis son parent, pour la particulière amitié qu'elle luy porte ». La duchesse cautionna le marquis de Varemboy et le sieur de Chanlecy.

A cette époque le duc d'Elbeuf était si bien dans les bonnes grâces d'Henri IV qu'il faisait partie du conseil royal.

Charles de Sarcilly, sieur d'Ernes, maître d'hôtel du duc d'Elbeuf, « avoit administré ses affaires de bouche et mangé au moyen du revenu de la garde noble de Mons\[r\] le conte de Laval et en avoit rendu compte à M\[e\] Jean de Boyer, escuier, sieur de Chanlecy, cappitaine des gardes de mondit seigneur, et M\[e\] Francoys Vyvian, advocat au Parlement de Paris », lequel compte avait été accepté ensuite par Charles de Lorraine, « sauf cent escus du trente quatriesme article du chappitre de despences, soubz le nom du sieur de Boyer, nepveu dudict sieur de Chanlecy, que mondict seigneur avoit laissé en souffrance, à quoy il auroit depuis satisfait... »

Ce compte fut déclaré clos. Le duc d'Elbeuf reconnut devoir à son maître d'hôtel la somme de 2.438 écus 40 sols 2 deniers, et Marguerite Chabot, par acte passé à Elbeuf, le 27 janvier, donna à Sarcilly la recette de sa terre de la Corneille et quelques autres revenus jusqu'à parfait paiement.

Le 30, Alexis de Saint-Ouen, sergent royal à Elbeuf, cautionna le chapitre de la Saussaye envers Jean Hesbert, l'un des chanoines, pour 300 boisseaux de blé mesure d'Elbeuf.

Marguerite Chabot, le 4 février, transporta à Charles de Sarcilly, sieur d'Ernes, 212 écus dus au duc d'Elbeuf par Antoine et Louis Viard frères, écuyers, pour le treizième de leur acquisition du fief du Homme, à Beaumont-le-Roger, relevant de sa baronnie de Beaumesnil, vendu par « Esperit de Coullerville, escuier, et Paul de Coullerville, son fils aisné... »

Le surlendemain, « noble homme Pierre Rabelin, escuyer, sieur de Jorus, et Marie de Ryns, sa femme, demeurant à present à Elbeuf », entendirent la lecture que leur firent les tabellions du Bec-Thomas d'une « commission décernée à Madame la duchesse d'Elbeuf audict sieur de Jorus pour la recepte de la viconté de Lislebonne, Gravenchon et Val Hainffroy » par laquelle la duchesse, ayant la procuration de son mari, nomma le capitaine de Rabelin à la recette de Lillebonne.

Le 12 février, Marguerite Chabot, comme comtesse de Brionne, mit fin, par arrangement, à un procès survenu à propos du pont et des planches de Pont-Authou, sur la Risle, moyennant 120 écus qui lui furent payés.

Le 15, la duchesse donna pouvoir à M⁰ Vivian, avocat au Parlement de Paris, de poursuivre le recouvrement d'une rente de 50 et tant d'écus que le duc d'Elbeuf possédait sur l'Hôtel-de-Ville de Paris.

A cette époque, Alexis Hamon, commis au greffe du bailliage d'Elbeuf, fut cité en justice par Michel Charlot, conseiller provincial des guerres de Bourgogne, et Nicolas Raoulland, sieur du Plessis.

Le 24 février, Jean de Boyer, sieur de Chanlecy, nomma M⁰ Adrien Bradechal son procureur, pour jurer devant qui il appartiendrait « que certain manteau coulleur de grix, fourré de peaux de regnardz, prins ou arresté en la maison du Gaillardboys à Rouen, comme appartenant au sieur d'Ernes, appartient aud. sieur constituant ».

Le 1ᵉʳ mars Marguerite Chabot nomma un procureur en la personne de Simon de Courtillier, écuyer, receveur de sa baronnie de Beaumesnil, pour faire rentrer des sommes dues par Simon Roussel, receveur de la seigneurie de Grosley.

Le même jour, elle donna également procuration à Charles de Sarcilly, sieur d'Ernes, pour rechercher et faire rentrer d'autres créances.

Le 3, « M⁰ Gieuffroy Vyard, prestre chanoyne de la Saulsoye et curé de l'une des portions de la paroisse de Sainct-Ursin de la Haye du Teil, demeurant à la Saulsoye » donna pouvoir à M⁰ Daniel de Varinot (?) chanoine de la Saussaye, pour resigner et remettre entre les mains de illustre prince monseigneur le duc d'Ellebeuf lad. portion de cure de la Haye du Teil, deppendante dud. duché d'Ellebeuf... pour y presenter Mᵉ Michel Viard, prestre du diocèse d'Evreux, et non aultre, pour jouyr des droictz, fruicts et emolumentz comme à lad. cure appartient.... »

Le 19 mars, « devant Loys Tesson, escuyer, licentyé es loix, lieutenant de Mʳ le bailly de Rouen en la viconté de Pont dellarche... Mᵉ Loys Hesbert, tabellion royal au siege du Bcthomas, fust commis et estably commissaire à la perception des droictz de parisy qu'il convient lever sur sondict tabellionage, suyvant la volonté du Roy, portés par le edict de Sa Maiesté... »

Maître Louis Hesbert était le tabellion exerçant alors à Elbeuf. Ce droit consistait en trois deniers pour sol de la taxe ordinaire « et accoustumée estre prinse pour la peau de parchemin à la grosse des contractz et droict d'esmollument acoustumé et deu aux tabellions à la representation dudict seigneur Roy... »

Le 29 du même mois, Mᵉ Michel Bonamy, curé de Saint-Etienne, bailla à ferme, pour trois ans et trois dépouilles, à Robert Berenger et Michel Debos, toutes les dîmes lui appartenant, « tant grosses dixmes, verdaings et fruictz que les dixmes domestiques ». Le curé se réserva les dîmes du Buquet et des Ecameaux, celles de la côte Bonamy, du presbytère et du jardin de son frère. Le bail fut consenti moyennant la somme de 201 livres par an, avec 7 écus et demi pour le vin du marché. Témoin : Jacques Grandin fils Guillaume.

En août, Mathieu Dupont, receveur du du duché, donna pouvoir à Claude Robert, secrétaire du duc d'Elbeuf, de recevoir ce que devait à Charles de Lorraine « Richard Lefebvre, hoste du *Lion d'argent* à Sainct Sever les Rouen, pour les prairies de Sotteville appartenant à Monseigneur le duc ».

« Nobles hommes Francoys du Bosguiel, sieur du Quesnoy, maistre d'hostel de monseigneur le comte d'Aiguemont (Egmont), estant à la suite dudict seigneur ; Jaspar de Bloys dict Tres Long, demeurant à la Haye en Hollande, et Jehan Basset, demeurant en la ville d'Amstredam en Hollande », donnèrent leurs pouvoirs à Me Robert Seneschal, avocat à Elbeuf, le 2 septembre, par devant les tabellions du Bec-Thomas.

Ces trois personnages étaient des prisonniers de guerre faits à Amiens, lors de la prise de cette ville, par Henri IV, à laquelle la compagnie d'Elbeuf avait pris part.

Vers cette époque, s'établit à Saint-Aubin-jouxte-Boulleng une confrérie d'hommes et de femmes dite de la chapelle Saint-Gilles. On trouve la liste des confrères, dont un grand nombre habitaient Elbeuf, dans deux registres que conservent les Archives départementales.

Le 27 octobre, Nicolas de la Fosse, greffier au duché d'Elbeuf et marchand, cautionna pour 69 livres par an envers le roi, en sa recette des aides, Robert Bèrenger, tavernier, de la paroisse Saint-Etienne, pour la ferme des quatrièmes de la paroisse Saint-Aubin-jouxte-Boulleng, dont ce dernier s'était rendu adjudicataire. — On sait que les quatrièmes était un droit sur les boissons.

Les archives du tabellionage du Bec-Thomas conservent un autographe de Michel de Mouchy, prieur de Saint-Gilles, daté du 28 octobre 1597.

Le dimanche 29, Jean Viel, Colas Myré, Simon Blondel, trésoriers de la paroisse de Caudebec, et beaucoup d'autres habitants de cette localité, s'assemblèrent en état de commun à l'issue de la grand'messe, ainsi qu'il avait été annoncé au prône, et, tant pour eux que pour les autres paroissiens, nommèrent deux procureurs pour les représenter dans un procès, devant le Parlement de Rouen, contre « le sieur de Villars, gouverneur pour Sa Majesté en la ville et chasteau de Pontdelarche », lequel prétendait' les obliger à faire les guet et garde de cette place, service auxquels ils n'étaient pas tenus. Cette procuration fut enregistrée par les tabellions d'Elbeuf.

Le 4 novembre, Robert Hazey, drapier de la paroisse Saint-Etienne, acheta à Jacques Delaville, bourgeois de Rouen, pour 120 livres tournois de laine, payables à Noël. Le même jour, Joseph Gaillard, aussi drapier en cette paroisse, s'engagea à payer à Delaville, moitié dans trois semaines et le reste Noël, 54 écus 45 sols pour vente de laine. Hazet et Gaillard ne savaient pas écrire.

Noël Le Roux et Louis Grippois, fabricants associés, de la paroisse Saint-Jean, achetèrent également de la laine à Delaville, pour la somme de 95 écus 15 sols, payable moitié dans un mois et le reste à Noël. — Grippois seul signa son nom, mais péniblement ; Le Roux fit une † au bas de la reconnaissance.

Le 16, Nicolas Crosnier, drapier, vendit à Etienne Boisselier, aussi drapier, tous deux de la paroisse Saint-Etienne, une maison avec une portion d'herbage en côte, rue Meleuse, bornée par le clos des Vignes ; le prix de vente fut fixé à 240 livres tournois, plus 4 livres pour le vin du marché. — Crosnier ne savait pas écrire ; quant à Boisselier il ne signa point l'acte.

Un contrat de mariage portant la date du 22 novembre 1597, nous fournit quelques noms que nous croyons devoir consigner :

Le futur se nommait Louis Le Blanc et était fils de Jean Le Blanc, lieutenant général au bailliage du Vaudreuil et avocat à Louviers, et de Marie Le Forestier. La future était Anne Mansel, fille de feu Alexis Mansel, greffier héréditaire au bailliage du duché d'Elbeuf, et de Martine Primoult.

« Noble homme maistre Herculez Bacheler, verdier héréditaire de la forêt de Bord et lieutenant général du sieur du Raoullet » — Le Blanc du Rollet, ami du roi Henri IV, qui lui avait livré Pont-de-l'Arche, — Michel Chrestien, lieutenant-général au duché d'Ellebeuf ; et Thomas Berenger, sergent en la forest de la de la Londe en la garde de Sainct Hault », sont nommés au contrat, ainsi que Jean Le Blanc, avocat, frère de Louis, et Jacques Duperray, procureur du roi à Pont-de-l'Arche, frère du même, mais du côté maternel seulement.

« Venerable et discrette personne Mᵉ Etienne Osmont, prestre chappelain de Sainct Chault, demeurant paroisse Sainct Jehan d'Elbeuf » acheta 68 sols de rente le 29 novembre 1597. — A cette époque Jean Le Breton était curé à la Neuville-du-Bosc.

Le 14 décembre, en l'église Saint-Jean, on procéda au baptême de Mathieu, fils de Mathieu Dupont, bailli d'Elbeuf. L'enfant eut pour parrains « honnête homme Mathieu Dupont et David Berard, conseiller du roy, lieutenant de robe longue de M. le grand prevost général de Normandie ».

Le 29, Jacques Boscguillaume, boulanger, de la paroisse Saint-Etienne, prit un apprenti pour trois ans, moyennant 15 livres 13 sols 4 deniers par an, à condition qu'il l'entretiendrait de nourriture et vêtements, sauf de chemises.

Un contrat du 6 janvier 1598 concerne l'apprentissage du métier de menuisier-tonnelier, d'un jeune homme de Saint-Pierre-des-Cercueils, nommé Robert Caumont, chez Jean de Saint-Ouen, menuisier et tonnelier à Elbeuf. Les conditions furent : quatre années de service chez le patron, paiement de 40 livres tournois et fourniture d'un poinçon de bon cidre sans eau par les parents de l'apprenti, lequel serait nourri et couché par les soins de son maître.

Le 31 du même mois, Robert et Marguery Chevalier frères, chapeliers, achetèrent pour 102 écus 32 sols de laine aignelle, livrée par Abraham Huet, facteur de Delaville, de Rouen, dont nous avons déjà parlé, et qui semble avoir été le principal fournisseur de laine des industriels elbeuviens de la fin du xvie siècle.
— La moitié de cette somme devait être payée à Pâques et le reste à la Pentecôte.

Le 4 avril, Guillaume Heudron, âgé de seize ans, demeurant au hameau de Mont-Heroult à Bec-Thomas, fut baillé à Jacquet Benard, chaussetier et tailleur d'habits à Elbeuf, pour, pendant trois années, apprendre son métier. Il fut convenu que Benard nourrirait le jeune homme et lui fournirait « feu, lict et hostel » et que le maître chaussetier-tailleur recevrait 20 écus, un poinçon de cidre sans eau et « ung garde robbe de fro à l'usage de la femme dudict Benard ».

A la suite de la paix de Vervins, signée le 2 mai 1598, le roi voulut licencier une grande partie de ses troupes. Nous détachons les lignes qui suivent d'une lettre qu'il adressa, le 4 mai, au connétable de Montmorency :

« J'attends que vous soyés près de moy, mon Cousin, pour adviser ce qui se fera des dicts regimans, qui n'apportent que trop de foule et d'incommodité à mon pauvre peuple. J'ay advis que Leniston vient me trouver, suivant le commandement que je lui ay faict ; j'avois envoyé mon cousin le duc d'Elbœuf avec trois regimens pour l'investir ; ceste occasion passée, je fais estat de licentier ces dicts regimens... Escript à Nantes, le iiij^e jour de may 1598. — HENRY ».

Notons, en passant, que ce fut pendant ce séjour à Nantes qu'Henri IV signa le célèbre Edit en faveur des protestants.

Sur la demande de Charles de Lorraine, le chapitre de la Saulsaye délibéra et rédigea l'aveu suivant, qui fut signé le 16 juin et va nous donner l'état des biens immeubles de la collégiale de Saint-Louis :

« Déclaration que baillent les doyen et chapitre collégial de Sainct Loys de la Saulsaie des terres, tant en general que chacun en particulier, et les supposts de leurdicte église tiennent et possèdent en et sus le bailliage et haulte justice d'Ellebeuf, pour hault et puissant prince messire Charles de Lorraine, duc d'Ellebeuf, pair et grand venneur de France, conte de Lisbonne, baron d'Ancenis, Quatremares, Routot, Beaumesnil, et seigneur de.... gouverneur et lieutenant general pour le roy au païs de Bourbonnois et ville de Poictiers ; à cause de la fondation, dotation et augmentation de lad. église et des prebendes des chanoines d'icelle ; icelles terres admorties, franches, libres et exemptes de tous debvoirs seigneuriaulx.

« Premièrement, un enclos ou cloistre, ainsi qu'il se pourporte pour tout à l'environ, clos et fermé de mur de terre, assis en la paroisse Sainct Martin de la Corneille, sus le territoire de la Saulsaie, où sont situez, establiz et edifiez ladicte eglise, manoirs et jardins desd. chanoines et chapitre de la Saulsaie. Lequel enclos ou cloistre, ainsi qu'il est et se pourporte de long en ley, fust franchi, faict libre et exempt de jurisdiction et justice temporelle par Philippes, roy de France et de Navarre, en l'an mil trois cents et dix huict, et admorti avec plusieurs aultres pièces de terre cy dessous declarez par feu, de bonne memoire, monsr Guillaume de Harcourt, sieur desdicts Ellebeuf et de la Saulsaie, fondateur desd. eglise, collége et chapitre et chanoines de la Saulsaie, en l'an mil trois cents dix sept, et du depuis franchi comme dict est, par plusieurs seigneurs de Harcourt, Ellebeuf et la Saulsaie.

« Une pièce de terre labourable, contenant demie acre, assise en ladicte parroisse Sainct Martin, admortie comme dessus, appartenant à la prebende messire Jehan Martin, l'un desd. chanoines de lad. eglise, d'un costé noble homme Mr René d'Ellebeuf, doyen et chanoine de lad. eglise, d'autre costé Me Guillaume Lefebvre à cause de sa prebende, d'un bout le manoir de la Saulsaie, d'autre bout plusieurs boutières.

« Item, une aultre pièce de terre appartenant aud. Martin, à cause de sadicte prebende, contenant deulx acres trois vergées, assis en la parroisse de Sainct Cir, au triège du Noir Val, admortie comme dessus, d'un costé et d'un bout les Monts le Conte, d'autre costé et d'un bout plusieurs, franche et admortie comme dessus.

« Item, une aultre piece de terre labourable, appartenant audict Martin, à cause comme dessus, assise en la paroisse de Thuit Signol, contenant trois vergées, d'un costé mons^r le doyen à cause de sa brebende, d'autre costé Nicolas de la Haye, d'un bout la sente des Chapelles, et d'autre bout plusieurs.

« Maistre Symon Signol, chanoine, jouist, à cause de sa prebende, de quatre pièces de terre labourables, admorties comme dessus, assises en lad. paroisse Sainct Martin de la Corneille. La première contient demie acre en triège de Derrière les Murs, bournée d'un costé monseigneur d'Ellebeuf, d'autre costé Charles Pastalier, d'un bout le chemin tendant à Mare Chausons, d'aultre bout la ruélle aux Mesnils.

« La seconde contient demie acre endict triège, bournée d'un costé les hoirs Guill^o le Roy, d'aultre costé le doyen de lad. église, et des deulx bouts plusieurs.

« La tierce contient demie acre, audict triège, bournée d'un costé Loys [de] St Ouen et ses frères, d'aultre costé Michel Baudouin, lieutenant, d'un bout lesd. St Ouen, et d'aultre bout les hoirs Pierre Pastalier.

« La quarte contient cinquante perches de terre labourable eudict triége, bournée d'un costé et d'un bout les hoirs Pierre Pastalier, d'aultre costé plusieurs, et d'aultre bout la sente de l'Escallier de Marc Hagueron.

« Item, ledict Signol jouist, à cause de sa dicte prebende, d'une pièce de terre labourable contenant deulx acres, assise au Thuit Signol, eu triège de la Mare Tassel, d'un costé la sente tendant du Boscroger à Sainct Pierre, d'aultre costé noble homme Robert du Quesné, s^r de la Motte, d'un bout le chemin d'Ellebeuf, d'aultre bout plusieurs.

« Noble homme René d'Ellebeuf, seigneur de Beaumesnil, doien et chanoine de lad. église, jouist, à cause de sa prébende, d'une pièce de terre admortie comme dessus, assise en lad. paroisse St Martin, contenante acre et demie, d'un costé led. Martin, à cause de sa première pièce cy dessus bournée, d'aultre costé..., d'un bout le manoir, d'autre bout...

« Item, ledict doyen jouist, à cause comme dessus, deulx pièces de terre labourables, admorties comme dessus, assises au Thuit Signol. La première pièce contenant deulx acres, près le hamel de la Croix, d'un costé Richard Tallon, d'aultre costé noble homme Claude Poiseau, verdier des eaues et forestz de monseigneur le duc d'Ellebeuf, d'un bout les enfants mineurs de Seglas, et d'aultre bout le chemin. La seconde pièce, contenant demie acre, eu triège des Chapelles, d'un costé Nicolas de la Haye, d'autre costé led. Me Jehan Martin à cause de sa derniere pièce, d'un bout la sente des Chapelles, et d'autre bout plusieurs.

« Maistre Guill^e Lefebvre, l'un desdicts chanoines, jouist, à cause de sa prebende, de cinq pièces de terre, admorties comme dessus, assises en lad. parroisse St Martin.

« La première contient demie acre en plant

et labeur, d'un costé les hoirs Jehan le Sueur, d'autre costé le sentier tendant à Sainct Martin, d'un bout Loys et Robert dicts le Roy, et d'autre bout led. le Sueur.

« La seconde contient demie acre d'un costé, et des deulx bouts les hoirs Pierre Pastallier, et d'autre costé Michel Baudoin, lieutenant.

« La tierce contient demie acre, d'un costé les Mesnils, d'autre costé Martin Aubert, d'un bout Charles Pastalier, et d'autre bout plusieurs.

« La quarte contient une vergée, d'un costé led. Pastalier, d'autre costé M° Jehan Martin à cause de sa prebende, d'un bout le chemin, et d'autre bout M° Symon Signol, à cause de sad. prebente.

« La cinquième contient une vergée en labour, [de] deulz costez le clerc de lad. eglise de la Saulsaie, d'un bout le chemin et d'autre bout les hoirs Pierre Pastalier.

« Item, ledict Lefebvre jouist, à cause comme dessus, d'une pièce de terre en plant et labeur, contenant deulx acres admorties comme dessus, assises aud. Thuit Signol, d'un costé noble homme Claude Poiseau, verdier des eaues et forests de monseigneur le duc d'Ellebeuf, d'autre costé la v° Robert Aillet, d'un bout la ruelle Marchandise, et d'autre bout la sente des Chapelles.

« Maistre Geuffray Viard, chanoine, jouist, à cause de sa prebende, d'une pièce de terre assise à la parroisse de Sainct Cir, admortie comme dessus, des deulx costés et d'un bout les Monts le Conte et le chemin tendant à Sainct Cir..., ladicte pièce contenant deulx acres et une vergée en labour.

« Maistre Pierre Turpin, chanoine de lad.

eglise, et le dessus dict Signol jouissent ensemble de deulx pièces de terres labourables, assises en la paroisse Nostre Dame de Caudebec. La première pièce contenant une acre, bournée d'un costé Martin Heullant, à cause de sa femme, d'autre costé Ysabeau, v° de deffunct Colas Helix, d'un bout la sente aux Chevaliers, et d'autre bout plusieurs. La seconde pièce, contenant trente perches, bournée d'un costé la v° Laurens Luce, d'autre costé Guill° Grenier, d'un bout Crespin Lefebvre, à cause de sa femme et d'autre bout la pièce cy-dessus.

« Maistre Sauvage Camus, l'un desdicts chanoines, à cause de sa prebende, jouist de deulx pièces de terre labourables assises au Thuit Signol. La première assise eu triège de de la Chapelle Sainct Fiacre, contenant trois vergées quinze perches, d'un costé Robert St Ouen, d'autre costé M° Adrian Harent, enquesteur, d'un bout M° Jehan Hebert, à cause de sa prebende, d'un bout le Sr de la Motte et Richard Tallon.

« La seconde, assise au triège de la Mare Tassel, contenant environ XXVII perches, d'un costé led. Tallon, d'autre costé led. M° Jehan Martin, à cause de sa dernière pièce, d'un bout le chemin, et d'autre bout Guill° Goudet le jeune.

« Messire Guillaume de Harcourt, dessus nommé, fondateur de lad. eglise de la Saulsaie, en la fondation d'icelle eglise et des chanoines d'icelle, donna et omosna cinq cents livres tournois de annuelle et perpetuelle rente, pour l'entretenement d'iceulx chanoines et de la fabrique, et aultres choses necessaires de lad. eglise, tant en deniers qu'en terre, situés et assis en plusieurs lieux, paroisses et jurisdictions, desquelz cinq cents livres lesd. chanoines et chapitre, pour eulx et leurd. fabrique, jouxte les lettres de leurd. fondation, jouissent, perçoivent et ont droict de prendre, chacun an et aussi par commun usage, possession et temps immemorial, la somme de trois cent trente sept livres tournois sus la prevosté dud. Ellebeuf, paiables par les mains du recepveur dud. lieu pour led. S^r mondict S^r d'Ellebeuf, à cause de sondict duché d'Ellebeuf.

« Et le reste desdictes v^c livres est assigné tant sur les terres dessus desclarez que sus aultres terres assises en plusieurs parroisses et lieux qui ne sont à present sous le bailliage et haulte justice dud. Ellebeuf. Et aussi pour reste desd. cinq cents livres par led. fondateur fut assignez rentes sus plusieurs moulins assis ès parroisses de Pasquier, Sainct Cir et Caudebec, eu cas que s'il advenoit (comme il est advenu) que lesd. moulins venoient en ruine ou decadence, en sorte qu'ilz ne pourroient paier lesd. rentes, ledict fondateur y obligeoit à paier lesd. rentes, ses biens seigneuriaulx et heritages, mais à present lesd. rentes sont assignez sus quatre petits fiefs, nommez les fiefs de Rieux.

« Et pour ce que lesd. rentes et aultres terres et heritages pour le reste desd. cinq cents livres ne sont assignez ou assises ne situez sous led. bailliage et haulte justice d'Ellebeuf, lesd. chanoines ou chappitre ne les ont icy desclarez, prests toutefois de les bailler par declaration, toutefois que sommez et requis en seront par led. seigneur, ses officiers, ou aultres à ce aiants pouvoir.

« Autres terres depuis ladicte fondation survenues ausd. chanoines et chappitre par dons omosnes, pour la dotation et augmentation de leur eglise, faicts par plusieurs personnes pour avoir obits, messes et cantiques, et pour estre participants aux prières et oraisons de ladicte église :

« Une pièce de terre, assise en la paroisse du Boscroger, contenant sept vergées douze perches dix huict pieds, admorties et franche de toutes rentes, d'un costé Charles Cornu, d'autre costé les héritiers Robert Dehors, d'un bout la sente, et d'autre bout plusieurs.

« Une pièce de terre, contenante unze vergées ou environ, assise à la paroisse du Thuit Angier, eu triège de la Fosse Maugeis, d'un costé Clement le Thiais par sa femme, d'autre costé M° Guill° Bernier et ses frères, d'un bout lesd. chanoines, et d'autre bout plusieurs, dont lesd. chanoines, comme puinez, doivent aud. le Thiais, comme aisné, cinq deniers pour vergée avec les aydes et debvoirs seigneuriaulx y coustumiers.

« Un pré, nommé le pré Basire, assis à Ellebeuf, d'un costé la rivière de Seine, d'autre costé..., d'un bout Jehan Cappelet, esleu pour le roy sur le faict des aydes et tailles, et d'autre bout le moulin à tan, dont doibvent lesd. chanoines à mond. Sʳ le duc d'Ellebeuf, de rente seigneuriale, à Noel dix sols, à Pasques quinze sols, qui seroit pour le total de la rente quarante cinq sols par an.

« Item, une pièce de terre labourable, assise en la parroisse de Caudebec, eu triège du Busc Martin, contenante trois vergées, d'un costé Cardin du Pré, d'aultre costé les hoirs de deffunct Nicolas Forest et les hoirs de deffunct Pierre Partie, et des deulx bouts plusieurs.

« Ensuivent les terres appartenant à la prebende maistre Jehan Hébert, l'un des chanoines de ce lieu. Quatre acres de terre labourable, assises à la parroisse du Thuit Signol.

« La première pièce contenant deulx acres et demie, d'un costé la terre de l'eglise dud. lieu du Thuit Signol, d'autre costé les hoirs de Guille le Sage et plusieurs, d'un bout le chemin d'Ellebeuf, et d'aultre bout la sente Bonnet.

« La seconde, contenant une acre aud. triége, d'un costé les representants du Sr de Seglas, à cause du fief dud. lieu du Thuit Signol, d'aultre costé Richard Tallon, d'un bout les chanoines de la Saulsaie, et d'aultre bout lad. sente.

« La troisième et dernière pièce contenant demie acre, d'un costé Robert de Sainct Ouen, d'aultre costé les hoirs Pierre Esnoult, d'un bout lad. sente, et d'autre bout plusieurs. Le tout, derrière les tavernes du Thuit Signol, franches et admorties comme dessus.

« Item, le dessus nommé Viard, chanoine, jouist, à cause de sa prebende, d'une aultre pièce de terre labourable, contenant sept vergées ou environ, assise à la parroisse de St Cir, eu triège du Neuf Moulin, bournée d'un costé le duit courant, d'aultre costé Jehan Frosmont fils Roger, d'un bout Me Robert Regnault, à cause de sa prebende, d'aultre bout plusieurs, franche et admortie comme dessus.

« Maistre Robert Regnault, l'un desdicts chanoines, jouist, à cause de sa prebende, de trois pièces de terre labourables assises en la parroisse de St Cir la Champaigne. La première, contenant trois acres ou environ, bournée d'un costé le duict courant, d'aultre costé Raoulin du Pont, d'un bout Mᵉ Geuffray Viard, à cause de sa prebende, d'aultre bout plusieurs.

« La seconde, contenant demie acre, assise en lad. parroisse, bournée d'un costé le duict courant, d'aultre costé led. du Pont, d'un bout led. Viard, à cause que dessus, et d'aultre bout Pierre Signol par sa femme.

« La troisième, contenant demie acre, assise en lad. parroisse, bournée d'un costé la ruelle tendant du neuf moullin au Mont Hemais, d'autre costé la vᵉ Jehan Frosmont, d'un bout la sente tendant au Mont Hemais, et d'aultre bout Maximilian Boivin, franches et admorties comme dessus.

« Lesquelles sept dernières pièces appartenant ausd. Hebert Viard et Regnault, chanoines, n'ont peu estre inscriz par ordre avec les aultres, d'autant qu'ilz n'ont esté trouvez en l'ancienne declaration.

« Item, une pièce de terre, tant en plant qu'en labeur, assise en ladite paroisse Sainct Martin, d'un costé la sente tendant à Sainct ....., d'aultre costé les hoirs Pierre Pastallier, d'un bout lad. sente, et d'aultre bout les hoirs Guilleᵉ Osmont.

« Maistre Marguerin Jehanne, clerc ou cousteur de ladicte eglise de la Saulsaie, à cause de sondict office, jouist de cinq pièces de terre labourables assises aud. Sᵗ Martin.

« La première, contenant vergée et demie, bournée d'un costé Michel Baudouin, lieutenant, d'autre costé et d'un bout les hoirs Pierre Pastalier, et d'aultre bout Loys Sᵗ Ouen, franche de toutes rentes.

« La seconde, contenant cinquante perches, bournée des deulx costez Guilleᵉ Leroy, d'un bout le sentier tendant à Sainct Martin, et d'aultre Charles Tersi.

« La troisième, contenant cinquante perches, bournée d'un costé plusieurs, d'aultre M⁰ Guill⁰ Lefebvre, à cause de sa prebende, d'un bout lesd. hoirs Pastalier, et d'aultre bout la sente de l'Escalier de Marc Hagueron.

« La quatrième contenant une vergée, d'un costé led. Lefebvre, d'aultre costé et d'un bout lesd. hoirs, et d'aultre bout lad. sente.

« La cinquième et dernière pièce, contenant une vergée, d'un costé led. St Ouen, d'aultre costé la pièce cy devant nommée, d'un bout lesd. hoirs, et d'aultre bout lad. sente. Lesquelles quatre pièces dernieres sont subjectes à cinq sols tournois, pour toutes rentes, à mondict seigneur ceuillie par l'aisneesse, et saouf le droict de la seigneurie en toutes choses.

« Le present adveu baillé, presenté, advoué et affermé veritable et recongneu, a été faict par les dessusd. pardevant nous Michel Christian, licencié ès lois, lieutenant g^{al} de mons^r le bailli du duché d'Ellebeuf, le mardy xvie jour de juin mil v^c iiii^{xx} xviii. Led. adveu ainsi baillé par les dessusd., suivant le pouvoir à eux donné par leursd. autres confrères, representé en une demie feuille de papier portant dabte du xxiie may dernier, signé Regnault et du Boys, à eux rendu, a esté reçu par le procureur de la seigneurie, sauf à blasmer et assignation. Et ont les dessusd. signé à l'adveu baillé au seig^r ». Signé : « Christian et Huault », deux mercs ou paraphes.

On baptisa à Saint-Jean, le 29 juin 1598, Pierre Lamy fils de Michel. L'enfant eut pour parrains « Me Pierre Hamelin, prêtre, chanoine et promoteur general de Monsgr l'Archevesque de Rouen, et noble homme André de Coulart, lieutenant-commandant en la ville et chasteau du Pont-de-l'Arche ». — Cette même année, les Etats de Normandie supplièrent le roi de faire démolir le château de Pont-de-l'Arche, mais leur prière ne fut pas accueillie.

Un acte daté du 7 juillet concerne une portion d'héritage sise « en triege de la Fosse Sainct Leonard soubz le bouquet Chandelier ».

Le 18, Thomas Bérenger, sergent hérédital en la forêt de la Londe, garde de Sainct-Auct et Saint-Félix, et François Bucquet, cordonnier, de la paroisse Saint-Etienne, cautionnèrent un bourgeois du Neubourg envers les doyen, chanoines et le chapitre de la Saussaye pour 340 livres tournois, plus 150 boisseaux de blé mesure d'Elbeuf et 300 bottes de paille le tout par an, représentant la valeur de l'affermage des droits de dîmes que la collégiale de Saint-Louis possédait à Boscroger.

Le 26, Claude Prevost, de la paroisse Saint-Jean, acheta un bateau « du port de cent muids, estant de présent à Bedasne, avec une corde endurant quatre chevaulx, deux haubens, la planche dudict basteau..., moiennant le prix de soixante escus sol evalluez à neuf vingtz livres tz... »

Mathieu Dupont, receveur du duché, demeurant en la paroisse Saint-Jean, bailla à ferme, le 9 août, à Nicolas et Marin Mabire frères, le moulin à vent de la Haye-du-Theil appartenant au duc d'Elbeuf, moyennant 110 livres tournois par an.

CHAPITRE XVII
(1599-1600)

Charles Ier de Lorraine (suite). — Charlotte Chabot. — Vente de la baronnie d'Ancenis. — Le duc Charles a Elbeuf. — La voiture d'eau. — Notables habitants d'Elbeuf. — Le sel. — Le fouage. — Un vol considérable. — Démission du bailli d'Elbeuf. — Faits divers. — Destruction des vignes de la région elbeuvienne.

Dans un acte du 23 février 1599, nous trouvons, pour la première fois, mention de « François Duchesne, escuyer, sieur de Beauchamp, gentilhomme servant ordinaire de Madame sœur unique du Roy », qui devint bailli d'Elbeuf.

A cette époque « l'hostellerye de la Bergerye », entre Elbeuf et la Londe, était tenue par Jean de l'Isle.

Dans le premier trimestre de l'année 1599, Marie Lequesne, femme de Jean Nicolle, dont elle était séparée quant aux biens, donna pouvoir à Pierre Caillouel et Pierre Frontin, d'Elbeuf, « d'achapter laisnes, huille et savon affin de les mettre en œuvre à faire draps de

telles personnes qu'ils verront bien estre...
Ladicte constituante leur baillera pour faire
faire iceux draps jusques à estre vendus soit à
la halle de Rouen ou ailleurs tels deniers
qu'ilz verront bien estre... » Nicolle et Cailouel promirent de rembourser Marie Lequesne
sur le produit de la vente des tissus.

Voilà le plus ancien acte que nous connaissions concernant une commandite donnée à
des fabricants de draps elbeuviens. Cette convention démontre, en outre, que la paix avait,
à cette époque, fait renaître la confiance dans
l'avenir.

Le Pierre Frontin cité dans cette même
pièce fut le chef d'une dynastie de fabricants
elbeuviens et lovériens, dont plusieurs remplirent de hautes fonctions dans les deux villes.
Une branche, au moins, avait embrassé la
Réforme et pratiquait encore cette religion au
commencement de la Révolution.

Marguerite Chabot, duchesse d'Elbeuf, était
revenue dans notre contrée, car, à la date du
26 mars, sa sœur Charlotte se touvait dans
notre bourg, où elle signa cette procuration :

« Fut presente en sa personne haulte et
puissante dame Charlotte Chabot, comtesse de
Tillières, dame de Chasteauguille, Dracy,
Brion, Esculié et Conflans Saincte Honorine,
estant de present au bourg d'Allebeuf prez
Rouen en Normandye, laquelle a constitué
pour son procureur noble homme Jehan de la
Chaize, sieur dud. lieu, secrétaire de la chambre
du Roy, son conseiller et president en l'election d'Abbeville... »

« Auquel lad. dame a donné pouvoir d'emprunter jusques à la somme de six cents escus
sol... au denier douze... et en oultre a donné

lad. dame constituante charge de namption et mettre par forme de dépost es mains des personnes qui presteront ladicte somme pour tenir plus grande asseurance d'icelle... jusques à ce que lad. dame ayt baillé caution solvable :

« Trois coliers de pierreries à lad. dame appartenant, asscavoir : un grand colier de rubis, diamands et perles contenant vingt trois pieces enfillées ensemble, asscavoir six chatons de diamand, cinq de rubis et douze de perles, sur chacun desquelz il y a deux perles, le tout pesant vingt marcs quatre onces trois gros ; plus un aultre colier de diamand et de perles, contenant dix neuf pièces enfillées, sur chacun desquelz il y a deux perles, pesant ung marc une once trois gros ; plus un aultre colier plus petit, de la mesme façon, contenant dix neuf couppletz, asscavoir dix de diamand et neuf de perles, et à chacun d'iceulx deux perles, pesant sept onces trois gros... »

Le 3 avril, la duchesse d'Elbeuf appela les tabellions du Bec-Thomas, lesquels rédigèrent l'acte suivant :

« Fut présente tres illustre princesse Madame Marguerite Chabot, espouze et procuratrice de tres hault et illustre prince Monseigneur Charles de Lorraine, duc d'Ellebeuf, son seigneur mary, à present estant au bourg d'Ellebeuf...

« Laquelle confessa avoir vendu à honneste homme M⁰ Adrian Bradechal, procureur en la cour de Parlement de Rouen et ayant charge des affaires de mondict seigneur en lad. cour, demeurant à Rouen, parroisse Saint Laurens, c'est assavoir la somme de trois centz escus sol, pour trois années de rente que mondict seigneur a droict de prendre sur les héritiers de deffunct Elloy Perdrix, vivant recepveur de la terre et baronnye de Routot, appartenants à mond. seigneur...

« La présente vendue ainsy faicte pour demeurer quitte par mondict seigneur envers ledict Bradechal de somme semblable de trois centz escus sur la somme à luy due par mondict seigneur pour les fraiz et advances par luy faictes pour les procès et affaires de mond. seigneur tant devant lad. cour que ailleurs ».

Ce fut le 10 de ce même mois que mourut Gabrielle d'Estrées, empoisonnée, supposat-on, par le grand-duc de Toscane, chez le financier Zamet, qui lui avait donné à souper. Le grand-duc était l'oncle de Marie de Médicis, dont on négociait alors le mariage avec le roi Henri IV.

Le 20, à Saint-Jean, Robert Le Roux, sieur de Tilly, descendant des anciens vicomtes d'Elbeuf, fut parrain de Marguerite, fille de Mathieu Dupont, bailli du duché. Sa commère fut « tres haute et tres excellente princesse Madame Marguerite Chabot, duchesse d'Elbeuf ».

En mai, « Claude Poizeau, verdier des eaues et forestz au duché d'Ellebeuf, confessa avoir receu par les mains de très illustre princesse Madame la duchesse d'Ellebeuf, à present estant au bourg d'Ellebeuf, et en l'acquit de Jean Thomas, marchand pourvoyeur de Monseigneur le prince de Joinville, la somme de deux cents escus... »

Robert Lefebvre dit Vicomte, reconnut, le 1er juillet 1599, au chapitre de la Saussaye, une rente de cinq sols tournois assignée sur une masure et maison situées rue Meleuse.

Le dimanche « huictiesme d'aoust aprez midi mil v⁰ iiii^{xx} xix en la maison et logis de madicte dame aud. Elbeuf... Fut présente très illustre princesse Madame Marguerite Chabot, espouse de tres hault et tres illustre prince Monseigneur Charles de Lorraine, duc d'Ellebeuf, pair et grand veneur de France, comte de Briosne et de Lislebonne, gouverneur et lieutenant général pour le Roy du Bourbonnais et ville de Poictiers... laquelle a constitué et establv son procureur et donné puissance d'intervenir au contract esperé à passer de bref pour l'aliénation que mondict seigneur le duc d'Ellebeuf entend faire de sa baronnie, terre et seigneurie d'Ancenis, ses appartenances et deppendances, à Madame la duchesse de Martigues et Penthièvre ou aultre achapteur, et par ledict contract renoncer pour icelle dame constituante, comme elle renonce, à tous droitz de douaire, hipotèques et choses quelzconques qu'elle peut pretendre sur lad. baronnie... »

Au 26 septembre, un autre prêtre était enfermé dans les prisons d'Elbeuf : c'était M⁰ Le Veel, originaire de la Harengère. Il était détenu à cause d'une dette de six écus, sur la demande du commissaire des décimes d'Évreux. Son frère Clément Le Veel, laboureur à la Harengère, le cautionna et il recouvra sa liberté.

Au 1ᵉʳ octobre, Charles de Lorraine était en son bourg d'Elbeuf ; il signa ce jour-là un contrat de louage en faveur d'un cultivateur de Boscroger, et il bailla à fieffe une masure, sise à Angoville, dont les bâtiments étaient en ruines.

Le 3, Alexis Hamon, bourgeois de Saint-

Jean d'Elbeuf, constitua 60 livres de rente à Jacques Hamon, son fils, afin de lui donner les moyens d'arriver à la prêtrise. L'acte fut passé en présence d'Etienne Osmont et Pierre Sanson, prêtres.

La présence du duc d'Elbeuf, à Rouen, le 9 octobre, est mentionnée sur le registre des délibérations capitulaires de la cathédrale.

Le 19, « Balthazar Huault, greffier au duché d'Ellebeuf, confessa avoir prins à ferme le droict des cinq sols antiens par muid de vin, en ce qui deppend du bourg d'Ellebeuf... pour le prix de vingt six escus quarante sols par chaque an ».

Le 20 octobre, Charles de Lorraine étant à Elbeuf, chargea Jean de Boyer, sieur de Chanlecy, d'une mission spéciale, dont les dispositions furent rédigées devant les tabellions de notre bourg. Voici les principales parties de cette procuration :

« Mondict seigneur constituant a donné plain pouvoir aud. sieur de Chanlecy de faire remettre le chasteau d'Ancenis par le cappi- La Vallée, qui y commande de présent en l'absence dud. sieur de Chanlecy, entre les mains de haulte et illustre princesse Madame la duchesse de Mercueur ou à ceux qui auront pouvoir et procuration d'icelle dame, pour entrer en pocession dudict chasteau, suivant la vente que mond. seigneur duc constituant a faicte dud. chasteau avec la terre d'Ancenis à Mons\u1d63 le duc de Mercueur, son mary, et elle, et de prendre acte de ladicte délivrance dud. chasteau et de retirer les meubles appartenanz à mond. seigneur constituant estant dans ledict chasteau, ensemble une pièce d'artillerie, les poudres, plombz et balles propres à ladicte pièce, et aultres munitions y estantz; et pour le reste des artilleries, les laisser au proufict de mond. seigneur de Mercueur, suivant la condition qui en a esté faicte entre lesdicts seigneurs...

« Plus mondict seigneur duc d'Ellebeuf a donné puissance aud. sieur de Chanlecy de compter avec Me de May, sieur des Minières, cy devant fermier de lad. terre d'Ancenis... »

Par une autre procuration, le duc d'Elbeuf donna pouvoir au sieur de Chanlecy de composer avec « Monsr de Montmartin, gouverneur des ville et chasteau de Caen (?) de la confiscation qu'il a pleu au Roy nostre sire donner audict seigneur duc constituant des biens du sieur de Malabry, gentilhomme de Bretaigne, selon et pour les causes mentionnez au don et octroy faict audict seigneur par sadicte Majesté... »

Les Cahiers des Etats de Normandie, du mois d'octobre 1599, nous montrent quelques-unes des exactions dont les paysans étaient les victimes : « ... Ledit impost se prend en infinité de bureaux, que par force de violence les adjudicataires le perçoyvent, non seulement dans les bourgs, mais dans les villages, ponts et passages ainsi et tant de fois qu'il leur plaist: mesmes par les champs où les conducteurs de bestial sont courus... ainsi qu'il appert par l'arrest de la Court des Aydes, donné contre les adjudicataires de Louviers et d'Ellebœuf cy attaché, qu'il se prend autant de fois que bestes sont menez aux foyres et marchez encor qu'elles n'y soyent vendues, chose inaudite, prendre impost d'une marchandise qui n'a esté vendue, qu'il se lève aussi le lendemain au lieu où elles sont massacrez, sans comprendre l'impost qui se perçoit sur le suid des dites bestes... »

A ces plaintes et à d'autres du même genre, le roi répondit qu'il ne pouvait innover, pour le présent, aucune chose dans le mode de perception.

Les tabellions d'Elbeuf se rendirent « à la Saulsaye, parroisse de Sainct Martin de la Corneille », pour enregistrer l'acte suivant :

« Noble homme Claude de Franqueville, sieur du lieu, demeurant à Brestot, recongneu avoir receu la somme de cent livres, pour le franchissement d'une rente de cent solz pour fieffe d'heritage faicte par feu Guillaume de Franqueville, en son vyvant escuier, sieur de Couillerville, predecesseur dudict Claude, à Me Robert Perier, revalidée par Loys Farin, sieur de Boutigny... »

A cette époque, le duc Charles avait une contestation avec un habitant d'Ancenis. Celui-ci envoya un procureur à Elbeuf, où, d'accord avec le duc, il fut entendu, par devant les tabellions de notre bourg, que les parties s'en tiendraient à l'arbitrage de Me Lepelletier, procureur au Parlement de Paris ; le duc d'Elbeuf en donna « sa parole de prince », le 28 novembre.

Ce même jour, Charles de Lorraine vendit au sieur de Chanlecy « tous et ung chacun les meubles qui apartiennent à mond. seigneur, estantz encore de present au chasteau d'Ancenis, tant en lictz de vellours, damatz, satin, taffetaz d'or et d'argent, couvertures, rideauz, tapiz de table, dayz, manteau de l'ordre en velours, en broderye d'or et d'argent, habitz d'hommes et de femme de quelque estoffe et enrichissement qu'ilz puissent estre, pieces de velours, damas, taffetaz, toille, drap d'or et argent, tapisseryes, linge, armes, pouldres, balles, plomb, une pièce d'artillerye et generaltement tout ce qui peult appartenir audict seigneur...

« La presente vendue faicte moïennant la somme de troys mil cinq centz escus d'or sol, que mondict seigneur a recongneu avoir receue dud. sieur de Chanlecy en bon or et argent ce jour d'huy, et dont il s'est tenu content et bien payé, et sans toucher aux debtes que porte ledict sieur de Chanlecy sur mondict seigneur duc... »

Le 30, Charles de Lorraine, toujours en résidence à Elbeuf, bailla pour six ans à Jean Nicolle, bourgeois de la paroisse Saint-Jean, « la tonture et despeuille pour une foys seulement, de quatre vingtz arpentz de boys, par chacun an, à prendre en la forest des Monts-le-Comte, qui luy seront délivrez par le verdier de ladicte forest... » — Suivent les conditions dans lesquelles devrait être faite chaque coupe. Le prix de cette concession fut fixé à 3.000 livres par an.

Le 4 décembre, notre bourg fut témoin d'une cérémonie sans précédent, qui eut lieu à Saint-Jean. Il s'agissait du baptême d'une « damoiselle de Lorraine ». Un registre paroissial a consigné l'évènement en ces termes :

« Du 4 décembre, baptesme de Françoise, fille de tres haute et puissant prince Messire Charles de Lorraine, duc d'Elbeuf, pere *(sic)* et grand veneur de France. Parrain Jean de Boyer, sieur de Chanlecy, grand maistre et intendant des affaires de mondit. seigneur ; la marraine Madame Françoise Chabot, comtesse de Guiverny ».

Jean de Boyer, sieur de Chanlecy, était donc revenu, après sa mission terminée, rejoindre Charles de Lorraine à Elbeuf. Celui-ci déclara, le 6 de ce même mois, avoir reçu du premier la somme de 270 écus, provenant d'Ancenis, où le sieur de Chanlecy avait, en outre, soldé diverses créances pour le compte de son maître.

Le 9, Mathieu Dupont, receveur général du duché, bailla à ferme pour six années, à Nicolas Le Bailly, de Criquebeuf-sur-Seine, « la ferme du basteau de la voincture et droict d'icelle avec la ferme du bermennage d'Ellebeuf, appartenantz à Monseigneur le duc... à charge que led. preneur sera tenu avoir basteaux suffisantz, bien et deuement conduitz et menez pour le port et rapport des personnes et marchandises, et à veiller tant sur le quay et rivière de mond. seigneur pour porter en la ville de Rouen et dud. lieu de Rouen aud. Ellebeuf, et à ceste fin sera led. preneur subject d'aller par trois jours par chacune sepmaine aud. lieu de Rouen, et dud. Rouen aud. Ellebeuf, sans excuses quelz conques, pour la commodité des marchands, et faire devoir suffisantz aux jours et heures à ce acoustumez, à peyne d'amende...

« Ne pourra ledict preneur demander aulcun rabaiz du prix du fermage, le cas arrivant de grosses eaues, guerres, peste ou famyne, ou bien que la rivière fut prinse ou fermée par glaces ou aultrement... A la charge par led. preneur de faire la voincture, chargeage et deschargeage des meulles qui pourroient estre nécessitez et achaptez sur le quay de Rouen pour usage des moulins de mondict seigneur. allantz ou revenantz dudict Rouen à Ellebeuf, sans demander salaire... ».

Le prix de l'affermage fut fixé à 200 écus par an, plus diverses conditions figurant au contrat et 12 deniers par livre pour le vin du marché, également par an.

Mathieu Dupont, receveur du duché, reçut assignation, à l'instance de Charles de Lorraine, pour comparaître devant les maîtres des Requêtes de l'hôtel du roi, à Paris, « tant pour les intherests d'ung pappier terrier que des demandes faites par mond. seigneur aud. Dupont ». Celui-ci, le 24 décembre, constitua un procureur, avec charge « d'accepter ou contredire les demandes dud. seigneur duc... decider, pacifier et appointer mond. seigneur et ledict Dupont des descords et différendz entre eux... »

Yves Delacroix, bourgeois de la paroisse Saint-Jean, reçut également assignation à comparaître devant les maîtres des Requêtes à Paris, à l'instance de Charles de Lorraine, pour « jurer et affirmer qu'il tient à ferme de Mᵉ Mathieu Dupont, receveur du duché, pour le temps de neuf ans, la prevosté et coustume d'Ellebeuf appartenante à Monseigneur, pour le prix de trois centz cinquante livres par an, et qu'il ne doibt autre chose du passé dudict fermage... » Delacroix nomma un fondé de pouvoirs pour le représenter.

Pierre Maille et Nicolas Bachelet reçurent pareille assignation, pour dire « qu'ils tiennent à ferme de Mᵉ Mathieu Dupont les fiefs de Cléon, Sainct Gilles et la Heuze, la ferme de l'eaue et l'isle Le Comte, appartenant à Monseigneur le duc, pour le prix de deux centz vingt livres par an, et dire qu'ils ne doivent aultre chose que le terme escheant demain jour de Noel... » Maille et Bachelet se firent, comme le précédent, représenter par procureur.

A cette époque François Jacquez, prêtre, était maître des enfants de chœur de la collégiale de la Saussaye. En ce même mois, il nomma un procureur en la personne de Me Didier Clausse, aumônier du roi, chanoine de Ligny en Barrois, chapelain au collège de la Marche, demeurant à Paris.

Les chroniques rapportent qu'un soir de cette même année, le duc d'Elbeuf reçut Henri IV à souper. Ce fut peut-être à la suite de ce repas que le roi fit « don et remise, au sieur duc d'Elbœuf, des droicts de reliefs et aultres droicts dus au Roy, à cause dudict duché d'Elbeuf et aultres terres qu'il tient en Normandie, relevant de Sa Majesté ». De plus, il lui accorda un nouveau délai de quatre ans pour rendre foi et hommage des terres et seigneuries de son duché. Ces donation et répit figurent sur les registres de la Chambre des Comptes.

Des actes de cette année 1599 mentionnent les personnages suivants comme habitant Elbeuf :

Guillaume Delamare, Etienne Fromil, drapiers ; Pierre et Jacques Marabot frères, aussi drapiers, étaient associés. — Pierre Berenger, teinturier, paroisse Saint-Etienne. — Jean Benard, tailleur de draps et d'habits et de plus chapelier, habitait celle de Saint-Jean.

Jean Dumoulin, « aleynier forgeur d'acier » ; Abel Lesage, maréchal-serrurier ; Pierre Bertheret, arbalètrier (sa signature représentait une arbalète) ; Pierre Bachelet, boucher ; Alexis Hamon, praticien ; Pierre Lesueur, Nicolas Hebert et Simon Pastallier, épiciers ; Michel Dieppedalle, prêtre chapelain de Saint-Jean ;

Pierre Osmont, prêtre clerc en la même paroisse ; Guillaume Marais, natif des Authieux près Barquet, prêtre à Elbeuf ; Pierre Lefebvre, « appoticquaire » ; Jacques Dupont, chirurgien.

Balthazar Huaud, qualifié de greffier du duché d'Elbeuf, avait succédé à Nicolas Delafosse, mentionné l'année précédente ; Michel Baudouin était lieutenant aux Eaux et Forêts d'Elbeuf, et Jean Delacroix « esleu commissaire des tailles » ; Thomas Bérenger, « officier du Roy en la sergenterie de Sainct Hault », habitait également Elbeuf ; Robert Bourel, sergent de l'Eau du duché résidait à Freneuse. — Le curé de cette paroisse, ancien curé de Saint-Jean, est qualifié d'écuyer et de procureur de son cousin Louis Farin, aussi écuyer, sieur de Boutigny. — Mathurin Le Sueur, avocat à Elbeuf, demeurait à Saint-Aubin ; mais Jean Lemercier, avocat du roi, résidait à Elbeuf.

Les registres paroissiaux de Saint-Etienne mentionnent en cette année Jacques Pollet, procureur de Quatremares, qualifié dans d'autres actes postérieurs de procureur général à Elbeuf. — Pierre Sanson, curé de Saint-Jean, fut parrain à Saint-Etienne.

Sont également cités dans des obligations passées à Elbeuf en 1599 : Pierre Dieppedalle, curé de Martot ; Pierre Beaucousin, curé de Thuit-Simer ; Nicolas Pinel, curé de la Haye-du-Theil ; Guillaume Lefebvre, chanoine à la Saussaye ; Hector de Nollent, sieur de Thuit-Anger ; Jacques et Réné de Franqueville frères, écuyers, fils de feu Guillaume, écuyer, sieur de la Galitrelle à Saint-Martin la Corneille. — Jacques du Saussey, procureur du roi aux

Eaux et forêts de la vicomté de Rouen, demeurait à Grand-Couronne ; Pierre d'Aigrefeuille, écuyer du duc d'Elbeuf, habitait le manoir du Londel à Quatremares. Enfin Jean Maille, d'Elbeuf, était fermier des prairies que Charles de Lorraine possédait à Couronne.

L'acte suivant, daté du 24 avril 1600, démontrerait qu'à cette époque il existait ou avait existé une brasserie de bière dans notre localité :

« Loys Ducher, filz de Patrix, demeurant à Sainct Estienne d'Ellebeuf, promist paier à Robert Beranger, tavernier, de Sainct Jean d'Ellebeuf, la somme de quarante livres dix sols pour vente d'une grande chauldière de cuyvre propre à brasser... »

Le 4 mai, le duc d'Elbeuf assistait à une conférence solennelle tenue en présence du roi, dans laquelle il s'agissait de l'examen d'un livre imprimé à La Rochelle, et dont les prélats accusaient l'auteur, le sieur du Plessis, du crime d'hérésie.

Le même jour, un accord mit fin à un procès entre « Me Jehan Cappelet, esleu pour le Roy notre syre en l'eslection du Pont de l'Arche, et Me Robert Levavasseur, greffier de la vicomté de Pontautou Pontaudemer », tous deux demeurant à Elbeuf, au sujet d'une pièce de terre sise paroisse Saint-Etienne et « aboutissant sur la sente des Penduz et en laquelle sente est aboutissante la sente de l'Esclette, laquelle sente de l'Esclette doit avoir passage ». Cette pièce de terre dépendait de la fieffe des Penteurs, endroit ou l'on étendait les chaînes encollées. — La rue Bertaud actuelle et la rue des Echelettes ont succédé à la sente de l'Esclette dont il est question.

Année 1600

Il serait hors de notre sujet de parler de la gabelle, nom donné chez les premiers Normands à tous impôts, mais qui, par la suite, désigna spécialement l'impôt du sel.

Disons toutefois qu'il y avait, avant la Révolution, deux manières de payer l'impôt du sel : ou la distribution s'en faisait au grenier à sel — pour Elbeuf, c'était celui de Pont-de-l'Arche — à chaque famille, suivant le nombre des personnes qui la composaient, et c'était ce que, plus tard, l'ordonnance de mai 1680 appela « vente volontaire » ; ou l'on chargeait chaque paroisse de répartir sur ses habitants la quantité de sel à laquelle elle était imposée, dans la proportion de la valeur des terres que les manants exploitaient.

La difficulté et les pertes de temps, pour les populations, que causaient les achats de sel au grenier royal, donnèrent au roi l'idée de créer des intermédiaires. L'acte du 6 mai 1600, qui suit, est relatif à la revente en détail du sel à Elbeuf :

« Simon Pastallier vendit à Nicolas de Flavigny le jeune fils Nicolas…. l'estat et office de regratier et revendeur de sel à petites mesures au bourg d'Ellebeuf, ressortissant du grenier à sel du Pontdelarche, auquel ledict Pastallier estoit pourveu cy devant au droit de transport qui lui en avoit esté faict par Loys Le Maistre, qui en precedent y avoit esté pourveu par lectres de provision signées par le Roy, seellez du grand seel et cyre jaulne, donneez à Parys le quatorziesme decembre mil v^c LXXVII, et depuis ledict estat et office faict hereditairement, et de rechef led. Le Maistre pourveu dud. estat et office par d'aultres lettres de provision données par Sa Maiesté à Rouen le vingt septiesme jour de may mil vᶜ ɪɪɪɪˣˣ et dix huit, signeez par le Roy, et seellez du grand seel de cyre jaulne, et ledict transport faict par led. Le Maistre audict Pastallier devant les tabellions de ce siege le vingt troisième d'octobre mil vᶜ ɪɪɪɪˣˣ et dix neuf, pour led. estat et office de regrattier et revendeur de sel à petittes mesures, audict bourg d'Ellebeuf, jouyr et posséder par led. de Flavigny et ses hoirs et ayantz cause hereditairement suivant l'edict du Roy... Ceste vendue et transport ainsy faictz moyennant la somme de soixante escus ».

Le 5 juin, Mathieu Dupont, receveur du duché, passa ses pouvoirs à « certains messagers especiaux, c'est assavoir h. h. maistre Mathieu Dupont, advocat en la cour, bailly dud. duché, et Charles Dupont, son frère, enffants dud. sieur constituant » pour le recouvrement de sommes dues au duc d'Elbeuf.

Charles de Lorraine était alors dans notre bourg, car le lendemain « noble homme Jacques de Loges, sieur de la Vallée, demeurant à Parys, à present estant à la suitte de monseigneur le duc d'Ellebeuf aud. lieu d'Ellebeuf » constitua un procureur, par acte passé devant des tabellions de notre localité.

Le 6, Jacques Corde, curé de Crestot, acheta pour 25 livres tournois de drap à Jean Huet, d'Elbeuf, et lui signa une reconnaissance de cette somme devant les tabellions. — Cette vente de drap est la seule figurant dans les milliers d'actes de cette époque que nous avons parcourus ; il convient donc de la mentionner.

Le 18 juin, Jean Flavigny fils Alexandre, de Boscroger, vendit à Jacques Pollet, avocat à Elbeuf, une vache âgée de cinq ans, moyennant 12 livres. Cela fait, « ledict Flavigny prist à louage dud. Pollet, pour troys ans, lad. vache, pour le prix de soixante sols par an, à la charge de la nourrir, et s'il luy advenoit mal faulte de garde, ledit preneur se submist d'en répondre... » Flavigny se réserva le droit de reprendre la vache en propriété, en remboursant les 12 livres et en payant le loyer de l'animal. — Les registres du tabellionage d'Elbeuf contiennent de très nombreux contrats du même genre, indiquant le malaise qui existait encore dans notre contrée.

Quelques jours après, Michel Bonamy, curé de Saint-Etienne, s'engagea à payer au même Jacques Pollet la somme de 50 livres pour vente d'un cheval « de poil d'estourneau ». L'acheteur dut en outre fournir une caution en la personne d'un de ses paroissiens nommé Delamare.

Le registre de « Nicollas et Loys dictz Hesbert, tabellions jurez au siege d'Ellebeuf » de l'année 1600, mentionne que Mathieu Dupont, écuyer, avocat à la cour, bailli du duché d'Elbeuf, compta les papiers écrits et non écrits depuis le commencement de ce registre et qu'il recommanda aux deux tabellions d'observer les ordonnances.

Le 9 juillet, Me Ancelot Combault, prêtre chapelain de Saint-Jean, acheta un jardin situé « rue de la Barryère, borné d'un costé la ruelle tendant aux prayries d'Ellebeuf et d'autre costé un autre grand jardin ». — C'est probablement la rue Robert actuelle qui a succédé à la ruelle dont il est question dans cet acte ; dans tous les cas, il montre que la section de la rue de la Barrière comprise entre le Maurepas et la place du Coq, n'était pas encore entièrement bâtie, puisque nous trouvons deux jardins contigus, dont un est qualifié de grand, ayant chacun un bout sur cette rue.

Par devant les tabellions d'Elbeuf, le 10 août, « Me Francoys Jacquetz, prestre, chappellain de l'une des chappellenyes soubz l'invocation de Saint Thomas de Canturbir, fondée en l'église de Paris, demeurant à present à la Saulsoye... constitua son procureur Me Claude de Naix, prestre, chappellain au collège de la Marche à Parys... auquel il donna puissance et auctorité de resigner et remettre es mains de nostre sainct père le pape ou de monseigneur son vice chancellier, la dicte chappelle ou chappellenye de Sainct Thomas de Canturbyr... »

Le fouage était un ancien droit, le même que le « monneage », établi sous les premiers ducs de Normandie, pour que ceux-ci ne changeassent pas la monnaie. On lui donna le nom de fouage parce qu'il se percevait sur tous les feux de chaque lieu.

Par suite de la réunion de la Normandie à la France, ce droit était devenu régalien, mais il avait été partiellement concédé par un roi dont nous ne connaissons pas le nom, au comte d'Harcourt, qui le percevait dans son fief, notamment à Elbeuf, de trois ans en trois ans, comme autrefois les anciens ducs de Normandie.

Le duc d'Elbeuf jugea à propos de faire transcrire, sur les minutes de son tabellionage, une charte obtenue à ce sujet du roi Charles VI, en 1404, par un de ses prédécesseurs. C'est ainsi que ces registres portent à la date du 22 août 1600, un *vidimus* attestant que « certain acte en parchemin, sain et entier de seing et seel et escripture » présenté au tabellion est ainsi conçu :

« Charles par la grâce de Dieu roy de France, à noz amez et feaux les gentz de noz comptes à Parys salut et dillection.

« Nostre trescher et amé cousin le conte de Harcourt nous a faict exposer côme il tient de nous neuement sans moien sa dicte conté de Harcourt par ung seul hommage, en laquelle conté a plusieurs droictures sur ses hommes entre lesquelles il et ses predecesseurs de tel temps quil nest memoyre du contraire, dont quarante ans suffisent par la coustume du pays, ont acoustumé en plusieurs lieux et villes de ladicte conté avoyr et prendre au droict de son heritaige certains fouages qui se paient en Normendye de troys ans en trois ans sur chacun feu douze deniers.

« Et il soit ainsi que les vicontes de Pontautou et Pontaudemer, par nostre cômandement ou ordonnance sy côme ils dient puis nagueres, se sont esforcez ou voullu esforcer empescher lesdicts fouages à nostre cousin, en voullant entreprendre et exepter et mectre en leurs receptes lesdicts fouages, au prejudice et deshederetement de nostre cousin, et mesmement quil y a au pays de nostre duché de Normendye, où lesdicts fouages ont cours, plusieurs nobles tenantz qui de troys ans en troys ans lievent lesdicts fouages sur leurs hommes et terres sans ce que nos officiers les mollestent au contraire, ne veullent à nous attribuer sy come il dict, requerant sur ce nostre provision.

« Pourquoy, nous ces choses considerées et nous ne voullons nostre cousin estre perturbé ny empesché en ses dictes pocessions et saisinnes, mais voullons à ung chacun de noz subiectz et en especial à ceux de nostre sang que ilz soient tenuz et gardez en leurs faisances et droictz hereditaux selon ladicte coustume ... car ainsi nous plaist ... A Paris le tiers jour de juing lan de grace mil quatre centz et quatre et de nostre regne le vingt quatriesme».

On sait que l'impôt du fouage disparut, avec les autres impôts féodaux, à la Révolution.

Vers le milieu du mois précédent, le duc Charles avait été victime d'un vol considérable, et c'était peut-être à cause de ce crime qu'il s'était rendu dans notre bourg.

Le 30 août, Charles de Lorraine « estant à Allebeuf prez Rouen en Normandye », reconnut, en presence de « Jehan Le Prevost, escuyer, gentilhomme de sa suilte, auquel il avoit donné cy devant pouvoir de faire rechercher et soy saisir, au nom de mondict seigneur, de grand nombre de pierreries, bagues et joyaux, faisant partie de plus grand nombre, qui avoient esté robbez et vollez en la maison de mondict seigneur à Parys... avoyr esté saisi ou bien Madame la duchesse d'Allebeuf, sa tres honorée espouse, par ledict Le Prevost, de toutes et chacunes lesdictes pierreries, bagues et joyaux, dont ledict Le Prevost avoit esté saisy par les mains de noble homme René Duboys, et par ordonnance de M^r le senneschal de Renes en Bretaigne ; lequel Duboys avoit lesd. pierreries en garde soubz l'auctorité de justice... »

Les bijoux volés au duc d'Elbeuf et retrouvés à Rennes avaient une grande valeur : « Et semblablement a esté Monseigneur saisy par led. Le Prevost de sept bagues, sçavoir ung diamant à myroir, ung saphir blanc, deux turquoises, une grenade de ruby, une cornaline et une crapoudine, qui avoient esté par semblable baillez audict Le Prevost par Mouton, commis au greffe cryminel de Renes, et mesme d'une autre bague où est enchassé un lapis, à luy delivré par Madamoiselle Duboys, le tout faisant partye des pierreries, bagues et joyaux qui avoient esté robez à mondict seigneur... »

Cete décharge fut donnée par le duc à Elbeuf, en présence de Pierre Fournier, écuyer, et d'Etienne Osmont, prêtre, qui la signèrent avec Charles de Lorraine et les deux tabellions.

Le même jour, 30 août, Mathieu Dupont fils se démit de sa charge de bailli, par un acte passé devant le tabellion d'Elbeuf et ainsi conçu :

« Fut present M⁰ Mathieu Dupont, advocat en la court, ayant esté cy devant pourveu à l'exercice des offices des bailliages du duché d'Ellebeuf et baronnye de Quatre[mares] par tres hault et illustre prince Monseigneur Charles de Lorraine, duc dudict Ellebeuf, pair de France, baron dudict Quatremares, etc., jouxte et suyvant les commissions qui pour ce ont esté expediez ce pour aultant de temps qu'il plairoit à mondict seigneur,

« Lequel aprez qu'il eut entendu la volonté de mondict seigneur qu'il luy a faict exprimer, et desirant optemperer et soy conformer à icelle, a icelluy Dupont, de son bon gré, pure et franche volonté, sans force ny contraincte, remys, quicté et delaissé es mains de mondict seigneur present et acceptant, les offices de bailly audict duché d'Ellebeuf et Quatremares et leurs circonstances et deppendances pour en faire et disposer par mondict seigneur comme bon luy semblera, promectant ledict

Dupont ne demander jamais aulcune chose ».
— Cette démission fut signée de Mathieu Dupont, de Charles de Lorraine, et des sieurs d'Aigrefeuille et de Vintimille.

Ce même jour encore, Mathieu Dupont, avocat, reçut du duc d'Elbeuf, en présence des mêmes témoins et tabellions, la somme de 3.000 livres en un mandement de 1.000 écus adressé à M⁰ Mathieu Dupont père, receveur du duché d'Elbeuf. Cette somme représentait le prix payé par Dupont fils pour l'exercice de la charge de bailli.

Les comptes du chapitre métropolitain de Rouen mentionnent des envois de vin, de la part de la compagnie des chanoines de la cathédrale, au conseiller Turgot, au duc d'Elbeuf et à M. du Viguet, avocat au grand Conseil.

Le 11 septembre, étant à Elbeuf, Charles de Lorraine donna pouvoir à Marguerite Chabot, sa femme, de faire « toutes donations entre vifz ou à cause de mort, testament, ordonnance de dernière volonté, partage de ses biens meubles et immeubles quelzconques en quelque lieu qu'ils puissent estre, situez et assiz, en telle forme et maniere que ladicte dame advisera bien estre, entre les enfantz dudict seigneur et d'elle, soyt naiz ou à naistre, advantagier les ungz et dimynuer aux aultres de et tout ainsy que bon semblera à ladicte dame, faire donations et legaltz à ses serviteurs et servantes et aultres comme elle vouldra et jugera estre à propoz, pour recongnoissance des services qui luy auront esté faictz ; faire ellection de telle personne ou personnes qu'il lui plaira pour l'exécution de son testament ou ordonnance de dernière volonté...

promectant mondict seigneur en foy et parolle de prince tenir tout ce que dessus est dict... en présence de Prosper de Vintimille, escuyer, sieur du lieu, et Jehan Le Prevost, aussy escuyer, gentilz hommes de la suilte de mondict seigneur ». — Suivent les signatures du duc et des témoins.

Le même jour, par un second acte, le duc Charles donna plein pouvoir à sa femme de « faire compter tous ses recepveurs et fermiers qui ont cy devant jouy et jouissent encore des terres, seigneuryes et aultres biens de mond. seigneur ; clore et arrester lesd. comptes... donner quitances ;... affermer à nouveau les terres, etc.... faire reparer le bâtimentz et ediffices de ses terres et seigneuryes ;... poursuivre les debiteurs ; ... vendre et alliener telle terre et seigneurye de celles de mondict seigneur que madicte dame verra bien estre, employer les deniers de ce provenantz à l'acquict des debtes de mond. seigneur ; intenter tous procez ; ... emprunter argent au nom de mondict seigneur et à cet effet y obliger le bien de mond. seigneur... » etc. — Cette procuration générale est également signée du duc et des témoins Vintimille et Le Prevost.

Par un troisième acte du même jour, le duc d'Elbeuf approuva tout ce que Marguerite, sa femme, avait fait pour acquitter ses dettes, à lui, tant en Normandie qu'à Paris et autres lieux, par la vente de la seigneurie d'Ancenis et moyens divers.

A cette même date, Le Prevost, officier du duc, vendit un cheval pour la somme de 150 livres, à Jacques de Nollent, baron de Limbeuf.

Le lendemain 12 septembre, Jacques de Marsollet, charpentier à Quatremares, vendit à la duchesse d'Elbeuf, au nom de son mari, divers héritages sis à Quatremares ; et par le même acte, Marguerite Chabot bailla à louage à son vendeur les immeubles qu'elle venait ainsi d'acquérir.

Les jours suivants, la duchesse passa plusieurs contrats devant les tabellions d'Elbeuf ; l'un concernait la terre dite des Vingt-Acres, à la Saussaye, et un autre de nouvelles acquisitions à Quatremares.

Au 10 septembre, « Me Michel Christian, licentié es loix », était lieutenant général du bailli d'Elbeuf.

Le 1er octobre, Jean Huet, trésorier de Saint-Etienne, donna pouvoir à Pierre Lefebvre, apothicaire, son gendre, pour aller présenter les comptes de sa gestion de trésorier à l'archidiacre d'Evreux.

Après plusieurs annonces faites au prône de la messe paroissiale des dimanches précédents, les « paroyssiens, manans et habitans de Sainct Estienne d'Ellebeuf, assemblez en estat de commung le vingt deuxième jour d'octobre » baillèrent à fieffe une pièce de terre bornée d'un bout par la rue Notre-Dame, et appartenant au trésor paroissial. Etaient présents : Michel Bonamy, curé ; Pierre Ermeroult, trésorier ; Jean Grandin fils Robert, Jean Grandin fils Guillaume, Jean Grandin fils Jean et autres.

Nous avons remarqué, par de fort nombreux actes du xvie et de la première moitié du xviie siècle, que tous les bouchers d'Elbeuf savaient lire et écrire. Quelques-uns même, notamment les Dupont et les Grandin, possédaient une fort belle écriture et tout dénote que leur instruction avait été soignée. De plus, cette corporation comptait parmi ses membres les plus riches Elbeuviens, ce que démontre une infinité d'acquisitions d'immeubles au-delà des forêts d'Elbeuf et de la Londe, de nombreux prêts d'argent et des locations de vaches ou de moutons. Dans cette dernière catégorie d'actes nous ne relèverons que le suivant, comme type du genre :

Le 14 novembre 1600, Mathieu Grandin fils Jean, boucher, de la paroisse Saint-Etienne, bailla à ferme pour trois ans à un paysan de Bosnormand « trente bestes à laisne femelles et portieres » ; celui-ci s'engageait à rendre le troupeau au bout de trois années au nombre de « trente sept têtes, ny des meilleures, ny des pires ». Le preneur et le bailleur partageraient entre eux le produit de la tonte pendant la durée du bail.

Pierre Sanson, curé de Saint-Jean est mentionné dans un acte daté du 26 décembre, par lequel il transporta une rente à Louis Hesbert, tabellion d'Elbeuf.

En cette même année, Claude-Eléonore de Lorraine, fille du duc d'Elbeuf, épousa Louis Gouffier, duc du Rouannais, marquis de Boisy, comte de Maulévrier, de Secondigny et de Beaufort, baron de Mirebeau, de Gonnor, de Moncontour, de Curzay, de Doué, de la Chassée, de la Fregère, et d'Oiron, capitaine de cent hommes d'armes des ordonnances, gouverneur de Poitiers. Il était fils unique de Gilbert Gouffier, duc du Rouannais, et de Jeanne de Cossé. Son duché de Rouannais fut érigé en pairie en 1612. Le gendre du duc d'Elbeuf mourut en 1643.

Vers cette époque, Charles Ier de Lorraine,

« voulut bien accepter la charge de « roi » de la confrérie de Notre-Dame de Caudebec, et les habitants, pour en conserver la mémoire, gravèrent sur le portail de l'église l'honneur que ce prince leur faisait. Le duc *d'Elbus* y est écrit et non pas le duc d'Elbeuf, on l'y voit encore », nous apprend Mathieu Dupont, dans ses *Notes*, datées de 1782.

En cette année 1600, le duc d'Elbeuf prit part à l'expédition de Savoie. Mais près de Genève, sa présence et celle d'autres seigneurs catholiques ayant alarmé les protestants de cette ville, il fut obligé, par ordre du roi, d'en sortir.

L'hiver fut extrêmement rigoureux. Les vignes de Freneuse, Saint-Aubin, Fourneaux, des îles de la Seine, d'Orival et d'Oissel furent gelées. Les facilités que la paix accordait de faire venir des vins de la Bourgogne, de la Champagne et du Bordelais, jointes aux déboires des vignerons de notre contrée, firent que la plus grande partie de nos vignobles ne furent point replantés par la suite, et quelques clos subsistèrent, mais seulement jusqu'aux édits fiscaux du siècle suivant.

ANNÉE 1601

CHAPITRE XVIII
(1601-1605)

Charles Ier de Lorraine (suite). — Mathurin Le Picard. — Le décatissage des draps. — Les estamiers. — Le moulin du Pré-Bazile. — Détails de la vie elbeuvienne. — Mort du duc d'Elbeuf. — Son inhumation a la Saussaye.

Au 13 janvier 1601, Mathieu Dupont, ancien bailli d'Elbeuf, et Charles Dupont étaient héritiers de « feu Me Mathieu Dupont, leur père, vivant receveur d'Ellebeuf ».

Le 20 mars suivant, naquit Henri de Lorraine, comte d'Harcourt, fils de Charles Ier, duc d'Elbeuf, et de Marguerite Chabot. Cet enfant fut appelé plus tard Cadet la Perle, parce qu'il portait toujours une grosse perle pendue à son oreille droite ; mais l'histoire le connait mieux sous le nom de comte d'Harcourt.

Au mois de mai, Henri IV permit au duc d'Elbeuf, gouverneur de Poitiers, sur l'instance qu'il en avait faite au roi, « de s'acheminer devant la dicte ville, affin de préparer ce qui serait nécessaire pour bien refrener et chastier la désobéissance des habitans » qui avaient refusé de laisser établir chez eux un impôt d'un sol pour livre, et avaient mal reçu le sieur d'Amours, membre du conseil d'Etat, que le roi avait envoyé à Poitiers à cet effet.

Au 20 de ce même mois, « Francoys Du Chesne, escuyer, sieur de Beauchamps, advocat en la court », était bailli du duché d'Elbeuf.

Nous trouvons sur les registres paroissiaux de Saint-Etienne, à la date du 28 octobre 1601, un prêtre nommé « Mathurin Le Picard » attaché à cette paroisse. Ne serait-ce pas le même personnage que Mathurin Le Picard, curé du Mesnil-Jourdain en 1623 ?

Cela est probable. Ce prêtre serait alors l'auteur d'un livre singulier et très rare, intitulé *le Fouet des paillards* ou *Juste punition des voluptueux et des charnels,* in-12 imprimé à Rouen en 1623. Il serait également l'auteur de *l'Arsenac* (sic) *de l'âme.*

Mathurin Le Picard fut accusé de profanations et des débauches les plus honteuses. On l'accusa également d'avoir ensorcelé les religieuses de Saint-Louis de Louviers, notamment la sœur Madeleine Bavent, dont le nom est resté légendaire dans toute notre contrée.

Le corps de Mathurin Le Picard fut jeté dans un puits. Plus tard, le Parlement fit un procès à sa mémoire. Par arrêt de la cour, le corps de ce prêtre fut exhumé et brûlé publiquement à Rouen en 1647.

Les gardes de la corporation des drapiers de Paris firent, en 1601, grand tort au progrès dans les apprêts des draps. Ils eurent la malencontreuse idée d'appeler les membres de leur compagnie sur « les suites pernicieuses de l'inapplication des règlements de 1508 et

Fourneau de Décatisseur (d'après une gravure du XVIII° siècle)

de 1560, contre l'emploi des tables de fer et les fourneaux à presser et à catir les étoffes à chaud ». Ils en demandèrent la confiscation. A ce sujet, voici ce que rapporte Savary, dans son *Dictionnaire du Commerce*:

« L'affaire longtemps discutée, le procureur du roi entendu, quantité d'expériences faites par les plus habiles ouvriers en présence des magistrats et après avoir pris l'avis des principaux du corps de la draperie, il fut ordonné que, dans huitaine, les fourneaux, presses et platines en fer saisis seraient rompus, avec défense aux propriétaires de s'en servir, sous les peines portées aux ordonnances. Cette sentence fut publiée dans tout le royaume par les ordres de Henri IV, et les ordonnances de 1508 et de 1560 remises en vigueur ».

Cet apprêt devait faire plus tard sa réapparition en France, sous le nom d'apprêt anglais, quand il fut reconnu que la beauté des draps étrangers faisait une concurrence désastreuse à ceux de notre pays.

Un règlement du prévôt de Paris, approuvé par Henri IV en novembre 1601, fit défense « à tous chartiers, serviteurs et valets, chambrières demeurant ez champs, hommes à journée, de se vestir d'aucun drap teinct, de quelque couleur que ce puisse estre, ny ausdits valets, tant et si longuement qu'ils serviront, de porter manteaux en quelque lieu que ce soit ».

Le 30 de ce même mois, Henri IV fit don au duc d'Elbeuf, son « cher cousin », de 15.000 écus, en considération, dit le roi, « des bons et recommandables services qu'il nous a cy devant faictz », à raison de 3.000 écus par an, pendant cinq années, à prendre « sur les treiziesmes, reliefz, demi reliefz, quintz, re-quintz, aubaynes, desherances et en général tous aultres droicts seigneuriaux en nostre païs de Normandie ».

Le 16 janvier 1602, Marguery Dubosc, « estaymier de la paroisse Sainct Jehan d'Ellebeuf », vendit une rente à un autre estamier de Rouen.

Nous ne saurions préciser ce que l'on entendait, à cette époque, par le terme « estamier ». Le mot estame signifiait, à l'origine, chaîne à tisser, mais il a aussi désigné, jusqu'à nos jours, un objet de laine peignée, tricoté à l'aiguille, ou, encore, le fil de laine qui servait à ce travail.

Au siècle dernier, on donnait le nom d'étamines à des sortes de burats ou camelots que l'on foulait encore au pied vers 1784. Ces étoffes se fabriquaient surtout à Reims ; Amiens en produisait une variété. Dans tous les cas, l'acte que nous citons établit clairement qu'il se fabriquait aussi des estames dans notre localité au XVIe siècle, car d'autres estamiers exerçaient leur industrie à Elbeuf, avant Marguery Dubosc.

Le Blanc du Rollet, ami particulier du roi Henri IV et parent d'un ancien bailli d'Elbeuf, était alors maître d'hôtel du roi, lieutenant de la compagnie des gardes de son corps, capitaine et gouverneur de la place de Louviers ; il se vit confirmer par lettres royaux, du 18 janvier 1602, son autre charge de grand prévôt de Normandie.

Le 28 du même mois, la baronnie de Beaumesnil fut détachée du duché et vendue, par le duc d'Elbeuf, à Jacques Leconte-Duquesne, marquis de Nonant, qui fit bâtir le splendide château que l'on voit actuellement encore à Beaumesnil.

En cette même année, le roi accorda un nouveau « délay d'un an au sieur Duc d'Elbœuf, de bailler adveu et denombrement au Roy, des terres et seigneuries qu'il possedoit en Normandie ».

Le 26 mars, Henri IV, étant à Paris, fit un nouveau don au duc d'Elbenf, consistant en 5.000 écus, à prendre sur les revenus de la couronne en Normandie, pour, dit le roi, « luy donner moïen de supporter la despence qu'il faict journellement près de nous ».

Les registres du tabellionage d'Elbeuf contiennent plusieurs actes passés par Pierre Gosselin, sieur de Moulineaux. Cette année-là, Gosselin fut condamné à mort, avec trois autres personnages, pour s'être battu en duel ; mais ils obtinrent le privilège de saint Romain et furent rendus à la liberté.

Un acte du 5 octobre concerne Me Michel Christian, lieutenant du bailli d'Elbeuf, ayant épousé Catherine Lefebvre, alors décédée.

Le 15 novembre, la duchesse d'Elbeuf, étant en notre bourg, donna pouvoir à Me Adrian Bradechal, procureur au Parlement de Rouen, de poursuivre le recouvrement des sommes dues à son mari, de désintéresser ses créanciers et particulièrement de contraindre Mathieu et Charles Dupont, frères, héritiers par bénéfice d'inventaire de feu Mathieu Dupont, leur père, en son vivant receveur du duché, à payer ce qu'ils pouvaient encore devoir au duc Charles ; de poursuivre également Jacques Delacroix, autrefois receveur de la baronnie de Quatremares, pour la reddition de ses comptes ; de poursuivre aussi pour le même sujet Jacques

Laisné, qui avait été receveur de la baronnie de Beaumesnil, etc. — Les frères Dupont vendirent un tènement de maisons pour acquitter les dettes de leur père.

Le 17, Raoul de Bessin, sieur de Mathonville, ayant épousé Charlotte de Coquesac, demeurant à Saint-Aubin, reçut de Marguerite Chabot la somme de 1.200 livres, complément de 1.500 livres que la duchesse avait promis lui payer lors de son contrat de mariage, devant les notaires du Châtelet à Paris, le 12 avril 1601, au plège de Jean de Boyer, sieur de Chanlecy.

Voici un aperçu des gages payés à Elbeuf, à cette époque, pour une année : charretier de ferme, 15 écus ; cocher-carrossier, 12 écus ; servante, 4 écus ; berger, 12 écus ; jeunes gens, leur nourriture et habillement. Moissonneurs, quatre boisseaux de blé par arpent ; faucheur de foin, 8 sols par arpent ; faucheur d'avoine, 15 sols par arpent ; batteur en grange, une gerbe sur vingt-cinq ; journaliers, 8 sols par jour en été et 6 en hiver.

Parmi les parrains et marraines à Saint-Jean, en cette année, nous trouvons Jacques Boulenger, procureur à la cour ; Thomas Cirot, curé de Cléon, et Marguerite, veuve de Mathieu Dupont, ancien bailli.

Le 25 août, on baptisa Jean, fils de « noble homme François du Chesne, sieur de Beauchamp, advocat en la court, bailly d'Elbeuf ». Il eut pour parrain « noble homme Jehan de Ptoli » —il faut lire de Postis—, sieur du Vieil-Evreux.

Le 5 décembre, M⁰ Jean Martin, chanoine de la Saussaye et titulaire de la chapelle du Bec-Thomas, vendit une rente au chapitre de la collégiale, représenté par M⁰ Guillaume Letellier, également chanoine de Saint-Louis.

Le registre du tabellionage porte les lignes suivantes : « Nota que ce jourd'huy quatorziesme jour de janvier mil six cents et troys, Me Pierres Hesbert filz Me Nicollas fust receu à serment d'adjoinct en ce tabellionnage d'Ellebeuf pour la demission dudict Me Nicollas, son père, devant noble homme Me Franceois Du Chesne, sieur de Beauchamps, advocat en la court, bailly du duché d'Ellebeuf, presence et consentement de Monsr le procureur fisqual audict duché, dont j'ay receuilly acte pour me valloir ce que de raison ».

Le 31 du même mois, Guillaume d'Aulne, receveur général au duché d'Elbeuf, et Richard d'Aulne, son fils, promirent payer à Jean Serrier, « cy devant pourvoyeur de monseigneur le duc d'Ellebeuf, la somme de quinze centz livres pour pur et loial prest ».

Un acte du 3 février 1603, concerne la vente « d'ung petit estaige en façon de puchot... borné d'ung bout le vivier de monseigneur ». — C'est la première fois que nous rencontrons ce mot de puchot, qui, dans le sens où il est donné, confirme ce que nous avons dit à propos de l'étymologie du nom que porte actuellement la petite rivière elbeuvienne.

A cette époque, le duc d'Elbeuf venait de gagner un procès contre un nommé Nicolas Lesage. Ce procès avait obligé Marguerite Chabot, sa femme, à faire trois voyages à Rouen : le premier en novembre de l'année précédente qui avait duré huit jours, un second de quinze jours en janvier, et un troisième de quinze jours également en février. Adrien Bradechal, procureur de Mme d'Elbeuf, fut commis par celle-ci pour la représenter à la taxe des frais occasionnés par ces voyages, tombés à la charge de Lesage.

Le 3 avril, Pierre Lefebvre fils feu Guillaume, de la paroisse Saint-Jean, vendit à « Jean Benard, tailleur de draps, bourgois marchand en lad. paroisse, une vuide place, fondz de terre et heritaige, avec un petit islet sur lequel y a de present basty ung moullin à ten, faict construire et bastir puys peu de temps par ledict Lefebvre, suivant que il s'estoit submis faire par la fieffe qu'il a prinse d'iceulx héritaiges de Marguerite Le Flameng, veufve de deffunct Mᵉ Philippe Duval... assis en la paroisse Sainct Estienne d'Ellebeuf... borné d'ung costé le pray Basire, d. c. Thomas Sainct Gille par le cours d'eaue et plusieurs, d'un bout Noel Leger et d. b. ledict cours d'eaue allant à la riviere de Seyne... »

Cette vente fut consentie moyennant la charge de payer 40 sols de rente seigneuriale au duc d'Elbeuf, outre 100 sols de rente irraquittable pour la fieffe, plus 300 livres tournois au vendeur.

Le même jour, Jean Benard bailla à ferme ce moulin à Pierre Lefebvre, son vendeur, à la charge de payer les 40 sols de rente seigneuriale et les 100 sols de fieffe aux héritiers de Marguerite Le Flameng, plus 80 livres de ferme par an.

Le 9, Louis de la Haye, écuyer, sieur du Thuit-Hébert, demeurant à Angoville, paroisse près de Bourgtheroulde appartenant au duc d'Elbeuf à cause de son comté de Brionne, reconnut avoir reçu de Charles de Lorraine la permission de faire bâtir « une trye ou vollière audict Angoville et de y tenir quatre douzaines de pingeons, à condition d'en bailler tous les ans, à la recepte de mond. seigneur à Brionne, deux coupples de rente »; et de faire démolir sans indemnité et sur simple réquisition ledit colombier, si le duc ou ses successeurs le lui ordonnaient.

Ce même jour, Louis de la Haye reconnut également que le duc d'Elbeuf l'avait autorisé « à faire eriger ung banc et place pour ledict escuyer et sa famille dans l'eglize paroissialle dud. Angoville, toutefois que pour la vie durant tant seullement dud. de la Haye et sans tirer à conquence, se soumettant ledict sieur escuyer à le faire oster toutteffois et quantes qu'il plaira à mond. seigneur... »

Ces deux reconnaissances furent signées à Elbeuf, en présence des tabellions du duché.

Les registres paroissiaux de Saint-Etienne mentionnent comme parrain d'un enfant « Me Guillaume Douainville, curé de Saint-Pierre ». A la date du 16 avril, nous trouvons sur ceux de Saint-Jean l'acte qui suit : « A esté baptisée Charlotte, fille de Monseigneur Charles de Lorraine, conte de Lislebonne ; la marraine Madame Henrie de Semmo, femme de Monsieur de Sensest ».

Le 5 mai, Etienne Bonamy et Me Michel Bonamy, curé de Saint-Etienne, enfants et héritiers de feu Jean Bonamy, sieur de la Banne, vendirent à Allain Le Velain, drapier, une acre de terre labourable faisant partie de plus grande pièce, sise sur la côte aux Vignes, paroisse Saint-Etienne. — Dans d'autres actes, cette pièce de terre est nommée la Côte aux Bonamys ou à Bonamy.

Le 10, par acte passé à Elbeuf, Jean Martin et Guillaume Letellier, chanoines de la Saussaye, porteurs de la procuration du chapitre, et en présence de Simon Signol, aussi chanoine, « baillèrent à ferme les dixmes de la paroisse de Boscroger, moyennant 340 livres, plus sept vingt dix boisseaux de bled fourment mesure d'Ellebeuf, deux centz bottes de feurre de bled, le tout par an ; plus quatre septiers dix boisseaux de bled bis, trois boisseaulx et et une quarte de pois blancs à livrer à la recepte d'Elbeuf, à la décharge du chapitre, oultre ung cent de bottes de feurre de bled, aussi par an à la recepte d'Ellebeuf ».

Les preneurs étaient tenus de livrer chaque année : au chapelain de la Chapelle-Martel 18 boisseaux de blé et 24 d'avoine ; à la paroisse de Thibouville 60 sols, et à l'archevêque de Rouen la somme de 10 livres.

Les preneurs s'engagèrent encore à « entretenyr les deux lampes acoustumez en l'eglize du Boscroger, avec le vin qu'il conviendra pour administrer les parroissiens dudict lieu de Boscroger au jour de Pasques... » — Cette dernière condition indique qu'alors le sacrement de l'eucharistie s'administrait encore, au moins à Boscroger, sous les deux espèces.

Comme autres charges, les preneurs avaient aussi celles d'entretenir et réparer le chancel de l'église de Boscroger, la grange des dîmes, le manoir presbytéral ; de recevoir et donner à dîner à deux chanoines de la Saussaye et au maître des enfants de chœur le jour de la Saint-Pierre et de l'assemblée de Boscroger. Enfin, les preneurs s'engageaient à payer 60 livres pour le vin du bail.

Le 24 de ce même mois, Charles de Lorraine était en son bourg d'Elbeuf, car il y signa une procuration par laquelle il autorisait le sieur de Villers-Combley, avocat au Parlement de

Paris, à s'accorder en son nom avec la femme de « Gracy, — lire Grassi — Itallien, intendant de la douenne de Lyon, de la confiscation qu'il a pleu au roy nostre syre donner à mondict seigneur duc des biens appartenant aud. Gracy, comme appert par le brefve que en a obtenu mond. seigneur duc de Sa Maiesté, tant de la confiscation que amende à quoy led. Gracy a esté condampné par arrest de la cour du Parlement de Paris... »

Comme on le voit, Charles de Lorraine saisissait toutes les occasions pour obtenir des faveurs du roi, et celui-ci ne se lassait pas de satisfaire aux désirs de son « cher cousin ».

Le 23 juin, étant encore à Elbeuf, Charles de Lorraine nomma des procureurs pour le représenter dans un procès qu'il avait à soutenir à Rennes, devant le Parlement de Bretagne, contre les créanciers de feu le marquis d'Espiney. Cette procuration fut signée en présence de Pierre d'Aigrefeuille, sieur du lieu et du Londel, et du sieur de Vintemille, écuyers, gentilshommes de la suite du duc d'Elbeuf,

Me Michel Bonamy, curé de Saint-Etienne, avait baillé à ferme les dîmes de sa paroisse à Me Michel Debos ; mais celui-ci étant resté lui devoir 150 livres sur le prix du fermage, le curé le fit emprisonner à Elbeuf. Le 5 juillet, Debos résilia son bail et s'engagea à désintéresser Me Bonamy, qui alors fit rendre la liberté au prisonnier.

Le surlendemain, Marguerite Chabot vendit une rente aux enfants mineurs de feu Georges Béranger, représentés par Jacques Dupont, boucher, leur tuteur. Cette vente acquitta une dette précédemment contractée par le duc d'Elbeuf envers Georges Béranger.

Le 20, Etienne Pastallier, échevin de la charité de Saint-Jean, reçut en « doubles pistolles, écus, pièces de seize et de huict sols, la somme de huict vingt dix livres » pour le remboursement d'une rente due à la confrérie.

Charles de Lorraine était encore dans notre bourg le 25 de ce mois, car Charles Léger « controlleur de monseigneur estant de présent à Ellebeuf à la suite de monseigneur le duc » vendit ce jour-là tout le droit qu'il avait sur une maison de la paroisse Saint-Etienne, bornée par le jardin de l'Hôtel-Dieu.

Le 31 juillet, Jacques Pollet, procureur fiscal du duché, et son cousin Jean Pollet, sergent traversier en la forêt des Monts-le-Comte, vendirent une maison sise paroisse Saint-Jean « près les halles de monseigneur, bornée d'un costé Marguerin Dubosc, estaimier, et la maison du *Pot d'Etain,* d'un bout le pavé ou halles du bourg et d. b. la no et cours d'eau du moulin ».

Nous avons parlé plusieurs fois du droit de jauge, consistant à veiller sur les poids et mesures. En Normandie, d'après l'ancienne jurisprudence, le droit de jauge n'était pas nécessairement attaché aux hautes justices; mais les hauts justiciers en jouissaient quand ils avaient des titres ou possession immémoriale. Un arrêt du Conseil, en date du 20 août 1603, rendu en faveur du duc d'Elbeuf, comme seigneur de Lillebonne, confirma ce principe.

Le 26, Me Mathurin Vian, demeurant en la chanoinerie de la Saussaye, se rendit à Elbeuf, où il donna sa procuration à son frère, Me Pierre Vian, maître des enfants de chœur de la collégiale.

A cette époque, Antoine Le Tulle, huissier

en l'élection de Pont-Audemer, était enfermé dans la prison d'Elbeuf. — Guillaume d'Aulne, receveur général du duché d'Elbeuf, est qualifié dans plusieurs actes de « sieur de la Butte ».

Le 1er février 1604, Martine Primoult, veuve d'Alexis Mansel, greffier hérédital des duché et bailliage d'Elbeuf, et Alexis Mansel, leur fils, baillèrent à ferme, à Pierre Mansel, les greffes de ces duché et bailliage, ainsi que ceux des sièges de la Haye-du-Theil et de la châtellenie de Boissey, moyennant la somme de 650 livres par an.

Le 15 mars, Me Pierre Mahault, curé de N.-D. de la Londe, fut parrain à Saint-Etienne d'Elbeuf. Le nom de cet ecclésiastique est à ajouter à ceux déjà connus de la paroisse de la Londe. En cette même année, nous trouvons le nom de « Nicolas Capplet, bourgeois de Rouen », dont la famille fut l'une des plus considérables d'Elbeuf pendant plus de deux siècles. — A cette époque, Me Fleurent Guillot était prêtre à Saint-Étienne, et Thierry Polly, verdier des Eaux et forêts.— « Damoiselle Isabeau Descambos, femme de M. le baillif », et Jeanne Sauvage, femme du bailli d'Acquigny, furent marraines à Saint-Jean.

Des pièces concernant notre bourg et mentionnées dans l'inventaire de Bonport, conservé aux Archives de l'Eure, portaient pour titre :

« Sentence du 31 mai 1604 portant affirmation par Jean Godefroy des deniers par lui deubs aux mineurs de Georges Bellenger, avec deffences de s'en dessaisir, aux fins par les religieux de Bonport, de vingt-neuf années d'arrérages de quatre sols six deniers de rente.

« Sentence du 10 septembre 1604 portant revalidation de quatre sols six deniers de rente affectée sur des maisons et masures scizes à Elbeuf, dus à l'abbaye par Jacques Dupont tuteur des mineurs de Jacques Bellenger ».

Le 19 septembre, Nicolas de Flavigny, fils Nicolas en son vivant apothicaire, délaissa à « Jean Benard, tailleur de draps, tout et tel droict de marché et acquisition que led. de Flavigny avoit cy devant faict de certain moullin appellé le moullin à ten, assis en la parroisse de Sainct Estienne d'Ellebeuf... » Ce moulin, servant alors à fouler les draps, avait été vendu à réméré, le 19 janvier précédent, par Bénard, à Flavigny, auquel le premier restait devoir 300 livres qu'il s'engagea à payer dans le délai d'un année.

En cette même année, « Simon de Flavigny, appoticaire, filz et heritier de feu Me Jean de Flavigny, vyvant aussy appoticaire, et de Alizon Le Maistre » épousa à Elbeuf, Madeleine Bénard, fille de Jean Bénard, tailleur de draps, à laquelle « il gaigea douaire sur tous ses biens et heritages et tous aultres permis par la Coutume de Normendie ».

Le 14 octobre, Jacques Pollet, avocat, demeurant à Elbeuf, et Jean Pollet fils Jacques, de Caudebec, vendirent à Nicolas Dupont fils Pierre, d'Elbeuf, leur droit sur une masure « plantée en arbres fruictiers et vignes, assise en la paroisse Sainct Estienne, rue de Nostre Dame ou de la Burgaudière... bornée d'un costé la rue Nostre Dame tendant à la chappelle de Sainct Hault ou la rivière de Seyne et d'un bout la sente aux Roteurs tendant aux Rouvalletz... »

Le 13 novembre, Guillaume d'Aulne, receveur général du duché d'Elbeuf, bailla à ferme une maison dépendant du domaine ducal non fieffé, assise en la paroisse Saint-Jean « au coing et carrefour de la Barrière », moyennant 8 livres par an.

D'autres actes mentionnent le Busc-Chervin au hameau du Buquet ; Robert Regnoult, ferronnier, et Jean Mallet, maréchal en blanche et noire œuvre. Il y avait aussi à Elbeuf plusieurs menuisiers et divers autres artisans. — La principale et la plus riche corporation était toujours celle des bouchers ; mais le nombre des drapiers allait alors chaque année en croissant.

Le 15 mars 1605, Me Pierre Parissot, prêtre, fut parrain, à Saint-Etienne, de « Marie de la Chesnestz, fille du sieur verdier de Monseigneur ». L'enfant eut par marraine « Jehanne, fille de Jehan Dupont, drappier ».

Louis Hesbert, principal tabellion du Bec-Thomas, avait pour adjoints Denis Grimouin et Robert Senescal, avocats à Elbeuf.

Le 3 avril, Jean Pollet fils Jacques, de Caudebec, et Robert Le Roy, de Saint-Jean d'Elbeuf, cautionnèrent devant Me Louis Hesbert et envers le duc d'Elbeuf, pour la somme de 2.100 livres, Jean Nicolle, adjudicataire des bois des Monts-le-Comte.

Au 16 du même mois, Jean Cappelet, d'Elbeuf, n'était non seulement plus « esleu pour le Roy en la vicomté du Pontdelarche », mais encore était en procès contre Pierre Le Cornier, sieur de Sainte-Hélène, conseiller du roi à la Cour des aides de Normandie, au sujet « d'une somme de 50 livres pour laquelle led. Cappelet estoit prisonnier es prisons d'Allebeuf, à l'instance dud. sieur de Sainct Hélène ».

Cappelet constitua un procureur, auquel il donna également pouvoir de poursuivre Charles Dupont, fils de l'ancien receveur du duché, pour le contraindre à payer le principal de 300 livres de rente auquel Cappelet s'était obligé envers Robert Cavellier, sieur de Villequier, aussi conseiller du roi à la Cour des aides, au plège de feu Pierre Le Cornier, conseiller au Parlement, avec feu Mathieu Dupont, père de Charles.

Le 23, M⁰ Gilles Courtin, prêtre de Saint-Etienne, baptisa un enfant par ordre du bailli d'Elbeuf. — Robert Chrestien et Mathieu Dupont étaient alors avocats à la haute justice du duché.

Robert Chevallier, chapelier à Elbeuf, s'engagea, le 26 avril, à montrer son métier au jeune Beaufils, demeurant « au chemin de Villard » à Pasquier, moyennant une queue de cidre sans eau et 50 livres tournois.

Le 24 mai, Jacques Poitevin, de la paroisse Saint-Etienne, vendit son mobilier à Nicolas et Jean Hamon frères, moyennant 24 livres, pour s'acquitter de pareille somme qu'il leur devait ; mais par le contrat, les frères Hamon baillèrent à louage ce mobilier à Jacques Poitevin moyennant 40 sols de ferme par an. Dans l'inventaire qui en fut dressé, nous voyons « ung pot, une choppine, ung demion et un demiart le tout d'estaing ». Ces anciennes mesures se retrouvent dans presque tous les inventaires de mobiliers appartenant à des habitants d'Elbeuf ou de Caudebec.

Dans un certain nombre d'inventaires, nous voyons également un ou plusieurs paquets de lin et de chanvre. On continuait donc la fabrication de la toile concurremment avec celle du

Année 1605

drap; ce qui d'ailleurs est confirmé par un acte de cette même année, lequel nous apprend que Guillaume Talbot était adjudicataire « de la ferme de l'aulnage de la toille » par adjudication à lui faite l'année précédente. Il rétrocéda son droit d'aunage, le 12 juillet, à Michel Courtin, moyennant la somme de 30 sols par année.

Nicolas de Guenet, sieur des Brosses, ayant épousé Barbe Le Blanc, fille et héritière en partie de feu Jean Le Blanc, en son vivant bailli d'Elbeuf, passa un acte dans notre bourg le 24 mai; il demeurait à la Haye-Malherbe.

Robert Le Roy, d'Elbeuf, et Jean Pollet fils de Jacques, de Caudebec, s'associaient quelquefois pour des entreprises diverses. Le 27 juin, ils achetèrent d'un marinier « de Vetheuil ung basteau du port de huict vingtz muids de vin, avec la barguette, une chasbleau à quatre chevaulx, deux allonges à six chevaulx, un petit grelin à deux chevaulx, trois avirons, une ancre, deux guillettes, un chemin, une planche et tous les ustencilles et agrez dudict basteau » moyennant la somme de 200 livres tournois.

Ce bateau « de présent sur la ryviere de Seyne au quay de l'Espinette proche Ellebeuf, chargé de chesne et escorches », fut confié par les acheteurs, à Pierre Fortin, de Saint-Aubin, pour le conduire « à Saint Denis en France ou jusques à Paris si besoing est, faire la vente d'icelles marchandises et ramener led. basteau à Ellebeuf et Rouen... »

Nous avons dit que l'ancien receveur du duché n'avait pas laissé de fortune. Le 1er juillet de cette année, un bourgeois d'Elbeuf cautionna « Mathieu et Charles Dupont frères, enfantz et heritiers seulement par bénéfice d'inventaire de feu Mᵉ Mathieu Dupont, vyvant receveur général au duché d'Allebeuf » pour la somme de 317 livres 10 sols.

Le 1ᵉʳ août, « François du Chesne, sieur de Beauchamp, bailly d'Elbeuf, et Jehan Le Boullanger, lieutenant des Eaux et forests pour Sa Majesté », furent parrains du même enfant à Saint-Etienne.

M. Charpillon rapporte que « pour appaiser des discussions assez vives qui s'étaient élevées, vers 1605, entre les habitants de Gaillon, le chapitre et les curés de Saint-Aubin-sur-Gaillon, on créa une autre cure dans l'église de Saint-Antoine, sous la dénomination de paroisse de Notre-Dame de Gaillon ; de même que pour prévenir les difficultés que la présence de l'archevêque dans une paroisse du diocèse d'Evreux pourrait occasionner, il fut convenu que l'archevêque nommerait, en échange, à la cure de Saint-Jean d'Elbeuf ».

Un compte de dépenses gouvernementales présenté à Henri IV, par Sully, en 1605, contient un « Estat des sommes acquitées à la descharge du Roy et du royaume » dans lequel nous voyons figurer comme ayant été payé « à M. d'Elbœuf, Poictiers et divers particuliers en Poictou, suivant leur traicté 970.824 liv. »

Charles Iᵉʳ de Lorraine, duc d'Elbeuf, mourut le 4 août 1605, à Moulins, capitale de son gouvernement, à l'âge de 49 ans. Son corps fut placé dans un cercueil et envoyé à la Saussaye, où il n'arriva que le 24 novembre suivant, porté dans un char traîné par quatre chevaux, n'ayant pour cortège que des ecclésiastiques, et conduit par un officier de la maison du duc. En arrivant, cet officier recommanda l'âme du défunt à la piété des chanoines, les priant d'intercéder pour elle près de Dieu avec autant de ferveur que leur ancien seigneur les avait aimés.

Le cercueil fut levé à la grande porte de la collégiale et porté par quatre chanoines assistés des curés de Saint-Etienne et Saint-Jean d'Elbeuf, de Caudebec et d'autres paroisses du duché. Un catafalque fut établi au milieu du chœur, où le corps de Charles resta jusqu'à la fin de la construction d'un caveau dans lequel il fut descendu. Au-dessus de ce caveau, on éleva un beau mausolée pyramidal en marbre noir, sculpté sur ses quatre faces et portant entre autres incriptions la suivante :

> Ce prince apprit les mœurs, les langues et les arts,
> Et d'un œil curieux, en sa jeunesse blonde,
> Connut un autre soleil. Il parcourut le monde
> Et vainquit les dangers comme un autre Mars ;
> Lépanthe l'a connu parmi tant d'étendards
> Où l'infidèle sang changea le teint de l'onde ;
> Et la France l'a vu, dans sa plaine féconde,
> Chasser les ennemis et forcer leurs remparts.
>
> Après tant de lauriers, de playes, de voyages,
> Laissant de sa valeur deux vivantes images,
> Ses travaux de ses jours avancèrent le pas,
> Et sa belle moitié dont l'amour toujours dure,
> Le rappelant des morts veut que sa sépulture
> En témoigne la vie autant que le trépas.

Sur une autre des faces du tombeau, sa veuve fit graver cette inscription :

> Je ne veux, cher mari, t'eslever des autels,
> Comme Arthémise, et boire une cendre brûlée ;
> Ce sont des monuments, mais ils ne sont pas tels
> Que mon cœur et ma foi, qui sont ton mausolée.

Ces pauvres poésies étaient évidemment l'œuvre d'un des chanoines de la Saussaye, mais les honneurs à la mémoire du feu duc étaient moins dus à la reconnaissance de la compagnie qu'à la piété conjugale de Marguerite Chabot, qui rendit les derniers devoirs à son époux avec beaucoup de religiosité.

Le tombeau de Charles Ier de Lorraine resta dans l'église de la Saussaye jusqu'à la Révotion. Il fut détruit à cette époque, et l'on transporta dans le cimetière les ossements qu'il contenait.

Restes de l'ancien Château de Monplaisir, à Saint-Aubin-jouxte-Boulleng
(État Actuel)

CHAPITRE XIX
(1605-1609)

Charles II de Lorraine, duc d'Elbeuf. — Son séjour a Saint-Aubin. — La duchesse d'Elbeuf et ses chanoines de la Saussaye. — Règlements pour la draperie. — Le littérateur Pierre Morestel. — Faits divers. — Catholiques et protestants.

Après la mort de Charles Ier, Marguerite Chabot amena ses deux enfants à Elbeuf, dans le vieux manoir seigneurial de la place du Coq; mais quelques jours après, elle alla demeurer avec eux chez le sieur de Mathonville, à Saint-Aubin-jouxte-Boulleng.

Les chanoines de la collégiale leur envoyèrent des députations respectueuses et invitèrent les jeunes princes à aller à la Saussaye où la compagnie se ferait un plaisir de leur offrir un dîner. Les enfants remercièrent gracieusement les délégués, se montrèrent très sensibles aux hommages du chapitre, se recommandèrent à lui, le prièrent d'avoir souvenance d'eux et l'assurèrent qu'ils ne lui seraient pas moins attachés que leur père.

Nous verrons, par la suite, combien les deux fils de Charles Ier d'Elbeuf différèrent de caractère et combien leur vie contrasta. L'aîné, traître à la France et au roi, continua la lignée des ducs d'Elbeuf. Le cadet devint le célèbre comte d'Harcourt qui porta sa renommée sur les mers comme dans les pays étrangers ; il commença la branche de Lorraine-Armagnac, qui s'éteignit au XIXe siècle avec le prince de Lambesc, dernier duc d'Elbeuf.

A la mort de son père, Charles II de Lorraine était âgé de neuf ans.

Un mois après, Charles et son frère Henri furent appelés à recueillir, au droit de Louise de Rieux d'Ancenis, leur aïeule, l'héritage de Guy de Coligny, comte de Laval et d'Harcourt. Le comté de Brionne fut la part de Charles, et le comté d'Harcourt celle d'Henri. Il s'en suivit plus tard un procès dont nous parlerons.

Charlotte de Conquesac, femme de Raoul de Bessin, écuyer, sieur de Mathonville, demeurant à Saint-Aubin, donna procuration à son mari, le 7 septembre 1605, devant les tabellions d'Elbeuf, pour vendre une rente qu'elle possédait sur le fief du Plessis, paroisse de Jugny, en Anjou.

Les archives de l'ancien tabellionage d'Elberf conservent un bel autographe de Jean Martin, chanoine, chantre et secrétaire du chapitre de la Saussaye, daté du 16 de ce même mois, concernant Martin Aubert, sergent traversier.

Après la mort de Charles Ier de Lorraine, le tabellionage de la haute justice d'Elbeuf passa, comme les autres offices du duché, en la garde noble du roi :

« Du vingt-deuxiesme jour de septembre mil six centz et cinq à Ellebeuf, en l'escriptoire du tabellion du duché d'Ellebeuf, s'est présentée vers moy soubz signé Loys Hesbert, tabellion principal en la viconté du duché d'Ellebeuf en siège dudict lieu, à present ledict tabellion soubz l'auctorité du roy, suivant l'arrest de la court portant dabte du vingt sixiesme d'aoust dernier, pour le decez advenu à monseigneur le duc dudict lieu... » etc. — M⁰ Hesbert avait épousé Jeanne Tallon fille Robert, de Thuit-Signol.

Le 1ᵉʳ octobre, Michel Bonamy, curé de Saint-Etienne, reçut le testament d'Adrienne Auber, femme de Robert Lefebvre, mourante. Elle légua 40 livres au trésor, a charge de prières et de hautes messes.

Par acte passés devant les tabellions d'Elbeuf, en date du 7 novembre, « M⁰ Anthoine Duchemin, prestre, porteur de collation de monseigneur le grand vicaire de monseigneur le cardinal Duperron, evesque d'Evreux, pour le benefice cure de la paroisse de Pinterville, doyenné de Louviers, demeurant à Sainct Georges du Theil », nomma un procureur pour prendre possession dudit bénéfice.

Le lendemain, Denis Dugard, né à Saint-Etienne d'Elbeuf, mais demeurant à Londres, en Angleterre, vendit à Jean et Nicolas Dupont frères, fils Jean, bouchers, « une maison avec un petit jardin au bout d'icelle, sise en la ruelle de l'Abrevoir, bornée d'ung costé la no du moullin de monseigneur, d'autre costé lad. ruelle de l'Abrevoir, d'ung bout... et d'autre bout l'abrevoir de mond. seigneur... » — On sait que l'abreuvoir était le bassin de la fontaine du Sud. Le même jour, les frères Dupont revendirent cet immeuble à Bonvoisin, drapier.

Dans une autre vente faite par Dugard se

trouvent mentionnés « la sente des Trestes et le chemin de la Chaussée » parallèles. La chaussée se dirigeait donc vers Martot.

Au 4 décembre, Charles Leger, « conterolleur de Madame la duchesse d'Ellebeuf » était chargé d'un mandat de Marguerite Chabot.

Simon de Flavigny, apothicaire, fils et héritier de feu Jean de Flavigny, aussi apothicaire, est cité dans un contrat de cette année, ainsi que Guillaume Rouvin, chaussetier. Nous trouvons, dans un autre, François de la Sardière et Jean de la Sardière, père et fils, habitant ensemble à Saint-Martin-la-Corneille.

Me Robert Christian, avocat à la cour du Parlement à Rouen, habitait Elbeuf et demeurait chez son père, Michel Christian, licencié es lois, lieutenant du bailli du duché.

Dans d'autres obligations, nous trouvons les noms de Thierry de Polly, verdier du duché ; Germain Drouart, curé de Thuit-Anger ; Robert Regnault, chanoine de la Sausaye ; Pierre Beaucousin, curé de Thuit-Simer, et Louis de Saint-Ouen, sergent royal à Bec-Thomas.

MMe Louis et Pierre Hesbert, tabellions, inscrivirent cette observation sur leur registre en date du 30 avril :

« Nota : Que cy aprez ne fault plus employer aux contractz de ce siège l'exercice soubz l'auctorité du roy nostre sire, comme l'on avoit faict cy devant pour le decez de monseigneur suivant arrest et ordonnance de la court, d'aultant que la garde noble de messeigneurs donnée par le roy nostre sire a esté vérifiée à la court et leue es pletz d'Ellebeuf tenus le vingt septiesme de ce present mois et an ».

Ce même registre mentionne de nombreuses lectures de contrats de vente, faites par l'un des tabellions, le dimanche, à la porte des deux églises d'Elbeuf, à l'issue de la messe paroissiale, devant les personnes sortant de l'office. Les tabellions se rendaient également à Caudebec, pour le même objet, quand il s'agissait de biens situés dans cette paroisse, alors beaucoup plus étendue qu'à présent.

Nous avons dit qu'après la mort de Charles Ier de Lorraine, Marguerite Chabot, sa veuve, était allée, avec ses enfants, demeurer chez Raoul de Bessin, sieur de Mathonville, au château de Montplaisir, à Saint-Aubin-jouxte-Boulleng — enclavé aujourd'hui dans la propriété des sœurs du Sacré-Cœur, et dont il reste encore plusieurs tourelles — et que les jeunes princes y reçurent plusieurs visites de chanoines de la Sausaye ; un registre des délibérations capitulaires porte, à la date du 26 juillet 1606 : « ...deulx de ces messieurs (les chanoines), à savoir Le Febvre et Le Telier, iront ce jourd'hui veoir Messeigneurs les petits princes au logis du sieur de Matonville, pour leur presenter les tres humbre recommadations de la compagnie ».

Un autre jour, les chanoines de Saint-Louis envoyèrent encore deux d'entre eux au château de Mathonville, pour avertir la duchesse que le service anniversaire de son mari, ne pouvant avoir lieu le dimanche, devrait être remis au lendemain.

La duchesse y consentit, et la cérémonie funèbre fut célébrée le 18 septembre, en sa présence, avec l'assistance de nombreux ecclésiastiques du duché d'Elbeuf et du comté d'Harcourt. Marguerite était accompagnée de Madame d'Aumale, sa belle-sœur, du baron du Neubourg et de toute la noblesse de la région. Un grand nombre de prêtres assistèrent également à cette cérémonie funèbre.

Quelque temps après, la duchesse voulut fonder un obit, à perpétuité, en faveur de Charles Ier. Les chanoines n'accueillirent point ses propositions à cause de la modicité du prix qu'elle offrait pour cette fondation, et ce ne fut que contraints et forcés qu'ils se décidèrent à signer une obligation.

Un acte de cette année concerne un tènement de « masures et maisons où pendent pour enseigne *les Trois Maillots* » borné d. c. les Dupont, d. c. et d. b. la « ruelle Marchandise » tendant à la Justice et au Neubourg, et d'autre bout, « le pavé de Monseigneur ». Ce tènement était donc situé dans la rue du Centre actuelle.
— Jean Dupont, drapier, et Charles Pollet, chirurgien, vivaient alors à Elbeuf.

Au commencement de 1607, il y avait procès entre la duchesse d'Elbeuf et les moines de Bonport, relativement à leurs droits respectifs sur la rivière de Seine.

Comme exemple de curieuses séparations d'héritages, nous citerons celle que firent les frères Michel et Noel Bonamy, le 21 janvier 1607 :

Ce premier lot se composa d'une cuisine au rez-de-chaussée, rue de la Barrière, d'un grenier au-dessus d'une chambre sise au premier étage, d'une étable située derrière cette maison et d'une partie de cour.

Le deuxième lot comprit « la chambre au-dessus de la cuysine, avec une petite chambrette joignant ladicte chambre en façon de petitte escriptoire », plus une maisonnette, avec une petite place-vide et le reste de la cour.

Une partie du second lot était donc bornée sous les pieds et sur la tête d'un des héritiers par la propriété de l'autre.

Le 8 février, Marguerite Chabot « duchesse d'Ellebœuf, tuctrice et aïant la garde noble de messeigneurs les princes ses enfants » bailla à ferme une maison sise rue de la Barrière et occupée précédemment par Noel Nicolle, sellier, à Alexis Fauvel « allesnyer ». Fauvel se maria quelques jours après. M^{mo} d'Elbeuf fit don de 100 livres à Ysabeau Caben, la mariée, en reconnaissance des services que celle-ci lui avait rendus.

On trouve aux archives municipales une liasse d'aveux présentés par plusieurs habitants de notre localité, les uns au duc d'Elbeuf, d'autres aux marquis du Bec-Thomas et un aux Célestins de Mantes.

Le plus ancien porte la date de 1607 ; il est rendu par Etienne Patallier aux jeunes seigneurs d'Elbeuf. Le premier article concerne une maison bornée par la rue « et place dudit bourg, d'un costé Nicolas de Flavigny et la ruelle tendante à la geolle, et d'autre costé Symon de Flavigny, appoticaire. »

Ces divers aveux ne présentent guère d'intérêt. Nous ne trouvons à y noter que le triége du Busc-Martin, à Caudebec, portait également le nom de Malis, sous lequel nous le connaissons seulement maintenant ; et que le chemin des Trois-Cornets, à Elbeuf, était connu aussi sous le nom de chemin de la Vallée de la Saussaye.

En 1607, commencèrent de longues difficultés entre les chanoines de la Saussaye d'une part, la duchesse et les fermiers des moulins d'Elbeuf d'autre part. Cette année-là le chapitre se borna à présenter une requête à Marguerite Chabot, la priant de commander « aux fermiers des moulins, coutume et prévosté d'Elbeuf, de payer et solder la rente accoutumée, notamment assignée sur lesd. moulins et aumosnée à la collégiale de Saint-Louis par les seigneurs comtes d'Harcourt, fondateurs de la Saussaie, au moyen de quoi seront les chanoines tenus de continuer leur service ordinaire... »

Madame d'Elbeuf souscrivit cette requête d'une ordonnance adressée à Pierre Mansel, l'un des receveurs d'Elbeuf et de Caudebec, de payer ce qui était dû aux chanoines. Mansel parait avoir fait quelques difficultés, mais il s'exécuta. Nous verrons, plus tard, les chanoines procéder contre le receveur d'Elbeuf.

Le 14 mai, par contrat passé devant M⁰ Louis Hesbert, tabellion, Marguerite Chabot fonda une messe solennelle, à diacre à sous-diacre, à célébrer tous les mercredis de l'année, dans l'église Saint-Jean, au moyen d'une rente de 17 livres 4 sols 5 deniers à prendre sur Elie Bigot, bourgeois d'Elbeuf, racquittable par 240 livres. De plus, la duchesse s'engagea à fournir les ornements nécessaires à la célébration de cet office funèbre.

Au XVIII⁰ siècle, François Dupont fit les réflexions suivantes au sujet de cette fondation :

« Il est facile de voir que, quand même ces 240 livres tourn. qui ne produiraient aujourd'hui (1782) que 12 livres de rente, subsisteraient encore, il ne serait pas possible de faire célébrer cinquante-deux messes solennelles pour 12 livres par an. »

A titre de curiosité, citons la signature en chiffres arabes, de « Jehan Lemercier, maistre charpentier », demeurant à Caudebec, que nous avons rencontrée au bas de plusieurs contrats de cette époque : « 32518 62729 329 ». Comme on le voit, Lemercier omettait le *c* en écrivant son nom.

Le 14 août, Mᵉ Pierre Sanson, curé de Saint-Jean donna au trésor de son église, stipulé par Mᵉ Etienne Osmont, prêtre clerc, Jacques Godefroy, Jacques Dupont, boucher, Jean Cavé et Jacques Bénard, trésoriers, 4 livres de rente en quoi Mᵉ Robert Gueroult, prêtre, et Laurens Gueroult, frères, demeurant à Caudebec, s'étaient obligés envers Henri Chesneau, en son vivant chirurgien, par acte passé au Bec-Thomas en mars 1556.

Cette donation fut faite à condition que le donateur, ses parents et amis, ses prédécesseurs et successeurs à la cure de Saint-Jean seraient « participants aux prières, suffrages et oraisons qui se disent journellement en ladicte eglize », et que les trésoriers d'alors et leurs successeurs feraient célébrer dans la chapelle de Notre-Dame à l'intention du donateur, tous les ans, la veille de l'Assomption, une haute messe de *Beata,* à diacre et sous-diacre, et qu'il serait fait, le dimanche précédent, une recommandation par le curé de la paroisse ou son vicaire. D'autres articles règlent les prix qui seraient payés à ceux qui célèbreraient l'office, au sonneur, aux chantres, etc.

Le 27 de ce même mois, on enregistra au Châtelet de Paris, une ordonnance du roi Henri IV concernant les six états de mercerie. Un passage est relatif aux draps d'Elbeuf et autres ; il nous fournit un des plus anciens règlements que nous connaissions sur l'industrie de notre localité, mais il ne lui est pas spécial :

« Que deffenses sont faictes à tous marchands et autres subjects du Roy de transporter laines hors de ce Royaume... sans lettres patentes du Roy scellées du grand scel, sur peine de confiscation de la marchandise, et de deux cens livres d'amende...

« Et néantmoins sera libre à tous marchands de tirer laines de tous lieux et pays estrangers, pour estre lesdites laines drappées en ce Royaume...

« Touts lames et ros des mestiers des tisserands de draps, sarges et estamets qui ne sont faicts suivant les anciennes Ordonnances et statuts de la draperie, seront changez et remis à la largeur et grandeur ancienne portée par les Ordonnances et statuts de la draperie, dedans quatre mois après la publication de ces presentes, et où après lesdits quatre mois passez s'en trouveroient qui ne fussent de la largeur susdite, seront rompus en toutes les villes et lieux de notre Royaume, où lesdits draps, sarges et estamets se font, pour estre refaits à la même largeur et longueur ordonnée par lesdites Ordonnances et statuts...

« La largeur sera ès draps du seau de Roüen d'une aulne et demy quart entre deux lizières, suivant l'ancienne Ordonnance et observance.

« Les autres de couleurs faits en laine, tant de la vicomté de Roüen, de Ris, que de Vire, Elbœuf, Senerpont, et autres de Normandie, Bretaigne et Picardie, auront de largeur une aulne entre deux lizières, excepté les blanchets à taindre, qui auront une aune et demy quart de largeur ; et seront tous les susdits draps de vingt-quatre à vingt-cinq aulnes seulement de longueur...

« Les draps de France et de Brie, Champaigne, Beauvoisin, Normandie et autres, faicts pour mettre à la taincture, seront d'une aulne et demy quart de largeur, y comprins les lizières, et de la longueur susdite...

« Le nombre des fils de la chenne sera pour les draps du seau, sarges et estamets, de vingt-deux à vingt-quatre cens ; pour les autres fins draps de dix huict à deux mil ; et pour les moyens de seize à dix huict cens ; et pour les draps taincts en laine de quatorze à quinze cens.

« Et sont faictes tres expresses deffenses à tous tisserans ouvriers, de ourdir la chenne des draps, sarges et estamets, et afin de pouvoir punir ceux qui y contreviendront, aussi pour empescher la supposition des noms des lieux où les meilleurs draps se font : Est ordonné qu'en chacune pièce de drap, estametz, sarges, camelots de laine et autres draperies qui seront d'oresnavant tainctes en cedit Royaume de quelque couleur que ce soit, sera mis au chef et premier bout après qu'elle sera taincte, une marque ou seau de plomb contenant le lieu où est faite ladite taincture.

« Pareillement tous les draps et estamets taincts en laine, ensemble les draps serges et estamets qu'on faict blanchir pour user et laisser en blanc, seront seellez au chef et premier bout lors qu'ils sortiront de la maison du foulon.

« Faisons expresses inhibitions et deffenses à tous taincturiers, foulons et aplaniers de ne rendre, bailler ou délivrer aucuns draps, sarges, estamets, camelots et autres draperies et manufactures de laine quelconque aux marchands et autres personnes qui leur auroient baillé pour taindre, parer ou blanchir respectivement, que premierement ledit sceau de la façon que dit est, n'ayt esté mis et apposé à chacune pièce ; deffendons aussi à tous marchands, de vendre des draps qu'ils ne soient preallablement seellés, comme dit est, sur semblables peines de vingt livres d'amende pour chacune contravention, et de confiscation de la pièce vendue ou acheptée.

« Et pource qu'il y a beaucoup de marchands grossiers, merciers, joüailliers, drappiers, qui ont de présent en leurs maisons et boutiques plusieurs marchandises et pièces de draps, estamets et sarges de laine : Nous leur avons permis et permettons de pouvoir vendre et et debiter sans estre marquées ne seelées jusques au temps et terme de quatre mois, commençans au jour et datte de la publication de ces présentes, sans toutesfois que ledit terme desdits quatre mois passez, il leur soit loisible d'en plus vendre ny debiter qu'elles ne soient visitées et seellées du seau susdit... »

Le 24 novembre, Jean Pollet fils Jacques, sergent en la forêt des Monts-le-Comte, acheta une terre à Caudebec, sise « au triège du Mont Bée, bornée d'un bout le chemin de la Chaussée et d'autre bout la terre de la léproserie d'Ellebeuf ».

La plus haute maison d'Elbeuf mentionnée dans les obligations de cette époque était à trois étages et sise en la paroisse Saint-Jean, « au coing de la ruelle Marchande » — rue du Centre actuellement. Cette maison était bornée « d'un costé et d'un bout lad. ruelle Marchande tendante à la Justice ». Elle fut achetée par Jean Dupont fils Jean, tailleur de draps.

Un acte de cette année concerne une propriété située au triège du « Machacre » à Saint-Germain-de-Pasquier ; il se pourrait que ce nom lui ait été donné à la suite d'un combat ayant eu lieu en cet endroit pendant les guerres de religion ou de la Ligue ; en tous cas, nous avons cru devoir le noter.

Nicolas de Bourry, demeurant à Saint-Pierre-des-Cercueils, et Louis de Hardeley, écuyer, sieur de la Basourdière, demeurant à Caumont, passèrent des contrats à Elbeuf, en 1607. — A cette époque, Denis Grimouin était administrateur de notre Hôtel-Dieu, et Mathieu Lefebvre, chanoine de la Saussaye, demeurait en notre bourg.

Plusieurs auteurs citent Richard de Saint-Amand comme l'un des introducteurs, en 1607, à Elbeuf, de la fabrication des draps façon de Hollande. M. Le Prevost suppose qu'il était originaire de Saint-Amand-des-Hautes-Terres. Suivant M. Guilmeth, Richard serait allé plusieurs fois en Hollande, ainsi que Nicolas Lemonnier et Nicolas Lecointe, tous trois protestants, et en auraient rapporté des procédés de fabrication. Ceci nous paraît douteux.

Des actes de ce même temps mentionnent, en la paroisse Saint-Etienne : le clos de la Vigne, les clos aux Guignes, la « ruelle des Buz », la rue du « Mont Rosty tendante à Sainct Hault » ; une maison « en la rue Meleuze, près la croix Feret » ; le triège « du Camp des Terres, au hamel du Busc Chervin, près la forest des Monts le Comte ». — La maison « où pendoit pour enseygne *le Lion* » était sur la paroisse Saint-Jean.

Le 12 janvier 1608, François Duchesne, sieur de Beauchamp et des Chastelliers, bailli d'Elbeuf, donna à loyer, à un laboureur du Houlbec, « la terre et seigneurye des Monts, consistant en un coullombier à pied, maisons et terres labourables, assise en les paroisses de Sainct Denys du Boscguerard, Berville et Theillement... » Ce bail fut consenti moyennant diverses conditions et le paiement de 300 livres tourn. par an.

L'hiver de 1607 à 1608 fut très rigoureux. Le curé de Saint-Jean jugea intéressant de le faire savoir à la postérité, car on trouve sur les registres paroissiaux, entre deux actes de baptême, les lignes suivantes : « Le 23e jour de janvier 1608, 24e estoit le fort du grand hiver ».

M. Guilmeth prétend que, pendant la nuit du 23 au 24, plusieurs habitants d'Elbeuf moururent de froid dans leur lit. Il est probable que cet auteur n'a fait qu'amplifier la note du curé. Il ajoute que Marguerite Chabot fit distribuer aux ouvriers et aux indigents une grande quantité de bois.

Au 1er février, Mathieu Grandin fils Jean était enfermé dans la prison d'Elbeuf, à la requête de Michel de Bellemare, sieur de la Chevrollière, pour une dette de 72 livres, restant d'une vente de moutons et porcs.

Le dimanche 3 du même mois, les paroissiens de Saint-Jean se réunirent à l'état de commun, à l'issue de la grand'messe, pour délibérer sur les affaires de la paroisse ; quarante environ apposèrent leur signature au bas du procès-verbal de la séance.

Louis Farin, sieur de Boutigny, dont nous avons parlé plusieurs fois, avait épousé Marie Filleul, fille de Louis Filleul, sieur de Freneuse, puis avait quitté Elbeuf pour l'Angoumois, où il demeurait. Le 23 mars, il revint dans notre bourg ; il y signa un transfert et prit domicile chez son frère, Me Richard Farin, curé de Freneuse et ancien curé de Saint-Jean.

Le 10 avril, Mᵉ Antoine Collas, chanoine, et Nicolas Hamon, procureur et receveur du chapitre de la Saussaye, tous deux d'Elbeuf, passèrent un acte, dans notre bourg, au nom de la collégiale de Saint-Louis.

Le suivant est daté du 22 avril de la même année :

« Claude Prevost, voicturier par la rivière, maistre après Dieu d'ung petit basteau du port de deux cents muids, demeurant en la parroisse Sainct Jean, confesse que par honneste homme Ymbert Le Painteur, recepveur d'Harcourt, demeurant à Crestienville, a esté chargé et mis dedans led. basteau le nombre de cinquante six tonneaulx de prez en pipes, poinssons et demyes queues, lesquels estant dans led. basteau sur le quay de alage d'Elbeuf, led. Prevost s'est submis faire conduire et partir et rendre sur le quay de la ville de Paris au plus tost qu'il se pourra, et acquitter et payer aux ponts et passages ce qui est ordinaire, sauf la ha... qui se paye à Mantes... »

Ce marché fut conclu au moyen du paiement, par Le Painteur à Prevost, de 6 livres tournois par tonneau, soit 336 livres pour le tout, sur laquelle somme il reçut 180 livres d'avance.

Le 18 mai 1608, « André Dumont, maistre savetier carleur, bourgois de Sainct Jehan, vendist une terre à Jehan Mallet, maistre en blanche œuvre, bourgois de la même paroisse ».

« Mᵉ Jacques Pollet, advocat, licentié en loix, de la paroisse Saint Jehan », est mentionné dans un acte du 3 juillet. — Un autre acte, du 9 octobre, concerne « Jehan Bénard, tailleur de draps, bourgois marchand, demeurant en la paroisse Saint Jehan ».

A cette époque, il y avait procès devant le Parlement entre Jean Nicolle et Louis Lemaître, d'Elbeuf, pour la coupe de 80 arpents de bois dans la forêt des Monts-le-Conte. Ils transigèrent, le 18 novembre, en établissant la part que chacun aurait à exploiter. Lemaître s'engagea à payer annuellement à la duchesse d'Elbeuf 3.475 livres tournois, dans laquelle somme étaient compris cinquante aunes de toile portés au bail fait précédemment aux deux preneurs. Quant à Nicolle, il s'engagea à payer à la duchesse 3.200 livres par an.

Jacques Pollet, procureur au duché d'Elbeuf fut parrain, à Saint-Etienne, avec « damoiselle Isabeau de Cauvigny, femme de noble homme Nicollas Boissel, advocat en la Court ».

Dans une lettre adressée, le 12 septembre 1608, aux trésoriers du roi en Bourgogne, se trouve le passage suivant : « ... Quant à la qualité du domaine, dont vous estimez que le rachat se doit commencer par celuy qui est le moins aliéné, c'est chose, à mon advis, de de quoy le partisan ne se soucie pas beaucoup ; mais notre intention est de rachepter celuy de madame d'Elbœuf, tout le premier, comme le plus favorable, et procéderons de mesme, de degré en degré... »

Et, en effet, les domaines que Marguerite Chabot avait par succession, mais provenant d'anciennes aliénations faites à vil prix, pendant les guerres civiles, furent rachetés par ordre de Sully.

Le 25 avril « messire Nicollas Le Roux, seigneur du Bourgtheroulde et de Saint-Aubin, conseiller du Roy en ses conseils d'estat et pre-

Année 1608

mier président en son Parlement de Rouen », vendit deux pièces de terre en labour sises « au triege de la sente des Trestes », à Elbeuf.

Dans un acte du tabellionage de Bourgtheroulde, daté du 26 mai de cette année, on trouve que « Mᵉ Robert Le Vavasseur, advocat, demeurant à Ellebeuf », était greffier en la vicomté de Pont-Authou et Pont-Audemer, aux sièges de Montfort et de Bourgachard.

En juillet, « noble homme Antoine d'Aygrefeuille, verdier de ce duché » fut parrain à Saint-Etienne. On le retrouve, les années suivantes, sous le nom de « Desgrefeuilles ».

Depuis quelques années, les protestants possédaient un immense temple à Quevilly, où les réformés d'Elbeuf se rendaient de temps à autre. Il y eut, à cette époque, plusieurs prêtres catholiques qui abjurèrent pour embrasser les doctrines de Calvin. A Elbeuf, les enfants des protestants lisaient dans *l'A B C des Chrestiens*, et les adultes s'entre-prêtaient les *Cautèles de la Messe* et *le Géant Goliath*, ouvrages contre le catholicisme. Les inhumations des protestants d'Elbeuf paraissent s'être faites, au commencement du XVIIᵉ siècle, au temple de Quevilly.

A Elbeuf, comme à Rouen, la population était divisée en deux camps : catholiques et religionnaires, et il en résulta quelques scènes de désordre, mais qui n'eurent pas de suite. A Rouen, des provocations de part et d'autre, et des attentats contre les personnes faillirent plusieurs fois causer une sédition générale.

L'Edit de Nantes n'avait pas encore été enregistré par le Parlement de Normandie. Henri IV envoya le maréchal de Fervaques à Rouen, avec l'ordre de l'enregistrer purement et simplement. Le Parlement résista, surtout à cause de l'article de l'Edit qui déclarait les religionnaires admissibles à toutes les charges du royaume. Le roi s'indigna de cette résistance et menaça le Parlement d'une dissolution. Celui-ci adressa des députés au monarque, mais inutilement : le Parlement dut ordonner, le 5 août, l'enregistrement de l'Edit.

Marguerite Chabot n'était pas non plus en bonne intelligence avec les chanoines de la Saussaye. Un registre des délibérations porte que le chapitre admit Me Pierre Morestel, chanoine non résident à la collégiale, aux distributions de blés « combien que ce fût contre tout droit, raison et équité, madame d'Elbeuf y forceant le chapitre *vi et violenta*. Abus qu'il faut subir, sachant comme on se doit comporter *pro diversitate temporum.* » Cette note fut écrite le 23 octobre 1609.

Nous aurons l'occasion de reparler de Pierre Morestel, précepteur du jeune seigneur d'Elbeuf, qui fut un écrivain de mérite et que protégea toujours la duchesse d'Elbeuf, ce qui implique chez elle un certain goût pour la littérature, mais que les prébendés de la Saussaye, peut-être jaloux de ses talents et de son influence sur Marguerite Chabot, avaient pris en aversion.

Les chanoines confiaient leurs peines au papier, mais, ostensiblement, ils ne cessaient de réclamer les faveurs de la duchesse d'Elbeuf. Pendant qu'elle les rudoyait, ils la priaient de contribuer à la décoration de leur église, criant toujours famine à ses côtés, dit M. Maille, « et quoique d'abord elle les ait renvoyés aux calendes grecques et ne leur ait donné que de l'eau bénite de cour, les assurant qu'elle était affectionnée à son église de la Saussaye, et se recommandant, pour tout secours, à leurs prières, elle finit pourtant par les aider, et surtout par leur faire payer ce qu'elle leur devait pour l'obit de Monseigneur, et ce dont elle oubliait de se libérer, malgré qu'elle leur eût fait la loi et malgré leur faible rétribution à cet égard ».

Le 18 novembre, à la requête d'Etienne Duchemin, receveur de la terre de la Haye-du-Theil, il fut mis un arrêt entre les mains d'Adrien Bradechal, procureur de la duchesse d'Elbeuf, tant au nom de celle-ci que comme ayant la garde noble de ses enfants, pour une somme de 175 livres que devait Marguerite Chabot à un particulier.

CHAPITRE XX
(1610-1615)

Charles II de Lorraine (*suite*). — Mœurs seigneuriales. — Le duc d'Elbeuf et Louis XIII. — Le trousseau d'une bourgeoise elbeuvienne. — Intrigues de cour. — Contrats divers. — Quelques notables habitants d'Elbeuf. — Le commerce et la navigation ; ventes de bateaux. — Le banditisme. — Triste état de notre pays.

Quand le peuple d'Elbeuf apprit la mort tragique du roi Henri IV, il se répandit en lamentations. Ce n'était pas, chez lui, une démonstration de commande, car, pendant les dernières années écoulées, il avait enfin senti les bienfaits de la paix.

Si l'industrie était encore peu active à Elbeuf, en revanche, il s'y faisait un commerce important des blés, bestiaux, bois et denrées diverses, provenant des plateaux d'Amfreville et du Roumois. Le quai de notre bourg recevait aussi des vins, qui étaient ensuite transportés jusqu'à Brionne, Harcourt et le Neubourg.

La mort imprévue du roi causa quelque perturbation dans ce mouvement commercial, surtout lorsque l'on vit des seigneurs de la région se réunir et se porter en armes sur diverses places et châteaux forts. Quelques-uns se logèrent et se fortifièrent dans les mêmes carrières où les brigands avaient fait leur retraite pendant les guerres de la Ligue.

Le Parlement fit heureusement défense « soubz peine de la vie, à tous gentilshommes et autres de faire ou faire faire aulcunes fortifications es maisons, places et chasteaux, et d'y contraindre les paysans » sans l'ordre du jeune roi Louis XIII.

La fierte de saint Romain fut levée, en 1610, par un seigneur des environs d'Elbeuf, dont les ancêtres avaient rempli des fonctions publiques dans notre bourg et à la Saussaye : Réné de Franqueville, écuyer, sieur de la Galitrelle, alors âgé de 35 ans et habitant la paroisse Saint-Martin-la-Corneille, localité faisant actuellement partie de la commune de la Saussaye :

« Il y avoit eu quelque prinse pour quelques poinctz de la religion » entre Jacques de Franqueville, catholique, et le sieur de Louvigny d'Estrielles, protestant. Louvigny provoqua en duel Jacques de Franqueville et le tua. Réné de Franqueville, témoin du combat, voyant expirer son frère, tira son épée, attaqua Louvigny et lui donna la mort. Cet évènement se passa à Croissy, près du bois de Vaux.

Réné de Franqueville eut donc la vie sauve par le privilège de saint Romain.

Ce drame nous donne déjà une idée des mœurs seigneuriales à cette époque ; celui que nous allons raconter, d'après les registres du Parlement de Normandie et M. Floquet, va nous les montrer sous une autre face :

Dans une soirée de janvier 1610, Jean-Maximilien de Graffart, écuyer, sieur de Mailly, accompagné d'un nommé Dugard, originaire d'Elbeuf, et d'un domestique, partit masqué, ainsi que ses deux compagnons, du château du Bec-Thomas, où tous trois demeuraient avec le sieur de Beaulieu, baron du Bec-Thomas.

Arrivés devant la maison d'un sieur Simon Mabire, où devaient avoir lieu, ce jour-là, les fiançailles du sergent Roussel, ils demandèrent à Mabire, « s'il vouloit recepvoir un mommon » (défi de dés), en attendant les fiançailles, et montrèrent l'intention d'assister à cette cérémonie, à laquelle ils n'avaient pas été invités.

Sur le refus de Mabire de les recevoir, ils insistèrent et parurent vouloir entrer de force. Mabire et ses gens leur résistèrent. Une lutte s'engagea, et le sieur de Graffart, furieux de ce que son domestique avait été terrassé par Mabire, déchargea son pistolet sur ce dernier et le tua.

On suppose, dit M. Floquet dans son *Histoire du privilège de saint Romain*, que Graffart de Mailly et Dugard avaient été envoyés par le baron du Bec-Thomas, ennemi juré de Mabire. Le Parlement condamna, par contumace, le baron du Bec-Thomas à avoir la tête tranchée, et Graffart de Mailly et Dugard à « estre mis sur la roë ».

Le Parlement ne délivra Graffart de Mailly que pour la cérémonie de la Fierte. Le soir, il fut arrêté, après le repas qui avait lieu chez le maître de la confrérie.

Les archives du notariat de Bourgtheroulde conservent une pièce en parchemin, qui est un commandement de François du Chesne, bailli d'Elbeuf, au premier sergent ou huissier requis « par domp Pierre Boudin, religieux et procureur de l'abaye du Bec Hellouin ».

Nous trouvons dans le *Discours préliminaire* de la partie de l'*Encyclopédie* qui traite des arts textiles, une étude comparée concernant l'influence exercée par Henri IV sur le développement de l'industrie à son époque et celle qu'exerça plus tard le gouvernement de Louis XIV :

« Heureux les peuples dont le prince a été façonné par l'adversité. Le Henry VII des Anglois, le Henry IV des François, puisèrent chez elle la sagesse qui rendra leur règne à jamais mémorable. Le premier, exilé en Flandres, en remporta les manufactures qu'il y avoit vues si florissantes, et fonda sur elles la richesse & la splendeur de son empire : avec les mêmes vues, le second prit les mêmes soins & eut les mêmes succès.

« Sully, qui aimoit son maître ! vit aussi que le vrai moyen de favoriser la population & l'agriculture dans un grand Etat, étoit d'y cultiver les arts, mais les arts utiles. La France lui doit vraiment ses manufactures les plus importantes, & il n'y a entre ce grand homme & Colbert, qui travailla à les perfectionner, que cette différence bien marquée, que l'un n'eut jamais à seconder que des vues utiles, & l'autre, le plus souvent que des vues fastueuses.

« Notre bon Henry sentit l'importance d'employer sur-tout les matières nationales ; il vit que les manufactures en tenoient plus directement à l'agriculture, qu'elles la favorisoient singulièrement ; il encouragea spécialement celle des toiles, ainsi que la culture des matières qui y sont propres, celles des draperies ordinaires, toutes celles qui occupent beaucoup de bras, qui sont à l'usage de tout le monde, celles qui répandues dans toutes sortes de mains, n'engouffrent ni les hommes ni l'argent ; il mettoit la gloire du prince dans le bonheur des sujets, & non dans les monumens fastueux qui les appauvrissent. Il fut le restaurateur des manufactures de soie, il ordonna la plantation des mûriers, il fit imiter les tapisseries de Flandres, il établit les dentelles, &c., il attira des ouvriers dans tous les geures, il les récompensa bien, mais par la chose, et sans les gorger, comme il arriva par la suite, où, semblables aux financiers, ils méprisèrent leur état, se mirent de rang avec la noblesse, & osèrent quelquefois le lui disputer.

« Enfin, il prépara tellement les établissemens du siècle suivant, qu'il en auroit formé la plupart, s'il n'avoit bien vu que ce n'eût été qu'au préjudice de ceux qui existoient ».

Le jeune Charles II de Lorraine, duc d'Elbeuf, avait quitté notre bourg en 1607, pour aller à la cour, auprès du prince qui devait être Louis XIII, dont il partageait les jeux, et avec lui prenait part à des exercices de gymnastique, nautiques, musicaux, militaires et autres.

De tous les jeunes seigneurs qui entouraient son fils, Henri IV avait fait deux bandes qui formaient des petites armées s'amusant à combattre l'une contre l'autre, et s'instruisant dans l'art des manœuvres, des marches, des sièges et des campements.

Ces armées, dit M. Maille, ne manquaient ni de munitions, ni d'équipages, ni d'aucun appareil nécessaire à la guerre ; elles avaient, en bois, des châteaux et des forts qu'elles attaquaient et défendaient tour à tour.

Après la mort du roi Henri IV, le jeune prince Charles II de Lorraine fit trêve à ses plaisirs pour une fonction officielle. Chambellan à quatorze ans d'un monarque de neuf ans, c'est en cette qualité qu'il figura, couché à ses pieds, sur un oreiller, à la séance du parlement, où la reine, Marie de Médicis, fut déclarée tutrice et régente.

Peu de mois après, il représenta, au sacre du nouveau roi, le comte de Flandre dont il n'était que l'ombre pour la puissance. « Les ducs et comtes de nos jours, dit un contemporain, n'étaient que des fantômes, grands vassaux de petit pouvoir, grands seigneurs de petite élévation, vrais néants en comparaison de ceux d'autrefois ».

Nous rencontrons pour la première fois le nom de Nicolas Lemonnier « drappier drappant » de la paroisse Saint-Etienne d'Elbeuf, dans un acte du 24 mai 1610, par lequel il acheta une terre à Boscroger.

Nous trouvons encore dans les Délibérations des chanoines de la Saussaye que « le 21 juin 1610, la table de marbre noir fut levée et mise en place comme elle est à présent sur le sépulchre de feu Monseigneur le duc d'Elbeuf, au milieu du chœur de l'église ; le lendemain, Mᵉ Guillaume Lourdet, sculpteur, commença à graver et escrire à l'entour de ladite table, à sçavoir : *Cy gyst*, etc. »

Les cordonniers et savetiers avaient antérieurement fondé entre eux une association. Le « roy » de la confrérie de Saint-Crespin et Saint-Crespinien, de la paroisse Saint-Etienne, élu en 1610, fut Jacques Delamare. Les autres frères élus cette même année furent : « Jehan Gourdel, Thomas Dumoulin, Jacques Sanson, Raullin Coquerel, Tallon et Simon Duval.

Le 15 octobre, une sentence confirmative de l'official de Rouen pour l'union du prieuré de Saint-Gilles, à Saint-Aubin-jouxte-Boulleng, au noviciat des Jésuites de Rouen, mit fin à un long procès entre l'abbaye de Saint-Ouen et la compagnie de Jésus. En fin de compte, celle-ci avait réussi à s'emparer du prieuré et des biens qui en dépendaient au préjudice de l'abbaye, à laquelle ils avaient été donnés par Galeran de Meulan, seigneur d'Elbeuf, au XIIe siècle.

Le 22 décembre, Alexis Mansel, sieur du Busc, écuyer des écuries du roi et de la duchesse de Vendôme, fils d'Alexis Mansel, vendit à Nicolas Hamon « le Clos des Maisonnettes », situé entre les terres le Roy et la Seine, qui le bornaient. — L'emplacement de ce clos est actuellement traversé par la rue du Havre.

L'année suivante, Alexis Mansel vendit une maison « vulgairement nommée la maison du *Choucquet*, sise rue de la Barrière ou aultrement nommée la rue de la Potterye ». — Le sieur du Busc, duquel nous reparlerons, avait un fils du nom de Charles, alors mineur.

Les registres du tabellionage d'Elbeuf contiennent plusieurs actes relatifs à des réparations et « excroissances » de l'église de Caudebec.

Le 11 mars, une grande quantité de paroissiens assemblés, en présence de Jacques de Saint-Ouen, curé, donnèrent pouvoir aux trésoriers de vendre des héritages appartenant au trésor, tant pour payer les tuiles, lattes, clous et plâtre, que pour faire « les rampantz du pignon, payer les massons, plastriers et couvreurs ». La dépense se monta à plus de 700 livres.

« Etienne Bonnamy, sieur de la Banne, et vénérable et discrète personne maistre Michel Bonnamy, prebtre curé de Saint Etienne d'Ellebeuf, frères, héritiers en partie de feu Loys de la Lande, vyvant escuier, sieur des Brières » firent une vente à Georges du Fay, baron de la Mésengère et gouverneur de Quillebeuf, par acte passé devant les notaires de Bourgtheroulde, le 26 avril 1611.

Des actes de cette année mentionnent comme habitant la paroisse Saint-Etienne : Charles Godet et Etienne Dupont, bouchers ; Robert Douinville, tailleur d'habits ; Jean Lecouturier fils Robert, drapier ; Jacques Boscguillaume, boulanger ; Alexis Mansel, sieur du Busc, écuyer des écuries du roi et de la duchesse de Vendôme ; Guillaume Grimoin, serrurier ; Martin Gaillard, mercier ; Marin Bouteron, forgeur d'acier.

Sur la paroisse Saint-Jean habitaient : Louis Hesbert, tabellion, qui achetait souvent des rentes ; Jacques Dupont aîné fils Jean et Jean Ferey, bouchers ; Richard Damours, futailler ; Georges Hesbert fils Fiacre, tailleur de draps ; Nicolas Fromont, tavernier ; Jean Nicolle, administrateur des forêts du duché ; Jean Mallet, maréchal en blanche et noire œuvre. — Adrien Carré était échevin de la « noble charité de Sainct Jehan ».

Antoinette du Buchet, veuve d'Hector de Nollent, écuyer, sieur du Thuit-Anger, et Brigitte de Nollent, sa fille, signèrent plusieurs contrats dans notre bourg.

En cette même année, le jour de Noël, la Seine fut complètement gelée devant Elbeuf.

Le 10 janvier 1612, Jean Paris « du mestier de drappier, vendit à Girard de Saint-Ouen, ung petit jardin planté de prunniers et vignes, assis rue Meleuze ».

Les deux premières pièces de la 9me liasse des titres de l'abbaye de Bonport sont ainsi analysées sur l'Inventaire : « 1. Sentence du débat de tenure accordant à l'abbaye la mouvance d'une vergée d'île, assise en l'île Haste à Criquebeuf, au préjudice du duc d'Elbeuf. 18 février 1612. — 1 bis. Sentence du bailliage de Pont-de-l'Arche condamnant le duc d'Elbeuf à payer aux religieux de Bonport le débat de tenure mentionné ci-dessus. 23 février 1612.

Le 28 avril, Louise Lesage, de Thuit-Anger, reconnut devoir à Nicolas Huet, « bourgeois tailleur de draps, demeurant à Elbeuf, la somme de dix-sept livres, pour la vendue et livraison tant de drap que d'avoine... »

Les contrats mentionnant des ventes de drap étant fort rares, nous citons ceux que nous trouvons. Ce dernier semble déterminer quelle était cette profession de « tailleur de draps », que nous avons précédemment confondue avec celle de tondeur, et démontrer que « tailleur » signifiait *détaillant*.

Mathieu et Charles Dupont frères, fils de Mathieu, ancien receveur du duché, sont qualifiés, dans les premiers mois de cette année, « d'advocats en la Cour ». Dans une pièce du 17 mai, Charles Dupont est dit « esleu pour le roy nostre sire en l'eslection du Pontdelarche ».

Au 30 mai, il y avait procès à propos d'une maison de la paroisse Saint-Jean « où pendoit pour enseygne les *Trois Fleurs de Lys* »; elle avait appartenu précédemment à la famille Mansel.

Une note manuscrite de la fin du xviiie siècle, conservée aux Archives municipales, mentionne que « par certains actes passés au tabellionage d'Elbeuf en 1612, on voit que le principal agent de la communauté d'Elbeuf avoit pour titre « administrateur du bus » (ce mot *bus* signifioit, dans l'ancienne langue normande, la même chose que le mot bourg dans la langue françoise). Il y avoit sous cet administrateur du bus d'autres officiers qualifiés « échevins du bus » que l'on appeloit par corruption « bu-chervins ». On ignore si ces officiers étoient électifs annuellement, ou triennaux ou perpétuels. A ces titres d'administrateurs et d'échevins du bus succédèrent les sindics, dont le principal tresorier des deux paroisses faisoit les fonctions pendant une année ».

Notre auteur, c'est-à-dire François Dupont, se trompe. Il n'y avait pas alors d'échevin ni d'administrateur du bourg d'Elbeuf ; « Busc Chervin » était le nom d'un triège. Chaque paroisse agissait séparément, ainsi que nous l'avons vu par diverses réunions de paroissiens, et les seuls administrateurs étaient les trésoriers en charge des deux fabriques paroissiales. Les délibérations prises en commun avaient toujours des causes exceptionnelles.

Nous croyons intéressant de relever « l'inventaire des meubles et trousseau qui furent livrés et fournys par Jacques Sentier à Guillaume Anffray », un bourgeois, au commencement du xviie siècle, à l'occasion du mariage de Guillaume avec Judith Sentier, fille de

Jacques, et suivant les clauses d'un contrat passé précédemment :

« Une robbe ronde en drap noir de sceau, ung corset de drap noir, un petit corset noir, un corset vyollet de drap de sceau, un corset de passevellours, un petit corset viollet, un corset de creseau..., deux habits de filletage de ladicte Judith, deux corps de robbe de drap de sceau de coulleur noire, un corps de robbe de drap de sceau viollet, un corps de robbe viollet, un corps de robbe de creseau blanc, deux corps de robbe de futaine blanche, trois garde robbe de froc, deux devanteaux de creseau, deux devanteaux de taffetas noir, demye douzaine de devanteaux de toile blanche.

« Pour le linge : une douzaine de draps de lin de quatre aulnes et un quart chacun, une douzaine de draps de rond lin à coucher, demye douzaine de draps d'estouppe à coucher, demye douzaine de nappes de lin, demye douz. d'aultres nappes deux de lin et quatre d'estouppe, un doublier en double œuvre, deux douzaines de serviettes en double œuvre, quatre douzaines de serviettes de lin, trois douzaines de couvrechefs dont y en a environ douzaine et demye en pièce, douzaine et demye de chemises, deux douzaines de coiffes, une douzaine de collerettes.

« Ung très bon lict, traversain et trois oreillerz avec six taies d'oreiller, un cyel de lict de froc verd de valleur de trente livres tz, un autre cyel de fine toille de lin avec la frange et six pendants de toille fine de lin, une couverture à lict de laisne de valleur de vingt-quatre livres. Tout ce que dessus neuf et à l'usage de ladicte Judith.

« Une douzaine de napperons, un rouet à

filler, demye douzaine de couvrechefs de nuict, une pouche moullinée (?), deux corbeilles, ung sceau, ung grand coffre et ung demy coffre ferrez, le tout neuf, avec un petit bahut…

« Bagues et joyaux : ung… d'argent de deux marcz environ, une boursse de vellours viollet brun, une paire de cousteaux avec la gaigne de velours, dix bagues d'or et pierreries de valleur de soixante livres environ… »

Ce trousseau, le plus riche que nous ayons rencontré jusqu'ici, fut remis au marié en présence de « M⁰ Jacques Pollet, licentié en loix, advocat, et Pierre Bénard, greffier », tous deux de la paroisse Saint-Jean.

Le 8 juillet, le bailli Duchesne fonda un procureur pour comparaître au plaids des seigneuries dont ses terres et celles d'Isabeau d'Escambosc, sa femme, étaient mouvantes.

Le 12, Pierre Mansel, greffier au bailliage d'Elbeuf et adjudicataire des prairies de Couronne, appartenant aux enfants de Charles de Lorraine, subrancha une partie de ce fermage à un hôtellier de Couronne moyennant 130 livres ts, deux quarres de foin et « six fromages de la façon de Moullineaux » par an.

Ce même jour, à Elbeuf, Richard de Nollent, sieur de Saint-Cyr-la-Campagne, Chandé et Mélicourt, demeurant au manoir seigneurial de Saint-Cyr, nomma un procureur en la personne de M⁰ Jean Letellier, prêtre, avec pouvoir de plaider pour lui devant tous juges, poursuivre ses débiteurs, etc. — Cette procuration fut passée devant Jean Bénard aîné et Jean Dupont fils Jean, tous deux tailleurs de draps.

Le 14, Nicolas Dupont, échevin « de la noble charité de Sainct Jean d'Ellebeuf », reçut un remboursement de 18 livres.— Robert Le Roy était alors « trésorier comptable » de la fabrique paroissiale.

Les tabellions d'Elbeuf enregistrèrent, le 18 septembre, la vente, faite par « noble homme Louis Routier », des fiefs de Saint-Pierre-des-Cercueils et Porpinché, contenant 29 acres, à « noble homme Jacques Le Charestier, conseiller du roy au siège présidial de Rouen » moyennant le prix de 11.500 livres.— Routier devait 300 livres à Me Crespin Carlier, facteur « d'orgres ».

Richard de Saint-Amand, drapier, fils de feu Guillaume, avait son établissement rue « du Mont-Roty tendante à Saint-Auct ». Il l'augmenta, en 1612, par l'achat d'une propriété contiguë ayant appartenu à Jean Lecousturier fils Robert.

Le 25 septembre, Me François Yvelin, curé de Vitot, reconnut devoir à Georges Hesbert, tailleur de draps, demeurant à Elbeuf, la somme de 20 livres 10 sols pour vente de draps.

« Noble homme Jehan Bouffart, sieur de Saint-Autin, recepveur payeur de Messieurs de la Court », figura comme parrain à Saint-Etienne, vers ce temps.

Cette année-là, la duchesse douairière d'Elbeuf soutint un procès contre les moines de l'abbaye de Bonport, au sujet des fiefs de Saint-Gilles, de Cléon et de la Heuse. Une sentence fut rendue le 14 août au profit des religieux contre la duchesse ; mais le procès continua. Il prit fin le 3 novembre, par suite du payement des anciens et nouveaux dépens auxquels la duchesse d'Elbeuf avait été condamnée.

En cette même année, mourut Claude de Guise, abbé de Cluny, fils naturel de Claude de Lorraine et frère de René III de Lorraine, anciens seigneurs d'Elbeuf.

Ce bâtard avait été élevé par les soins de Charles, cardinal de Lorraine. Etant abbé de Cluny, il ne montra guère de scrupules dans les moyens de se procurer de l'argent. C'est ainsi qu'à l'époque de la Saint-Barthélemy, on n'avait massacré dans sa circonscription que les huguenots qui n'étaient pas assez riches pour racheter leur vie. Il fut accusé d'avoir empoisonné son oncle et bienfaiteur, le cardinal de Lorraine, pour avoir son abbaye de Cluny ; on prétendit aussi qu'au lieu d'être fils de Claude de Lorraine, il était celui d'un palefrenier.

Voici un passage des *Mémoires de Richelieu* mentionnant une des nombreuses intrigues où se rencontre le nom de la maison d'Elbeuf :

« M. le comte (de Soissons) étant mort, le marquis d'Ancre, qui en vouloit aux ministres, pour se fortifier contre eux, se voulut appuyer de M. le prince (de Conti), et, afin de se lier d'autant plus étroitement avec lui et les siens, feit dessein de moyenner le mariage de M. du Maine avec Mademoiselle d'Elbœuf, et de M. d'Elbœuf avec la fille dudit marquis, moyennant quoi l'on ôteroit la Bourgogne à M. de Bellegarde pour la donner à M. du Maine ».

L'année suivante, la reine refusa à deux créatures du duc du Maine, pour les donner à des amis de Bellegarde, deux lieutenances en Bourgogne. « M. du Maine, qui n'étoit pas beaucoup endurant, se sentit piqué au vif de cette action, et, ne pouvant croire que la défaveur du marquis d'Ancre fut telle qu'elle étoit, mais soupçonnant qu'il y eut de la feinte, en vivoit avec froideur avec lui ; de sorte que le marquis voulant faire presser par le marquis de Cœuvres l'affaire des deux mariages, que le baron de Lus s'étoit entremis de faire entre ledit duc du Maine et Mademoiselle d'Elbœuf, de M. d'Elbœuf et sa fille. M. du Maine dit qu'il n'avoit jamais eu l'intention de se marier, et que, si le baron de Lus avoit parlé autrement, il l'avoit trompé ».

La duchesse douairière d'Elbeuf habitait alors le château de Pagny, en Bourgogne, qui lui venait de ses ancêtres.

Les *Mémoires* de Bassompierre contiennent le passage suivant :

« M. de Bouillon lors s'avisa de proposer un accord entre Madame d'Elbeuf et Madame de la Trémouille, sa belle-sœur, qui avoient procès ensemble, et de les disposer de choisir chacune deux de leurs amis ou principaux parens pour voir s'ils ne pourroient point concerter leur différend. M. du Maine proposa à Madame d'Elbeuf de choisir M. de Guise et lui, Madame de la Trimouille ayant déjà élu M. le prince et M. de Bouillon : ce qu'elle fit et écrivit à M. de Guise pour le prier de venir à Paris.

« A cet effet, M. de Guise prit congé de la Reine, qui se douta, à l'heure même, de la fourbe ; et à même temps Madame la princesse de Conti l'en vint aussi avertir, et que c'étoit pour enfermer M. de Guise avec ces trois arbitres, pour le porter à quelque chose contre son service. Elle le pria donc de demeurer à Fontainebleau, et dit qu'elle m'enverroit à Paris, et écriroit à Madame d'Elbeuf qu'elle l'avoit retenu, et que même elle feroit solliciter, en son nom, l'affaire de madite dame d'Elbeuf, en cas qu'elle rompit ce compromis... »

Charles II de Lorraine paraît s'être imposé, dès sa jeunesse, aux chanoines de la Saussaye. En effet, le registre capitulaire de 1613 porte : « Selon la déclaration faite de la volonté de Monseigneur, tous, d'une voix, ont dit qu'il falloit y obtempérer, puisque c'étoit l'intention et le vouloir de mondit seigneur ».

Marguerite Chabot, sa mère, avait sans doute oublié ses différends avec le chapitre. Une lettre de cette même année, qu'elle adressa aux chanoines, semble le démontrer : « Messieurs, j'ai appris par votre missive l'empeschement et opposition que vous avez formés pour la conservation du droict et autorité appartenant à mes enfans... dont vous m'avez fait bien plaisir... ; à quoy j'entends qu'il soit pourveu, comme plus particulièrement je le mande aux bailly et procureur d'Elbeuf, vous exhortant à vivre toujours en paix et union, et je demeurai perpétuellement votre plus affectionnée à vous servir ».

Plus tard, la duchesse souscrivit aux réclamations du chapitre au sujet des droits de coutume dans la forêt, et elle appuya ses chanoines dans un différend contre le marquis de la Londe, qui leur disputait la dîme de Boscroger, et dans plusieurs procès.

A cette époque, on s'aperçut que les fondements du mur de la collatérale de la Vierge de l'église Saint-Jean menaçaient ruine. Pour prévenir un écroulement, on fit construire cinq énormes contre-forts à l'extérieur de l'édifice.

Suivant M. Guilmeth, les prêtres ou religieux qui venaient prêcher à Elbeuf, couchaient dans l'église.

« A Saint-Jean, leur lit se composait, selon

un inventaire fait en cette même année, d'une petite couche basse, d'un traversin, d'un oreiller, d'une couverture de couleur jaune et d'un pavillon d'un froc vert, le tout sans draps. Ils se chauffaient aux dépens du trésor et mangeaient chez les bourgeois ».

En mai, on baptisa, à Saint-Jean, François Dupont, fils de Pierre. L'enfant fut tenu sur les fonts par « noble homme Raoul de Bessin, sieur de Mathonville ».

En 1614, M⁰ Gervais Lefebvre, chanoine de la Saussaye, fut parrain à Saint-Etienne, et M⁰ Vincent Lefebvre, chanoine et chantre à cette même collégiale, le fut à Saint-Jean, avec Marie, femme de « noble homme Alexis Mansel, sieur du Buc ».

Charles de Lorraine était toujours bien en cour. Quand Louis XIII eut treize ans accomplis, c'est-à-dire le 27 septembre, il fut déclaré majeur, suivant la loi existante. Le 2 octobre, il alla au Parlement pour en faire vérifier la déclaration, suivant les formes accoutumées, dit Fontenoy-Mareuil. « Il y fust, accompagné de M. le prince et de M. le comte, des ducs de Guise, d'Elbeuf, d'Espernon, de Ventadour et de Monbazon, comme pairs ; et des mareschaux de La Chastre, de Laverdin, de Bois-Dauphin et d'Ancre... comme officiers de la couronne, qui y ont séance le Roy y estant, et non autrement ».

Le 23 novembre « Messire Jehan de Chanlecy, seigneur du lieu, baron de Plemaux, tuteur de très illustre et puissant prince monseigneur le duc d'Elbeuf, mineur d'ans, procureur spécial de très illustre et puissante princesse Madame Marguerite Chabot, duchesse douarière dudit Elbeuf, tutrice et ayant la garde noble soubz l'auctorité du Roy de mond. seigneur, suivant sa procuration passée devant Guillart et Bontemps, notaires royaulx au Chastelet de Paris, le neufviesme jour de ce mois et an..., confessa avoir baillé, à tiltre de ferme, à Symon Roussel, de la parroisse de la Heunière prez Beaumont le Roger, cest asçavoir :

« La ferme des terres et seigneuries de Grosley, de la Heunière, Tyron et le Val Monnier... pour sept ans et sept despeuilles... moyennant seize centz cinquante livres par chacun an... payables à Rouen ou à Elbeuf, au choix de madicte dame...

« Est entendu que led. preneur aura touttes les dictes fermes estantes en domaine fieffé ou non fieffé, manoir seigneurial, collombier, masures, prairies, pasturages, moulins, rivières, rentes seigneuriales, amendes..., la coupe de vingt et un acres de bois par an des bois de Grosley... »

Outre le prix du fermage, Roussel était tenu de remplir de nombreuses charges d'entretien et autres figurant au contrat, qui fut signé à Elbeuf.

A cet acte est jointe une copie de la procuration donnée au sieur de Chanlecy par la duchesse d'Elbeuf, laquelle demeurait « rue et prez la porte Sainct Denis à Paris ». Son procureur avait aussi pouvoir de donner à ferme la seigneurie de Lillebonne et la baronnie de Routot, et de faire la vente d'une coupe de bois « appelée le Bucquet, sise au territoire d'Elbeuf ».

Le 14 décembre « venerable et circonspecte personne Mᵉ Pierre Morestel, prestre, cy devant precepteur de très illustre et puissant prince Monseigneur Charles de Lorraine, duc d'Elbeuf,... docteur en teologie et curé de la paroisse de Saint Nicollas de Latice (?) ... estant de present au bourg d'Elbeuf », nomma un procureur en la personne de Nicolas Hamon, bourgeois d'Elbeuf, receveur du chapitre de la Saussaye, pour recevoir les revenus de la chapelle Saint-Patrice, fondée en l'église de Boscroger, dont le constituant était chapelain.

Pierre Morestel, dont nous avons déjà parlé, était né en Bourgogne, et alors âgé de 39 ans; il avait déjà publié plusieurs ouvrages, notamment : *Secrets de nature* et la *Philosophie occulte des devanciers de Platon*. Il en écrivit d'autres plus tard et fut compté au nombre des bons littérateurs français de la première moitié du XVIIe siècle.

Des titres de cette époque concernent Nicolas Lemonnier fils Jean, drapier, de la paroisse Saint-Etienne ; Thomas d'Aigrefeuilles, verdier du duché ; Laurent Lemonnier, chapelier ; Louis Hellis, boucher, et Louis Fontaine, de Rouen, fermier des quatrièmes d'Elbeuf, Caudebec et Saint-Pierre-de-Lierroult.

Le 1er février 1615, « Me Charles Maille, serviteur de la chambre du roi », demeurant à Saint-Aubin, nomma un procureur, par acte passé à Elbeuf, à l'effet de poursuivre Nicolas Dumont, sieur de l'Espinay, en recouvrement d'une somme dont Dumont était redevable envers Raoul de Bessin, écuyer, sieur de Mathonville, et qui avait été transportée au constituant.

Le 12, Charles Ymont, « voiturier par la rivyère de Seyne, demeurant au Petit Andely » acheta à Guillaume Anffray, d'Elbeuf, moyen nant 500 livres tournois « ung basteau du port de deux cents muidz de vin, qui servoit cy devant de petite voincture audict Ellebeuf, avec la flette estant de present au long des lices du passage du Port Sainct Gille... »

« Damoiselle Francoyse de Franqueville » fut marraine à Saint-Etienne, cette année-là ; et Louis Le Roux, écuyer, sieur d'Infreville, à Saint-Jean.

Le 11 mai, Pierre Gosselin, écuyer, sieur de Moulineaux, fils de feu Jean Gosselin, en son vivant sieur de la Vacherie et maître des comptes de Normandie, vendit plusieurs pièces d'héritages, par acte passé à Elbeuf.

Le 21, Guillaume Anffray fils Martin, de la paroisse Saint-Jean, vendit à Pierre Maille fils Guillaume, de Saint-Aubin, « la moictié d'ung grand basteau du port de trois centz cinquante muidz de vin, avec la moictié de la flette et la moictié des ustencilles estant audit basteau, estant de present au bout de l'isle de la Bastille... Lesdicts Anffray et Maille se serviront en commun dud. basteau... Ceste vendue faicte pour le prix et somme de cinq centz livres tournois... »

Dans les obligations de cette époque, on en trouve encore beaucoup plus concernant le commerce des bois, des vins, des cidres et poirés, des grains et des bestiaux qui se faisait dans notre bourg, que des actes relatifs à la fabrication drapière ; nous n'avons d'ailleurs omis de noter aucun de ces derniers, et l'on a pu reconnaître qu'ils sont rares, tandis que les premiers abondent. Les draps d'Elbeuf se vendaient toujours et presque exclusivement à la halle de Rouen.

On rencontre aussi quelques ventes de bateaux ; nous en avons déjà cité et nous en trouvons une nouvelle à la date du 24 juillet. Les acheteurs sont Jacques Sentier, Guillaume Anffray et Pierre Maille, ce dernier de la paroisse Saint-Aubin. Ce bateau, du port de 40 muids, fut acquis pour le prix de 160 livres tn.

Deux jours après, Nicolas Grospoisson, de Mantes, acheta de Jacques Sentier et Guillaume Anffray, moyennant 1.650 livres tn., « ung basteau tout neuf du port de douze centz muidz de vin, avec sa flette ».

Le 25 du même mois, Jacques Sentier, Guillaume Anffray et Pierre Maille, associés, nommèrent un procureur pour répondre à une assignation à comparaître aux requêtes du Palais à Paris, au sujet d'un différend ayant éclaté à propos de 300 arpents de bois et haut taillis, sis à Marcilly-sur-Eure, qui leur avaient été vendus par Claude Le Georgelier, baron de Saint-André, et Marguerite d'Alègre, sa femme, pour le prix de 45.000 livres tn.

Ces divers actes et nombre d'autres que nous jugeons inutile de citer établissent clairement que l'embarquement de marchandises au quai de notre bourg était encore la principale branche d'activité elbeuvienne et que la navigation fluviale et l'exploitation de forêts en étaient d'autres.

Notre province, qui se relevait à peine des guerres de la Ligue, vit renaître ses anciennes misères. Le Parlement s'en émut, et ses Registres, à partir du mois de septembre 1615, rapportent les plaintes générales.

Le premier président du Parlement dénonça au duc de Longueville les maux intolérables qu'endurait notre province, « les désordres, ruines et ravages, qui se faisoient sur les villages ; les grandes violences, excedz, extorsions, meurtres, assassinatz, les voleries, meurdres infinis perpétrez, infractions de sauve-gardes et passe-ports, pillages, cas execrables. La campagne avoit esté horriblement ravagée et pillée, et avoit souffert aultant de ruine et de dommage que nulle autre province où les armées eussent esté ».

Les remontrances du Parlement et les doléances des Etats déplorent à l'envi, dit M. Floquet, « les ravages, désordres, bruslements, violements, excedz, inhumanitez exécrables, que commettent les gentz de guerre aux logementz qu'ils font dans la province. »

Elles montrent les artisans quittant leurs travaux, le pays à la veille d'être abandonné, les maisons inhabitées : « S'il n'y est promptement pourveu, disait le Parlement, il arrivera un abandonnement dans le pays ; les droictz et tailles seront anéantis, les fermes d'un chacun délaissées, les maisons inhabitées, et ensuite une misère et calamité universelle, qu'il seroit presque impossible de réparer ».

Des villageois se rendaient au Parlement, le matin, et s'écriaient devant les présidents ou conseillers : « Il ne nous reste plus rien ou peu ; nos biens ont esté dissipez, voire nos corps battus et oultragez, nos femmes et nos filles indignement traictées par la fureur et rage des soldatz qui ont ravagé le pays, y exerçant leurs cruautez, emplissant leurs bourses, désolant la province impunément, se pourmenant braves de nos dépouilles, riches de notre substance ».

Des brigands, ajoute M. Floquet, s'étaient réunis en troupes, commettant mille brigandages, et repairaient dans nos forêts.

Aux bruyères Saint-Julien, dans la presqu'île de Couronne, un convoi portant à Rouen les deniers du roi cueillis à Pont-Audemer, avait été attaqué, quelque temps auparavant, « par des gens masquez, desguisez, portant fausses barbes ».

Une bande de malfaiteurs tint la campagne du côté d'Evreux pendant plusieurs années, en commettant toutes sortes de crimes.

Le Blanc du Rollet, grand prévôt de Normandie, marcha enfin contre ces bandits ; il y eut une bataille dont du Rollet sortit vainqueur, mais après avoir perdu des hommes, son fils entre autres, qui y périt sous ses yeux et à la fleur de l'âge.

Du côté des brigands, il en était mort davantage. De plus, on leur fit des prisonniers qui, conduits à Rouen, payèrent pour tous. Les uns furent pendus, les autres décapités.

Voilà quel était l'état de notre pays en 1615 et pendant les années qui suivirent ; mais il s'aggrava encore, ainsi que nous le verrons bientôt.

CHAPITRE XXI
(1616-1620)

Charles II de Lorraine *(suite)*. — Les revenus du duché d'Elbeuf. — Actes du tabellionage. — Révolte en Normandie. — Une peur des Elbeuviens. — Le camp retranché d'Orival. — Le duc et la duchesse de Longueville. — Charles de Lorraine, gouverneur de la Normandie. — Une cérémonie manquée. — Rappel du duc Charles a Paris.

Les Archives départementales conservent un document établi dans les premiers jours de l'année 1616, qui va nous fournir d'intéressants détails sur le duché d'Elbeuf ; ce sont les « Compte et estat des deniers provenant des terres assises en la province de Normerdie… appartenant à madame la duchesse d'Elbeuf, commise tutrice et ayant la garde noble de messeigneurs enffans de feu monseigneur le duc d'Elbeuf et d'elle, lequel compte et estat M⁰ Adrian Bradechal, procureur au Parlement de Normendie, ayant charge des affaires de ladite dame en ladite province, rend compte à madite dame des deniers par luy rece'ıbz l'année finie au dernier jour de decembre mil six cens et quinze ».

Nous y trouvons que, par bail passé devant les notaires du Châtelet à Paris, le 19 janvier 1613, les terres et seigneuries de « Caudebec, Caudebecquet, la Heuze, Cléon, Sainct-Gilles; les fiefs de Sainct Martin, Thuict Anger, Thuict Signol, et Thuict Hagueron, deppendant du duché d'Elbeuf », avaient été affermés pour le prix annuel de 1.512 livres tournois.

Denis Grymoin, bourgeois d'Elbeuf, tenait à ferme, par contrat du 12 mai 1612, moyennant un loyer de 90 livres 6 sols par an « le prey de la foire et la noe au viconte du camp Bonneville ».

Les seigneurie et terre du Boscroger avaient été adjugées le 22 septembre 1612 à Nicolas Hamon, bourgeois d'Elbeuf, à condition d'un loyer annuel de 210 livres.

La ferme de Criquebeuf avait également été baillée par adjudication, le 31 mars 1610, à Paul Labiffe, pour le prix de 137 livres 11 sols.

Les moulins de Saint-Jean et Saint-Etienne d'Elbeuf, les moulins de Boscroger et de Quiquempet étaient alors tenus par Pierre Mansel, adjudicataire depuis le 5 mai 1612, par acte passé devant le bailli du duché.

Ce même Mansel était également adjudicataire, depuis le 22 décembre de la même année, pour le prix de 315 livres par an, des rentes sieuriales de Saint-Jean, de Saint-Etienne et de Caudebec.

Une petite maison « assise à Elbeuf proche de celle de Madame, suivant bail fait par Madame à Allexis Fauvel, par devant le tabellion de la haute justice d'Elbeuf », le 8 février 16..., était louée 8 livres par an.

Une autre petite maison « proche celle de Madame », avait été affermée par la duchesse le 14 mai 16..., devant les tabellions du Pont-de-l'Arche au siège du Bec-Thomas, à Jacques Castel, moyennant 12 livres par an.

« Georges de Sainct Gilles » avait pris à bail la « geolle d'Elbeuf », pour le prix de 69 livres 6 sols, par adjudication passée le 12 mai 1612.

Guillaume Lecharettier avait pris à ferme la sergenterie d'Elbeuf, le 5 janvier 1610, moyennant 346 livres 10 sols par an.

« La chambre à chair du bourg d'Elbeuf » était affermée, depuis l'année 1611, à Nicolas Fosse, par 110 sols 3 deniers l'an.

« La voiture d'Elbeuf » était tenue par Guillaume Anffray, pour la somme annuelle de 892 livres 10 sols, par contrat du 13 janvier 1610, passé devant les notaires du Châtelet.

Guillaume Anffray avait aussi la ferme des carrières de Caudebec et d'Elbeuf, depuis le 12 mai 1612, moyennant 13 livres 2 sols 6 deniers par an.

La ferme de l'aunage d'Elbeuf était aux mains de Michel Lamy, depuis le 2 mai 1612, pour 58 livres 16 sols.

Les prairies dépendant du duché d'Elbeuf étaient louées, moyennant 278 livres 5 sols, depuis le 5 mai 1612.

La seigneurie de Boissey-le-Châtel avait été affermée, le 12 mai 1612, à Jacques Le Monnier, pour 1.161 livres 10 sols par an.

Clément Grimouin tenait la seigneurie de Mandeville moyennant un fermage annuel de 606 livres, par bail du 6 novembre 1612.

La seigneurie de la Saussaye avait été affermée « par Madame », le 11 décembre 1605, par contrat passé devant les tabellions du

Bec-Thomas, pour le prix de 350 livres, à « …freville, escuier, sieur du Plessis ».

Noel Bellanger tenait, par acte du 11 mai 1612, pour le prix annuel de 3.170 livres, la baronnie de Quatremares.

Les porteurs de grains d'Elbeuf payaient chaque année une rente de 60 livres.

Le comté de Brionne avait été baillé à ferme le 13 octobre 1612, par acte passé devant les notaires du Châtelet de Paris, à Etienne Duchemin, moyennant 4.000 livres par an.

La seigneurie de Grosley était tenue à ferme, pour 800 livres chaque année, suivant contrat du 15 mai 1607, par Simon Roussel, auquel la duchesse l'avait baillée une première fois elle-même.

Mᵉ Jehan de la Champagne avait pris la baronnie de Routot, le 28 novembre 1614, par acte passé devant les tabellions de Rouen, moyennant 3.000 livres chaque année,

Le fermage des bois des Monts le Comte était aux mains de Louis Le Maistre, bourgeois d'Elbeuf, moyennant 8.000 livres par an, suivant un contrat du 5 octobre 1610, passé à Paris.

Les terres Le Roy, à Elbeuf, étaient tenues par le même, au prix annuel de 135 livres par an, par acte du 26 novembre 1614.

Les prairies de Couronne et de Moulineaux avaient été baillées à loyer, le 12 mai 1612, pour le prix de 430 livres chaque année, à Pierre Mansel.

Le fief de Laigle, à Sotteville lès-Rouen, donnait un revenu de 25 livres.

Le « four à chaulx assis près d'Elbeuf » était loué depuis le 5 mars 1613, à Simon dit Berthelemy Durufley, pour 105 sols par an.

Pierre Lefebvre tenait, moyennant un fermage de 78 sols, le franc bateau du duché.

« La maison et le jardin de Monseigneur » à Elbeuf, étaient affermés pour 42 livres, à Raulin Richer.

La ferme du « langueage » d'Elbeuf était tenue par Pierre Lefebvre, moyennant un loyer de 23 livres 12 sols.

Il avait été fait une recette de 2.400 livres pour « couppe et despouille, pour une fois seullement, d'une trocque de bois appelée le Bucquet », par suite d'une adjudication faite le 25 novembre 1614, à Louis Le Maistre.

Dans ce même état, M⁰ Bradechal rend compte, avec des détails, des recettes qu'il avait opérées dans le comté de Lillebonne, appartenant également aux enfants de Charles Ier de Lorraine.

La juridiction du vicomte de l'Eau, à Rouen, s'étendait depuis Caudebec-en-Caux jusqu'au dessus de Vernon. Ses attributions étaient nombreuses. Il avait notamment connaissance des contestations qui s'élevaient au sujet du mesurage et du portage des grains, des voitures par eau d'Elbeuf à Rouen. En 1616, « le quay de la voiture (bateau) d'Elbeuf, à Rouen, fut pavé, piloté et taluté ».

Les registres de Saint-Jean portent que « noble homme Pierre Lavoisse (?) baron d'Acquigny » fut parrain cette année-là à Elbeuf. C'était sans doute une plaisanterie, car la baronnie d'Acquigny appartenait alors aux sieurs de Silly, qui portaient : « *D'hermine à la fasce vivrée de gueules, surmontée de trois tourteaux de même*. Un d'eux fut tué au siège de la Rochelle.

L'article 455 de la Coutume de Normandie

prescrivait que la lecture des contrats devait être faite par le curé ou vicaire, sergent ou tabellion du lieu. Les lectures avaient lieu, soit au prône, soit à la porte de l'église, à la suite de la messe paroissiale, devant les paroissiens assemblés, ainsi que nous l'avons déjà dit. Un arrêt du 23 avril 1616, rapporté par Houard, fixa les principes de la jurisprudence :

Il s'agissait de faire juger si une lecture faite par un tabellion royal de la vicomté de Beaumont-le-Roger, dans la paroisse de Gros-Theil, qui alors dépendait de la haute justice d'Elbeuf, laquelle haute justice était enclavée dans la vicomté de Pont-de-l'Arche, était valable.

On soutint pour le clamant qu'il n'y avait que le tabellion du haut justicier qui, aux termes de l'article 455, pouvait se dire tabellion du lieu, ce que ne pouvait pas faire le tabellion royal de Beaumont. On ajoutait que la vicomté de Beaumont était dans le bailliage d'Evreux et que la paroisse de Gros-Theil, où la lecture avait été faite, était de la haute justice d'Elbeuf, vicomté de Pont-de-l'Arche, bailliage de Rouen, et que conséquemment ce tabellion était sorti de son territoire, non seulement hors de la vicomté, mais aussi hors le bailliage ; d'où l'on concluait que la lecture qu'il avait faite était nulle.

A ces moyens, qui paraissaient de la plus grande force, le clamé n'opposa principalement que la possession où était ce tabellion de faire des contrats et des lectures dans la paroisse de Gros-Theil ; il soutint que s'il y avait de la défectuosité dans les lectures qu'il avait faites, elle était excusable par l'erreur commune.

ÉGLISE DE LA LONDE
Et ancien Chartrier des Le Cordier de Bigars

Année 1616

Le premier juge avait admis la clameur ; mais l'arrêt réforma sa sentence, fondé sur la résidence et l'exercice ordinaires du tabellion à Gros-Theil.

Plus tard, le roi concentra la faculté des lectures dans la personne des notaires, à l'exclusion des curés, vicaires, sergents et tabellions.

Ces lectures avaient une grande importance, car, à défaut, le contrat était clamable dans les trente années, tandis que la lecture restreignait le délai à un an et jour.

En mai, Louis XIII érigea la baronnie de la Londe en marquisat, en faveur de François Ier de Bigars, fils d'Antoine de Bigars, le célèbre ligueur qui avait défendu Rouen contre Henri IV, et fait construire l'ancien château de La Londe, lequel château, après la construction du nouveau, servit de chartrier aux Le Cordier de Bigars. On aperçoit cet édifice, sur la gravure ci-contre, en arrière et à droite de l'église de La Londe.

L'acte suivant se rapporte à la fabrication du drap ; il porte la date du 24 août 1616 :

Euldin et Etienne Le Pipeur, père et fils, drapiers drapants de la paroisse Saint-Etienne, résilièrent un acte précédemment passé entre eux, par lequel Etienne « s'estoit alloué à son père pour le temps de six ans, pour le prix de 60 sols par an » et spécifièrent qu'à l'avenir le père et le fils seraient « libres de traficquer dudict mestier chacun à part soy ». Et pour « ayder au mesnage de son fils, led. Euldin lui presta une vielle couche, ung lict, deux draps, une couverture et ung traversain, une chauldière une cramillée ung chandelier, deux plats d'estain, deux escuelles et une petite portion de bois ».

Voilà avec quelles ressources Etienne Le Pipeur entrait dans l'industrie. Peut-être avait-il économisé les 18 livres que son père lui avait payées pendant les six années passées à son service ; en tous cas, son capital n'allait pas au-delà de cette somme.

Un autre contrat, daté du 21 du même mois, mentionne « la foulerie du Carreau » sise paroisse Saint-Etienne, près « du vivier de Monseigneur ».

Cette année, dit Pontchartrain dans ses *Mémoires*, commença en mauvais ordre et en mauvais état pour toute la France... : « La Normandie n'a pas de places déclarées contre le service du Roy ; mais il s'estoit levé et se levoit encore tant de troupes en ladite province qu'elle en estoit toute ruinée... »

Le duc d'Elbeuf était le seul prince qui se trouvât au Parlement de Paris le 7 septembre, en compagnie du roi, de la reine-mère et de « Monsieur » son frère, quand le jeune monarque exposa les motifs qui l'avaient porté à réunir une armée de dix ou douze mille hommes, plus quatre mille Suisses, pour opposer aux princes réunis à Soissons.

Le 27 octobre, Michel Béranger donna au trésor de Saint-Jean une vergée et demie de terre sise en cette paroisse, « au triège des Terres le Roy, bornée d'un bout le chemin tendant du Mort-pas à la prairye vers le Pont-del'Arche et d'aultre bout ladicte prairie ». Cette donation fut faite à charge d'une messe annuelle en mémoire de Marguerite Mansel, mère du donateur, et autres conditions, assez curieuses, figurant au contrat.

Le 10 novembre, Pierre Sanson, curé de Saint-Jean, vendit une acre et demie de terre qu'il possédait en cette paroisse « au triège de la sente Parquet ». Ce même jour, Mᵉ Sanson donna au trésor de son église la somme de 28 livres de rente, à charge de trois hautes messes par an, à perpétuité, et autres cérémonies spécifiées dans l'acte.

Voici les noms de quelques bourgeois elbeuviens mentionnés sur des actes de cette époque:

Jean Grandin fils Guillaume fils Thomas, drapier drapant; Jacques Vavavasseur, aussi drapier; Alexis Dufay, maître savetier, tous trois de la paroisse Saint-Etienne.

Jean Hamon, contrôleur des titres en la vicomté de Pont-de-l'Arche; Jean Capplet, greffier au duché d'Elbeuf; Laurent Lemonnier, chapelier; Pierre Leroux, porteur de grains; Jean Lefebvre fils Pierre, épicier; François et Alexandre Bunel, père et fils, maréchaux en blanche et noire œuvre, tous de la paroisse Saint-Jean.

Cette année-là, Richard Mustel, avocat à la Cour, appartenant à une très vieille famille rouennaise, signa plusieurs actes à Elbeuf en qualité de bailli de La Londe et garde du scel aux obligations de ce lieu.

Le 31 mars 1617, Noel Revel, sergent royal en la sergenterie de Saint-Denis-des-Monts, vendit à Nicolas Lemonnier, « bourgeois marchand drappier drappant de la paroisse Saint Estienne » un ténement de maisons, cours et jardins, sis en cette dernière paroisse près l'église. Cette vente fut consentie pour le prix de 286 livres tournois. — Ce fut sur ces terrains que Nicolas Lemonnier bâtit plus tard une des premières grandes fabriques d'Elbeuf.

A cette époque, Concini, maréchal d'Ancre, tentait de soulever la Normandie. Il avait essayé, sans succès, il est vrai, de rétablir le fort de Saint-Catherine du mont de Rouen et de donner le commandement du Vieux-Palais à l'une de ses créatures. Alors, il chercha à fortifier Pont-de-l'Arche, dont il avait acheté le gouvernement, et fit commencer d'immenses travaux à Quillebeuf, de façon à être maître de la Seine et avoir à sa discrétion la ville de Rouen, qui lui avait résisté. On sait que Concini mourut assassiné à Paris, le 24 avril 1617, par Vitry, sur l'ordre du roi.

Notre pays avait d'autres ennemis que Concini. Depuis le commencement du règne de Louis XIII, un grand nombre de seigneurs et gentilshommes normands étaient sans cesse aux prises entre eux, ou retranchés fièrement dans des châteaux fortifiés, d'où ils ne sortaient que pour marauder et rançonner les habitants des environs. Ils volaient même les receveurs des tailles des deniers que ceux-ci avaient recueillis, levaient des soldats, et pillaient les bateaux qui passaient sur la Seine.

A plusieurs reprises, le Parlement de Normandie avait prié le roi d'ordonner la destruction des châteaux forts et des repaires de ces nobles bandits. Le 19 juin, il renouvela ses prières : « Ordonnez, sire, la démolition des petites places inutiles, qui sont comme les arbres fruictiers néz sur les précipices des rochers, dont les oyseaux et les bestes mangent et les hommes ne goûtent point. Ainsy ces places ne servent point à Votre Majesté ny à vos subjectz, en temps de paix ou de guerre, mais de retraicte aux lasches et aux meschants (qui n'osent aller aux armées), pour prendre les deniers de Votre Majesté, piller les marchands et les laboureurs, empescher le trafic, gaster vos forêts...; que ce que Votre Majesté a ordonné de semblables nids de chahuans et de volleurs soit enfin exécuté ». Ces nouvelles prières furent vaines, et plusieurs années se passèrent encore sans apporter d'amélioration à cette déplorable situation.

Le 14 octobre 1617, Simon Le Vigneron, tavernier-hôtelier de la Bouille, acheta par devant MM.es Denis Grimouin et Adrien Carré, adjoints à Me Louis Hesbert, principal tabellion au siège du Bec-Thomas, de Georges Foucquet, bourgeois marchand, demeurant à Saint-Étienne d'Elbeuf, une certaine quantité de vin pour le prix de « sept vingt cinq liv. tourn. ».

Le registre du tabellionage d'Elbeuf, où nous avons trouvé ce renseignement, contient une infinité d'autres actes desquels nous avons extrait les notes suivantes :

17 octobre 1617. — Robert de Quiévreville fils de feu Martin de Quiévreville, demeurant à Tourville-la-Campagne, vendit 7 livres de rente à « honneste homme maistre Symon de Flavigny, appoticaire, bourgeois de la paroisse Saint Jean d'Elbeuf » moyennant 98 livres.

20 octobre 1617. — Mention de Georges Saint-Gilles, geolier et garde des prisons d'Elbeuf.

23 octobre 1617. — Mention de « noble homme Jacques Le Charestier, sieur de Saint-Pierre-des-Cercueils et de Port-Pinché, conseiller du roi au bailliage et siège présidial de Rouen.

24 octobre 1617. — Noble homme Louis Allorge, sieur de la Factière, stipulant pour

Pierre Allorge, écuyer, sieur de Douinville, demeurant à Thuit-Signol.

27 octobre 1617. — Jean Cappelet, ancien élu en la vicomté de Pont-de-l'Arche, Jacques et Pierre Dupont frères, et plusieurs autres habitants d'Elbeuf, tous parents des enfants de Charles Dupont, en son vivant conseiller du roi, élu en l'élection de Pont-de-l'Arche.

14 novembre 1617. — Louis Lecomte, « receveur pour monseigneur le duc d'Ellebeuf en sa terre et baronnie de Quatremares.

23 novembre 1617. — Jean Dupont fils Jean, « marchand tailleur de draps », de la paroisse Saint-Jean.

30 novembre 1617. — Jean Pollet, fils de maître Richard Pollet, en son vivant procureur fiscal au duché d'Elbeuf, demeurant paroisse Saint-Jean.

4 décembre 1617. — Mention de Jacques de Saint-Ouen, curé de Caudebec.

14 décembre 1617. — Mention de Nicolas Hellix, greffier à La Londe, demeurant à Elbeuf.

18 décembre 1617. — Louis Hesbert, contrôleur en l'élection de Pont-de-l'Arche, demeurant à Fouqueville, tuteur des enfants de feu Mathieu Dupont, en son vivant avocat au Parlement de Rouen.

19 décembre 1617. — Le « hamel du Bucquet, parroisse Sainct Estienne d'Ellebeuf, vicomté de Pont-Audemer ».

1er janvier 1618. — Thomas d'Ossemont, écuyer, sieur de Seglas, demeurant au manoir seigneurial dudit lieu, paroisse de Boscroger, stipulant pour François de Nollent, écuyer, sieur de Criquebeuf-la-Campagne, fils de feu

Richard de Nollent, écuyer, en son vivant sieur de Saint-Cyr.

10 janvier 1618. — Pierre Dieppedalle, curé de Martot.

30 janvier 1618. — Michel Chrestien, lieutenant général au bailliage et duché d'Elbeuf, pairie de France, demeurant paroisse Saint-Jean, donne ses pouvoirs à un procureur du Parlement de Paris.

5 février 1618. — Procuration donnée par Jean Duchesne, de Saint-Jean d'Elbeuf, sergent royal au grenier à sel de Rouen.

26 février 1618. — Jean Le Cousturier, drapier, de la paroisse Saint-Etienne.

3 mars 1618. — Mention de Nicolas de Campion, seigneur de Montpoignant, demeurant au manoir seigneurial dudit lieu ; il passa de nombreux actes devant les tabellions du Bec-Thomas et d'Elbeuf.

21 mars 1618. — François Duchesne, sieur de Beauchamp et des Chastelliers, avocat à la cour du Parlement, bailli du duché-pairie d'Elbeuf, demeurant paroisse Saint-Jean.

22 mars 1618. — David Saheurs, maître cordonnier de la paroisse Saint-Etienne, achète, moyennant 12 livres tournois, payables à la Saint-Gilles, « un cheval de poil d'estourneau ou fleur de pescher ».

26 mars 1618, — Jean et Antoine Maille frères, héritiers de feu Bernard Maille, en son vivant curé de Saint-Aubin-jouxte-Boulleng, vendent au trésor de Saint-Aubin, stipulé par Me Jean Forestier, prêtre, curé de cette paroisse, 9 livres tournois de rente.

1er avril 1618. — Jacques Cresté, prêtre, pourvu du bénéfice-cure de Damneville, demeurant à Evreux, donne procuration pour ester en justice contre un autre prêtre, se disant pourvu du même bénéfice.

6 avril 1618. — Claude Tassel, meunier au moulin de Saint Etienne d'Elbeuf.

14 avril 1618. — Pierre Bénard, greffier des eaux et forêts du duché d'Elbeuf, demeurant paroisse Saint-Jean.

17 avril 1618. — Jacques Pollet, bachelier en droit, avocat, demeurant paroisse Saint-Jean.

21 avril 1618. — Jean Regnault, sergent de l'Eau de monseigneur le duc d'Elbeuf.

29 mars 1618. — « Lois Le Maistre, bourgeois et marchand demeurant au bourg d'Elbeuf, parroisse Saint Jehan, lequel meu de dévotion et pour et affin que François Le Maistre, son filz, de ladite parroisse, de présent clerc et estudiant, puisse estre et parvenir aulx saintes ordres de l'Esglize, et premièrement en l'ordre de soudiacre et aultres ordres ensuivantes, volontairement et sans contrainte a donné et donne audit François, son filz, la somme de soixante livres tournois par chacun an et pour la vie durant dudit François... » — François Le Maistre devint chanoine de la Saussaye.

Il est également fait mention, sur les registres paroissiaux de Saint-Etienne, de « Me Jehan Dupont, appoticaire », et sur ceux de Saint-Jean de Pierre de la Bouque, sieur du Quesne, qui avait été parrain en cette paroisse l'année précédente.

Nous avons déjà parlé du Tripot, partie de la halle contiguë au cimetière de l'église Saint-Jean. Par sentence du 14 août 1618, Fiacre Hesbert obtint la permission d'édifier la galerie de son jeu de paume sur la muraille du cimetière, moyennant une rente de 5 sols en faveur du trésor.

Dans ce même temps, dit François Dupont, « il y avoit un autre jeu de paume, appartenant à Nicolas Forest, sur la paroisse Saint-Etienne, dans la maison qui est à présent (1782) à M. Benoist Delarue, vis-à-vis la grande porte des Ursulines ».

François de Harlai, archevêque de Rouen, ouvrit un synode en 1618, dont les règlements réformateurs nous font connaître des mœurs et des habitudes à cette époque. En voici quelques-uns :

« Les curés ne demeureront pas plus de deux mois absents dans l'année ; ils porteront la soutane et la tonsure.

« Aux processions, on ne portera ni bouteilles, ni viandes ; toutes représentations et déguisements dans l'église sont interdits.

« On ne souffrira dans l'église aucun tumulte, bruit, querelles, devis, promenades et autres insolences.

« On ne tiendra plus foires ni marchés dans les cimetières.

« On fera cesser les abus des confréries ; on n'y fera plus ni danses ni banquets.

« On ne donnera plus de noms ridicules aux « ponpons » ; on ne portera plus les nouveaux-nés dans les tavernes.

« On ne se servira plus du calice pour donner le vin aux laïques après la communion, etc., etc.

Le 20 janvier 1619, dit Ponchartrain, « se fit la consommation du mariage de M. le duc d'Elbeuf et mademoiselle de Vendôme, sœur naturelle du Roi ; et environ ce temps-là, ou peu de jours après, le Roi commença à coucher avec la Reine sa femme, ce qu'il n'avoit encore fait à cause de son jeune âge ». — Catherine-Henriette de Vendôme, bâtarde de Henri IV, fille de Gabrielle d'Estrées, avait été fiancée, du vivant de son père, au sieur de Montmorency, que le roi aimait beaucoup et qu'il voulait élever très haut. Le poignard de Ravaillac changea la destinée de cette jeune fille et la fit duchesse d'Elbeuf.

M. Parfait Maille, à l'occasion du mariage de Charles II de Lorraine, fait les observations qui suivent :

« Le duc d'Elbeuf, qui espérait tout des bonnes grâces de Marie de Médicis, resta attaché à ses intérêts, tant que la fortune lui sourit.

« Quand son étoile vint à pâlir, il porta ailleurs ses hommages et ses flatteries.

« Courtisan du duc de Luynes, il contracta, pendant sa toute-puissance, une alliance quasi-royale, malgré l'anathème de Henri IV.

« Ce roi, qui avait eu tant à souffrir des princes de Lorraine, s'était promis leur extinction en France ; il voulait les empêcher de se marier et que leur race finît en ceux qui existaient de son temps ; mais, vanité des projets de l'homme, la mort en ordonna autrement.

« Dès qu'il eut les yeux fermés, les mariages qu'il vouloit interdire eurent lieu ; le duc de Guise, à la grande joie de sa lignée, épousa madame de Montpensier, veuve d'un prince du sang, union qui le rendait beau-père du duc d'Orléans, frère du roi, et l'approchait du trône ; le duc d'Elbeuf entra aussi dans sa famille et obtint la main de sa fille légitimée, Henriette d'Estrée, demoiselle de Vendôme, quoique recherchée par messieurs d'Ancre, de Luynes, Rosny, Longueville et Montmorency, ses rivaux ».

Un acte, daté du 17 février 1619, dit que « d'aprez l'accord faict et traicté establiy entre Monseigneur le duc d'Elbeuf, d'une part, et les habitans de la parroisse de Caudebec, d'autre part, il sera, moyennant finances et indemnitez accordées es ditz habitans, permis et loysible aux entreprenneurs et feseurs du pavement du bourg d'Elbeuf, démolir la vieille chaussée allant dudict Elbeuf au pied de l'église de la dicte parroisse, pour et affin d'en prendre et enlever les pierres, grez ou gros cailloux, pouvant servir en quelque utilité que ce soit aux dictz entreprenneurs et paveurs ; pour laquelle indemnité il sera deub par les dictz entreprenneurs et feseurs ou ayant cause, aux dictz habitans de la parroysse de Caudebec, six sols tournois par chaque bannelée de pierres ou cailloux enlevés de la dicte chaussée ; et, en oultre, devront refaire nouveau chemin, bien et solidement garny de materiaulx suffisans… »

Un jour du printemps de 1619, les protestants d'Elbeuf, comme ceux de Rouen, du reste, s'émurent d'un évènement qui se produisit aux environs du temple de Quevilly.

Le père Yves, capucin et ardent prédicateur, à la suite d'un sermon prêché dans Rouen et déjà propre à échauffer les têtes, se fit suivre par son auditoire à Quevilly, où il voulait prêcher encore. Il y rencontra les religionnaires qui sortaient du temple, et des propos malsonnants s'échangèrent entre les deux partis.

Le capucin fut mandé au Parlement, qui lui

fit défense de mettre « dorénavant la tranquillité publique en péril ».

Le samedi 12 octobre 1619, Marguerite Chabot se rendit à la Saussaye en compagnie de son fils Charles et de sa bru, Henriette d'Estrées. Ils étaient suivis du sieur de Villars, et ne revinrent à Elbeuf qu'après avoir assisté à une messe de *Requiem*, dite pour le repos de l'âme de Charles Ier.

En cette même année, Claude Leroux, bailli de Rouen, descendant des vicomtés d'Elbeuf, et dont nous reparlerons bientôt, fut parrain à Saint-Jean avec la femme de « M. du Romboc ». — Georges Saint-Gilles était alors prêtre en cette paroisse.

Le 10 janvier 1620, Marguerite Chabot se rendit de nouveau à la Saussaye, avec le comte d'Harcourt, son plus jeune fils, où ils assistèrent à un service funèbre célébré à l'intention du duc Charles Ier. La duchesse remit au chanoine-chantre quatre pièces de seize sols pour la cérémonie, et le jeune prince donna à l'offerte un teston de 15 sols et demi.

On pourra se faire une idée de l'incivilité des chanoines et du peu de respect qu'ils avaient pour leurs seigneurs par une scène qui se passa après le départ de la duchesse et de son fils.

Le chanoine qui remplissait les fonctions de chantre prétendit que « Madame lui avait baillé, pour lui seul, les trois livres quatre sols, et qu'il n'en donnerait rien au chapitre avant d'être indemnisé des frais que lui avait coûtés sa visite».

Un grand débat s'éleva entre les chanoines; le chapitre finit par décider que le chantre ferait état de ce qui lui était raisonnablement

Année 1620

dû et qu'on lui en tiendrait compte ; ce qui fut fait. L'argent de la duchesse fut ensuite réparti entre les chanoines, qui reçurent chacun sept sols.

En juin, notre duc reçut ces lettres du roi :
« Louis, par la grace de Dieu roy de France et de Navarre, à nos amés et feaux les gens de nos comptes à Rouen et Nantes, salut ;

« Nostre cher et très amé beau frère Charles de Lorraine, duc d'Elbeuf, pair de France, nous a faict remonstrer qu'à cause de ses terres et duché d'Elbeuf, comtez de Harcourt, Briosne, Lislebonne, Rochefort, les Trois-Pierres et autres terres et seigneuries scituez en noz provinces de Normandie et Bretaigne, il est tenu de nous faire les foy et hommage, de bailler les denombrements en tel cas acoustumez, à quoy quant à present il ne peult satisfaire, tant pour n'avoir entière congnoissance de leurs appartenances et dependances que pour n'avoir encore attaint l'aage de vingt cinq ans requis pour prester les foy et hommage d'aucunes desdictes terres ; nous supliant, pour les considerations susdictes, luy donner terme et delay de trois ans pour nous prester lesd. foy et hommage et nous bailler led. denombrement, pendant lequels temps il fera dilligence de recueillir les tiltres et enseignementz desd. terres et de se faire recongnoistre par les vassaulx qui en relevent en fief, afin de faire dresser led. denombrement...

« A ces causes, desirons luy subvenir et le soullager en tant qu'il nous sera possible, avons de notre grace specialle, donné, accordé et octroyé..., par ces presentes signées de notre main, à notre dict beau frère exposant, led. erme et delay de trois ans pour nous rendre led. foy et hommage, adveux et denombrementz, sans que pendant led. temps il en puisse estre inquieté ne molesté en aucune sorte...

« Donné le 26ᵉ jour de juing l'an de grace mil six cents dix neuf et de nostre regne le dixiesme. — Louis ». — Et plus bas : « Par le Roy : Potier ».

Ces lettres « scellées sur simple queue du grand scel de cire jaulne », furent enregistrées à Rouen le 30 juin de la même année.

On sait que la reine-mère et Louis XIII son fils furent souvent brouillés. Le grand prieur duc de Vendôme, beau-frère du duc d'Elbeuf, le duc de Nemours, la comtesse douairière de Soissons et son fils, et enfin le duc de Longueville étaient les principaux personnages ayant embrassé le parti de Marie de Médicis.

Le duc de Longueville avait été nommé gouverneur de la Normandie à la fin de l'année précédente, et, dès son arrivée, il avait entrepris de gagner notre province aux intérêts de la reine-mère. Déjà, il s'était assuré de la basse Normandie par le comte de Thorigny et le grand-prieur duc de Vendôme, qui commandait Caen ; tous ses efforts tendirent donc à faire entrer Rouen dans la rebellion.

La noblesse se pressait autour du duc de Longueville, descendant du célèbre Dunois, et se donnait sans réserve au nouveau gouverneur de la province. Ces seigneurs entraînaient avec eux leurs vassaux et clients, et de tous points, on éleva des murailles et des retranchements. Mais Rouen était surtout désirable.

Le sieur de Bauquemare du Mesnil, tout à la dévotion du duc, fit entrer une forte gar-

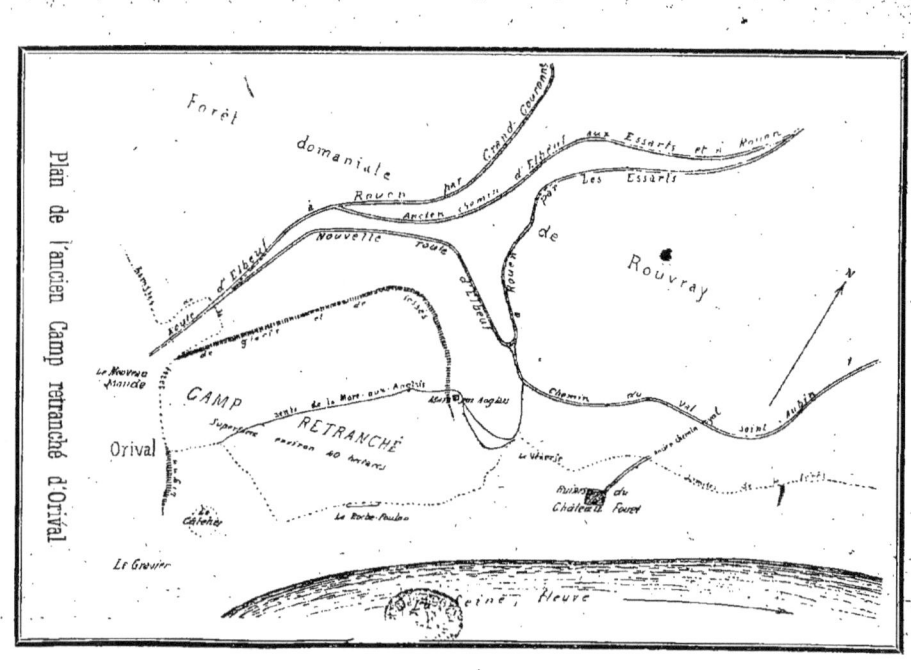

nison dans le Vieux-Palais de Rouen. Le prince de Longueville s'assura aussi de la fidélité de Le Roux de Saint-Aubin, descendant des anciens Le Roux d'Elbeuf, qui exerçait alors les importantes fonctions de lieutenant général du bailliage de Rouen, c'est-à-dire que la police, les cinquanteniers, les arquebusiers et les sergents dizainiers lui obéissaient.

Il n'y avait donc que le Parlement de Normandie qui pût être un obstacle au soulèvement général que rêvait le duc de Longueville ; mais il y comptait aussi des partisans, notamment le président Le Roux, baron de Bourgtheroulde, père de Le Roux de Saint-Aubin, et plusieurs conseillers.

Le duc de Longueville fit faire des levées d'hommes par toute la province, en même temps que les seigneurs de la coalition fortifiaient leurs châteaux.

Au nombre des plus influents seigneurs normands qui avaient embrassé le parti du duc et de Marie de Médicis, se trouvait François de Bigars, marquis de La Londe et seigneur d'Orival, suzerain du baron de Bourgtheroulde, et qui visait aux plus hautes destinées par le retour de la reine-mère à la direction des affaires publiques.

Le marquis de La Londe se concerta avec le duc de Longueville pour établir un vaste camp retranché à Orival, en relevant et augmentant les anciennes défenses, dont les ruines et la position n'avaient jamais cessé d'attirer l'attention des hommes de guerre depuis quinze siècles.

Le marquis de La Londe embaucha donc une multitude d'ouvriers, et les immenses travaux de terrassement qui subsistent encore furent commencés ou plutôt rétablis et augmentés à partir de mai, peut-être, mais au moins en juin 1620. Il faut parcourir la ligne entière de ces longs remparts pour se rendre un compte exact de l'importance de ces fortifications en terre, qui pouvaient abriter une armée de plus de 20.000 hommes, contre laquelle des troupes beaucoup plus considérables se seraient infailliblement échouées.

Le lieu était d'ailleurs admirablement choisi car, en cas d'événements, la garnison du camp retranché d'Orival devenait maîtresse du cours de la Seine en amont et même en aval de Rouen, et comme l'armée du duc de Longueville était au nord de Rouen, la capitale de la Normandie se fut trouvée promptement à la merci des révoltés.

Mais le Parlement avait pour premier président Faucon de Ris, homme d'une grande énergie et dévoué à la politique du roi. La Cour, sur ses rapports, rendit de nombreux arrêts, qui furent criés à son de trompe et affichés à Bourgtheroulde, à La Londe, à Orival et dans tous les lieux dont les rebelles étaient les maîtres.

« Devant tous ces châteaux qu'on cherchait à fortifier, dit M. Floquet, apparaissaient des sergents, des huissiers, la verge en main, accompagnés d'hommes armés ; et, à leur voix, sur l'ordre de la cour du Parlement, dont ils signifiaient les impérieux arrêts, tous les ouvriers devaient partir en hâte et tous les travaux cesser.

« Il n'y eut point d'exception pour le puissant marquis de La Londe, voisin et suzerain du baron de Bourgtheroulde que, peut-être, il avait ainsi gagné à la cause de la reine-mère.

« A La Londe donc, ainsi qu'à Orival, tout près de là, se creusaient des fossés profonds et s'élevaient chaque jour, à vue d'œil, des tours et des murailles. Mais le grand prévôt Le Blanc du Rollet, les huissiers du Parlement et une troupe d'archers y survenant un jour, comme le marquis, en personne, pressait et dirigeait les travaux, lui montrèrent d'exprès arrêts de défense, auxquels il fallut bien obéir ».

Les travaux entrepris à Orival furent donc suspendus. Longueville montrait d'ailleurs beaucoup d'indécision, et le zèle de ses partisans se refroidissait de jour en jour, d'autant plus que la nouvelle de la prochaine arrivée du roi se répandait dans la contrée. Les deux Le Roux et le commandant de Bauquemare déjà surveillés, le furent davantage encore quand le Parlement sut que le lieutenant général avait harangué des dizainiers et des bourgeois armés qu'il avait réunis dans son magnifique hôtel du Bourgtheroulde, à Rouen.

Malgré un violent orage qui s'abattit sur la ville ce jour-là, la célèbre duchesse de Longueville fit son entrée à Rouen, le 2 juillet, au milieu d'une prodigieuse affluence de gentilshommes et d'hommes armés, portant des aiguillettes bleu-blanc vert, couleurs des Longueville. Elle venait pour réchauffer le zèle des révoltés et, au besoin, pour en prendre le commandement, car elle n'ignorait pas l'indolence de son mari.

De nouvelles levées d'hommes eurent lieu, et il paraît même que les terrassements d'Orival furent repris, car il entrait dans le plan des rebelles d'établir là le centre de leurs opérations et d'y attendre les troupes royales.

Quant au marquis de La Londe, il continuait à armer ses vassaux.

Le Parlement, dans sa séance du 4 juillet, prit cette nouvelle délibération : « Sur ce qui a esté présenté par le premier président, que sur les bruits qui arrivent de mouvementz et préparatifz qui se font tendant à troubler le repos et tranquillité publique, encore que la Cour n'en ay receu aucunes lettres et advis de Sa Majesté, néantmoins il estoit à propos de renouveler les deffenses cy devant faictes par Sa dicte Majesté et arrest de ladicte Cour de faire aucunes levées et amas de gens de guerre, sans commission expresse de Sa Majesté, signée de l'un de ses segrétaires d'estat et scellée de son grand sceau, deffend », etc.

Les fortifications d'Orival sont probablement les seuls témoins qui restent des machinations du duc de Longueville en faveur de Marie de Médicis, contre le roi son fils. Elles constituent donc un monument historique d'une certaine importance, mais que, malgré leur vaste étendue, bien peu de personnes connaissent, même parmi les habitants de la commune.

Faucon de Ris ordonna au duc de Longueville de se rendre à la cour du roi, en compagnie du président du Bourgtheroulde et du lieutenant général de Saint-Aubin ; mais ceux-ci n'obéirent point et, au contraire, tentèrent d'ameuter Rouen contre le Parlement.

Un complot fut ourdi pour s'emparer de Rouen le 9 juillet, au moyen de la noblesse, qui continuait d'affluer dans ses murs et en tête de laquelle se trouvaient, parmi d'autres grands seigneurs, le marquis de La Londe et le sieur de Rouville. Ce dernier demanda même que le duc de Longueville fit arrêter Faucon de Ris, et de faire pointer sur la ville le canon du Vieux-Palais que commandait Bauquemare.

Le roi se décida à marcher sur la Normandie, à la tête d'une armée qu'il commanderait en personne. Un jour, le jeune monarque, sortant du Conseil, rencontra Le Blanc du Rollet, dont nous avons plusieurs fois parlé, et qui avait alors la charge de grand prévôt de Normandie. Du Rollet se jeta aux pieds de Louis XIII, et, en exagérant les troubles de notre province, essaya de le détourner de son entreprise qu'il qualifiait de périlleuse :

Le roi lui répondit vivement : «Vous n'estes pas de mon Conseil ; j'ai pris un avis plus généreux. Sachez que quand les chemins seraient tous pavés d'armes, je passeray sur le ventre de mes ennemis, puisqu'ils n'ont nul sujet de se déclarer contre moy, qui n'ay offensé personne. Vous aurez le plaisir de le voir ; je sais que vous avez trop bien servy le feu roy mon père, pour ne pas vous en réjouir».

Ce voyage causa une grande terreur à Elbeuf, suivant une note placée entre deux actes de baptême des registres de Saint-Jean, ainsi conçue :

« Le jeudi 9e dudit juillet, on fit des feux de joye pour la naissance de Monsr le conte d'Harcourt, et le 3e jour tout le monde trembloit de peur ».

Cependant Louis XIII approchait de Rouen, et quand ses fourriers parurent dans la ville, le duc en sortit pour se rendre à Dieppe. Les Le Roux, les sieurs de Bauquemare et de Rouville, le marquis de La Londe et autres chefs de la cabale sortirent par d'autres portes.

Le 10, pendant un nouvel et violent orage dont les Rouennais conservèrent le souvenir, le roi fit son entrée ; le lendemain, il se rendit au Parlement, où il fit interdire le duc et les Le Roux.

Les registres du Parlement de Rouen donnent un procès-verbal de cette cérémonie :

« ... Et tost après est arrivée Sa Majesté, accompagnée de monseigneur frère de Sa dite Majesté ; monseigneur le prince de Condé ; MM. les ducs d'Elbeuf et de Luynes ; M. le colonel d'Ornano, lieutenant général pour Sa Majesté au gouvernement de Normandie, et M. le comte de Chombert.

« Sa Majesté estant montée en son throsne royal et lict de justice et assise, s'est à l'instant couché à ses pieds le seigneur de Hunnière, premier gentilhomme de la chambre de Sa Majesté faisant l'office de son grand chambellan...

« Au costé droit estoient..., et de suite estoient MM. les ducs d'Elbeuf et de Luynes, le colonel d'Ornano et le comte de Chombert... Et du costé senestre estoient MM. les cardinaux de la Rochefoucault et de Retz et l'archevesque de Rouen... »,

Au 15 juillet, Charles de Lorraine, duc d'Elbeuf, était commandant d'une armée aux environs de Dieppe ; il avait pour adjoint le maréchal de La Châtre.

Le duc d'Elbeuf, beau-frère du roi, fut nommé gouverneur général de la Normandie, en remplacement du duc de Longueville, et bientôt toute la province rentra dans le calme.

Voici un autre extrait des registres du Parlement relatif aux honneurs qui devaient être rendus à Charles de Lorraine :

Année 1620

« Du jeudy matin 16e juillet 1620.

« Sur la proposition faicte par M. le premier président que M. le duc d'Elbeuf, lequel le Roy a envoyé en ceste ville tant pour la conservation d'icelle que pour commander les troupes de cavalerie et d'infanterie que Sa Majesté veult faire lever et assembler en ceste province... et qu'il estoit question de sçavoir les honneurs qui luy seroient rendus, attendu que sa qualité de beaufrère du Roy et le rang qu'il tient en France et les lettres de Sa Majesté ; et après avoir veu le registre du moys de febvrier 1571 de ce qui fut observé lors que Mr le mareschal de Montmorency vint en ceste ville par commission du Roy, où il est faict mention lors qu'il entra en la Court et qu'il fust envoyé au devant de luy jusques à la première porte de la chambre dorée quatre de MM. les conseillers ; a esté arresté que pour la considération à ce mouvant, la Cour, et sans tirer à conséquence, que pareil honneur sera rendu audict sieur duc d'Elbeuf, et luy sera préparé le drap et carreau de veloux au banc où il prendra sa place, ainsy qu'il fut faict pour ledict sieur mareschal de Montmorency ».

Les Le Roux de Bourgtheroulde et de Saint-Aubin tentèrent cependant de rentrer à Rouen pour, le premier, reprendre son siège de président au Parlement, le second, remonter dans sa chaire et présider comme maire perpétuel les délibérations de l'Hôtel-de-Ville. Mais tout, hommes et éléments, était déchaîné contre eux. « Il fut en un instant grande pluye qui présageoit leur retour. Le soir, la fouldre tomba sur plusieurs maisons avec désastres incroyables ».

L'été de 1620 fut donc très orageux. On remarqua encore que, le 26 juillet, pendant le baptême d'un fils du sieur de Bauquemare, gendre et beau-frère des Le Roux, « Dieu fit voir ses feux ; il sembloit que le ciel deust fondre de fouldres et d'esclairs fort fréquens et pluyes en grande abondance. Le monde en parloit fort diversement, disant : « Telle fut « la fuite de M. de Bauquemare, de son beau-« père et de son beau-frère ; tel leur retour ; « telle la réjouissance du gendre »,

Dans les enquêtes qui furent faites par ordre du roi sur les menées des Le Roux, on découvrit que quelques protestants s'étaient unis à leurs desseins ; tout de suite la rumeur publique accusa cette famille de connivence avec le parti des réformés. Après cela, dit M. Floquet, la pluie tombant par fortune et le tonnerre grondant, il ne faut point s'émerveiller si quelques catholiques y virent la main de Dieu foudroyant ces affiliés des huguenots.

Aussi le peuple, enclin à haïr et maltraiter les religionnaires, recommença-t-il à les poursuivre et injurier en tous lieux, les appelant « grenouilles » comme si on eût voulu leur imputer d'avoir « trempé » aux entreprises de Rouen, tentées par un temps pluvieux. Au fond, ils n'avaient voulu que seconder les vues de Marie de Médicis contre le roi, son fils.

Les registres du Parlement nous fournissent ce nouveau procès-verbal, daté du 17 août :

« La Court, advertie que M. le duc d'Elbeuf pair de France, lieutenant général pour le Roy en son armée de Normandie, arrivoit au palais pour entrer en ladicte Court, assisté du sieur mareschal de La Chastre, aussy lieutenant général en ladicte armée en l'absence dudict sieur d'Elbeuf, et soubz lui en sa présence, ont esté les chambres assemblées, compris les requestes, et envoyez quatre des antiens conseillers de la grand-chambre au devant des dicts sieurs jusques à la première porte du parquet des huissiers, où ils les ont receus et accompaignés jusques dans la chambre du conseil où, estant entrez et pris, par le dict sieur d'Elbeuf, place au banc au dessus des conseillers lays sur le drap et carreau de velours à luy préparés, et au dessoubz de luy ledict sieur mareschal de la Chastre dans la chaire en laquelle il avoit esté apporté par indisposition.

« Aprez avoir sallué la compaignie, luy a ledict sieur présenté lettres closes du Roy dont la teneur ensuit :... » Louis XIII annonçait le succès de ses armes et sa réconciliation avec sa mère. Il demandait au Parlement de célébrer cette bonne nouvelle par des actions de grâces à la cathédrale. Le duc d'Elbeuf se retira ensuite, ainsi que le maréchal de La Châtre, qu'on emporta.

L'assemblée, ayant décidé de répondre au désir du roi, s'inquiéta du cérémonial et de la place que devrait occuper le duc d'Elbeuf. On consulta de nouveau un ancien registre, afin de savoir comment il avait été procédé précédemment en pareille circonstance :

« Veu ledict registre et pour les considérations qui sont en la personne dudict sieur duc d'Elbeuf, par son extraction et qualité de beau-frère du Roy et de lieutenant général de Sa Majesté en ses armées de ceste province, arresté qu'il luy sera donné le second lieu qui est à costé et au dessoubz du sieur premier président... et, s'il voulloit avec la Cour et dans le chœur de Nostre-Dame, la première chaire du costé gauche ou la seconde du costé droict, telle qu'il vouldroit choisir, et sans tirer conséquence ».

A la suite de cette délibération, une députation du Parlement se rendit chez le sieur de Mathan, conseiller à la Cour, où Charles de Lorraine avait pris logement, à laquelle il fut répondu « que M. d'Elbeuf disnoit, ce qui luy avoit donné subject de monter en la galerie et là attendre la fin de son repas, et y ayantz esté demie heure ou environ arriva M. le duc d'Elbeuf ».

Les délégués lui firent connaître ce qui avait été arrêté en la chambre, et ajoutèrent que la place qu'on lui réservait avait été occupée, dans des circonstances pareilles, par le cardinal de Bourbon, prince du sang royal, qui s'en était contenté.

Le duc répondit « qu'il se garderoit bien de s'attribuer les honneurs qui sont deubz aux princes du sang et qu'il se contenteroit de ceux qui sont deubz au gouverneur de la province et desquels ceux qui l'ont devancé ont joy jusques à présent. Toutefois, premier que de leur desclarer sa résolution, il en desiroit prendre advis ; c'est pourquoy il les convia à retourner vers luy sur les cinq heures du soir ».

Quand les délégués revinrent, le duc était dans son cabinet avec le maréchal de La Châtre, le sieur de Tilly, conseiller à la Cour, le baron de Courtomer et le baron de Pont-Saint-Pierre. Il confirma aux députés ce qu'il leur avait dit le matin, mais en ajoutant « qu'il savoit bien que le duc de Montpensier, en sa qualité de gouverneur de la province, avoit prétendu, en pareille cérémonie, donner l'ordre et l'heure, mener la Cour et tenir la première place », mais que la Cour avait mieux aimé se retirer que d'entrer en contestation avec Montpensier.

Cette entrevue tourna à l'aigre, le duc ayant élevé des prétentions que les délégués n'admirent point, et l'on ne put s'entendre sur cette question de préséance. Bref, le Parlement rendit un arrêt défendant aux échevins de faire des préparatifs de réjouissances, jusques au moment où il aurait reçu l'avis du roi sur la contestation soulevée par le duc d'Elbeuf.

Le 26 de ce même mois, Louis XIII manda à la Cour que puisque la cérémonie n'avait pas eu lieu, de ne pas la célébrer du tout, « car elle ne pourroit estre désormais que hors de temps et de bienséance ». Pour terminer le différend, le roi rappela à Paris le duc d'Elbeuf, qui fut remplacé dans son gouvernement de Normandie par La Châtre.

En cette année eût lieu la bataille de la Montagne-Blanche, près de Prague, où le jeune Henri de Lorraine, comte d'Harcourt, frère de Charles II, duc d'Elbeuf, fit ses premières armes. Plus tard, il se distingua aux sièges de Saint-Jean-d'Angely et de Montauban.

Déjà, Henri IV, en 1596 et en 1606, avait défendu d'inhumer dans les églises et cimetières les corps des non-catholiques romains. Ces ordonnances furent renouvelées en 1620 par Louis XIII, et il est fort probable que c'est de cette époque aussi que datait le cimetière que les protestants possédèrent à Elbeuf, duquel nous reparlerons par la suite.

Des registres du tabellionage de Bourgtheroulde nous extrayons un acte daté du 6 juillet 1620 :

« Anthoine de Compries (?) escuier, curé de la paroisse d'Engoville (réunie maintenant à celle de Berville-en-Roumois) et osmonier de Madame la duchesse d'Ellebeuf » reçut de Pierre Parissot, vicaire d'Angoville, «60 livres restant de sept vingtz dix livres, pour une année de fermage dudit vicariat ».

Terminons ce chapitre par quelques mots sur la condition du peuple, empruntés aux remontrances des Etats de Normandie de cette année 1620 :

« Le tiers-état est en anathème et exécration, abandonné de tous, opprimé par tous.

« L'Eglise prend sur luy, et chacun sçait comme il est indignement traicté par la noblesse.

« Le soldat impieux le bat, le viole, le vole, ne luy laisse que ce qu'il ne peut emporter.

« Des gens de justice, il n'ozeroit se plaindre. Les maltôtiers le chargent de fardeaux insupportables. La peste l'a persécuté ; il ne luy reste que la voix ».

CHAPITRE XXII
(1621-1625)

Charles II de Lorraine *(suite)*. — Mme de Motteville. — Un sculpteur elbeuvien. — Le duc d'Elbeuf a Tonneins. — Les tenanciers du duché. — La famine, la peste et les impots. — La confrérie des Pélerins de Saint-Jacques. — Faits divers.

En 1621, François de Bessin était bailli d'Elbeuf ; ce titre lui est donné dans un acte de baptême de la paroisse de Saint-Aubinjouxte-Boulleng.

Nous lisons dans la notice placée en tête des *Mémoires* de Madame de Motteville qu'elle naquit en 1621, de Pierre Bertaut, « gentilhomme ordinaire de la chambre du Roi, et de Louise Bessin de Mathonville, qui appartenoit à la maison de Saldagne, famille espagnole fort connue. Son oncle, Jean Bertaut, avoit acquis dans la littérature une assez grande réputation par des poésies... Il éloit devenu évêque de Seez et premier aumônier de Marie de Médicis, mais la mort l'avoit enlevé plusieurs années avant la naissance de sa nièce.

« Cette famille, privée de fortune, n'avoit d'espoir que dans les bienfaits de la cour. Madame Bertaut se trouvant du même pays que la reine régnante Anne d'Autriche, fut remarquée de cette princesse, qui crut pouvoir se servir utilement d'elle pour les correspondances secrètes qu'elle entretenoit avec l'Espagne. Son crédit s'étant sensiblement augmenté, elle produisit à la cour, en 1628, sa fille qui, n'étant encore âgée que de sept ans, parloit déjà très bien la langue espagnole... »

L'auteur de cette notice a commis une légère erreur, que nous croyons devoir rectifier. Madame Louise Bertaut n'était point née à l'étranger, mais bien à Saint-Aubin-jouxte-Boulleng où elle se maria. Dans notre notice sur cette commune, nous avons publié le texte de son contrat de mariage, passé à Elbeuf, devant les tabellions du Bec-Thomas, le 29 avril 1612. Elle était fille de Pierre de Bessin, sieur de Mathonville. Sa mère était Charlotte de Saldaigne, fille de Pierre de Saldaigne IIe du nom, originaire d'Espagne, bourgeois de Rouen, où il avait exercé le commerce et acquis une certaine fortune. Il avait été anobli en octobre 1522.

Cette enfant de Louise Bertaut, qui dès l'âge de sept ans fut produite à la cour, plut beaucoup à la reine, qui bientôt lui assura une pension de 600 livres ; mais, en 1631, Richelieu fit exiler en Normandie la mère et la fille. Cette enfant épousa, plus tard, Nicolas Langlois, sieur de Motteville. Plus tard encore, elle écrivit des *Mémoires* fort intéressants, auxquels nous aurons l'occasion de faire quelques emprunts.

Farin dit que dans la chapelle Saint-Fran

çois des Pénitents de Rouen, au pied de l'autel, se trouvait un caveau sur lequel était une tombe portant cette inscription : « M. François Bertault, baron de Freauville, seigneur du Caignet, de Bessé, de Clasnay, conseiller du Roi en ses conseils et en son Parlement de Rouen, abbé du Mont-aux-Malades ; et dame Françoise Bertault, sa sœur, dame d'honneur de la Reine, mère du Roi, veuve de Messire Nicolas Langlois, chevalier, seigneur de Motteville et autres lieux, conseiller du Roi en ses conseils et premier président en sa Chambre des comptes de Normandie ; ont fait mettre en cette chapelle le corps de défunte dame Louise de Bessin, leur mère, en son vivant femme de Messire Pierre Bertault, chevalier, seigneur de Noisy et de Vatteville, gentilhomme ordinaire de la chambre de Sa Majesté, décédée le 27 février 1642 ».

L'officialité de Rouen rendit un arrêt, le 12 mars 1621, « contre un jacobin prèchant à Elbeuf, lequel prétendoit, de son mouvement particulier, faire le dimanche suivant une procession générale de paroisse en autre, sous le nom d'une certaine confrérie du nom de Jésus, de laquelle confrérie l'usage ne pouvoit êtr que dans les maisons et cloistres des Jacobins, où elle estoit érigée ».

Le Parlement, de son côté, veillait pour empêcher les rencontres entre les catholiques et les protestants. Le 24 mai, on procéda au désarmement des réformés de Rouen, par ordre du duc de Longueville, et d'accord avec les religionnaires notables.

Vers ce même temps, Raolline Dumont, veuve Richard Bonnet, donna au trésor de Saint-Jean une somme de 50 livres. Plus tard, le 20 avril 1638, Jeanne Bonnet, veuve de Jacques Patallier, et Raolline Bonnet, épouse de Pierre Sentier, filles de Raolline Dumont, constituèrent 3 liv. 11 s. 5 d. de rente en faveur du même trésor, à l'intention de leur mère. Cette rente fut revalidée le 8 août 1703.

Voici un acte intéressant, daté du 26 septembre 1621, qui va nous apprendre qu'Elbeuf possédait un « imagier » :

« Moy Yves Delacroix, menuisier peintre selcuter *(sic)*, demeurant à Elbeuf, confesse par la présente avoir fait alou et marché avec honnestes personnes Nicollas Le Pelletier, Guillaume Jodat et François Andrieu, thésauriers en l'esglise de Sainct Pol du Neufbourg, pour faire bien et deuement ung image de crucifix avec trois autres images, savoir ung de la Vierge, ung de Sainct Jehan l'évangéliste et ung de Marie Magdallaine, lesquels images de crucifix, de la vierge Marie, Sainct Jehan seront de haulteur chacun de quatre pieds à toize, et pour l'image de la Magdalleine de trois pieds environ, pour le tout estre mis en ladite esglise Sainct Paul du Neufbourg. La croix duquel crucifix sera posée sur une ercade de trois pieds de large, et les deux images des costés dudict crucifix seront posés sur pieds d'estra de deux pieds et demy de haulteur, et au regard l'image de la Magdalleine sera posé au pied de la croix dudict crucifix ;

« Lesquels images, ercade et pieds d'estra seront par moy bien et duement peints, comme aussi la croix dudict crucifix, selon et conformement au modelle et devis que ay baillé ausdicts thesauriers et ausquels sera apliqué les peintures aux convenances et dorer et argenter les endroicts où il enconviendra ;

« Laquelle besongne me submets faire, rendre preste de mon estat... dans le mois de novembre prochain. Sera faict moiennant la somme de cents livres tournois avec soixante sols tournois de vin... Seront tenus iceux thesauriers bailler, fournir et faire accommoder à leurs frais un sommier de un pied de refruict ou environ pour poser ledict crucifix et images, ensemble fournir les ferrures qu'il conviendra pour accommoder ladicte besongne... »

Ces statues n'existent plus dans l'église Saint-Paul du Neubourg ; mais peut-être, en faisant quelques recherches, saurait-on ce qu'elles sont devenues.

Trois ans après, Antoine Delacroix, frère ou neveu du sculpteur Yves Delacroix et exerçant à Elbeuf la profession de menuisier, vendit à Madeleine Chaussevache, veuve de feu Mᵉ Jean Deb... en son vivant lieutenant en la vicomté de Rouen, demeurant à Oissel, « certain coffre » qui lui fut payé 104 livres. Les Delacroix étaient donc de ces huchiers artistes dont les œuvres sont fort recherchées de nos jours.

Parmi ceux qui tinrent des enfants sur les fonts baptismaux à Saint-Etienne, cette année-là, nous trouvons « Mᵉ Jean Capplet, greffier d'Elbeuf », puis « Mᵉ Guillaume Grandin, chapelain à cette paroisse ».

Citons encore « Jacques Pollet, procureur fiscal au duché d'Elbeuf, parrain, et la fille de Mᵉ Michel Chrestien, lieutenant audit duché, marraine de la fille de Mᵉ Mathieu Le Vavasseur et de Barbe Chrestien ».

Et enfin « François du Tertre, sieur de la Morandière, conseiller du Roy au Parlement de Rouen » — où il était entré en 1617 — parrain, et « damoiselle Françoise Le Huré, femme de M. le lieutenant du Perroy, lieutenant au duché d'Elbeuf », marraine.

Parmi les Elbeuviens qui passèrent des actes à cette époque devant Mᵉ Adrien Carré, tabellion en notre bourg, nous trouvons :

Paroisse Saint-Étienne : Nicolas Lemonnier, drapier ; Nicolas Delafosse, chirurgien ; Georges Foucquet, tavernier ; Alexis Dufay, maître savetier ;

Paroisse Saint-Jean : François Duchesne, sieur de Beauchamps, avocat à la cour, bailli d'Elbeuf ; Pierre Sanson, curé ; Louis Saint-Ouen, sergent royal au Bec-Thomas ; Jacques Osmont, tavernier ; Nicolas Lefebvre, porteur de grains ; Nicolas Hesbert, épicier ; Pierre Férey, Nicolas Dumoulin, Jean Bachelet, gendre du précédent, tous trois bouchers.

Les principaux personnages des environs dont les noms figurent dans des contrats de 1621 et de l'année suivante sont :

Alexix Mansel, écuyer, sieur du Busc, capitaine d'Anet et d'Ivry ; François de Godet, écuyer, sieur de St-Amand des Hautes-Terres ; Nicolas de Campion, écuyer, sieur du Montpoignant ; Brigitte de Nollent, veuve de Jacques de Hondemare, héritière d'Hector de Nollent, écuyer, sieur de Thuit-Anger ; Jean Letellier, prêtre à Thuit-Anger ; Charles de Franqueville, sieur de Couillerville, prêtre et curé de Villez, et Toussaint de Franqueville, frères, héritiers de feu Claude de Franqueville, écuyer, leur oncle ; Pierre Dieppedalle, curé de Martot, propriétaire à Freneuse ; Gervais Drouard, curé de Thuit-Simer ; Nicolas Bertin, prêtre à la Haye-Malherbe ; Guillaume Beau-

Année 1622

cousin, huchier, à Fouqueville ; Nicolas de Plasnes, greffier à la Cour des aides de Normandie, propriétaire à Thuit-Anger.

Le 22 mars 1622, Charles Baudry, sieur de Biville, fut parrain à Saint-Jean avec Irénée de Médavy, femme du marquis de La Londe.

Le 9 avril, Jacques Sentier fils Pierre, bourgeois de la paroisse Saint-Jean, cautionna Jacques Sentier, son fils, pour le bail fait à ce dernier, par la duchesse d'Elbeuf, « du basteau et vointure portant grains et autres marchandises dudit lieu d'Elbeuf et lieux en despendants en la ville de Rouen », à raison de 680 livres de ferme par an, plus un sol pour livre.

Le 15 du même mois, Jean Pollet, sergent traversier en la forêt des Monts-le-Comte, fils de Me Jacques Pollet et petit-fils de feu Me Laurent Pollet, avocat, fit une donation à l'église de Caudebec, représentée par Jacques de Saint-Ouen, curé, à charge de douze messes basses par an et autres services religieux mentionnés au contrat.

Un autre acte de ce mois concerne une propriété « sise rue du Bout-du-Gard tendante à la vallée de la Saussaye, au coin de la ruelle Hutin », relevant du duc d'Elbeuf en sa **haute justice** de Caudebec.

Un titre du 5 mai, passé à Elbeuf, concerne une vente faite aux mineurs de Jacques Bénard, de notre bourg, par « Jacques de Bedasne, escuyer, fils de Jacques de Bedasne, aussi escuyer, demeurant à la Londe, près du froc de l'Oraille ». — Le vendeur ne savait pas signer.

Le 29 mai, Jacques Geuffray, voiturier par la rivière de Seine, demeurant à Cléon, hameau de Bedasne, vendit à Guillaume Anffray, d'Elbeuf, « deux batteaux, l'un vieil et l'autre façon de cabotière, avec les cordes et agrez » moyennant 700 livres tournois.

Dans les anciennes obligations passées devant les tabellions de notre bourg, il s'en trouve de tous les genres. Nous voyons, par exemple, le 21 juin 1622, Pierre Patallier, sergent archer dans la forêt des Monts le Comte, reconnaître devoir 98 livres tournois à Pierre Lefebvre, apothicaire à Elbeuf « pour avoir cy devant pansé et médicamenté Louis Durufley jusqu'à parfaicte garison de certaine malladie dont il avoit esté agitté ».

L'un des registres de l'archevêché de Rouen mentionne, à la date du 13 août 1622, la confrérie de charité de Saint-Etienne d'Elbeuf.

Charles de Lorraine, bien que gouverneur de Picardie, s'était trouvé à l'armée royale qui opérait dans la Guyenne et la Gascogne. Après la réduction de plusieurs places, « le Roi se mit en chemin pour s'en retourner à Paris, après avoir laissé le duc d'Elbeuf avec quelques troupes dans le pays pour tenir les ennemis en crainte, et empêcher de rien entreprendre sur les places qu'il avoit acquises sur eux », lisons-nous dans les *Mémoires* de Richelieu.

Le duc d'Elbeuf, après avoir attaqué et défait les Rochelois, qu'il surprit à la construction d'un fort, se dirigea sur Saint-Jean-d'Angély, où, allant reconnaître le faubourg d'Aunis pour s'y loger avec ses troupes, il reçut un coup de mousquet, dont la balle passa entre les deux os de sa jambe, sans la rompre.

A peine rétabli, il assiégea et prit le château de la Force, après avoir battu un convoi destiné à le rafraîchir. Montravel fut pris ensuite et la garnison dut se rendre à la discrétion du duc.

« L'année suivante, qui étoit 1622, dit de Pontis, dans ses *Mémoires*, le Roi n'alla point en Guyenne, et y envoya seulement messieurs d'Elbeuf et de Thémines pour commander l'armée, qui étoit d'environ douze mille hommes... On alla mettre le siège devant Tonneins, qui étoit une petite place tenue par les huguenots... Les généraux firent trois attaques... Le régiment de Picardie fut de l'attaque de M. le duc d'Elbeuf, qui avoit pour maréchal de camp le brave Vignoles.

« Le sieur de Vignoles eut la pensée de se servir de moi... ; il m'assura que M. le duc d'Elbeuf m'avoit choisi pour me donner la tête de cette entreprise, et s'en reposoit entièrement sur moi, et il ajouta que cette entreprise étoit de la dernière importance... Je lui répondis que j'étois fort mal de la fièvre, mais que, puisque M. le duc d'Elbeuf et lui me le commandoient, je ferois un dernier effort pour m'y rendre... »

Le duc d'Elbeuf se battit avec une ardeur extrême contre les protestants, au siège de Tonneins ; ce fut même grâce à ses efforts que l'armée royale put s'emparer de la place. Nous continuons à citer le sieur de Pontis :

« Les ennemis, après avoir nettoyé la tranchée... s'y postèrent dans le dessein de les miner. M. le duc d'Elbeuf, en étant au désespoir, se résolut de périr ou de les chasser ; et, s'efforçant d'inspirer la même résolution aux régiments qui avoient ainsi perdu leurs postes : « Quoi ! messieurs, leur dit-il, les en-« nemis nous auront chassés, et auront pris « en une nuit ce que nous n'avons pu gagner

« qu'avec tant de temps ; et nous ne pourrons
« faire en plein jour ce qu'ils ont fait en pleine
« nuit ! Pour moi, je suis résolu de mourir ou
« de les chasser aussi vite qu'ils nous ont
« chassés ; et je ne veux pas attendre plus de
« temps pour le faire qu'il y en a jusqu'à midi.
« Je ne doute point que tout le monde ne me
« suive, puisque tout le monde y est engagé
« d'honneur comme moi, et auroit honte de
« survivre à un tel affront. Ainsi, messieurs,
« je n'ai point d'autre ordre à donner, sinon
« que, midi venu, chacun aille droit à son
« poste pour l'emporter ou mourir ».

« Ce discours remua tellement les esprits
et anima de telle sorte tout le monde, que, se
voyant déshonorés s'ils ne suivoient leur général, et s'ils ne secondoient généreusement
son desscin, ils le firent en effet avec une vigueur et une ardeur tout extraordinaires ; et,
malgré la résistance des ennemis, qui fut très
grande, ils regagnèrent tous leurs postes, et
remirent dès le soir les tranchées et les travaux au même état qu'auparavant ».

Le siège dura encore quelque temps. Tonneins-Dessous capitula enfin, mais sa population avait eu le temps de se réfugier dans
Tonneins-Dessus, et un nouveau siège recommença.

En vain le duc de la Force, alors absent,
essaya-t-il, en jetant 600 hommes de troupes
fraîches dans la place, de détruire les espérances des assiégeants ; en vain de fréquentes
sorties faillirent-elles ruiner leurs ouvrages :
Tonneins-Dessus, pressé par la famine, capitula à son tour.

Louis XIII, irrité de cette résistance opiniâtre, enjoignit au duc d'Elbeuf de réduire en cendres les deux cités. L'ordre s'exécuta à la lettre, et des deux Tonneins il ne resta que ruines fumantes.

En outre, le roi interdit aux habitants, sans asile, de se bâtir un bourg à une distance moindre de 500 pas de la Garonne ; mais l'énergique administration municipale ne tint aucun compte de cet ordre ; une nouvelle ville s'éleva sur les décombres des deux anciens bourgs.

Après l'incendie de Tonneins, le duc d'Elbeuf fit les approches de Sainte-Foy la Grande, place située sur les deux rives de la Dordogne, et s'en empara. Le roi y vint et pacifia le pays en en expulsant les protestants.

Cette campagne terminée, Charles de Lorraine retourna à Paris, et, quoique tout jeune encore, y commença une série d'intrigues, de « cabales, de machinations, de noirceurs, de bassesses et de trahisons ».

En 1622, le duc d'Elbeuf fut gratifié, pour lui et ses hoirs, pendant vingt ans, de ce qui revenait au roi des ventes et coupes de bois dans les forêts de La Londe, de Pont-de-l'Arche, Vernon, etc.

Me Georges Le Chartier, avocat, lieutenant général du bailli d'Elbeuf, est cité comme vendeur, le 2 novembre 1622, à Me Geuffroy Charles, curé de Boissey-le-Châtel, d'une rente assise à Malleville-sur-le-Bec.

Le 6, Nicolas Poulain, Jacques Sentier et Nicolas Lecomte s'associèrent Jean Dupont et Jean Regnault pour l'exploitation de la ferme des dîmes de Caudebec et de Saint-Etienne d'Elbeuf, qui leur avait été baillée par le receveur général de Noel Duperron, abbé de Saint-Ouen, d'Evreux et de l'Isle, pour trois années, moyennant 1.100 livres tournois par an.

Le 23, Allain Dumarest, de Rouen, ayant épousé Marguerite Dupont, fille de l'ancien receveur du duché, pour remplir les intentions de sa femme, décédée, fit une donation au trésor de Saint-Jean, représenté par Pierre Sanson, curé, Jean Delacroix, Girard de Saint-Ouen, Adrien Carré et Etienne Pastallier, trésoriers. Ce don, consistant en une partie de pré à prendre sur plus grande pièce située dans la prairie d'Elbeuf près de la Seine, fut fait pour la fondation d'un obit annuel.

Le 27 décembre, Simon Pastallier fils Simon acheta le matériel d'un forgeur de fil d'acier, se composant « d'ung soufffet servant à forger, deux enclumes de fer, cinq marteaux... tous lesdicts ustencilles servant audict mestier de tireur d'asier forgeur ».

Le 20 janvier 1623, Robert Boullent, archidiacre d'Ouche, chanoine, official et vicaire général de François de Péricard, évêque d'Evreux, conféra « à Jean Sanson, prestre de ce diocèse, maître es arts de l'Université de Paris, la cure de Saint-Jean d'Elbeuf, vacante par résignation faite en sa faveur, par Pierre Sanson, prestre, dernier curé et possesseur d'icelle, suivant signature donnée à Rome le jour des calendes de novembre de la 2ᵉ année du pontificat de N. S. P. le pape Grégoire XVᵉ. Et ledit Jean Sanson a presté serment entre les mains de Mᵉ Le Jau, le 31 mai 1624 ». — Le nouveau curé de Saint-Jean était le neveu du précédent.

Le 16 mars, Fleurens Le Riche, maître cordonnier, de la paroisse Saint-Jean, vendit à Mᵉ Adrian Carré, tabellion, une pièce de terre

« sise dans l'enclos de la fosse Liénard, bornée d'un bout Allexis Mansel, escuyer, sieur du Busc, tenue du duché d'Elbeuf par 13 sols 4 deniers de rente seigneurialle, exempte de reliefs et xiii[es] pour estre assise en la franche bourgeoisie dudit duché... »

Des obligations de cette époque mentionnent plusieurs branches de la famille Flavigny. Nicolas et Nicolas père et fils habitaient la paroisse Saint-Jean ; celui-ci avait épousé Naudine Poullain.—Jean Flavigny fils Alexandre demeurait à Boscroger ; en juin, il vendit une rente à Nicolas Hamon fils Nicollas. — Simon Flavigny, apothicaire, de la paroisse Saint-Jean, était alors receveur et économe de l'hôpital d'Elbeuf, et, en cette qualité, nomma un procureur pour poursuivre le recouvrement de rentes dues à notre hôtel-Dieu.

Les « bourgeois porteurs de grains » exerçant à Elbeuf étaient Nicolas Lefebvre, Pierre Penier, François Penier, Jacques Dériberpré et Louis Penier.

Un acte du tabellionage de Boissey-le-Châtel, du 1er mai 1623, est relatif à la vente d'une terre faite par « Pierre Lemonnier, passementier en laine et soye à Ellebeuf » à Jean Lemonnier son frère, de Saint-Denis-du-Bosguérard.

Un de nos concitoyens nous a communiqué l'acte de vente daté du 26 septembre 1623, d'une partie d'immeuble consistant en la maison portant actuellement le numéro 10 de la rue Saint-Etienne, indiquée dans ce contrat sous la désignation de « rue et pavé de Monseigneur ». L'acquéreur était tenu de payer au duc d'Elbeuf une redevance annuelle « de 18 deniers, moytié de la rente seigneurialle due à Monseigneur pour le droit de planche » sur le vivier, plus 2 sols de rente aux chanoines de la Saussaye, et 16 sols 6 deniers tournois à l'hôpital d'Elbeuf.

Par acte passé à Elbeuf, le 27 octobre, Jean de Bessin, écuyer, sieur de la Fontaine, demeurant à Petit-Couronne, déclara avoir reçu la somme de 100 livres, en pièces de 16 sols, de Raoul de Bessin, écuyer, sieur de Mathonville, et de Jean de la Haie, écuyer, sieur du Radier, demeurant à Saint-Aubin-jouxte-Boulleng.

Voici un extrait des minutes du tabellionage d'Elbeuf :

« Ont comparu Pierre Lefebvre, apoticquaire, Nicolas Lemonnier, Thomas Triboult, Thomas Le Cousturier, Pierre Portevin et Ysabeau Le Cousturier, tous demeurant en la paroisse Sainct Estienne d'Elbeuf, lesquels, en la présence et acceptation de Thomas Dehors, de la religion prétendue réformée, natif de lad. paroisse de Sainct Estienne et à présent faisant son demeurant en la ville de Rouen et travaillant de la grande drapperie du sceau, ont attesté que ledit Dehors, aagé de vingt ans et demy est fils de Thomas Dehors et de Marie Triboult, vivant selon la religion prétendue reformée... » et que Thomas avait été baptisé « en l'eglise et temple de Quevilly par ceux de la religion pretendue reformée ».

Le 4 novembre, « noble homme Me François du Chesne, sieur de Beauchamps, advocat à la Court, bailly du duché d'Elbeuf, et damoiselle Ysabeau Descambosc, espouze dud. sieur bailly, omosnèrent au tresor de Sainct Jean, stipulé par circonspecte personne Me Pierre Sanson, curé, et Me Carré, tabellion, trésorier, Girard de Sainct Ouen, Jean Delacroix et Estienne Pastallier, aussy trésoriers », le principal de 53 livres 5 sols 8 deniers de rente, dont une partie était la propriété personnelle d'Isabeau, à laquelle elle avait été transportée après la mort de son premier mari, Abraham Fréret, sieur des Jardins, vice bailli de Rouen. Cette donation fut faite pour la fondation de trois messes basses par semaine, à perpétuité.

Le 30 novembre, le trésor de Saint-Jean reçut une nouvelle somme, pour la fondation de messes et autres cérémonies, des mains de Robert Chrestien, avocat au Parlement, vicomte de La Londe et y demeurant, et de Jean Chrestien, demeurant à Rouen, tous deux fils de feu Michel Chrestien, ancien lieutenant du duché d'Elbeuf.

Des comptes rendus à la duchesse douairière Marguerite Chabot donnent les noms des tenanciers des diverses fermes de la seigneurie d'Elbeuf en cette même année.

La voiture d'Elbeuf était tenue par Jacques Sentier ; la ferme des moulins du même lieu, avec la coutume, par Jacques Delacroix ; la ferme de Boscroger par Antoine Lefebvre, celle de la geole d'Elbeuf par Georges de Saint-Gilles, le pré de la foire par Pierre Gesbert, la ferme de l'aunage par Jean de Saint-Ouen, la terre de Boissey-le-Châtel par Jacques Lemonnier, le franc bateau sur la Seine par Guillaume Anffray, le « langueage des porcs » par Pierre Lefebvre, les prairies de Sotteville-lès-Rouen par Adam Guérard.

Les carrières d'Elbeuf et de Caudebec étaient tenues par Crespin Fortin ; les seigneuries de Saint-Gilles, Cléon et la Heuze par Robert Dubosc, la sergenterie d'Elbeuf par Girard de

Saint-Ouen, les bois des Monts le Comte par Désir Touzé, les terres Le Roy par les héritiers de feu Louis Lemaître ; la ferme de la Saussaye par le sieur du Plessis, verdier d'Elbeuf ; la ferme « du jeauge » par Thomas Lesueur, les prairies de Couronne par Mᵉ Charles Maille, celles de Moulineaux par Guillaume Carré, le camp de Bonneville par Etienne Bonamy, la forme de Brionne par Mᵉ Jean Gamare, celle de la Haye-du Theil par Richard Dugard ; le tabellionage d'Elbeuf par Adrian Carré ; les fermes de Thuit-Signol, Thuit-Anger et Thuit-Agron par le même ; celle de Caudebec par Jean Regnault.

Enfin la ferme de la « chambre à chair » d'Elbeuf, les fermes de Mandeville, du Manoir, du Jardin, de deux petites maisons sises à Elbeuf, les rentes seigneuriales d'Elbeuf, du fief de l'Aigle à Sotteville-lès-Rouen, de Criquebeuf-sur-Seine, etc., étaient tenues par divers.

Les registres paroissiaux de Saint-Etienne mentionnent, cette année-là, « Noble homme Jean Duchesne, sieur des Chastelliers, parrain, avec damoiselle Anne Auzerée, fille de noble homme Mʳ le président de Courvaudon, president du Roy en sa Court de Parlement de Rouen ». Et, plus loin, « damoiselle Catherine, sœur de M. de Siglas ».

Outre les achats que faisaient les fabricants d'Elbeuf aux foires de Chartres, du Neubourg et autres, ils s'approvisionnaient de laine chez les cultivateurs des environs. Voici, par exemple, le texte d'un contrat passé le 18 mai 1624, devant Mᵉ Bauldry, notaire et tabellion à Bourgtheroulde :

« ... Thomas Bouette, de la paroisse du

Bourgcachard, recongneut avoir vendu et promis livrer dens la Madallaine (22 juillet) prochain venant à Jehan de la Rue, bourgeois d'Ellebeuf, assavoir deulx cens livres de laisne bonne, loiable et marchande, au moien de la somme de sept vingtz livres qui seroit soixante et dix livres pour chacun cent ; desquelz sept vingtz livres ledit Bouette a confessé avoir receuz dudit de la Rue, tant ce jourdhuy que precedent ce jour, la somme de cent livres, et le reste montant à quarante livres icelluy de la Rue a promis les paier audit Bouette lors de la livreson dicelle laisne ». — Delarue ne savait pas signer ; sa marque représente une navette.

Les récoltes étaient mauvaises depuis plusieurs années, et, par suite des enlèvements de grains projetés, le peuple redoutait la disette. « Il est nécessaire d'y pourvcoir, dit le Parlement ; pour ce qu'encores qu'il y ait bien de l'espérance d'une abondance en espy, néanmoins on ne sçait pas ce que sera la récolte ».

Malgré l'attention générale, de grandes quantités de blé furent embarquées et partirent pour l'étranger ; il s'en suivit une disette dans les villes et notamment à Rouen. Alors, de solennels arrêts du Parlement, publiés en tous lieux, prescrivirent que tous les blés portés aux marchés de Caudebec-en-Caux, Duclair, Elbeuf et Andelys, seraient exclusivement affectés à l'approvisionnement de la ville de Rouen.

La famine dura plusieurs années, engendra la misère, et à celle-ci se joignit la peste.

Déjà, l'année précédente, le fléau avait fait un grand nombre de victimes à Elbeuf, à Caudebec et à Orival. A Rouen, il avait causé une telle frayeur, que les Etats avaient abandonné cette ville pour se tenir à Evreux.

Dans leurs remontrances au roi, ils s'expriment en ces termes : « La stérilité des bledz a esté si grande ceste année, qu'elle a causé une famine générale, et la famine des maladies contagieuses qui ont emporté un million de personnes. Vostre pauvre peuple pousse et roule incessamment sa pierre, sans avoir jamais une minute de repos ; les maux luy succèdent, comme les ondes, les unes sur les autres ».

Une autre cause, la principale, des maladies qui désolèrent Elbeuf, Rouen et tant d'autres cités, était la saleté des rues et des maisons. Les villes, les bourgs, toutes les agglomérations, n'étaient alors que d'affreux cloaques, que les pluies abondantes ou les orages, seuls, assainissaient pour un instant, de temps à autre.

Nous aurons plusieurs fois l'occasion de parler de la malpropreté repoussante de l'ancien Elbeuf, et dont aucune rue n'était exempte. Nos églises elles-mêmes devinrent des foyers pestilentiels, par les très nombreuses inhumations qui s'y firent durant une longue suite d'années ; à la lettre : les morts empoisonnaient les vivants.

Des villages furent complètement dépeuplés ; la ville de Rouen perdit jusqu'à plus de mille de ses habitants par mois. A Elbeuf, beaucoup de personnes quittèrent leurs maisons et se réfugièrent dans les forêts avoisinantes, mais nul ne songeait à couper le mal dans sa racine.

Les mesures contre le fléau se bornaient à des prières et à des processions dans lesquelles le clergé portait des reliques. On douta bientôt de l'efficacité de ces moyens ordinaires, car la peste semblait redoubler en raison directe du nombre des cérémonies religieuses.

Alors, dans la paroisse Saint-Jean, on résolut de frapper un grand coup. On institua une confrérie qui prit le nom de « Pélerins de Saint-Jacques », et dont les statuts furent approuvés, le 14 juin, par Péricard, évêque d'Evreux. Le but de cette confrérie était d'attendrir le ciel et de le prier de préserver la paroisse de la peste.

Chacun des confrères devait, une fois au moins dans sa vie, un bourdon à la main, se rendre à Saint-Jacques de Compostelle, c'està-dire à Santiago, ville d'Espagne de la province de la Corogne, où l'on voyait: une statue de saint Jacques de deux pieds de hauteur, en or massif, et la tête du même saint; un vase contenant du lait de la Vierge, demeuré blanc et pur à travers les siècles ; une épine de la couronne de Jésus-Christ, qui rougissait tous les vendredis ; la tête de sept des Onze mille vierges, et enfin un bras colossal de saint Christophe.

François Dupont dit que cette confrérie, très nombreuse dans le temps de son érection et encore longtemps après, était sur le point de s'éteindre en 1782, car elle ne comptait plus alors qu'un seul frère. « Si, disait-il, le goût ou la dévotion pour les pélerinages ne se réveille pas, la maison de la rue Meleuse, qui est la propriété de la confrérie, doit revenir au trésor de Saint-Jean, après la mort du seul frère qui existe aujourd'hui ».

M. A. Floquet, dans son *Histoire du privilège de saint Romain*, assure avoir vu, vers

1813, à Elbeuf, surtout parmi les tisserands, des vieillards qui avaient fait le pèlerinage de Saint-Jacques ou dont les pères l'avaient accompli.

Lors de son érection en 1624, la confrérie de Saint-Jacques obtint du trésor la chapelle Saint-Mathurin, dans l'église Saint-Jean, pour y célébrer ses offices, d'où elle prit insensiblement le nom de Saint-Jacques. Cette chapelle fut détruite en 1737.

La famine, la peste et le manque de travail ne furent pas les seules causes de souffrances du peuple elbeuvien : l'augmentation des impôts apporta aussi son contingent de misères.

Les millions économisés par Sully et Henri IV étaient depuis longtemps épuisés, et pour remplir le trésor royal, on imagina de créer de nouveaux offices. Partout on s'indignait contre « ces milliers d'officiers de néant, qui, comme sauterelles et locustes, nés à nul autre effect que pour manger, miner et escorcher le peuple, n'avoient autre prétexte de leur establissement, sinon d'avoir financé quelques deniers, dont ils retiroient des usures centiesmes; personnages non seulement inutiles et très pernicieux, mais aussy de grande charge à la republicque ».

On sait aussi que nul autre règne que celui de Louis XIII ne vit naître plus d'édits fiscaux. Un de ceux qui portèrent le plus de préjudice au commerce elbeuvien, à l'agriculture et à la petite viticulture de notre région, reconstituée en partie après l'hiver de 1600, fut l'édit grevant d'un écu chaque tonneau de mer.

Les vins de Vernon, Gaillon, Pont-de-l'Arche, Freneuse, Saint-Aubin et autres des bords

Année 1624 563

de la Seine étaient de qualité médiocre et, conséquemment, ne pouvaient être vendus qu'à bas prix. Le droit d'un écu par tonneau fit que l'on abandonna complètement la culture de la vigne ; partout on arracha les ceps, et l'on vit bientôt « les costes à vigne eschangez en gaguières ».

Et pendant que le fisc frappait ainsi les vignes de Normandie, les privilégiés faisaient venir en franchise des quantités prodigieuses de futailles de vins des autres provinces. En une seule année, il en entra 13.000 pièces à Rouen.

Par devant Me Carré, tabellion, le 8 août, « Me Pierre Dupont, maistre sculteur et paintre, à present demeurant à Elbeuf, promist payer à h. h. Guillaume Dugard la somme de 8 livres pour marchandises de pain et de vin, après la construction faicte de certaine contretable d'autel que faict led. Dupont pour mettre à l'église Nostre-Dame de Caudebec... »

L'artiste ne savait pas écrire probablement, car, au lieu de signature, il dessina au bas de la reconnaissance son « merc », représentant une palette de peintre, avec trois pinceaux, sur laquelle est une ancre, portant maillet et ciseau en sautoir, avec cœur brochant sur le tout.

Le 30 septembre, Pierre Le Roux promit payer « à la confrairie Mr Jean Baptiste établie en l'esglise Saint Jean, stipullée par Denis Verson, procureur d'icelle » la somme de 50 livres dont il était resté redevable par suite de sa gestion des fonds de la confrérie en l'année 1622.

Les registres paroissiaux mentionnent qu'en 1624, Antoine Talbot était prêtre à Saint-Jean.

— En octobre, « noble homme Mathieu Dupont, avocat, vicomte de Briosne, fut parrain dans cette église ; il le fut encore en 1626 et en 1628.

Sur les registres de Saint-Etienne, nous trouvons que « André Dupont, fils de Madame la baillifve Dupont », tint sur les fonts baptismaux de la même paroisse un enfant nommé André Douinville.

Charles II de Lorraine, duc d'Elbeuf, pair de France, chevalier des ordres du roi, comte d'Harcourt et de Lillebonne, baron de Routot, Quatremares, etc., par contrat passé le 30 août 1625, devant Mᵉ Blosse de Saint-Vaast, notaire à Paris, donna sa procuration générale à sa femme Catherine-Henriette, légitimée de France.

Le 13 septembre, la population de notre bourg fut mise en émoi par un terrible incendie qui venait d'éclater à Rouen et dura huit jours.

Le 18 avril 1625, Georges Saint-Gilles donna au trésor de Saint-Jean, stipulé par « Pierre Sanson, cy-devant curé de la dicte paroisse et desservant ladicte cure, Estienne Patallier et Hélie Bigot, tresoriers », trente perches de terre à Thuit-Anger, pour la fondation d'un obit.

Le 8 mai, Guillaume Anffray acheta un jardin sis en la paroisse Saint-Étienne « au triège des Terres Saincte Marguerite proche la Burgaudière, bourné d'un costé lesd. terres d'autre costé la ruelle des Archers, d'un bout l'eaue de Seine... »

Jean Pollet, fils et héritier en partie de feu Mᵉ Richard Pollet, en son vivant procureur fiscal du duché, fonda un obit en la paroisse

Année 1625

Saint-Jean, le 22 juin. Les trésoriers étaient alors Etienne Patallier et Jacques Cavé.

Le 27 du même mois, « M⁰ Etienne Osmont, prestre, prieur de la chapelle Sainct Hault et Sainct Félix », donna une rente au trésor de la paroisse Saint-Jean, en laquelle il demeurait, pour la fondation de trois hautes messes avec services funèbres, par an. — Le fondateur mourut le mois suivant ; un de ses héritiers fut Marguerin Pigerre, prêtre à Caudebec.

Une note de cette époque est relative à un procès qui avait éclaté, en 1625, entre Marguerin Caben, chapelain de Saint-Félix et Saint-Auct, et Jean Osmont, héritier de feu Etienne Osmont, en son vivant aussi chapelain de Saint-Auct, à propos d'un lot de bois resté dans la chapelle.

Le 19 juillet, « Pierre Poullain, sieur de la Verderie, demeurant à La Londe, en l'hostellerie de la Bergerie », acheta de Jean Dupont fils Guillaume une maison sise paroisse Saint-Etienne, bornée « d'un bout le pavé et d'autre bout la sente de l'hostel-Dieu », pour le prix de 900 livres tournois.

Le 26 septembre, Adrian Carré, tabellion, acheta un pré « clos d'un costé et des deux bouts de vuiffe plante et saux estant dans lad. haie, bornée d'un costé la sente tendant au moullin à ten..., d'un bout la rue de la Rigole et d'autre bout le duict et cours d'eau du vivier de Saint Jean... relevant du duché d'Elbeuf par trois sols de rente... »

Le 30, le trésor de Saint-Jean, stipulé par Pierre Sanson, exerçant les fonctions de curé, Jacques Cavé et Simon Flavigny, trésoriers, acheta une rente de 12 livres.

« Jean Dupont, sirurgien » est mentionné sur les registres de Saint-Etienne, en 1625. On y trouve également « damoiselle Isabeau de la Boucque, femme de M⁰ Robert Chrestien, bailly de La Londe » ; et enfin « noble homme Léonor Desgrefeuilles, fils de noble homme Louis Desgrefeuilles, parrain, avec damoiselle Madeleine Bréant, fille de noble homme David Bréant, lieutenant criminel pour le roy en la vicomté du Pont-de-l'Arche, marraine ».

Nous avons eu sous les yeux une grande quantité d'actes passés à Elbeuf vers cette époque ; nous en avons retenu les noms qui suivent :

Habitants de la paroisse Saint-Etienne : Abraham Regnault et Pierre Lemonnier, passementiers ; Thomas Triboult, drapier ; Frédéric Ferey, boucher ; Guillaume Hesbert et Jean Beaudouin, forgeurs de fil d'acier ; Jean Delasalle, serrurier.

Paroisse Saint-Jean : Jean Sanson, docteur en théologie, curé ; Jacques Pastallier fils Pierre, sergent royal à Boscroger ; Jean Chanu, curé du Val-David ; Jean Dupont, drapier ; Louis Beaufils et François Osmont, chapeliers; Robert Flambard, cordonnier.

Nous avons également noté les noms de Vincent Lefebvre, chantre ; Louis Aillet, Jean Gueroult, Antoine Collas, tous chanoines de la Saussaye ; Charles Le Paintre, curé de Saint-Ouen du Thuit-Heudebert. — Richard Lamy, d'Elbeuf, sieur du Bosc-Ferey, demeurait à Thuit-Signol. — Jean de Nollent, baron de Saint-Julien (?) habitait la Harengère. — Pierre Bacheler, verdier de la forêt de Bord, fils d'Herculais, résidait à Caudebec. — Enfin, Jean du Quesnay, écuyer, du régiment des gardes du roi, en la compagnie de la Valette, fils de Richard du Quesnay, écuyer, sieur de la Motte, demeurait à Thuit-Anger ; il était frère d'Anne du Quesnay, laquelle épousa Jean de Boissière fils Jean.

Cette année-là, Adrien Bradechal, procureur et receveur de Marguerite Chabot, ayant déclaré qu'il n'entendait plus rien payer aux chanoines de la Saussaye des rentes qu'ils possédaient sur les moulins d'Elbeuf, attendu qu'il ne recevait plus d'argent des fermiers de la duchesse, une sentence du bailli d'Elbeuf ordonna que les fermiers des moulins paieraient la rente due au chapitre, ou qu'ils y seraient contraints par toute voie de droit.

Une lettre adressée au sieur de Marillac, gouverneur de Verdun, datée du 3 décembre 1625, et conservée à la bibliothèque de l'Arsenal, contient le passage suivant :

« Vous aurez appris ceste grande et extraordinaire nouvelle de Lorraine. M. de Vaudémont s'est déclaré duc et a ceddé à M. son filz aisné son droit à condition de payer ses debtes... Par ceste action publiée ez bailliages et prevostez, la loi salique est introduite en Lorraine, à l'exclusion des femelles et faveur des masles. Cela a réuni M. d'Elbeuf à M. de Chevreuse et tous les princes lorrains à M. de Vaudémont. Le fondement est le testament prétendu du roy René, décédé il y a 108 ans, et quatre actes d'approbation dudict testament par les Estatz d'alors... »

Nicolas Gemblet, fils Zacharie, de la paroisse Saint-Jean, possédait un assez grand nombre de moutons qu'il donnait à loyer, par lots de 24, 30, 40 bêtes à divers, sous condition, pour les preneurs, de rendre le troupeau avec le même nombre de têtes, trois ou quatre ans plus tard. Le produit de la tonte et de la vente des jeunes était réparti par moitié entre Gemblet et chacun des preneurs.

Plusieurs autres Elbeuviens exerçaient la même industrie ; mais la principale branche d'activité de notre bourg était toujours le commerce des céréales et autres produits agricoles.

Vers ce temps, Denis Verson promit payer « à la confrairie de Monsieur sainct Jehan Baptiste, fondée en l'églize Sainct Jehan d'Elbeuf par les porteurs de grains de ce bourg, stipulée par Mathieu Pannier et Guillaume Hue, à present maistre et roy et procureurs d'icelle confrairie... » la somme de 45 livres 16 sols.

CHAPITRE XXIII
(1626-1630)

Charles II de Lorraine (*suite*). — Une lettre de la duchesse d'Elbeuf. — Statuts de la confrérie des porteurs de grains. — Intrigues du duc et de la jeune duchesse d'Elbeuf. — La duchesse douairière. — L'aubaine de la lingère et le duc Charles.

Au 18 juillet 1626, Pierre Sanson, quoique n'étant plus titulaire de la cure de Saint-Jean, habitait encore le manoir presbytéral et exerçait toujours les fonctions de curé de cette paroisse. Au mois d'octobre suivant, la situation n'était pas changée, car nous voyons Me Sanson, avec Hélie Bigot, Jacques Cavé et Simon Flavigny, trésoriers, acheter une rente au profit de la fabrique; l'acte désigne ainsi le premier de ces quatre personnages : « Me Pierre Sanson, prêtre, cy-devant curé et de present exerçant ladite cure ».

Le 13 octobre, « Me Mathieu Dupont, advocat à la Court, viconte de Briosne, fis aisné de deffund Me Mathieu Dupont, vivant advocat à ladicte Cour et bailly d'Elbeuf, demeurant à Briosne » passa un acte devant MM^{es} Carré et Hamon, tabellions à Elbeuf.

En ce temps-là, disent les *Mémoires* de Sully, « arriva une querelle particulière, qui depuis eut de la suite. Chalais, maistre de la garde-robe, ayant tué en duel Pontgibaut, cadet du Lude, nepveu du mareschal de Schomberg et amy du duc d'Elbeuf, toute la Cour se partagea : Le duc d'Anjou, le comte de Soissons et le grand prieur protégèrent Chalais ; le duc d'Elbeuf et tous ceux de Guise, la maison de Lude : cette brouillerye dura tout l'hiver ».

Quelque temps après, nous voyons le duc d'Elbeuf intriguer à propos du mariage du duc d'Anjou : « Monsieur se maria pendant qu'on instruisait le procès de Chalais, qui fut condamné à mort et exécuté. On croyait qu'une des conditions du mariage seroit la liberté de MM. de Vendôme, du maréchal d'Ornano et de Chalais ; mais ils furent oubliés, ou si l'on parla d'eux, ce fut si foiblement que cela ne servit qu'à resserrer davantage les premiers, et qu'à avancer la condamnation de Chalais.

« La maison de Guise commença pour lors à chanter victoire, et se donna même la liberté de se laisser emporter si ouvertement à la joie, que le duc d'Elbeuf, m'ayant rencontré » écrivit le comte de Brienne, dans ses *Mémoires*, me dit :

« — Vous voyez ce que vous craigniez tant, « et que vous n'avez jamais cru est enfin ar-« rivé. Monsieur ôte, par son mariage, à la « maison de Condé l'espérance de parvenir à « la couronne ». Je lui répondis à mon tour sur le même ton :

« — Je n'ai jamais cru, monsieur, qu'il pût

ANNÉE 1626 571

« arriver ni bien ni mal du mariage de Mon-
« sieur avec Mademoiselle de Montpensier.
« J'espère toujours que Dieu donnera des en-
« fans au Roi, et qu'il voudra se laisser fléchir
« enfin par les larmes et les prières d'un peuple
« qui a le bonheur d'être gouverné par le meil-
« leur prince du monde, et par une Reine d'un
« grand mérite ».

Voici un autre passage des *Mémoires* de Richelieu :

« Dunault, secrétaire du grand-prieur, s'a-
dressa à madame d'Elbeuf pour la prier d'intercéder envers le Roi pour ses frères, et demander leur grâce et miséricorde, à la charge
qu'ils confesseroient leur faute, et demande-
roient pardon au Roi, et même à M. le cardinal, des entreprises qu'ils ont faites contre
sa personne.

« Madame d'Elbeuf envoie quérir M. de
Fossé, comme serviteur affidé au Roi et leur
ami particulier, lui a fait voir ledit Dunault,
lequel, en la presence de madame d'Elbeuf,
dudit sieur de Fossé et du sieur de Chamlecy
a reconnu que ce que madame d'Elbeuf a dit
étoit véritable, que son maître n'étoit plus
dans la pretention d'innocence, mais dans le
desir d'obtenir pardon et grâce…

« Madame d'Elbeuf en écrivit au Roi la
lettre suivante :

« Sire ; Votre Majesté me pardonnera bien
« si l'affection que j'ai pour mon frère, le
« grand-prieur, m'oblige de l'importuner par
« par cette lettre, puisque je ne le fais que sur
« une occasion qui se présente, dans laquelle
« j'estime, en servant votre Majesté, pouvoir
« soulager mondit frère. Il y a environ cinq

« ou six jours que Dunault, son secrétaire, en
« qui il a grande confiance, m'est venu prier
« de me mêler de ses affaires et tâcher d'obte-
« nir son pardon. Quoique j'aime grandement
« mondit frère, et que je désire passionnément
« sa délivrance, je n'aurois pas accepté cette
« cette condition, s'il ne m'avoit dit ensuite
« que mon frère reconnoissoit en avoir grand
« besoin ; qu'il feroit, pour l'obtenir, une vraie
« confession des fautes qu'il avoit commises,
« tant contre votre Etat que contre votre per-
« sonne ; qu'il ne parloit pas de lui-même,
« mais de la part de mondit frère, dont il avoit
« su des nouvelles par voie qu'il ne me vouloit
« pas dire. Quand j'ai ouï parler de la per-
« sonne de votre Majesté, la passion et obli-
« gation que je lui ai m'ont fait résoudre à
« faire l'office que desiroit ledit Dunault, pen-
« sant que peut-être vous vaudroit-il mieux
« découvrir tous les desseins qui avoient été
« contre vous, et pardonner à une personne
« que vous connoissez avoir l'honneur de vous
« appartenir, que d'en user autrement. Je vous
« supplie, Sire, d'user de votre bonté en cette
« occasion : mon frère, le grand-prieur est
« jeune ; c'est la première faute qu'il a com-
« mise ; il fera mieux à l'avenir. Dunault de-
« mande qu'il vous plaise envoyer quelqu'un
« avec lui pour voir mondit frère. Je pense
« que M. de Fossé y seroit bien propre ; je l'ai
« prié à cet effet, comme notre ami, de vous
« porter cette lettre, qui vous assurera que,
« quand tout le monde manqueroit à vous ser-
« vir, je serai toute ma vie, comme j'y suis
« obligée, Sire, votre très-humble et très-obéis-
« sante sujette et servante.

« Signé : H. L. DE FRANCE ».

Le 11 décembre 1626, François de Péricard, évêque d'Evreux, étant à Paris, conféra à Pierre Sanson — le même que le Pierre Sanson qui avait déjà desservi cette paroisse — la cure de Saint-Jean d'Elbeuf « vacante par la démission pure et simple faitte d'icelle par Jean Sanson, dernier curé ». Cinq jours après, ce bénéfice fut conféré à Pierre Sanson, par Robert Boullent, vicaire général d'Evreux, sur la présentation de Jacques Le Noel du Perron, abbé commendataire de l'abbaye de Saint-Taurin.

Cette année-là, les biens de Georges de Poizeau, fils d'un ancien et des plus fidèles officiers du duc d'Elbeuf, furent décrétés à la requête de François Ygou, seigneur de Bosnormand, et de Jean Ygou, sieur de Bailleul, son frère.

Pierre Poullain, écuyer, est qualifié de sieur de la Verderie d'Elbeuf, sur les registres de la paroisse Saint-Etienne.

Dans d'autres actes sont cités : Nicolas Delafosse, greffier du bailliage d'Elbeuf ; Mathieu Levavasseur, ci-devant greffier au marquisat de la Londe, paroissien de Saint-Etienne d'Elbeuf ; Pierre Lefebvre et Simon Flavigny, apothicaires ; Thomas Dubuisson, chapelain de la cathédrale de Rouen, propriétaire à Elbeuf ; Marguerin Pigerre, prêtre à Caudebec ; Nicolas et Richard Tallon, frères, prêtres à Thuit-Signol. — Nous trouvons également mention d'une propriété sise paroisse Saint-Jean, au clos Mauduit, bornée par la sente aux Pauvres et la sente tendant à Caudebec.

Elbeuf reçut la visite de François Péricard, évêque d'Evreux, le 21 octobre 1627. On lit, en effet, sur les registres de la Saussaye : « Du mardi 19 octobre 1627, Monseigneur le Révérendissime évesque d'Evreux fist la visite en nostre église entre quatre et cinq heures de relevée ; le lendemain séjourna le jour entier, où il célébra la messe, donna la confirmation à un chacun, puis ayant fait confirmation, donna tonsure aux quatre enfants de chœur, après-midi fist sa visite à Saint Germain de Pasquier, Saint Martin de la Corneille et Saint Nicolas de Bosc-Aselin, le lendemain matin s'en alla à Elbeuf ».

Nous avons déjà parlé plusieurs fois de la confrérie des Porteurs de grains, établie en l'église Saint-Jean, sous l'invocation du Baptiste. Les associés profitèrent de la présence de l'évêque à Elbeuf, pour le prier d'approuver leurs statuts.

Le prélat les engagea à les formuler par écrit, aussi conformément que possible à ceux qu'ils disaient avoir possédé autrefois. Les Porteurs s'y employèrent le 25, et François de Péricard les approuva le lendemain.

On voit par l'acte épiscopal que le curé de la paroisse Saint-Jean et les membres de l'association attestaient que les anciens statuts remontaient alors à plus de 250 ans, qu'ils avaient été perdus, pillés ou brûlés pendant les guerres civiles, ce qui faisait remonter son existence vers l'an 1300 ou environ. — Un autre manuscrit porte : « fondée avant 1377 ».

« Je dis son existence, ajoute François Dupont, auquel nous empruntons ces détails, et non pas son érection, que je ferais remonter encore d'un siècle en sus, c'est-à-dire vers l'an 1220 à 1230, date de l'établissement des marchés dans Elbeuf, et aussi, à ce que j'entrevois, des porteurs de grains ».

Les Archives municipales conservent un opuscule de 21 pages, très rare, imprimé à Rouen, « chez Laurent Duménil, rue aux Juifs, à *la Justice Triomphante* », dont nous allons reproduire en entier le texte, curieux à plusieurs titres.

C'est le « Registre pour la Confrérie de Monseigneur S. Jean Baptiste, fondée en l'Eglise S. Jean d'Elbeuf ; & auquel Registre sont inserez les Constitutions & Ordonnances d'icelle Confrérie & transcrites ; Lesquelles Ordonnances en l'Original sont signez & approuvez de Monseigneur de Pericard, Evêque d'Evreux, par l'autorité duquel lesdites Constitutions ont été refaites, suivant la Requête à luy presentée, aussi transcrite en cedit Registre, attendu que les anciennes Ordonnances ont été perduës à cause des Guerres.

« A Très Reverend Père en Dieu Monseigneur l'Evêque d'Evreux Nôtre Souverain Prélat & Pasteur.

« Supplient humblement le Corps en général, au nombre de trente, des Confreres de la Confrerie Monsieur Saint Jean-Baptiste, fondée en l'Eglise S. Jean d'Elbeuf : Disant, que depuis deux cens ans & au-dessus, que ladite Confrerie a été & est entretenuë par cesdits Confreres Porteurs de Grains au Bourg dudit Elbeuf, tant à faire dire et célébrer chacune année les saintes Messes les jours & Fêtes de Monseigneur Saint Jean-Baptiste, S. Jean l'Evangeliste, à la Décolation S. Jean & à la Porte-Latine, comme les Grandes Messes des Trépassez, même est fourni par cesdits Confreres des Ornemens pour célébrer ledit saint Service Divin, avec le Luminaire pour décorer ladite Eglise, qui est de plus de sept vingt livres de cire, lequel est entretenu par iceux, & d'autant que ces Ordonnances & Institutions de ladite Confrerie ont été perdus à cause des Guerres Civiles & mortalité, qui ont cidevant régné en ce Païs, qui donne sujet à aucuns desdits Confreres de ne se rendre sujets au saint Service, même qu'il est ci-devant arrivé dispute entre ladite Confrerie & la Confrerie Monsieur Saint Jacques, nouvellement instituée en ladite Eglise, pour les Places, Séances et Rangs qu'ils doivent prendre pour l'assistance aux Processions qui se font aux jours & Fêtes du S. Sacrement, Octaves d'icelui & Inhumation des Trépassez, où lesdits Confreres Porteurs ont toujoûrs assisté & assistent en habit décent & honnête, avec chacun une Torche & deux gros Cierges, suivant les rangs & places qui leur a été donnée par Messieurs les Curez Pasteurs de ladite Eglise ; & pour éviter à l'avenir qu'il n'arrive desordre & dispute entre lesdites Confreries, pour les rangs qu'ils prendront & doivent prendre ausdites Processions et Inhumations.

« Il vous plaira, mondit Seigneur, ordonner que lesdits Suplians seront maintenus à leurs droits, séances & places, tout & ainsi qu'ils en ont joüi par le passé, & iront en corps & rang, comme de coûtume, sans eux démembrer ni séparer ; & permis à faire refaire lesdites Ordonnances pour eux régir & gouverner comme il apartient, le tout à l'honneur de Dieu : ce faisant, mondit Seigneur, lesdits Suplians & leurs Successeurs seront tenus et obligez de prier Dieu pour vôtre prospérité & santé ».

« Sur la Requète ci-dessus à Nous presentée, avons ordonné que lesdits Confreres dresseront de nouveaux articles de ladite Confrerie ci-dessus, les plus conformes qu'ils pouront aux anciens Statuts, & lesquelles après ils nous feront aparoir pour iceux confirmer & aprouver selon que nous jugerons bien être. Fait au cours de nôtre visite, le vingt-deux Octobre mil six cens vingt sept. Signé, François, Evêque d'Evreux, & au-dessous par le commandement de mondit Seigneur. Signé, Pogs, un Paraphe ».

« Ensuivent les Statuts, Constitutions & Ordonnances de la Confrerie de Monseigneur S. Jean-Baptiste, fondée en l'Eglise S. Jean d'Elbeuf, de temps immémorial passez, sont plus de deux cens cinquante ans, lesquelles Ordonnances & Constitutions ont été perdus, à raison des Guerres Civiles, pestillances, & ravages du temps, ayant eû cours en ce Païs, les Presentes refaites sous le bon plaisir, autorité & permission du Révérend Pere en Dieu, Monseigneur de Pericard, Evêque d'Evreux, Souverain Prélat & Pasteur de ladite Eglise dudit lieu d'Elbeuf, portée en la souscription de certaine Requête presentée par le corps en général de ladite Confrerie, icelle souscription dattée du vingt-deux Octobre mil six cens vingt-sept. Signé de mondit Seigneur & de son Secrétaire, & icelle Constitutions & Ordonnances faites en suivant les anciennes coûtumes & cérémonies observés, les Confreres Porteurs de Grains audit bourg d'Elbeuf, étant au nombre de trente, de Pere à fils, de tout temps, conformément ausdites Constitutions, selon la forme & teneur, ainsi qu'il en suit.

« Premièrement. Le Dimanche prochain ensuivant de la Fête Monsieur S. Jean-Baptiste, à la fin de la Grande Messe, qui sera dite &

célébrée en ladite Eglise S. Jean, à Diacre & Soûdiacre, pour icelle Confrérie, sera élû & nommé un des proprietaires Confreres de ladite Confrerie, pour Maître et Roi d'icelle, lequel sera élû à la pluralité des voix desdits Confreres, & icelles voix prises & receuillies en particulier par le Sieur Curé de ladite Paroisse, ou autre faisant sa fonction & charge pour nôtre fait, dire & déclarer devant les assistans, celui que la plus sûre voix aura élû Maître & Roi de ladite Confrerie, ainsi qu'il a été usité par ci-devant.

« Lequel Maître & Roi sera tenu & demeuré obligé, payer & donner pour sadite année de Maître à ladite Confrerie, la somme de cent sol comme il est accoûtumé.

« Il y aura aussi un Procureur en ladite Confrerie par chacun an, lequel sera élû & nommé par lesdits Confreres, lors & à l'instant dudit Maître, lequel Procureur sera tenu & sujet faire deux Quêtes par chacun an par les maisons de ce Bourg ; savoir la première avant la Fête Monsieur S. Jean-Baptiste, & la seconde avant la Fête Monsieur Saint Jean l'Evangeliste de Noël, pour recevoir les deniers des Confreres Associez en ladite Confrérie, lesquels jours de Quête sera donné par le Sr Curé dudit lieu, ou autre faisant sa fonction, qui assistera à ladite Quête, ou y commettra un Prêtre-Chapelain de ladite Eglise, pour avec ledit Procureur & un des Confreres qui seront en habit honnête & décent, ayant chacun un Chaperon violet sur l'épaule, faire ladite Recette de deniers.

« Le Samedi precedent le Dimanche des Octaves de la Fête de Monsieur S. Jean-Baptiste, seront tenus lesdits Confreres Porteurs aller quand le Clergé à la maison dudit Maître & Roi pour l'assister, & renvoyer en ladite Eglise, & renvoyer après lesdites Vêpres en la maison, comme en pareil en la Messe solemnelle, qui se dira & célébrera ledit jour de Dimanche pour ladite Confrerie, & aussi assister au Convoi dudit Maître & Roi, qui sera élû & renvoyé après les secondes Vêpres en son Hôtel, à peine d'Amende sur les défaillans.

« Item, le lendemain de la célébration de ladite Messe Monsieur S. Jean-Baptiste, sera dit & célébré une haute Messe à Diacre et Soûdiacre en ladite Eglise pour les Trépassez, où assisteront tous lesdits Confreres en habit décent, comme aux autres Messes qui se diront pour ladite Confrerie, & aux hautes pour les Défunts, à peine d'Amende aux défaillans, à quoi ils seront taxez par le Sieur Curé au profit de ladite Confrerie, si lesdits défaillans n'ont excuse légitime pour empêcher ladite Amende.

« Aux jours & Fêtes de la Décolation Monsieur S. Jean-Baptiste, & à la Fête Monsieur S. Jean l'Evangeliste, à la Porte-Latine, seront dites chacun desdits jours & Fêtes, une haute Messe à Diacre & Soûdiacre, où assisteront comme dit est ci-dessus lesdits Confreres, à peine d'Amende sur les défaillans non excusables.

« Seront lesdites hautes Messes desdites Fêtes ci-dessus mentionnez, ensemble les grandes Messes qu'il conviendra faire dire par ladite Confrerie, tant hautes que basses, payez par ledit Procureur aux frais d'icelle Confrerie.

« Avant la Fête du S. Sacrement de l'Autel par chacun an, les deux gros Cierges près les Images Monsieur S. Jean-Baptiste, & de

Monsieur S. Jean l'Evangeliste, ensemble les grands Cierges, Luminaire, & les trente Torches seront faits, refaits & refondus s'il en est de besoin par ledit Procureur, comme il est accoûtumé aux dépens de ladite Confrerie.

« Ledit jour & Fête dudit Saint Sacrement de l'Autel, au Dimanche prochain ensuivant, & le jour des Octaves dudit S. Sacrement, tous lesdits Confreres Porteurs seront tenus & sujets assister avec habits honnêtes, & le mieux qui leur sera possible, pour rendre honneur à Dieu aux Processions générales qui seront faites lesdits jours, à peine d'Amende ; & aura chacun Confrere une Torche d'icelle Confrerie qu'ils porteront, & qu'il leur sera baillée par ledit Procureur la veille dudit Saint Sacrement, & prendront lesdits Confreres & Frerie place & rang ausdites Processions devant, proche & joignant les Freres de Charité, comme ils ont toujours fait, sans qu'aucune Confrerie se puisse immiscer de prendre place ni rang à leur préjudice entre lesdits Freres de Charité & ladite Confrerie Monsieur S. Jean-Baptiste, ausquelles Processions seront portez lesdits deux gros Cierges, dont est parlé ci-devant : comme aussi, aux Processions générales qui se feront en ladite Paroisse S. Jean d'Elbeuf, où lesdits Confreres seront obligez d'y assister à cause de ladite Confrerie, avec leurs Torches, ils prendront la même place & rang que dessus.

« Chacun fils de Maître & Propriétaire de Porteur de Grains, lorsqu'ils voudront entrer à l'exercice dudit portage audit Bourg, il sera tenu & sujet se faire recevoir & jurer Maître en Justice, & payera à ladite Confrerie pour son entrée & Jurande pour une fois seule-

Année 1627

ment, tant pour le denier de Monsieur S. Jean, que droit de cire, la somme de cinquante sol.

« Pour les Commis qui exerceront lesdits portages de Grains, au lieu des Propriétaires, iceux Commis seront tenus & obligez se faire recevoir en Justice à leurs dépens, & payera chacun Commis à ladite Confrerie par chacun an, pendant l'exercice de Commis audit portage, la somme de vingt sol pour être employez au Luminaire de ladite Confrerie.

« Sera payé par chacun desdits Porteurs pour chacune haute Messe, qui sera dite pour ladite Confrerie & mortuaires, la somme de dix deniers ; & pour les petites Messes, cinq deniers pour chacune, qui seront payez audit Procureur, qui en tiendra compte à ladite Confrerie.

« Arrivant décès desdits Porteurs Propriétaires, ou de leurs femmes, sera porté lesdits deux gros Cierges à la maison du décédé, qui arderont et brûleront pendant le tems que le corps décédé posera à ladite maison ; & seront portez au Convoi, & brûleront pendant le Service & Inhumation : comme aussi, lesdits Confreres seront tenus assister au Convoi dudit corps, depuis ladite maison jusqu'à ladite Eglise, avec chacun une Torche ardente, comme il est accoûtumé, & assisteront à tout le Service & Inhumation, & lesquelles Torches ils allumeront avant, & brûleront pendant & durant que le corps sera posé près de la Tombe, & jusqu'à ce qu'il inhume.

« Et ausquels Convois desdites Inhumations, comme aussi aux autres Inhumations des Associez de ladite Confrerie, & même à celles où ils seront requis assister, prendront place & rang, près, proche, & suivant les Confreres de la Charité, ainsi qu'ils ont accoûtumé ; & si quelqu'un desdits Confreres se trouvent défaillans ausdites Inhumations, après que ledit Procureur de ladite Confrerie aura été à leurs maisons ou dûëment avertis desdites Inhumations, ils seront mis en Amende par ledit Sieur Curé, s'il n'y a excuse raisonnable, laquelle Amende viendra au bénéfice de ladite Confrerie.

« Toutes personnes se pouront rendre en ladite Confrerie, & eux se faire enregistrer dans le Registre, & payeront pour entrée douze deniers, & par chacun an deux sols un denier pour tête, & pour eux affranchir payeront trente sol pour chacune personne.

« Lors qu'il arrivera décès des personnes Associez en ayant été, ledit procureur de ladite Confrerie averti, il sera tenu de semondre les autres Confreres, pour eux trouver à la maison du décedé en habit décent avec chacun une Torche pour assister au Convoi dudit corps décedé ; & ceux qui n'y pouront assister, seront tenus y recevoir Commis à leur lieu & place, à peine d'Amende, qui sera taxée par ledit Sieur Curé au profit de ladite Confrerie, lequel Convoi est entendu pour les personnes du Bourg seulement, & pour chacun Défunt Associé ; ladite Confrerie sera tenuë faire dire & célébrer une Messe basse aux dépens de ladite Confrerie, pourvû que ledit Défunt ait payé bien & dûëment les arrérages & deniers de la Confrerie.

« Les presents Statuts, Ordonnances ci-dessus, present mondit Seigneur de Pericard, Evêque d'Evreux, nôtre Souverain Prélat & Pasteur, lequel est suplié très-humblement par Pierre le Roux, fils Noel, à present Maître

Année 1627

d'icelle Confrairie, Adrien Enard, Procureur d'icelle, Gilles Bourdon, Nicolas Poullain, Nicolas Osmont, Pierre le Roux fils, Guillaume-Nicolas le Febvre, Marin Bertin, Jean Leger l'aîné, Henri Deriberprey, Denis Fontaine, Estienne Bourdon, Jean Osmont, Pierre Prunier fils, & Guillaume-Jean Bonnet, Louis Prunier, Pierre Prunier fils, François-Pierre-Gueroult, Richard de la Croix, Mathieu Prunier, Adrien Pastailles, Denis Tesson, Nicolas Dugard, Guillaume Tanquerel, Jacques Bourdon, Laurent Prunier pour eux & les autres Confreres Porteurs, aprouver et entériner lesdits Statuts : ce faisant, lesdits Confrères et Successeurs seront tenus & obligez de prier Dieu pour mondit Seigneur ; permettant iceux Confreres, tant pour eux que Successeurs, faire tenir, entretenir de point en point lesdites Constitutions & Ordonnances ci-dessus, selon leur forme & teneur, sur l'obligation de tous leurs biens, presens & à venir : En foi de quoi a été signé cejourd'hui vingt-cinquième Octobre, l'an de grace mil six cens vingt-sept. Signé, Gilles Bourdon, Pierre le Roux, Prunier, Nicolas Poullain, Mathieu Prunier, Nicolas Osmont, Vicocq, le Febvre, P. Osmont, Estienne Bourdon, Loüis Grenier, Tanquerel, Pierre Gueroult, M. Bertin, Pierre le Roux, Leger, Visard de la Noie, Jacques Bourdon, Pierre Prunier, chacun une marque ou Paraphe.

« Pour François de Pericard, par la grace de Dieu & du Saint Siège Apostolique, Evêque d'Evreux, avant vû les Articles et Statuts cidessus de la Confrerie de Monsieur Saint Jean-Baptiste, qui avoit ci-devant été érigée en la paroisse S. Jean d'Elbeuf depuis plusieurs

Siècles, & dont les anciens Statuts avoient été perdus & brûlez durant les Guerres depuis quelques années, ainsi qu'il nous a été attesté par les Curez dudit lieu, & anciens Confreres de ladite Confrerie : Avons iceux Articles & Statuts, aprouvez & ratifiez, aprouvons & ratifions, à la charge que les suscits trente dits Associez se Confesseront & Communiront tous en corps, le jour de ladite grande Fête, qui est le jour de S. Jean-Baptiste, au mois de Juin, & à iceux donnons & à tous les Confreres de ladite Confrerie, Confessez & Communiez quarante jours d'Indulgences de tous leurs péchez. Donné au Cours de nôtre Visite, le vingt-sixième jour d'Octobre mil six cens vingt-sept. Signé, François Bernard d'Evreux, & au-dessous par le commandement de mondit Seigneur Poget, un Paraphe, & scellé en Cachet de cire rouge ».

« Nous HENRY DE MAUPAS du Tour, par la grace de Dieu & du S. Siége Apostolique, Evêque d'Evreux, Conseiller d'Etat ordinaire, &c. Les Articles & Réglemens ci-dessus de la Confrerie de S. Jean-Baptiste, érigée en la Paroisse de S. Jean d'Elbeuf, nous ayant été presentez au Cours de nôtre Visite en ladite Paroisse par les Confreres de ladite Confrerie, pour ceux être par nous confirmez, avons aprouvé & confirmé, aprouvons & confirmons les Articles & Réglemens de ladite Confrerie, à l'exception néanmoins du quatrième Article, où il est dit que les Freres Porteurs iront avec le Cierge à la maison du Maître Roi, pour le conduire à l'Eglise, &c., lequel Article nous défendons d'être observez ; & pour les autres Articles où il est parlé d'Amende, lesdits Confreres qui contreviendront aux susdits Articles, seront obligez d'en payer un sol à chaque fois au Procureur de ladite Confrerie, qui s'en chargera dans son Compte ; & ordonnons ausdits Confreres d'assister à l'Eglise en habit honnête & décent. Fait au Cours de nôtre Visite, le vingt-septième jour de Juin mil six cens soixante & sept. Signé, HENRY. Par le commandement dudit Seigneur. Signé, GRAVIER ».

Ainsi se termine cette plaquette.

En 1627. dit encore François Dupont, « il paroit que l'on projettoit ou que l'on avoit projetté depuis peu la contretable de l'église Saint Jean, puisque l'on y parle de frais faits pour icelle. Je crois cependant que celle qui existe aujourd'hui (1782), n'a été élevée ou du moins finie qu'en 1642, suivant l'acte de consécration de l'autel qui fut faite le 28 mai de ladite année ».

Le 9 novembre, le cardinal de Richelieu adressa une dépêche générale par toute la France, annonçant la défaite des Anglais. Il fit prévenir le duc de Longueville, alors en Normandie, et le duc d'Elbeuf que les Anglais « en s'en retournant, pourroient, quoyque forcément, entreprendre quelque chose sur nos costes, s'ils croyaient ne trouver personne qui s'y opposast ».

Mᵉ Jean Sanson, curé de Saint-Jean, mourut en 1628. Son oncle, Mᵉ Pierre Sanson, redevint curé de cette paroisse.

Vers ce même temps, François du Chesne, bailli du duché, donna par acte passé au Bec-Thomas, au trésor de Saint-Jean d'Elbeuf, 6 acres 25 perches de terre, en huit pièces, sises à Illeville et à Ectomare.

Un acte de février 1628 mentionne Jean

Duchesne, sieur des Chastelliers », et un autre de la même année « Jean de Beauchamp, sieur des Chastelliers ». C'était probablement le même personnage.

Marguerite Chabot adressa par écrit, le 15 mai, à Adrian Bradechal, son procureur, des ordres « pour les choses qu'elle entendait estre faictes es affaires de Monseigneur feu son mary ».

Les premiers articles concernent la seigneurie de Lillebonne et un autre la terre d'Harcourt.

« ... Et parce que aussy Madame est advertie de toutes parts comme le service divin à quoi sont tenus les prieur et religieux du Parcq de Harcourt ne se fait pas selon les fondations qu'en ont faictes Messieurs les comtes de Harcourt, elle veut que ledit Bradechal tâche par prière premièrement de voir les papiers qui sont audit prieuré pour congnoistre au vray ce que porte ladite fondation, et au cas qu'ils en facent refus sçaura de Monsieur Salet, conseil de mondit seigneur à Rouen, ce qu'il faudra faire pour ce regard pour en tirer la vérité ».

Cette année là, le duc d'Elbeuf reçut le gouvernement de la Picardie.

C'est en 1628 également qu'eût lieu le célèbre siège et la prise de La Rochelle. Henri, frère cadet de Charles II de Lorraine, duc d'Elbeuf, s'y distingua comme volontaire. Il contribua puissamment à repousser les Anglais, débarqués dans l'île de Ré, qui venaient prêter main-forte aux Rochellois.

La prise de La Rochelle, dont la nouvelle parvint dans notre contrée en novembre, excita, parmi les catholiques, une joie désordonnée et d'incroyables transports. La cloche du « Gros Horloge », à Rouen, qui ne sonnait plus depuis la réduction d'Amiens à Henri IV, rompit son silence de trente années, aux acclamations et cris de joie des catholiques de Rouen. Des *Te Deum* furent chantés dans diverses églises, à Elbeuf probablement aussi ; mais à Rouen ce ne furent que fêtes et danses, feux toute une nuit, lanternes aux fenêtres, tables mises en pleine rue « tous beuvant et faisant boire les passants à la santé du Roy », dit le *Journal* de l'abbé De la Rue.

Pendant que le roi et Richelieu étaient au siège de la Rochelle, il s'était produit un grand changement dans l'esprit de la reine-mère à l'égard du cardinal. Les premières personnes qui travaillèrent dans le but de détruire l'influence de Richelieu furent la princesse de Conty et la duchesse d'Elbeuf, lesquelles ayant été de tout temps fort bien avec Marie de Médicis, « n'aimoient point le cardinal de Richelieu, parce que sa domination étoit beaucoup plus rude que celle où elles avoient été nourries, et qu'il vouloit rabaisser l'autorité des grands, comme cause des désordres qui arrivoient si souvent dans le royaume...

« Mesdames de Conty et d'Elbœuf n'osoient pas néanmoins au commencement s'en descouvrir à la Reine mère, tesmoignant tout au contraire ne penser qu'à la divertir et à lui complaire, mesme sur le subject du cardinal de Richelieu ; mais quand elles purent parler contre luy, elles n'y manquèrent pas.

« Or, l'occasion leur en fut donnée par la duchesse d'Aiguillon, nièce du Cardinal, dame d'atour de la Reine mère... plus jeune que la princesse de Conty, et de meilleure compagnie que la duchesse d'Elbeuf ». Madame d'Aiguillon était très présomptueuse et avait une grande opinion de la puissance de son oncle : c'était assez pour exciter la haine des dames de Lorraine, auxquelles se joignit la duchesse d'Ornano, issue également de la maison de Lorraine, pour ruiner le cardinal dans l'esprit de la reine mère. C'était le commencement d'une lutte qui se prolongea jusqu'à la mort de Richelieu.

Un acte passé le 18 avril 162., devant Lebas, notaire à Brionne, nous indique quel était le secrétaire de Charles II de Lorraine : « Jacques du Rosey, sieur du Prey, demeurant à Calleville, tant pour luy que comme fondé de pouvoirs de noble homme Jehan du Rosey, segrettaire de monseigneur le duc d'Ellebeuf, reconnaît », etc.

Un autre de la même année mentionne « Nicolas Cosnard, presbtre chappelain de monseigneur le duc d'Ellebeuf ».

Une pièce en parchemin des Archives départementales est une citation juridique faite le 5 juillet 1629, par l'archevêque de Rouen François de Harlay, aux curés et vicaires de Saint Vincent de Rouen et de Saint Etienne d'Elbeuf. En voici un extrait :

« De la part de tres haute princesse et dame Marguerite Chabot, duchesse douairière d'Elbeuf, plainctive à Dieu et à notre Saincte Eglise, nous a donné à entendre de ce que aulcun mal faicteurs, n'aiant la crainte de Dieu ni le salut de leurs âmes devant les yeux, se sont transportés en la forest d'Ebeuf où ils ont faict de grands degasts, et au parc de ladite dame appelé le Bocquet, clos de deffens, où ils ont coupé ou fait couper grand nombre de bois et quantité de merisiers lesquels ils ont transportés en divers lieux », etc.

Le 12 août, comparurent devant M° Michel Bonamy, curé de Saint-Etienne, Robert Revel, demeurant au Buquet, Jacques Caben, Jean Lecerf et plusieurs autres, qui firent opposition au monitoire adressé le 5 juillet par l'official de Rouen à maître Bonamy et dont lecture avait été donnée au prône de la messe paroissiale, sur la demande de la duchesse, au sujet des dégâts commis dans ses bois.

Dans une lettre du cardinal de Richelieu adressée au sieur de Rancé, que M. Avenel suppose avoir été écrite vers la mi-juillet 1629, nous trouvons ce passage : « On a fort bien fait d'envoyer M^r d'Elbeuf en Picardie, et tous les gouverneurs. Il en faut faire autant en Champagne ».

Le sieur de Pontis dit, dans ses *Mémoires*, qu'ayant demandé au roi l'aubaine d'une Espagnole, lingère de la reine, le monarque la lui promit. Le lendemain de la mort de l'Espagnole « plusieurs grands seigneurs comme le duc d'Elbeuf, le marquis de Rambouillet et quelques autres vinrent demander au roi cette aubaine. Sa Majesté, se souvenant de la parole qu'elle m'avait donnée, répondit à tous ces messieurs qu'il n'en était plus le maître, et qu'il l'avait déjà accordée à quelqu'un.

« Le roi ne leur en dit pas davantage pour lors ; mais il s'en ouvrit néanmoins ensuite à M. le duc d'Elbeuf, qui avoit beaucoup de bonté pour moi, ajoute le sieur de Pontis, et qui, ayant su que Sa Majesté m'avoit donné cette aubaine, lui témoigna en avoir une grande joie. Il lui protesta même que, s'il eût su qu'elle eût pensé à me faire cette grâce, il se seroit joint avec moi pour l'en conjurer. Mais les autres n'étoient pas tous dans les sentiments de M. le duc d'Elbeuf, et principalement un des principaux officiers de la maison du Roi, qui fit paroître assurément un peu trop d'ardeur pour obtenir cette aubaine, et qui même, ayant su que Sa Majesté ne l'avoit promise, dit à l'huissier de la chambre de me refuser la porte le jour suivant ».

Jacques de Saint-Ouen, curé de Caudebec ; Michel Bonamy, curé de Saint-Etienne, et Jean Pollet, « lieutenant général de Monseigneur en son duché de ce lieu » furent parrains, à Saint-Etienne, cette année là. — Pendant la suivante, « Mr de Saint-Hault, sergent roial en la forest de la Londe » le fut également.

Le nom donné à ce dernier par le curé de Saint-Etienne, sur le registre paroissial, est une preuve du peu de soin que l'on apportait alors dans la transmission des noms de famille. Le sergent dont il s'agit ici est appelé M. de Saint-Hault, parce que sa garderie, voisine de la chapelle Saint-Félix et Saint-Auct, était désignée dans le public et sur les titres de la seigneurie de la Londe par l'appellation de « garderie de Saint-Hault ».

La cure de Villez, à la présentation du duc d'Elbeuf, fut pourvue par lui d'un titulaire en 1629. Il y fut présenté de nouveau en 1650 et 1653.

Le 13 janvier 1630, le cardinal de Richelieu écrivit une longue lettre au roi sur les moyens à employer pour mettre plusieurs provinces en état de défense, notamment la province de Picardie, dont le duc d'Elbeuf était gouverneur : « Et afin que M. d'Elbeuf ne prétendît avoir sujet de se plaindre, Sa Majesté pourrait lui commander d'arréer ses amis et tenir sa compagnie de gendarmes en état d'être mise sur pied au premier mandement, qui ne se feroit, pour ne ruiner point la province et ne dépendre pas d'argent, qu'en cas de nécessité ».

M. Parfait Maille s'exprime en ces termes :
« La crainte d'une guerre imminente fit partir le duc d'Elbeuf, de Paris, pour son gouvernement de Picardie, avec ordre d'y toujours demeurer. Ses instructions portaient qu'on se confiait assez à sa vigilance pour espérer qu'elle saurait mettre cette frontière à l'abri, de manière à n'y devoir rien appréhender. Il lui était enjoint de l'approvisionner, d'en compléter les garnisons, relever les fortifications, et d'aviser à ce que ses amis et sa compagnie de gendarmes fussent prêts à le secourir.

« Son absence momentanée n'interrompit en rien ses menées ambitieuses; Madame d'Elbeuf, sans cesse à la cour, quoique n'étant pas, dit Fontenay, de la meilleure compagnie, y pourvut pour elle et pour lui.

« Le mari et la femme, malgré qu'ils fussent comblés de faveurs et de bienfaits, firent si bien, tant osèrent déclamer, décrier, invectiver, médire, calomnier, comploter, animer, passionner et irriter la reine-mère et le duc d'Orléans, qu'ils furent successivement chassés de la cour, exilés, non pas à Elbeuf, mais en Bourgogne, au château de Pagny, où se tenait habituellement la douairière Chabot ».

En un autre endroit, M. Maille parle ainsi du duc d'Elbeuf :

« Mêlé à toutes les factions, tantôt il anime Gaston, le duc d'Orléans, frère du roi, contre

Richelieu ; tantôt il sert les vues de ce cardinal. Il favorise le matin ceux qu'il dessert le soir, caresse et dénigre tour à tour ses amis de cour, aujourd'hui avec un et demain avec l'autre. Espagnol de la veille, Français du lendemain, il demande et obtient pardon pour le grand-prieur duc de Vendôme, son beau-frère, accusé de conspiration, et il se rend coupable du même crime. Il s'oppose, contre le bien de l'Etat, à l'alliance de Mantoue, dans la crainte que cette maison ne s'élève au-dessus de celle de Lorraine, sans se douter qu'un jour ses enfants la courtiseront pour faire une de ses petites-filles duchesse de Mantoue. Enfin, il n'est pas de trames qu'il n'ourdisse, si artificieuses qu'elles soient. Mais au milieu de ses variations, une seule chose ne varie pas : son avidité».

Cette année-là, Louis XIII tomba gravement malade. Aussitôt que ce fait lui fut connu, le cardinal de Richelieu ne quitta plus Lyon, où se trouvait le roi, afin de juger par lui-même l'état des choses et de pouvoir, quel que fut l'évènement, se soustraire à la vengeance de ses ennemis, parmi lesquels il comptait notamment, dit-il dans ses *Mémoires*, les deux reines, la princesse de Conti, la duchesse d'Elbeuf, Marillac, maréchal de France, et son frère le gardes des sceaux, le maréchal de Bassompierre, la duchesse de Lesdiguières, la comtesse de Fargis, etc.

FIN DU TOME II

TABLE DES GRAVURES

DU TOME II.

1. L'église Saint-Etienne, avant 1870. . Au titre

2. Portrait et blason de Réné II de Lorraine, baron d'Elbeuf . . . . p. 65

3. Ancienne « frérie » de la Charité de Saint-Jean. . . . . p. 135

4. Ourdisseur et tisseurs elbeuviens aux xve et xvie siècles (vitrail de l'église Saint-Etienne) p. 138

5. Eglise collégiale de Saint-Louis de la Saussaye ; puits et porte des chanoines (état actuel) . p. 205

6. Marie Stuart, reine de France, puis reine d'Ecosse . . . . p. 233

7. Manoir des chanoines-doyens de la Saussaye (état actuel). . . . . p. 299

8. L'église de Caudebec-lès-Elbeuf, avant sa transformation . . . . p. 348

9. Ancien four pour le chauffage des plaques à décatir les draps (d'après une gravure du xviiie siècle) . . . . p. 451

10. Ancien château de Monplaisir, de Bessin de Mathonville, à Saint-Aubin-jouxte-Boulleng (état actuel). p 469

11. Eglise de la Londe ; ancien château des Bi-

gars, depuis chartrier des Le Cordier de Bigars, seigneurs de la Londe. . . . . p. 517

12. Plan de l'ancien camp retranché d'Orival et de ses environs . . . . p. 531

Nota. — *Cette table servira d'avis au relieur.*

TABLE DES MATIÈRES

DU TOME II.

I. (1450-1465). — Elbeuf après le départ des Anglais. — Procès pour la succession du comté d'Harcourt — Introduction de l'industrie drapière à Elbeuf. — Marie d'Harcourt, dame d'Elbeuf. — Actes et évènements divers. — Elbeuf au XVe siècle. p. 1

II. (1465-1476). — Jean de Lorraine et Louis XI. — Marie d'Harcourt à Elbeuf. — Reconstruction de l'église Saint Jean. - Le manoir seigneurial d'Elbeuf. — Le droit de présentation à la chapelle de la côte Saint-Auct. — Testament de Marie d'Harcourt . . . . p. 23

III. (1476-1489). — René II de Lorraine, baron d'Elbeuf. — La bataille de Morat. — Réné victorieux à Nancy, sur Charles-le-Téméraire. — Son divorce. — Prétentions de Réné II au royaume de Naples.— Charles VIII à Elbeuf. . . . . p. 49

IV. (1490-1500). — René II de Lorraine (*suite*).— Le tondage des draps. — Les droits des habitants d'Elbeuf dans la forêt. — Accord sur la succession du comté d'Harcourt. — Elbeuf reste au duc de Lorraine . . . . p. 70

V. (1501-1508). — Les comptes pour René II de Lorraine, baron d'Elbeuf. — Etat et revenus de la seigneurie d'Elbeuf et autres fiefs voisins. — Mort de Réné . . . . p. 96

VI. (1508-1527). — Claude de Lorraine, baron d'Elbeuf.—La charité de Saint-Jean. — Les lépreux. — La corporation des bouchers. — Fabrication de tapisseries à Elbeuf. — Agrandissement de l'église Saint-Jean — Reconstruction de l'église Saint-Etienne. — Claude à Marignan et en Espagne. — Les Le Roux. — L'hôtel du Bourgtheroulde, à Rouen. — Les Guises. . . . . p. 130

VII. (1527-1540). — Claude de Lorraine (*suite*). — Les trièges d'Elbeuf. — Les droits du seigneur de la Londe — Plusieurs curés de Saint-Jean. — Les chanoines de la Saussaye. — Les hérétiques — Faits de guerre. — Le roi et la reine d'Ecosse à Elbeuf. Puissance de Claude — Sa fille devient reine. p 166

VIII. (1541-1550). — Claude de Lorraine, duc de Guise, baron d'Elbeuf (*suite*). — Aveux pour la baronnie d'Elbeuf. — Faits de guerre. — Mort de Claude. — Antoinette de Bourbon et la collégiale de la Saussaye . . . . p. 183

IX. (1550-1559) — Réné III de Lorraine, baron puis marquis d'Elbeuf. — La défense de Metz. — Incendie de l'église collégiale de la Saussaye. — La vénerie royale de Cléon — Les Guises en Italie. — Leur ambition. — Ils reprennent Calais. — Triomphe des Guises . . . . p. 201

X. (1559-1566). — Réné III de Lorraine (*suite*). Cabale contre les Guises. — Le marquis d'Elbeuf en Ecosse. — Pillage des églises d'Elbeuf et des environs par les protestants. — Prise et reprise de Rouen. — L'atelier monétaire du Vallot. — Assassinat d'un Guise. — Mort de Réné III, marquis d'Elbeuf. . . . . p. 229

XI. (1567-1581. — Charles Ier de Lorraine, marquis d'Elbeuf. — Les protestants — La Saint-Barthélemy. — Matériel des fabriques de draps. — Les drapiers, les notables et autres habitants d'Elbeuf. — L'hospice Saint-Léonard. . . . . p. 259.

XII. (1581-1583). — Charles Ier de Lorraine (*suite*). — Erection du marquisat d'Elbeuf en duché-pairie. — Le tabellionage d'Elbeuf. — Mariage du duc Charles. — Assemblées paroissiales. — Charles de Lorraine à Elbeuf et à la Saussaye ; ses préparatifs de guerre, emprunts et achats de navires. — Vente de la baronnie de Quatremares. — Notables habitants d'Elbeuf . . . . p. 282

XIII. (1584-1589). - Charles Ier de Lorraine, duc d'Elbeuf (*suite*). — Actes du tabellionage. — Réné d'Elbeuf à la collégiale de la Saussaye. — L'affaire Bourbon-Montard. — La peste à Elbeuf. — La Ligue — Assassinat des Guises et arrestation du duc d'Elbeuf. — Nouvelle guerre civile . . p. 306

XIV. (1590-1593). — Charles Ier de Lorraine (*suite*). Les ligueurs à Elbeuf et à Bourgtheroulde. — Leurs brigandages. — Le duc d'Elbeuf recouvre sa liberté. — Prise de Louviers. — Siège de Rouen par Henri IV. — Continuation de la guerre civile. — Triste état de notre contrée. . . . . p 337

XV. (1594-1596) — Charles Ier de Lorraine (*suite*). — Il vend Poitiers à Henri IV. — Les Elbeuviens contre les Caudebécais et autres — Lettres du roi au duc d'Elbeuf — Les registres paroissiaux de Saint-Etienne. — Marguerite Chabot. — Emprisonnement de trois prêtres. — Une clameur de haro. Gabrielle d'Estrées . . . . p. 371

XVI. (1597-1598). — Charles Ier de Lorraine (*suite*). — Les registres paroissiaux de Saint Jean. — La sergenterie de la haute justice d'Elbeuf. — Prisonniers de guerre. — La gérance du duché d'Elbeuf, par Marguerite Chabot. — Contrats d'apprentissage. — Actes divers — Aveu des chanoines de la Saussaye ; les biens de la collégiale . . . . . . p. 401

XVII. (1599-1600). — Charles Ier de Lorraine (*suite*). — Charlotte Chabot — Vente de la baronnie d'Ancenis. — Le duc Charles à Elbeuf. — La voiture d'eau. — Notables habitants d'Elbeuf. — Le sel. — Le fouage. — Un vol considérable. — Démission du bailli d'Elbeuf. — Faits divers — Destruction des vignes de la région elbeuvienne . . . . . p. 423

XVIII. (1601-1605). — Charles Ier de Lorraine (*suite*). — Mathurin Le Picard. — Le décatissage des draps — Les estamiers. — Le moulin du Pré-Bazile. — Détails de la vie elbeuvienne. — Mort du duc d'Elbeuf. — Son inhumation à la Saussaye. p. 449

XIX. (1605-1609). — Charles II de Lorraine, duc d'Elbeuf. — Son séjour à Saint-Aubin. — La duchesse d'Elbeuf et ses chanoines de la Saussaye. — Règlements pour la draperie. — Le littérateur Pierre Morestel. — Faits divers. — Catholiques et protestants. . . . . p. 469

XX. (1610-1615) — Charles II de Lorraine (*suite*). — Mœurs seigneuriales. — Le duc d'Elbeuf et Louis XIII. — Le trousseau d'une bourgeoise elbeuvienne. — Intrigues de cour — Contrats divers. — Quelques notables habitants d'Elbeuf. — Le commerce et la navigation ; ventes de bateaux. — Le banditisme — Triste état de notre pays . . . . p. 488

XXI. (1616-1620). — Charles II de Lorraine (*suite*). — Les revenus du duché d'Elbeuf. — Actes du tabellionage. — Révolte en Normandie. — Une peur des Elbeuviens. — Le camp retranché d'Orival. — Le duc et la duchesse de Longueville. — Charles de Lorraine, gouverneur de la Normandie. — Une cérémonie manquée. — Rappel du duc Charles à Paris . . . . p. 511

XXII. (1621-1626). — Charles II de Lorraine (*suite*). — Mme de Motteville. — Un sculpteur elbeuvien. — Le duc d'Elbeuf à Tonneins. — Les tenanciers du duché. — La famine, la peste et les impôts. — La confrérie des Pélerins de Saint-Jacques. — Faits divers . . . . p. 543

XXIII. (1626-1630). — Charles II de Lorraine (*suite*). — Une lettre de la duchesse d'Elbeuf. — Statuts de la confrérie des Porteurs de grains. — Intrigues du duc et de la jeune duchesse d'Elbeuf. — La duchesse douairière. — L'aubaine de la lingère et le duc Charles. . . . . p. 569

Table des gravures du tome II . . . . . p. 593

Table des matières du tome II . . . . . p. 595

FIN DE LA TABLE.

Elbeuf. — Imprimerie H. SAINT-DENIS.

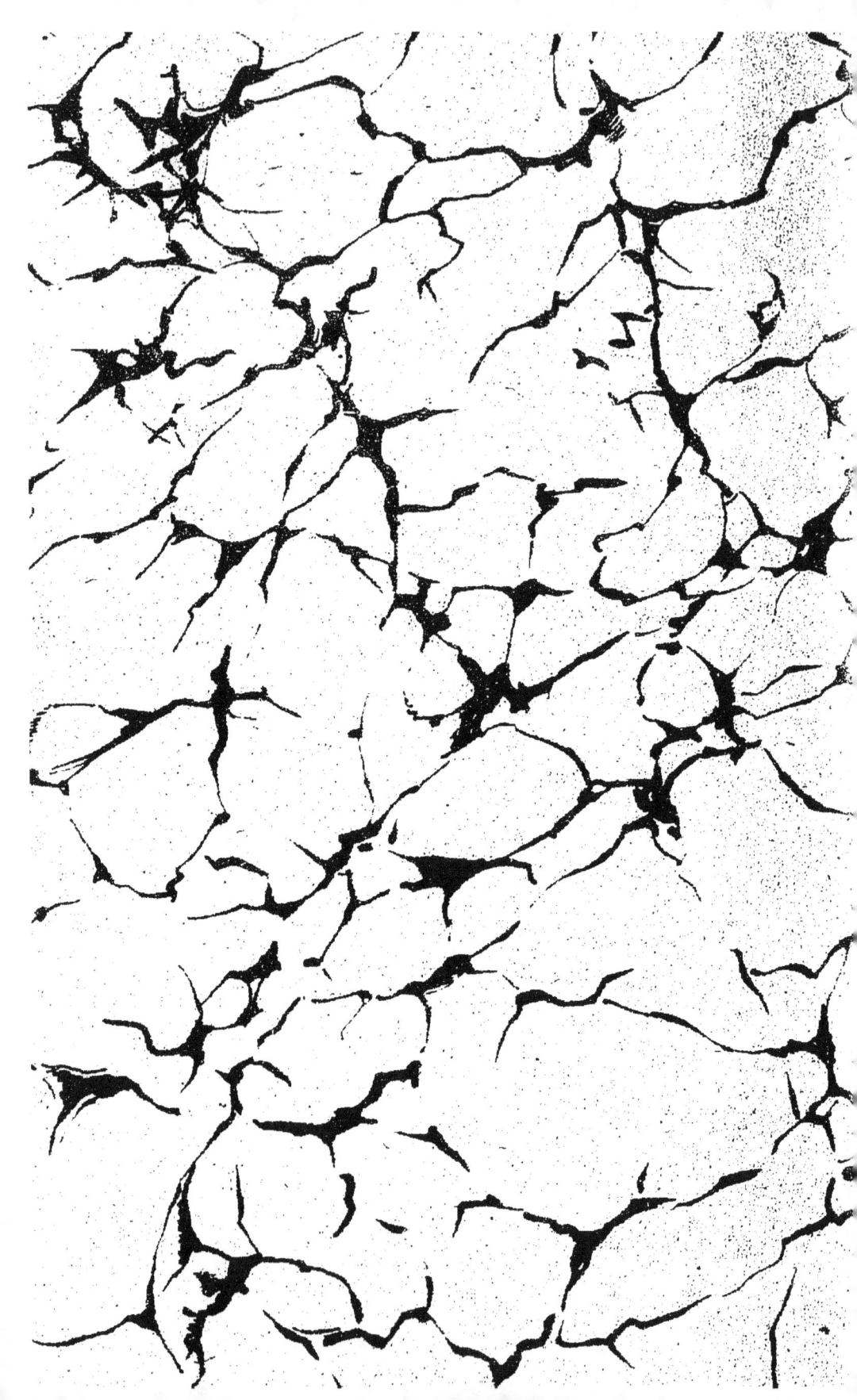

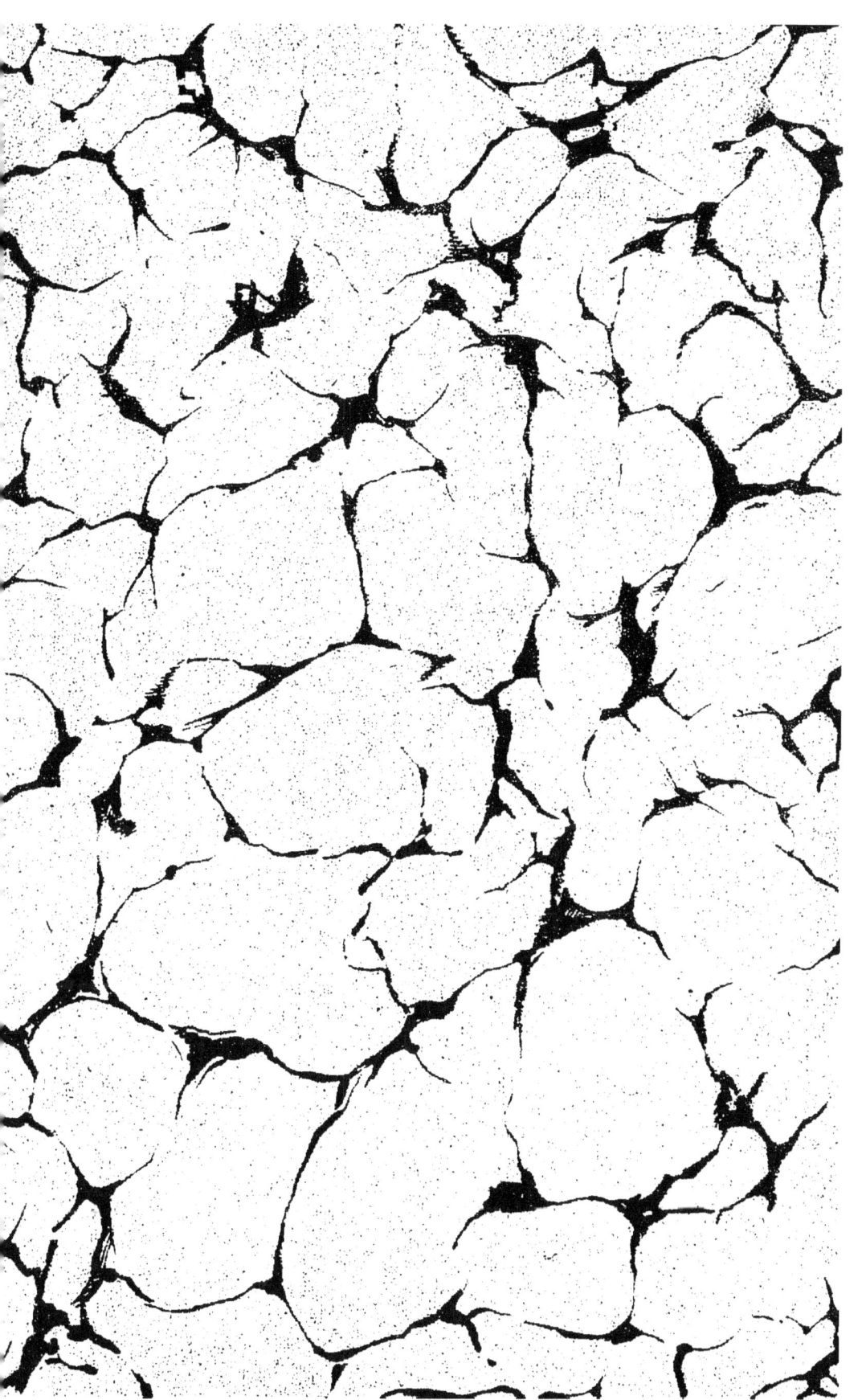

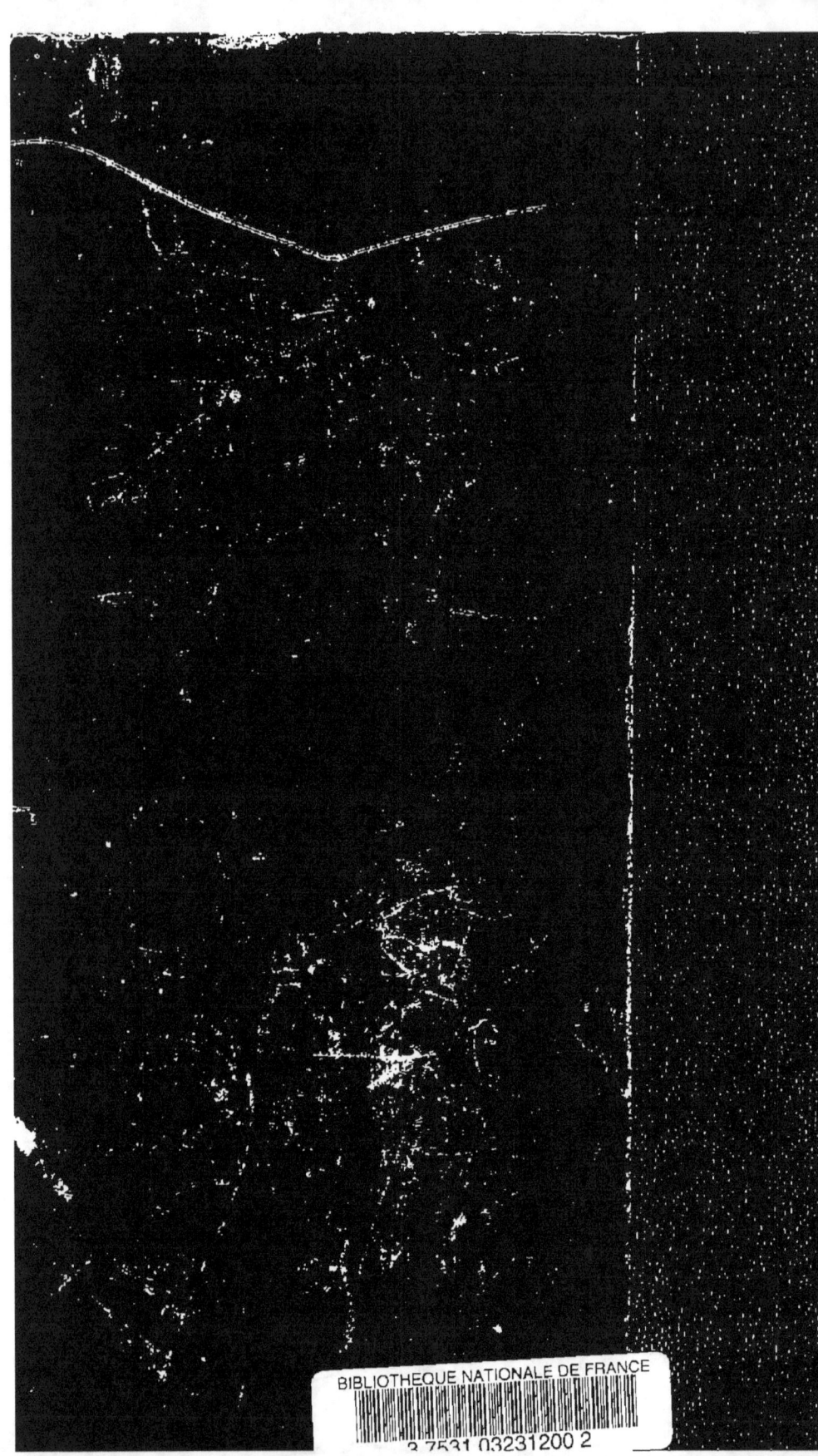

www.ingramcontent.com/pod-product-compliance
Lightning Source LLC
Chambersburg PA
CBHW071155230426
43668CB00009B/960